U0915220

共同富裕的山东答卷

本书编写组　编著

山东省习近平新时代中国特色社会主义思想研究中心
山东省社科规划重大项目：促进全体人民共同富裕与山东实践研究（21AWTJ06）资助

学习出版社

图书在版编目（CIP）数据

共同富裕的山东答卷 / 《共同富裕的山东答卷》编写组编著. -- 北京：学习出版社，2023.6
ISBN 978-7-5147-1176-9

Ⅰ. ①共… Ⅱ. ①共… Ⅲ. ①共同富裕－研究－山东 Ⅳ. ①F127.52

中国版本图书馆CIP数据核字（2022）第175610号

共同富裕的山东答卷

GONGTONG FUYU DE SHANDONG DAJUAN

本书编写组　编著

责任编辑：李紫薇
技术编辑：朱宝娟
装帧设计：和物文化

出版发行：学习出版社
北京市崇外大街11号新成文化大厦B座11层（100062）
010-66063020　010-66061634　010-66061646
网　　址：http://www.xuexiph.cn
经　　销：新华书店
印　　刷：北京联兴盛业印刷股份有限公司

开　　本：710毫米×1000毫米　1/16
印　　张：28.25
字　　数：379千字
版次印次：2023年6月第1版　2023年6月第1次印刷

书　　号：ISBN 978-7-5147-1176-9
定　　价：89.00元

如有印装错误请与本社联系调换，电话：010-67081356

前　言

PREFACE

实现全体人民共同富裕是中国式现代化的本质要求。党的十八大以来，习近平总书记从中国共产党执政、社会主义事业建设和人类社会发展规律的高度，在多个重要场合对共同富裕的时代内涵、重大意义、本质要求、实现目标、实现路径和重大举措进行了深刻阐释。共同富裕既是人民对美好生活需要的重要内容，也是新时代解决我国社会主要矛盾的重要抓手。习近平总书记明确指出："广大人民群众共享改革发展成果，是社会主义的本质要求，是我们党坚持全心全意为人民服务根本宗旨的重要体现。我们追求的发展是造福人民的发展，我们追求的富裕是全体人民共同富裕。"党的十九大报告对共同富裕作出了新的战略部署，到2035年，基本实现社会主义现代化，全体人民共同富裕迈出坚实步伐；到本世纪中叶，把我国建成富强民主文明和谐美丽的社会主义现代化强国，全体人民共同富裕基本实现。党的十九届五中全会进一步指出，到2035年，人的全面发展、全体人民共同富裕取得更为明显的实质性进展。在中国特色社会主义进入新时代的背景下，共同富裕的新时代内涵更为丰富深刻，为我国扎实推动共同富裕指明了方向和路径。党的二十大报告再次强调指出，中国式现代化是人口规模巨大的现代化，是全体人民共同富裕的现代化，是物质文明和精神文明相协调的现代化，是人与自然和谐共生的现代化，是走和平发展道路的现代化。

关于什么是共同富裕，习近平总书记明确指出："我们说的共同富裕是全体人民共同富裕，是人民群众物质生活和精神生活都富裕，不是少数人的富裕，也不是整齐划一的平均主义。”可以看出，共同富裕不是均等富裕，而是全面富裕，是全体人民通过辛勤劳动和相互帮助，普遍达到生活富裕富足、精神自信自强、环境宜居宜业、社会和谐和睦、公共服务普及普惠，实现人的全面发展和社会全面进步，共享改革发展成果和幸福美好生活。实现全体人民共同富裕，必须走“五位一体”整体性文明协调发展之路，即经济建设奠定物质基础、政治建设提供政治保障、社会建设提供必备条件、生态建设创造人与自然和谐的生态环境基础、精神文化建设提供精神动力。具体而言，推动新时代全体人民共同富裕，必须要实现经济高质量发展，要实现区域协调和城乡融合发展，要实现乡村全面振兴和农业农村现代化，要实现基本公共服务均等化以保障和改善民生，要加大生态环境保护以实现绿色发展，要加强精神文化建设使人民群众精神生活富足。

不断改善人民生活、促进共同富裕，是习近平总书记对山东提出的明确要求。近年来，山东省委、省政府牢记总书记殷切嘱托，紧紧锚定“走在前、开新局”，注重打基础、利长远，既做显功、又做潜功，妥善化解历史遗留问题，加快“腾笼换鸟、凤凰涅槃”，动能转换强势突破，区域城乡协调共进，打造乡村振兴齐鲁样板成效明显，生态环境显著改善，文化自信充分彰显，民生福祉大幅增进，经济发展步入转型蝶变的快车道，为实现共同富裕创造了良好基础，同时也形成了一批具有山东特色的共同富裕实践案例。特色产业高质量发展推动共同富裕方面，潍坊寿光的蔬菜产业发展、济南长清马套村的文农旅融合值得借鉴；重大区域发展战略引领方面，在高质量发展中推进共同富裕的菏泽实践、在产业强市战略下推进共同富裕的枣庄道路很有特色；全面推进乡村振兴方面，发展新型集体经济的中郝峪模式、打造乡村共同体的代村经验是典型代表；生态保护与经济发展协同共生方面，“慢主义”融合“黄河情”打造理想生活地的蓑衣樊村模式、东营垦利区黄河口大保护的“绿色生态实践”是模范案例；党建引领文化赋能共同富裕方面，村级党组织建设引领乡村振兴的莱西经验、党建全域化引领乡村振兴的诸城探索是经典范式。

2022年5月召开的中国共产党山东省第十二次代表大会明确提出，“始终坚持以人民为中心，在高质量发展中创造高品质生活，打造共同富裕的省域范例”。现在，山东省已经到了扎实推动共同富裕的关键阶段。因此，有必要进一步分析山东省推进共同富裕的现实基础，梳理山东省促进全体人民共同富裕的实践路径和经验探索，同时与国内先进省份进行共同富裕的比较分析，找出山东省促进共同富裕的优势和短板，厘清山东省在促进共同富裕进程中的开拓方向，在推动共同富裕方面实现理论创新、实践创新、制度创新、文化创新，探索提出实现共同富裕的“山东路径”。

促进全体人民共同富裕与山东实践研究

课题组负责人和首席专家

胡金焱

2022年11月

目 录

CONTENTS

基础篇

BASICS

第一章
共同富裕的基本内涵与时代特征

第二章
山东共同富裕的物质基础

第三章
山东共同富裕的社会保障与生态建设基础

第四章
山东共同富裕的精神文化基础

第五章
山东促进共同富裕的目标

经验篇 EXPERIENCE

第六章
特色产业高质量发展推动共同富裕实践

第七章 重大区域发展战略引领的共同富裕实践

第八章 全面推进乡村振兴的共同富裕实践

第九章 生态保护与经济发展协同共生共同富裕实践

第十章 党建引领文化赋能的共同富裕实践

开拓篇

PIONEERING

第十一章 加快新旧动能转换　推动山东经济高质量发展

第十二章 塑强发展新优势　推进区域协调城乡融合

第十三章 巩固脱贫攻坚成果　全面推进乡村振兴

第十四章 坚持生态优先 推动绿色发展

第十五章 加强民生改善创新 扎实推进社会建设

第十六章 坚定文化自信 推动文化强省建设

基础篇

BASICS

2022年5月召开的中国共产党山东省第十二次代表大会明确提出，“始终坚持以人民为中心，在高质量发展中创造高品质生活，打造共同富裕的省域范例”。促进共同富裕需要夯实高质量发展基础，“十三五”以来，山东省注重打基础、利长远，既做显功、又做潜功，妥善化解历史遗留问题，加快“腾笼换鸟、凤凰涅槃”，动能转换强势突破，区域城乡协调共进，打造乡村振兴齐鲁样板成效明显，生态环境显著改善，文化自信充分彰显，民生福祉大幅增进，经济发展步入转型蝶变的快车道，为山东省促进共同富裕创造了良好基础。建立科学合理的共同富裕评价指标体系，是明确山东省实现共同富裕具体目标的关键，有助于探寻实现共同富裕的“山东路径”。从全国各省域来看，鲁苏浙三省经济实力相近，地理位置相邻，在发展共同富裕方面具有很强的相似性和可复制性，对鲁苏浙三省共同富裕状况进行比较分析，有助于找出山东省促进共同富裕的优势和短板，厘清山东省在促进共同富裕进程中的开拓方向。

现在，山东省已经到了扎实推动共同富裕的关键阶段。山东省应始终坚持以人民为中心的发展思想，以解决地区差距、城乡差距、收入差距问题为主攻方向，在高质量发展中扎实推动共同富裕，加快突破发展不平衡不充分问题，率先在推动共同富裕方面实现理论创新、实践创新、制度创新、文化创新，探索促进共同富裕的“山东实践”。到 2035 年基本建成新时代社会主义现代化强省，全省综合竞争力大幅跃升，人的全面发展、人民共同富裕取得更为明显的实质性进展。

本篇共分为 5 章，首先是对共同富裕的基本内涵与时代特征阐释，然后从物质基础、社会保障与生态建设基础、精神文化基础 3 个层面分析山东省共同富裕的现实基础，最后一章提出“十四五”及 2035 年远期山东省促进共同富裕的目标。

第一章 共同富裕的基本内涵与时代特征

共同富裕思想源远流长，纵览古今中外，从中华传统文化中蕴含的共同富裕思想，到西方空想社会主义理想化的共同富裕社会构想，再到马克思主义共同富裕的科学理论，共同富裕逐渐从理想愿景变成现实道路。共同富裕的思想内涵丰富且时代特征鲜明，厘清共同富裕的基本内涵和时代特征是促进共同富裕的前提和基础。本章首先通过系统梳理分析国内外共同富裕的主流思想、核心理论和探索实践，对中国式现代化进程中共同富裕的基本内涵作出明确界定，然后再对新时代全体人民共同富裕的主要特征进行深入解析和精准把握。

第一节　共同富裕的理论基础

一、共同富裕的思想源流

（一）中华传统文化中蕴含的共同富裕思想

客观地说，“富裕”这个词本身具有历史性。[1]“共同富裕”一

① 程恩富、刘伟：《社会主义共同富裕的理论解读与实践剖析》，《马克思主义研究》2012年第6期。

直是人类社会孜孜以求的美好愿望和奋斗目标，其思想最早可追溯至中国古代的先秦时期。在先秦时期，中国就产生了“天下大同”的思想，其中就蕴含了“均富”“共富”的历史内涵。

在社会动荡不安、政权更迭不断的先秦时期，有关理想社会的各种思想开始萌芽和发展。在这一时期，有3个典型的“大同”思想，即农家的“并耕而食”、道家的“小国寡民”和儒家的“天下大同”。农家提出“并耕而食”，主张奖励发展农耕文化，鼓励人们从事农业生产，以此丰衣足食。[①]《孟子·滕文公上》中记载，“贤者与民并耕而食，饔飧而治”，意指贤德的国君应该与百姓一同耕作而获得粮食，一边做饭食，一边治国理政。农家的“并耕而食”思想描绘了一个人人平等、没有剥削、共同劳动、自给自足的理想社会，这尽管在当时并没有成为社会思潮中的主流，但农民小生产者对于共同富裕的强烈渴望已显而易见了。《道德经》中记述：“小国寡民。使有什伯之器而不用；使民重死而不远徙。”老子的“小国寡民”构想中蕴含着所有个体生命都是自由、平等的内涵，并且充分展示了“自然”与“无为”的思想。老子通过对“小国寡民”的描述，控诉了现实社会的黑暗，显示了较强的时代批判性，反映了古人对人类社会未来走向的一种价值构想，对于“百姓富裕、国家强盛”理想社会的向往。[②]“小国寡民”思想尽管曾被批判是人类思想发展过程中的一种倒退，但仍对后世的治世思想产生了深刻影响。《论语·季氏第十六》中有言：“不患寡而患不均，不患贫而患不安。盖均无贫，和无寡，安无倾。”《孟子·梁惠王上》中亦有“老吾老，以及人之老；幼吾幼，以及人之幼”的表述。《礼记·礼运》中记载：“大道之行也，天下为公。选贤与能，讲信修睦……是谓大同。”儒

① 陈忠海：《先秦时代的共同富裕思想》，《中国发展观察》2021年第17期。
② 王敏光：《〈老子〉群己观探赜——以“小国寡民”为视角》，《社会科学家》2016年第10期。

家追求的“大同”之境，是一个和谐共生的理想社会。[①] 从财富分配上看，“均贫富”的思想在这一时期已经产生。《晏子春秋·问上》中记述：“其取财也，权有无，均贫富，不以养嗜欲。”战国时期的商鞅在以法治国中推行“均贫富”政策，东汉晚期的黄巾军起义时同样高举“均贫富”旗号。这些都反映出随着社会经济的发展，“天下大同”及其蕴含的财富均分思想逐渐成为当时社会的共同诉求。“天下大同”反映了古人对于公平正义、民主和谐、自由富裕的最朴素向往和渴求，代表了古人对于理想社会制度的最高憧憬和向往，也成为共同富裕思想的萌芽。然而其仅仅局限于对理想社会的表面描述，在当时极为落后的社会制度和极低的社会生产力条件下，“天下大同”只能是一个形而上的“空中楼阁”。[②] 从西汉一直到近代，中华民族一直没有停止对探索“大同社会”的努力。太平天国时期推行的《天朝田亩制度》、清末民初章太炎所著的《五无论》分别与农家和道家的大同理想不谋而合，而康有为和孙中山则代表了民族资产阶级对于儒家思想的进一步改造，但由于他们自身阶级的局限性，并未能针对所处社会作出实质性改变，其所设想的共同富裕只能是难切实际的理想，最终均以失败而告终。

（二）从西方空想社会主义共同富裕构想到马克思主义共同富裕科学内涵

从 16 世纪中期至 19 世纪中期，西方空想社会主义者在批判资本主义私有制罪恶的基础上设想理想社会共同富裕的目标。其中，具有代表性的有：空想社会主义的奠基人托马斯·莫尔提出实现“乌托邦”理想的“最完美最和谐的社会制度”；傅立叶构想的“和谐制度”；欧文设想的劳动“公社制度”；托马斯·康帕内拉虚构的共同富裕的公社制空

① 宋玲：《“大同”理想的文化解读》，《学习时报》2021 年 1 月 8 日。

② 白龙、翟绍果：《“天下大同”与“天下共富”：共同富裕的历史逻辑与实践路径》，《西北大学学报（哲学社会科学版）》2022 年第 2 期。

想社会主义。[1] 魏特林将空想社会主义概括为：财产公有，共同劳动，待遇平等，平均领取生活必需品，“和谐与自由”在全社会范围内得以实现。[2] 总体上看，西方空想社会主义者的天才构想，重构了未来理想化的共同富裕社会，但由于受资本主义制度、文化、理论和实践等方面的局限，共同富裕也只能停留于空想，并未能成为真正的现实。[3] 尽管如此，空想社会主义的理论构想为科学社会主义共同富裕思想的产生提供了一定的“养分”。马克思和恩格斯作为科学社会主义的创始人，他们扬弃了人类历史上所有关于共同富裕的理论成果，推动共同富裕由空想走向科学。[4]

虽然马克思恩格斯并没有直接表述“共同富裕”的概念内涵，但他们所设想的未来社会“生产将以所有人的富裕为目的”，由此揭示出了共同富裕的科学内涵。总体上讲，在马克思主义理论中，共同富裕并非传统意义上的“均富”“共富”思想，而是消灭剥削、消除两极分化、实现人的解放和自由全面发展的科学概念。马克思和恩格斯科学剖析了资本主义社会，将普通民众存在的贫困划分为 3 种类型：物质贫困、精神贫困和劳动贫困。在马克思主义的共同富裕理论观点中，共同富裕是指消除一切剥削制度与两极分化，不断解放和发展社会生产力，使其能够完全满足全体人民的需求，建立在生产资料公有制基础之上，所有人共同劳动协作，共同共享人类经济社会发展的成果。[5] 关于“共同富裕”问题，作为科学社会主义的创始人，马克思运用唯物史观方法，在对资本主义社会运行规律进行深入剖析的基础上，科学而深刻地阐明了社会财富分配的两种不同状态：一是资本主义生产资料私有制产生的社会两

① 蒋永穆、谢强：《扎实推动共同富裕：逻辑理路与实现路径》，《经济纵横》2021 年第 4 期。

② 刘长明、周明珠：《共同富裕思想探源》，《当代经济研究》2020 年第 5 期。

③ 李军鹏：《共同富裕：概念辨析、百年探索与现代化目标》，《改革》2021 年第 10 期。

④ 刘长明、周明珠：《共同富裕思想探源》，《当代经济研究》2020 年第 5 期。

⑤ 苏畅：《共同富裕思想与我国经济体制改革实践研究》，《学术探索》2018 年第 7 期。

极分化，二是社会主义生产资料社会所有制基础上的共同富裕。前者是资本主义制度下的财富分配两极分化，后者是社会主义制度下的共同富裕。在马克思看来，在社会所有制基础上产生的共同富裕是资本主义两极分化的对立物，也是取代资本主义制度后所形成的未来社会制度，是未来社会经济性质的深刻体现，是无产阶级和人民大众根本利益的实现形式。[1] 在马克思所设想的未来社会中，资本主义私有制最终会被生产资料公有制所取代，社会生产资料和生产成果最终由全体社会成员共同占有，而实现全社会共同富裕的基础正是全社会成员共同占有全社会生产资料和生产成果。马克思指出："无产阶级将利用自己的政治统治，一步一步地夺取资产阶级的全部资本，把一切生产工具集中在国家即组织成为统治阶级的无产阶级手里，并且尽可能快地增加生产力的总量。"[2] 联合劳动创造的社会生产力是共同富裕的物质基础。[3] 消灭私有制之后，无产阶级应将解放和大力发展生产力作为实现共同富裕的首要任务，否则就无法实现共同富裕，而是"共同贫穷"了。当实现了生产资料集体所有制和发展社会生产力之后，如何实现劳动者平等占有生活资料呢？马克思在《资本论》中明确对社会主义社会的蓝图作出勾勒，并对"按劳分配"原则作出了初步阐释，指出社会主义建立在生产资料公有制基础之上，劳动者联合起来生产的社会总产品一部分作为社会所有的生产资料重新投入生产，另一部分作为生活资料供劳动者形成的自由人联合体消费，并且按照按劳分配原则进行分配。除了丧失劳动能力的社会成员外，在未来的社会分配中，其他所有劳动者全部遵照提供给社会的劳动量来获得相应的生活资料，劳动者各尽所能地劳动，多劳多得，少劳少得，按劳分配是社会主义社会共同富裕的实现机制。[4] 总的

① 赵学清：《马克思共同富裕思想探讨》，《中国特色社会主义研究》2014 年第 4 期。

② 马克思、恩格斯：《共产党宣言》，北京，人民出版社 1949 年版，第 8 页。

③ 罗健：《论共享发展对马克思有关论述的丰富与深化》，《理论探索》2021 年第 2 期。

④ 赵学清：《马克思共同富裕思想探讨》，《中国特色社会主义研究》2014 年第 4 期。

来看，马克思主义深刻揭示了共同富裕的概念内涵，不仅科学阐释了生产力与生产关系，提出要消灭私有制，同时还讨论了共同富裕的实现路径，即渐进式发展的共同富裕。马克思主义与中国共同富裕历史内涵的某些观念之间存在着相似性，从一定意义上来讲，大同理想助推了中国接受了马克思主义。[①]追求共同富裕的目标，让中国共产党将马克思主义同中国社会主义道路相结合，批判性地继承了古人的治世思想，从古代“天下大同”到当前构建人类命运共同体，创造性地提出了一条行之有效的具有中国特色的社会主义共同富裕道路。

二、共同富裕的理论来源

在马克思主义产生之前，共同富裕只不过是人类社会的理想化愿景，未曾有过实现的可能。马克思主义理论不仅揭示了共同富裕的科学内涵，而且还深刻阐释了共同富裕的理论根基、制度基础和实现路径等核心问题，为实现社会主义共同富裕奠定了坚实的理论基础。纵观马克思主义经典论著，可以从中厘清以上问题。

为了厘清私有制条件下劳动者同其劳动产品及劳动本身的关系，马克思提出了异化劳动理论，并将人类的本质归结为“自由的有意识的活动”，认为劳动作为一种有目的地改造外部世界的人类活动，不仅可以创造财富，还可以创造人自身。[②]马克思从劳动发展史出发考察社会发展史，揭示了劳动是人的本质，为人的社会性本质和科学实践观的形成开辟了道路，初步阐明了生产劳动的内在矛盾，为科学揭示生产力和生产关系的辩证关系奠定了基础。自 1844 年之后，马克思不再运用异化

① 付洪泉：《大同理想：马克思主义与中国文化之亲和性探源》，《马克思主义与现实》2018 年第 5 期。

② 王晓升：《从异化劳动到实践：马克思对于现代性问题的解答——兼评哈贝马斯对马克思的劳动概念的批评》，《哲学研究》2004 年第 2 期。

劳动理论来揭示资本主义矛盾。从《1844年经济学哲学手稿》到《关于费尔巴哈的提纲》，马克思用实践的原则改造了过去的思想，将“自由的有意识的活动”现实化为人的“实践活动”，形成了全新的实践观，这被称为实现了“共同富裕”从空想到科学哲学变革的“阿基米德支点”[①]。《神圣家族》则实现了从异化劳动到唯物史观的过渡。在该著作中，马克思和恩格斯将人的“实践”进一步阐述为人民群众的“实践”，认为人民群众在历史中起决定作用，并且指出，“正是人，现实的、活生生的人在创造这一切，拥有这一切并且进行战斗”[②]。随着社会生产力的发展，人民群众“必然在历史上有些什么作为”，从而自我解放，实现共同富裕。

此后，由马克思和恩格斯共同撰写的《德意志意识形态》，系统阐述了历史唯物主义的基本原理。马克思和恩格斯运用历史唯物主义方法，在揭示人类社会发展一般规律的同时，也揭示了共同富裕的历史发展规律。恩格斯指出，从原始社会到资本主义社会的发展过程，受制于不够发达的社会生产力，通过社会中的阶级对立和斗争推动着历史发展。所有阶级社会具有的一个共同特征是生产资料的私人占有制，而以生产资料私有制为基础的所有阶级社会中，都存在占有生产资料者剥削不占有生产资料阶级的劳动者的共同特征。[③]资本主义社会所实行的制度决定了其无力解决两极分化的财富分配问题。这是因为资本主义国家的阶级本质没有改变，资本家剥削工人的本质没有改变，资本主义社会不能带领人类实现“共同富裕”。私有制、经济剥削、两极分化等是阶

① 孟书广、朱可辛：《马克思恩格斯论证“人类共同富裕何以可能”的四个维度》，《毛泽东邓小平理论研究》2020年第4期。

②《马克思恩格斯全集》，北京，人民出版社1972年版，第287、295页。

③ 邱海平：《马克思主义关于共同富裕的理论及其现实意义》，《思想理论教育导刊》2016年第7期。

级社会的共性，都不能让人类实现“共同富裕”。[1]只有在生产力充分发展的生产资料公有制的社会主义，才能真正实现消灭阶级剥削下的不平等的社会财富占有状态，最终实现共同富裕。事实上，马克思主义深刻揭示了实现全社会共同富裕的根本前提是生产力的高度发展以及生产关系的革新。

马克思在《政治经济学批判》中指出，“在理想的社会主义和共产主义社会中，社会生产力的发展将如此迅速”。一方面，马克思运用历史唯物主义揭示了实现社会共同富裕的物质基础和前提是生产力的高度发展，他指出，“人类奋斗所争取的一切，都与他们的利益有关”[2]，强调了物质利益对于所有人的重要性。因此，他还客观阐明了资本主义生产方式在人类社会发展过程中的历史作用，即由资本主义生产方式带来的生产力高度发展为建立社会主义提供了坚实的物质基础。马克思和恩格斯在《共产党宣言》中指出：“资产阶级在它的不到一百年的阶级统治中所创造的生产力，比过去一切世代创造的全部生产力还要多，还要大。”另一方面，马克思还进一步揭示了人类追求物质利益和物质福利的历史性和阶级性。从历史发展的实践来看，所有统治阶级和剥削阶级都占有比被统治阶级和被剥削阶级更多的物质福利和富裕水平；从阶级社会来看，在生产资料私有制下，不同阶级的经济地位和社会地位是有实质性差异的，这就决定了不同阶级获得的物质利益、阶级利益以及富裕水平是完全不同的。[3]生产关系的革新是共同富裕的制度基础和前提，马克思恩格斯在《共产党宣言》中指出：“代替那存在着阶级和阶级对立的资产阶级旧社会的，将是这样一个联合体，在那里，每个人的

① 孟书广、朱可辛：《马克思恩格斯论证“人类共同富裕何以可能”的四个维度》，《毛泽东邓小平理论研究》2020 年第 4 期。

②《马克思恩格斯全集》，北京，人民出版社 1972 年版，第 825 页。

③ 邱海平：《马克思主义关于共同富裕的理论及其现实意义》，《思想理论教育导刊》2016 年第 7 期。

自由发展是一切人的自由发展的条件。”共同富裕的制度基础是社会主义和共产主义，只有建立在生产资料公有制上的社会主义和共产主义，才能使得全社会共同富裕得到根本的制度保障。马克思主义深刻剖析了资本主义生产方式中存在的不可调和的内在矛盾，深入阐释了资本主义从产生到发展，再至必然灭亡的客观规律，深刻揭示了社会主义和共产主义是人类社会最终走向的历史规律，由此表明实现共同富裕的历史规律。生产的社会化与生产资料的资本主义私有制之间的基本矛盾造成了两方面的必然结果。一方面，由资本积累导致社会财富分配和占有上的两极分化，日益激化着阶级矛盾；另一方面，两极分化的结果导致资本主义生产无限制地扩张与广大劳动者需求能力极为有限之间的矛盾十分强烈，个体生产的有组织性同社会生产的无政府状态之间的矛盾导致社会总资产再生产基本比例关系遭到破坏；平均利润率下降规律、资本主义信用的无限扩张等也在不断加剧资本主义社会的固有矛盾。所有的矛盾和因素重叠在一起，导致资本主义出现具有周期性的经济危机和金融危机，对资本主义社会产生了很大破坏，这也表明资本主义生产方式并不是绝对永恒的社会生产方式，必然会被更高级的社会生产方式所取代。[①] 除了把实现全社会的共同富裕看作历史发展的必然性，马克思主义还将其视作社会主义革命和建设的根本目的。马克思在《资本论》中指出，资本主义生产方式是以生产资料私有制为基础，以获取剩余价值为目的。《共产党宣言》指出：“共产党人为工人阶级的最近的目的和利益而斗争，但是他们在当前的运动中同时代表运动的未来。”由此可见，社会主义以解放和发展生产力，持续不断提升全社会人民的物质生活水平和精神文化水平，将实现全社会的共同富裕和促进全社会每个人的全面自由发展作为根本目标，这是马克思主义理论的根本立场。通过

① 邱海平：《马克思主义关于共同富裕的理论及其现实意义》，《思想理论教育导刊》2016 年第 7 期。

以上分析，我们可以看到，马克思主义理论体系中对共同富裕持有的核心观点清晰明确，马克思深刻洞察了社会主义共同富裕的本质和精髓，逻辑严密而自洽，这对我国实现社会主义共同富裕具有重要的启示和价值。一是辩证分析了不同类型的贫困及其内涵，深刻揭示了共同富裕的核心要义；二是明确了实现共同富裕的制度根基，突出了社会主义制度及其条件下生产资料公有制的重要前提；三是强调了人的劳动对于发展社会生产力的重要作用，突出了人的劳动对实现共同富裕的重要价值；四是揭示了实现全社会共同富裕的渐进性和阶段性，并不能一蹴而就，违背历史发展规律。[①]

第二节　我国共同富裕概念的提出与发展深化

一、我国共同富裕概念的提出

我国“共同富裕”的概念自提出之时就与中国社会主义建设紧密地联系在了一起，共同富裕的内涵也正是在我国社会主义实践进程中不断探索和反思中得到发展与完善的。我国明确提出“共同富裕”的时间可以追溯至新中国成立初期。在党的第一代中央领导集体中，毛泽东最早提出了社会主义社会的两个目标，一是发展社会生产力，二是实现共同富裕。应该说，我国“共同富裕”的概念是由毛泽东首倡并正式提出的，此后这一目标凝聚着全国力量并带领人民群众走上社会主义和共产主义的“大同之路”。1953 年 12 月 16 日，毛泽东在《中共中央关于发展农业生产合作社的决议》中指出：“为着进一步地提高农业生产力，

① 张占斌、毕照卿：《中国共产党对共同富裕的百年探索：深刻把握与历史贡献》，《经济社会体制比较》2022 年第 2 期。

党在农村中工作的最根本的任务，就是要善于用明白易懂而为农民所能够接受的道理和办法去教育和促进农民群众逐步联合组织起来，逐步实行农业的社会主义改造并使农民能够逐步完全摆脱贫困的状况而取得共同富裕和普遍繁荣的生活。”[①]1955 年，毛泽东在谈论农业合作化问题时指出：“如果我们没有新的东西给农民，不能帮助农民提高生产力，增加收入，共同富裕起来，那些穷的就不相信我们，他们会觉得跟着共产党走没有意思……为巩固工农联盟，我们就得领导农民走社会主义道路，使农民共同富裕起来，穷的要富裕，所有农民都要富裕，并且富裕的程度要大大超过现在的富裕农民。”

应该说，在改革开放以前，以毛泽东同志为核心的党的第一代中央领导集体在共同富裕目标认识上以及将实现广大农民的脱贫致富作为实现全体人民共同富裕突破点这一观点上是正确且明智的。然而，这一时期将“共同富裕”视作“同等富裕”“平均富裕”“同步富裕”，将富农经济、个体经济、资本主义与共同富裕完全对立起来，认为需要在农村消灭资本主义，实现社会主义改造，通过改变农村的生产关系，将生产资料掌握在农民集体手里，以实现共同富裕，在实现目标上也更加强调“共同”，因而并没有深刻揭示共同富裕的社会主义本质。从实践来看，由于在社会主义初级阶段对社会公平作了脱离实际的过高估计，在吃“大锅饭”等人民公社的单一集体经济形式下追求平均主义，其结果只能是抑制了劳动者的积极性，损害了社会主义生产效率，导致经济发展和人民生活水平提升缓慢，因而亦未能实现真正的共同富裕，但这也为后来我国共同富裕的理论发展和实践探索提供了宝贵的历史经验借鉴。

① 中共中央文献研究室：《建国以来重要文献选编》（第 4 册），北京，中央文献出版社 1993 年版，第 661—662 页。

二、共同富裕概念的发展深化

1978 年党的十一届三中全会召开之后，邓小平系统总结和反思了新中国成立以来社会主义建设进程中正反两方面的经验教训，并且积极借鉴吸收当时其他社会主义国家的建设经验，在此基础之上，邓小平提出并丰富了社会主义国家共同富裕的思想内涵，形成了邓小平社会主义本质论。[①] 从一定意义上来说，共同富裕理论是邓小平社会主义本质论的核心。事实上，从“文化大革命”以后，以邓小平同志为核心的党的第二代中央领导集体就对先前的社会主义建设实践作出了清晰而深刻的反思，并明确提出了“建设有中国特色社会主义”的科学命题。邓小平认为，“我们坚持走社会主义道路，根本目标是实现共同富裕，然而平均发展是不可能的。过去搞平均主义，吃‘大锅饭’，实际上是共同落后，共同贫穷，我们就是吃了这个亏。”[②] 他还明确强调：“贫穷不是社会主义，共同富裕才是社会主义的本质特征，而共同富裕的实现要依靠财富的增加，最终归结于生产力的发展。”[③] 出于这样一些思想认识，在党的十一届三中全会上，邓小平提出了社会主义建设的新路子，即“鼓励一部分地区、一部分人先富起来，先富带动、帮助后富，最终达到共同富裕。”在这一时期的共同富裕理论指导下，我国社会主义建设开辟了新的路径。邓小平理论的重大贡献就在于认识到社会主义的本质是最终实现共同富裕，提出“社会主义的本质是解放生产力，发展生产力，消灭剥削，消除两极分化，最终达到共同富裕”。[④] 这也同时强调了我

① 余永跃、王世明：《论邓小平共同富裕思想的理论来源及其发展》，《科学社会主义》2012 年第 6 期。

② 《邓小平文选》第 3 卷，北京，人民出版社 1993 年版，第 155 页。

③ 武娟：《贫穷不是社会主义，更不是共产主义》，人民网，2017 年 11 月 14 日。

④ 孙业礼：《共同富裕：六十年来几代领导人的探索和追寻》，《党的文献》2010 年第 1 期。

国的共同富裕需要走“先富裕、后共同”的路子，这反映出邓小平坚持了毛泽东分配思想中的共同富裕目标，但他强调结果的公平，认为共同富裕不是同步富裕、同等程度上的富裕。[①]

20 世纪 90 年代初，面对当时国内外局势的变化，为充分发挥社会主义制度的优势，在 1992 年党的十四大上，江泽民明确提出将建立社会主义市场经济体制作为我国经济体制改革的目标，同时提出“兼顾效率与公平，运用包括市场在内的各种调节手段，既鼓励先进，促进效率，合理拉开收入差距，又防止两极分化，逐步实现共同富裕”，这进一步丰富了共同富裕的内涵。[②]1993 年，党的十四届三中全会通过的《关于建立社会主义市场经济体制若干问题的决定》对效率与公平的关系问题进行了详细阐释，明确提出建立以按劳分配为主体、效率优先和兼顾公平的收入分配制度，鼓励先富带后富，走实现共同富裕的道路。江泽民强调，“社会主义应当创造比资本主义更高的生产力”，从本质上说，“效率高、社会公正和共同富裕是社会主义制度本质决定的”[③]。在以江泽民同志为核心的党中央领导时期，我国经济体制改革取得了重大突破，经济得到快速发展，社会主义市场经济条件下公平与效率关系处理逐渐合理，通过强化宏观调控，加大转移支付和扶贫开发力度，加快健全社会保障体系，实施西部大开发战略等一系列举措，使广大人民群众共享改革发展成果，加快了全社会共同富裕的进程。

进入 21 世纪，中国广大人民群众已普遍受益于 20 多年改革开放带来的巨大红利，生活水平和富裕程度普遍得以提高，但随着我国经济发展过程中的经济结构变化，区域、城乡、行业、人群之间的收入差距不断拉大，人民群众的物质文化需求层次提升，公平意识不断增强，对社

① 杨静娴:《毛泽东、邓小平、江泽民、胡锦涛的“共同富裕”思想比较研究》,《前沿》2011 年第 14 期。

②《江泽民文选》第 1 卷，北京，人民出版社 2006 年版，第 227 页。

③《江泽民文选》第 1 卷，北京，人民出版社 2006 年版，第 543 页。

会公平正义的诉求亦更为强烈。2003 年，以胡锦涛同志为总书记的党中央提出了科学发展观，其核心是以人为本，关注人的多方面需求和全面发展，进一步拓展了“共同富裕”的内涵。胡锦涛强调，“要始终把实现好、维护好、发展好最广大人民的根本利益作为党和国家一切工作的出发点和落脚点，尊重人民主体地位，发挥人民首创精神，保障人民各项权益，走共同富裕道路，促进人的全面发展”[①]，指出“在促进发展的同时，把维护社会公平放到更加突出的位置，综合运用多种手段，依法逐步建立以权利公平、机会公平、规则公平、分配公平为主要内容的社会公平保障体系，使全体人民共享改革发展的成果，使全体人民朝着共同富裕的方向稳步前进”[②]。科学发展观为促进社会公平，更好地实现共同富裕开辟了新的途径。胡锦涛指出，“以解决人民群众最关心、最直接、最现实的利益问题为重点，着力发展社会事业，促进社会公平正义，走共同富裕道路”[③]。总体上看，共同富裕的思想内涵在建设社会主义和谐社会的进程中得到了进一步的丰富与扩展。

党的十八大以来，站在新的历史起点，习近平总书记坚持中国共产党人的“共同富裕观”，把握中国特色社会主义建设阶段的新变化，把逐步实现全体人民共同富裕摆在更加重要的位置上，从战略高度来全面深刻认识社会主义共同富裕的理论与实践，不断提升共同富裕的理论认识水平，并就如何实现共同富裕作出了一系列重大论述。习近平总书记指出：“消除贫困、改善民生、实现共同富裕，是社会主义的本质要求，是我们党的重要使命。”[④] 党的十八大之后，党中央实施了精准

① 中共中央文献研究室：《十六大以来重要文献选编》（中），北京，中央文献出版社 2006 年版，第 604 页。

② 中共中央文献研究室：《十六大以来重要文献选编》（中），北京，中央文献出版社 2006 年版，第 712 页。

③ 孙业礼：《共同富裕：六十年来几代领导人的探索和追寻》，《党的文献》2010 年第 1 期。

④ 习近平：《习近平论扶贫工作——十八大以来重要论述摘编》，《党建》2015 年第 12 期。

扶贫、乡村振兴等一系列重大战略举措，打赢了脱贫攻坚战，全面建成了小康社会，城乡和区域发展差距逐步缩小，乡村振兴正在全面推进，为实现共同富裕创造了良好条件。目前，我国已全面消除绝对贫困，进入全面建设社会主义现代化国家的新阶段。2021 年 8 月，习近平总书记在主持召开中央财经委员会第十次会议上强调："共同富裕是社会主义的本质要求，是中国式现代化的重要特征，我们说的共同富裕是全体人民共同富裕，是人民群众物质生活和精神生活都富裕，不是少数人的富裕，也不是整齐划一的平均主义。"[①]2022 年 10 月 16 日，习近平总书记在党的二十大报告中明确指出了中国式现代化是全体人民共同富裕的现代化，并将实现全体人民共同富裕作为中国式现代化的本质要求。习近平总书记坚持马克思主义共同富裕科学理论内核，结合中国式现代化建设的新特征，广泛吸纳借鉴中华优秀传统文化中有关共同富裕的有益思想，不仅从物质生活、精神文化、公共服务、生态环境等层面丰富和发展了共同富裕的理论内涵，而且还明确指出了实现共同富裕的具体路径[②]，这为我国在新发展阶段实现共同富裕提供了根本遵循。共同富裕概念内涵的演化进程见表 1-1。

表 1-1　共同富裕概念内涵的演化进程

中央领导人	标志性会议	主要内涵	演化阶段	内在联系
邓小平	1978 年党的十一届三中全会	先富带后富，先"富裕"后"共同"，强调结果公平	初步阐释核心要义	一脉相承，与时俱进
江泽民	1992 年党的十四大	效率优先，兼顾公平	丰富发展	
胡锦涛	2003 年党的十六届三中全会	以人为本，更加注重社会公平	进一步深化	
习近平	2012 年党的十八大以来	全民富裕、全面富裕、共建富裕、渐进富裕	全面深化	

① 张占斌：《共同富裕是中国式现代化的重要特征》，《人民日报》2021 年 10 月 12 日。

② 刘欣、黄轲：《推进乡村振兴促进共同富裕的科学指南——学习领会习近平总书记关于共同富裕的重要论述》，《南京农业大学学报（社会科学版）》2022 年第 1 期。

第三节　共同富裕的时代特征

一、共同富裕的时代内涵

马克思主义理论从一定意义上来说就是关于人类共同富裕的理论，只有坚持以马克思主义共同富裕理论为指导[①]，结合中国人民为实现共同富裕在不同时代的条件创造和举措创新，才能精准把握共同富裕的时代内涵。自1921年中国共产党成立以来，中国共产党人就带领全国各族人民为探索实现共同富裕而不懈奋斗，在实现共同富裕的道路上，不同的历史阶段均被赋予了特定的时代内涵。

在新民主主义革命时期（1921—1949年），以实现共产主义为最高理想和最终目标的中国共产党开始将马克思主义理论中国化，并团结带领全国各族人民开始致力于民族独立和共同富裕的发展道路。中国共产党成立后，基于当时正处于半殖民地半封建社会的基本国情，将新民主主义革命时期的奋斗目标科学地阐述为实现民族独立和人民民主，并团结带领全国各族人民不畏艰险、浴血奋斗，最终取得了新民主主义革命的伟大胜利，这为新中国成立后实现共同富裕打下了重要基础。从土地革命时期开始，特别是在解放战争时期，通过“打土豪、分田地”实现了土地生产资料占有的普及化，为农村实现共同富裕创造了有利条件。

在社会主义革命和建设时期（1949—1978年），新中国成立后，我国建立了人民民主专政的社会主义民主政治制度，结束了延续2000多年的封建专制统治，人民当家作主的政治制度为全体人民共享国民财富奠定了政治制度基础。在土地改革之后，通过社会主义改造建立社会主

① 邱海平：《共同富裕的科学内涵与实现途径》，《政治经济学评论》2016年第4期。

义经济制度，实现了生产资料所有制的彻底变革，全民所有制和劳动群众集体所有制在国民经济中取得绝对优势，以公有制为主体的社会主义基本经济制度得以确立，从而实现了生产资料的全民占有，为全体人民共享国民财富奠定了经济制度基础，通过初步建立现代工业体系，为全体人民共同富裕奠定了产业和物质基础。[①]

在改革开放初期，中国共产党带领全国各族人民在实现共同富裕的道路上不断迈出坚实的步伐，在中国特色社会主义建设实践进程中赋予了共同富裕更为丰富的时代内涵。邓小平通过总结和反思过去建设社会主义事业的经验教训，不仅将实现共同富裕作为社会主义基本原则，而且还将其上升到社会主义本质内涵的高度。邓小平第一次正式提出"共同富裕"的概念是在 1984 年 11 月 9 日会见意大利外宾时，他指出："我们党已经决定国家和先进地区共同帮助落后地区。在社会主义制度下，可以让一部分地区先富裕起来，然后带动其他地区共同富裕。"[②] 此后，"共同富裕"成为他讲话、谈话的核心关键词，共同富裕在我国改革开放之后的内涵也不断得到丰富和发展。尤其是在 1992 年南方谈话中，邓小平明确指出："社会主义的本质是解放生产力，发展生产力，消灭剥削，消除两极分化，最终达到共同富裕。"邓小平不仅对共同富裕作出深刻阐释，而且还创造性地给出了实现共同富裕的新思路，即允许和鼓励一部分人、一部分地区先富起来，带动和帮助其他人、其他地区走向共同富裕。江泽民也指出："我们搞社会主义，是要解放和发展生产力，消灭剥削和贫穷，最终实现全体人民共同富裕。"江泽民将共同富裕摆在社会主义发展的核心位置，强调在社会主义市场经济体制中兼顾效率与公平，使广大人民群众共享改革发展成果，开辟了共同富裕的新道路。

① 李军鹏：《共同富裕：概念辨析、百年探索与现代化目标》，《改革》2021 年第 10 期。

② 周锟：《邓小平通过改革税收制度推进共同富裕的思考与实践》，《邓小平研究》2021 年第 6 期。

党的十八大以来，习近平总书记从中国共产党执政、社会主义事业建设和人类社会发展规律的高度，在多个重要场合深刻阐释了共同富裕的时代内涵、重大意义、本质要求、实现目标、实现路径和重大举措等，形成了习近平总书记关于共同富裕的重要论述。共同富裕既是人民对美好生活需要的重要内容，也是新时代解决我国社会主要矛盾的重要抓手。[①] 党的十九大报告对共同富裕作出了新的战略部署：到2035年，基本实现社会主义现代化，全体人民共同富裕迈出坚实步伐；到本世纪中叶，把我国建成富强民主文明和谐美丽的社会主义现代化强国，全体人民共同富裕基本实现。党的十九届五中全会进一步提出，到2035年，人的全面发展、全体人民共同富裕取得更为明显的实质性进展。党的二十大报告充分肯定了党的十八大以来我国扎实推进共同富裕取得的新成效，并进一步强调了实现全体人民共同富裕是中国式现代化的重要特征和本质要求。在中国特色社会主义进入新时代的背景下，共同富裕的时代内涵更为丰富深刻，为我国扎实推动共同富裕指明了方向和路径。

事实上，实现全体人民共同富裕，被以习近平同志为核心的党中央赋予了新的、更加深刻的时代内涵。习近平总书记指出："广大人民群众共享改革发展成果，是社会主义的本质要求，是我们党坚持全心全意为人民服务根本宗旨的重要体现。我们追求的发展是造福人民的发展，我们追求的富裕是全体人民共同富裕。"关于什么是共同富裕，习近平总书记明确指出，共同富裕是全体人民共同富裕，是人民群众物质生活和精神生活都富裕，不是少数人的富裕，也不是整齐划一的平均主义。由此可以看出，共同富裕不是均等富裕，也就是说，随着社会生产力的快速发展和财富的相应增长，居民收入也在不断增加，逐渐实现了富裕，但富裕的程度也是有差别的。[②]2021年6月发布的《中共中央 国

① 刘培林、钱滔、黄先海等：《共同富裕的内涵、实现路径与测度方法》，《管理世界》2021年第8期。

② 卫兴华：《论社会主义共同富裕》，《经济纵横》2013年第1期。

务院关于支持浙江高质量发展建设共同富裕示范区的意见》中将“共同富裕”定义为：生活富裕富足、精神自信自强、环境宜居宜业、社会和谐和睦、公共服务普及普惠，实现人的全面发展和社会全面进步，共享改革发展成果和幸福美好生活。①

创新、协调、绿色、开放、共享的新发展理念是当前我国全面建设社会主义现代化国家进程中必须坚持和贯彻的核心理念。其中，共享发展理念作为五大新发展理念之一，强调使发展成果惠及全体人民，注重解决社会公平正义问题，促进共同富裕目标的实现，体现出新发展理念出发点和落脚点的内在要求。习近平总书记指出：“共享是中国特色社会主义的本质要求，必须坚持发展为了人民、发展依靠人民、发展成果由人民共享，作出更有效的制度安排，使全体人民在共建共享发展中有更多获得感，增强发展动力，增进人民团结，朝着共同富裕方向稳步前进。”② 为深入揭示共同富裕的时代具体内涵，需要在深刻理解“共享发展”理念的基础上，站在人民的角度予以阐释。习近平总书记在关于新发展理念的重要论述中已明确对“共享发展”理念作出了准确解释，“共享发展”理念的内涵要从 4 个方面进行完整、准确、全面地理解，本书依此对共同富裕的时代内涵进行具体解析：一是全民共享。这是就共享的范围而言的，共享发展不是针对少数人或一部分人，而是全体社会成员或人人都要共享，但这种共享并不是平均主义。依此，共同富裕是指全民富裕，这是对共同富裕的覆盖范围作出的明确界定，即共同富裕是指全体人民共同富裕，并不是少数人或一部分人的富裕，也不是整齐划一的平均主义。二是全维度共享。这是就共享的多维度性而言的，共享发展不仅仅是共享国家经济发展的成果，而是要全面共享国家政治、经济、文化、社会、生态文明等各个维度或层面的建设成果，这一权利是

① 新华社：《中共中央　国务院关于支持浙江高质量发展建设共同富裕示范区的意见》，《中华人民共和国国务院公报》2021 年第 18 期。

② 习近平：《全党必须完整、准确、全面贯彻新发展理念》，《求是》2022 年第 16 期。

受法律保障的。依此，共同富裕是全维度富裕，这也是就共同富裕的多维度性而言的，共同富裕是指全体人民都能平等公正地共享国家政治、经济、文化、社会、生态文明等各个维度建设成果，既要实现全体人民物质生活富裕，也要实现全体人民精神生活富裕。三是共建共享。这是就共享的实现途径而言的，只有全体人民一起建设，共同努力，通过劳动和奋斗才能实现共享建设成果。在共同建设过程中，要充分发扬民主，汇聚全体人民的民智、民力、民心，让全体人民在共建中拥有享受建设成果的成就感。依此，共同富裕是指共建富裕，这也是就共同富裕的实现途径而言的，习近平总书记指出，幸福生活都是奋斗出来的，共同富裕要靠勤劳智慧来创造。实现全体人民共同富裕必须要依靠全体人民的集体智慧、勤劳努力和共同奋斗，要大力宣传和践行劳模精神、劳动精神、工匠精神，激发广大干部群众奋斗致富的内生动力。四是渐进有序共享。这是就共享的实现过程而言的，共享发展是渐进有序推进的，并不是一蹴而就的。一方面共享发展是有序的，即从低级发展到高级发展、从非均衡发展到均衡发展、从不协调发展到协调发展等这样一系列演进过程，这些过程是我国共享发展无法回避的，是要遵从的基本发展规律。另一方面共享发展是渐进实现的，这是指共享发展必须要分阶段、分步骤、分目标地逐渐实现，不能急于求成，脱离客观实际地超越发展水平，必须要一步一个脚印，通过一代又一代的努力奋斗来最终实现。[①] 依此，共同富裕是指渐进有序富裕，实现全体人民共同富裕是一个渐进有序推进的过程，要按照经济社会发展的客观规律稳步推进，实现全民富裕、全维度富裕也是一个渐进过程，并不是所有人、所有地区都同时实现共同富裕，在富裕标准上对于不同地区而言也是有差别的，并不是齐头并进。需要指出的是，共同富裕的衡量标准既包括收

① 燕连福、王亚丽：《全体人民共同富裕的核心内涵、基本遵循与发展路径》，《西安交通大学学报（社会科学版）》2022 年第 1 期。

入、财产、生活状况等“显性”物质方面，也包括教育、医疗、住房、养老等“隐性”公共服务和公共产品方面，还包括文化生活、生态环境、生活幸福指数等方面，在实现共同富裕的过程中要客观认识和统筹兼顾。以上共同富裕时代内涵的 4 个方面是密切联系、缺一不可的，形成共同富裕的新时代丰富内涵，在扎实推动共同富裕的过程中要全面准确理解和整体把握。

二、共同富裕的基本特征

推动新时代共同富裕必须坚持系统观念，把握共同富裕的基本特征。将新时代共同富裕之路看成是我国“五位一体”总体性建设推动“五位一体”整体性文明协调发展之路，即经济建设奠定物质基础、政治建设提供政治保障、社会建设提供必备条件、生态建设创造人与自然和谐的生态环境基础、精神文化建设提供精神动力。[①] 共同富裕的基本特征涉及经济高质量发展、城乡区域协调发展、乡村振兴、基本公共服务均等化、生态环境保护和文化建设等核心内容。

（一）经济高质量发展和收入分配公平公正

推动新时代全体人民共同富裕，必须先实现经济高质量发展和推动收入分配公平公正。发展是解决我国一切问题的基础和关键，是党执政兴国的第一要务。党的十九大报告指出，“我国经济已由高速增长阶段转向高质量发展阶段，正处在转变发展方式、优化经济结构、转换增长动力的攻关期”。中国特色社会主义进入新时代，我国经济发展的阶段性变化主要表现在：由低收入阶段转向中等收入发展阶段，经济增长受资源和环境条件的约束，数量型增长转向质量效益型增长，摆脱贫困

① 方世南：《新时代共同富裕：内涵、价值和路径》，《学术探索》2021 年第 11 期。

转向基本实现现代化。高质量发展是贯彻新发展理念的发展，体现了经济发展从“有没有”到“好不好”，其基本特征和要求在于：第一，依靠科技创新建设现代化经济体系。习近平总书记指出，“实现高质量发展，必须实现依靠创新驱动的内涵型增长”。改革开放40多年来，我国科技发展日新月异，科技实力不断壮大，全要素生产率（TFP）对经济增长的贡献率越来越大。进入高质量发展新阶段，从国家层面要深入实施创新驱动发展战略，加快科技创新步伐，促进产业结构转型升级，破除无效供给，促进新旧动能转换；从企业层面要通过自主创新，集中力量开展核心技术攻关，着力于解决国民经济发展中“卡脖子”的科技难题；从个人层面要积极融入全社会创新创业大环境中，提高自主就业创业能力，增强致富本领，通过创新创业实现致富，避免出现“躺平”现象。第二，依靠绿色发展促进发展方式根本性转变。绿色发展是新发展理念的重要组成部分，是习近平生态文明思想的重要体现，也是高质量发展的必由之路。一是要坚持绿水青山就是金山银山的理念，彻底改变传统的“高物耗、高能耗、高排放”生产模式，在合理评估生态容量和资源环境承载力的前提下，通过技术创新赋能，转向绿色、低碳、循环、清洁的生产模式，提高资源生产效率，走节能降耗、集约高效之路。二是要加快传统产业升级改造，大力发展环保节能、新能源等绿色产业及电子技术、新材料、航空航天等战略性新兴产业，构建绿色产业体系，推动绿色经济发展。三是要倡导和推行绿色生活方式，强化人们的绿色消费观念，增强人们对生活消费品在生产、销售、消费、废弃等环节生态足迹的关注，倒逼生产方式的绿色转型，同时保障人们的生命健康和安全，促进人与自然和谐发展。第三，依靠更高水平开放提升经济发展整体质量。中国在长期的对外开放过程中，一直践行开放包容的发展理念，奉行“互惠互利、合作共赢、共同发展”的基本原则。当今世界正经历百年未有之大变局，世界经济增长乏力，美国推行的单边主义、霸凌主义和贸易保护主义，逆全球化趋势愈演愈烈。在此大背景下，一是要大力推进经济全球化，全面提高对外开放水平，促进国际贸易和国际投资便利化，形成国际合作和竞争新优势，建设更高水平的开放型经济新体制。二是要以区域全面经济伙伴关系协定（RCEP）生效实施为重要契机，大力推进区域经济一体化，借助亚太地区规模最大的自由贸易区，促进多边经济合作和跨境贸易，联通国内和国际市场，加快推动我国产业结构转型升级。三是要推动各国共建“一带一路”，深化金砖国家务实合作，积极参与世界贸易组织（WTO）改革。通过参与全球经济治理体系改革，推动构建以合作共赢为核心的新型国际关系和治理体系。[①] 此外，提高经济发展质量的关键还在于解决供给的有效性问题。[②] 新时代我国经济发展必须提高供给的质量和有效性，大力发展生产力，改善供给主体结构，加快产业创新和产品结构调整，以满足人民群众更高层次的多元化、个性化需求。

共同富裕是相对于贫富差距、两极分化而言的，是一种合理的、有差别的富裕，它并不等同于平均主义、均等富裕，而是要求社会成员之间的收入差距与财富差距均保持在相对较低的水平。当前，我国的收入分配差距主要集中表现为居民之间、城乡之间和区域之间的不平衡不充分问题。在低收入阶段时强调效率性增长，即效率优先、兼顾公平，而现在过大的收入差距已然影响效率，为避免陷入“中等收入陷阱”，在新发展阶段要注重促进公平正义。为推进收入分配公平公正，需要加强对收入分配的调节，习近平总书记在党的十九大报告中指出：“坚持在经济增长的同时实现居民收入同步增长、在劳动生产率提高的同时实现劳动报酬同步提高。”同时在扩大中等收入群体比重并逐步形成橄榄型社会结构的基础上，不断提高低收入者的收入水平，使人民群众共享经济发展成果，从而实现共同富裕。

① 王磊：《扎实推动实现共同富裕》，《山东干部函授大学学报（理论学习）》2021 年第 11 期。

② 任保平：《新时代中国经济从高速增长转向高质量发展：理论阐释与实践取向》，《学术月刊》2018 年第 3 期。

（二）城乡融合和区域协调发展

推动新时代全体人民共同富裕，必须先实现城乡融合和区域协调发展。共同富裕的实现与区域协调发展具有很强的关联，而城乡与区域发展的不平衡不充分是制约区域协调发展和实现共同富裕的共性问题。[①]事实上，城乡与区域发展差距的产生，既是改革开放后我国实施工业化战略、区域非均衡发展（“先富带后富”）战略的必然结果，也是我国社会生产力布局和发展不平衡的具体体现。促进共同富裕，必须着力于促进城乡融合和缩小区域差距。

习近平总书记指出：“促进共同富裕，最艰巨最繁重的任务仍然在农村。”加快城乡融合发展，促进城乡形成地域共同体，是促进农村与城市一道实现富裕的重要举措。破除城乡差距的关键在于实现农业农村的充分发展，消除城乡割裂，推动城市和农村形成功能互补、利益协调、和谐共生的地域共同体。一是要着力消除城乡要素双向自由流动的障碍性因素，破解城乡公共资源配置不合理、乡村经济发展单一化、农民增收不稳定等问题，充分释放“工商资本下乡、人才下乡、技术下乡”等政策红利。二是要协同推进新型城镇化和农业农村现代化。既要深化户籍制度、土地制度改革，加快农民工市民化进程，使农业转移人口深度融入城市，又要以实施乡村振兴战略为契机，坚持农业农村优先发展，加大农村新型基础设施建设和基本公共服务供给，走科技兴农之路，加快农业产业化，促进农村一二三产融合发展，补齐农业农村现代化过程中“人、地、钱、技”的“短板”。

区域差距是促进共同富裕进程中必须要攻克的一道难关。深入实施区域协调发展战略，增强区域联动，缩小区域差距。我国地域广阔，各地区自然条件、资源禀赋、区位条件和发展基础的差距较大，不可能

① 刘应杰、陈耀、李曦辉等：《共同富裕与区域协调发展》，《区域经济评论》2022 年第 2 期。

同步实现共同富裕。改革开放之后，我国立足国情和各地区实际，实施了区域非均衡发展战略，即“让一部分人、一部分地区先富起来，以带动和帮助落后的地区，逐步达到共同富裕”。我国区域发展不平衡问题的产生正是这一战略实施过程中出现的必然结果，我们需要正确认识和客观看待。目前，我国已进入促进共同富裕的新阶段，缩小区域发展差距、促进区域协调发展是实现共同富裕的内在要求。实施区域协调发展战略，建立更加有效的区域协调发展新机制，在党的十九大报告中被明确提出。当前，一是要以经济建设为中心，在促进社会生产力不断发展的过程中解决城乡区域发展差距。当前，我国区域差异明显，呈现东中西部阶梯型差异和南北方开口式差异并存、南北差距逐渐超越东中西差距的新发展局面。[①]改革开放之后，在工业化发展导向下，我国实行的是区域非均衡发展战略，即东部沿海地区优先发展，然后再带动中西部地区发展的战略，极大地推动了我国工业化和现代化建设，集中优势资源优先发展东部使得中西部地区经济发展相对滞后。但伴随西部大开发战略和中部崛起战略的实施，中西部承接了东部的产业集聚转移，区域差距明显缩小。而南北差距将成为我国缩小区域差距需要着力关注的新趋势，要求促进南北区域战略统筹，促进市场一体化，突出链式协同，推动产业链、创新链、供应链互补协作，对外开放联动，共同应对全球市场变化。[②]因此，要继续实施新时代西部大开发、东北全面振兴、中部崛起、东部率先发展等总体区域协调发展战略，以“一带一路”建设、京津冀协同发展、长江经济带、粤港澳大湾区、黄河流域生态保护和高质量发展等区域重大战略为引领，打造新经济增长极，以点带面，带动欠发达地区跨越式发展，促进各区域平衡协调发展。二是要消除区域市场壁垒，打破行政性垄断，畅通不同尺度空间单元之间的循环，促

① 郭海红、刘新民、刘录敬：《中国城乡融合发展的区域差距及动态演化》，《经济问题探索》2020 年第 10 期。

② 王继源：《新发展格局下促进南北方区域协调发展》，《宏观经济管理》2022 年第 4 期。

进人才、技术、资本等生产要素跨区域高效流动；建立城市之间的分工体系，加快中心大城市的一般产业向周围中小城市梯度转移，加大对人口净流出的衰退地区和欠发达地区的专项扶持。三是要强化区域联动，促进发达地区与欠发达地区之间的互动合作，健全区域协调互动机制。以深化东西部对口扶贫协作和优化对口支援机制为突破口，从产业、人才、教育、科技、医疗等各个领域和政府、市场、企业、社会组织、个人等各个层面，形成“先富带后富、先富帮后富”的良好发展局面，充分发挥东中部发达地区带动西部欠发达地区跨越式发展的作用。

（三）乡村全面振兴，农业农村实现现代化

推动新时代全体人民共同富裕，必须先实现乡村全面振兴和农业农村现代化。实现共同富裕的短板和难点在农村，核心是要实现农民的富裕。改革开放以后，党和国家致力于使贫困人口尽快摆脱贫困，加大扶贫开发力度和财政资金的扶贫投入。党的十八大以来，以习近平同志为核心的党中央将摆脱贫困放在治国理政的突出位置，更加重视“三农”问题，将实现近 1 亿贫困人口脱贫作为全面建成小康社会的底线任务，打响了脱贫攻坚战。尽管受到突如其来的新冠肺炎疫情冲击，但在党中央的坚强领导和全国各族人民的共同努力下，至 2020 年年底，我国依然如期实现全面脱贫和全面建成小康社会的目标，为实现共同富裕打下了坚实基础。当前，我国农村地区已进入全面推进乡村振兴的新阶段，乡村振兴是实现农业农村现代化和共同富裕的重要基础。乡村全面振兴，有助于缩小城乡社会保障和公共服务上的差距，使更多农村人口享受到与城市居民均等的公共服务和社会福利。过去，我国实施的优先发展工业和城市的政策，是基于当时的国内外形势，符合国情和发展建设的需要，有助于加速工业化和城市化的发展进程，但也在客观上拉大了工农业和城乡之间的差距。为扭转这种不良发展局面，2004 年我国在宏观调控中注重加强农业发展，出台了一系列惠农政策，保护并调动了

农民生产积极性，促进了农村农业发展。2017 年党的十九大报告提出的乡村振兴战略成为解决我国经济发展过程中长期存在的不平衡不充分问题的关键。就乡村振兴所要解决的重要问题上，习近平总书记指出，“乡村振兴是包括产业振兴、人才振兴、文化振兴、生态振兴、组织振兴的全面振兴”，并由此明确了“五个振兴”的重大任务。2022 年党的二十大报告强调要全面推进乡村振兴，坚持农业农村优先发展，巩固拓展脱贫攻坚成果，加快建设农业强国，扎实推动乡村产业、人才、文化、生态、组织振兴。共同富裕是实施乡村振兴战略的引领目标，乡村振兴是实现共同富裕的重要基础和必经之路，两者相辅相成，具有内在一致性。[①] 在当前巩固拓展脱贫攻坚成果的工作开展中，需要注重脱贫攻坚与乡村振兴的有效衔接，提升农村人居环境整治，提高城乡基本公共服务均等化水平，健全农业补贴机制，促进农户节本增收，依托互联网和大数据技术推动农村金融和数字农业发展，提升农业质量效益和竞争力，推进农业农村高质量发展。习近平总书记在 2020 年年底召开的中央农村工作会议上强调，要推动城乡融合发展见实效，健全城乡融合发展体制机制，促进农业转移人口市民化。在新型城镇化和城乡融合发展中，要坚持广大人民群众的主体地位，着力解决人民群众最关心、最直接、最现实的利益问题，不断提高公共服务均衡化、优质化水平，使更多人享有更高品质的城市生活，不断开创人民城市建设新局面。[②]

（四）基本公共服务实现均等化，民生福祉得到保障和改善

推动新时代全体人民共同富裕，必须先实现基本公共服务均等化，保障和改善民生福祉。2021 年十三届全国人大四次会议通过的《中华人民共和国国民经济和社会发展第十四个五年规划和 2035 年远景目标

① 刘明月、汪三贵：《以乡村振兴促进共同富裕：破解难点与实现路径》，《贵州社会科学》2022 年第 1 期。

② 盛玉雷：《促进农业转移人口市民化》，《人民日报》2022 年 4 月 7 日。

纲要》在“增进民生福祉”部分阐述了提高基本公共服务均等化水平的重要性。党的二十大报告在“增进民生福祉，提高人民生活品质”这一部分明确提出，“着力解决好人民群众急难愁盼问题，健全基本公共服务体系，提高公共服务水平，增强均衡性和可及性，扎实推进共同富裕”。公共服务是增进民生福祉、增强社会和谐、促进经济繁荣、保障国家稳定的重要保证。公共服务均等化的终极目标是使人与人之间所享受到的基本公共服务的均等化。[①] 对照共同富裕这一奋斗目标，当前我国基本公共服务体系建设还存在诸多短板和差距。继 2020 年年底我国全面消除绝对贫困问题后，相对贫困问题凸显出来，当前全体人民的富裕程度还不够高。而实现基本公共服务均等化有利于巩固脱贫攻坚成果、推动经济高质量发展，促成更加合理的收入分配格局。[②]2021 年国务院印发的《“十四五”数字经济发展规划》明确提出要提高“互联网＋政务服务”效能。推动基本公共服务均等化，需要政府在扩大并优化配置各类资源，创新基本公共服务供给方式的同时，在公共服务领域运用数字化手段，搭建基层社会治理服务平台，加大各部门信息资源整合力度，加强统计数据资料综合分析和运用，为人民群众提供更加便利化服务，推动社区服务高效化，提高社会治理精准化。

习近平总书记强调：“要坚守人民情怀，紧紧依靠人民，不断造福人民，扎实推动共同富裕。”人的全面发展水平是衡量共同富裕成败的核心指标和根本标志。随着社会生产力的提高和国民经济的不断发展，人民的权利意识日益增强，利益诉求也日益多样化，对自由全面发展的诉求也日益迫切。尤其是中国特色社会主义进入新时代以来，中国共产党面临着更加严峻的问题和挑战。增进民生福祉，既要切实关注人民美好生活需要日益增长的长期性、动态性，又要着重关注人民美好生活需

① 安体富、任强：《公共服务均等化：理论、问题与对策》，《财贸经济》2007 年第 8 期。

② 李实、杨一心：《面向共同富裕的基本公共服务均等化：行动逻辑与路径选择》，《中国工业经济》2022 年第 2 期。

要的具体性、多样性，以解决人民最关心最直接最现实的利益问题为当前着力点。[①] 推动民生水平发展，必须加强和创新社会治理，打造共建共治共享的社会治理格局。要通过精准施策，解决好人民群众最关心最直接最现实的利益问题，落实好“在发展中补齐民生短板”的目标。[②] 要坚持把保障和改善民生放在更加突出的位置，坚持以人民为中心的发展思想，让发展成果更多更公平惠及全体人民，不断增进民生福祉，促进人的自由全面发展，促进全体人民向共同富裕迈进。

（五）生态环境保护力度加大，经济社会全面绿色发展

推动新时代全体人民共同富裕，必须首先加大生态环境保护力度，实现经济社会全面绿色发展。改革开放以来，我国经济实现了飞跃式发展，但同时粗放式的经济发展方式也给生态环境造成了巨大压力。一方面，退化的生态系统提供产品和服务的能力及质量的下降，难以满足人们日益增长的对生态产品的需求；另一方面，生态系统自身质量的下降蕴含着现实或潜在危机，在一定程度上影响到人类可持续发展赖以存在基础的稳固。[③] 生态文明建设是我国社会主义现代化建设中的重要内容，关系到人民切身利益。自党的十八大提出“大力推进生态文明建设”以来，我国先后出台了一系列政策，在保护生态环境的同时也在促进共同富裕上取得了阶段性成效，主要体现在生态环境保护成效和农民增收成效两个方面，前者为共同富裕提供了可持续发展的保障，后者为补齐实现共同富裕最大短板奠定了一定基础。习近平总书记强调：“我们既要绿水青山，也要金山银山。宁要绿水青山，不要金山银山，而且

---

① 《学术前沿》编者：《民生福祉的未来所向》，《人民论坛 · 学术前沿》2021 年第 20 期。

② 常健：《跳出政策刚性执行与弹性执行的恶性循环——政策执行“一阵风”现象的形成机理剖析》，《人民论坛》2018 年第 9 期。

③ 胡晓燕：《生态环境保护促进共同富裕的理论阐释和实践路径》，《企业经济》2021 年第 12 期。

绿水青山就是金山银山。”推动共同富裕，必须在人与自然和谐共生的基础上寻找实现共同富裕的动力，走出一条经济发展与生态文明建设相协调的发展道路。这就要求我们在协调人与自然关系的同时，建立科学的绿色发展的制度体系，通过建设生态文明，来满足人民群众对优美生态环境的需要。进一步地，实践路径可被具体阐述为：优化国土空间开发格局，推进资源的资产化管理，提高科学利用资源的效率，加大生态环境保护投入，健全生态保护补偿机制，推动农村生态与产业融合，补齐共同富裕短板。

（六）文化建设水平不断提升，人民群众精神生活富足

推动新时代全体人民共同富裕，必须重视提升文化建设，使人民群众精神生活富足。习近平总书记强调，共同富裕是全体人民共同富裕，是人民群众物质生活和精神生活都富裕。人民群众向往的美好生活，既包括物质层面的内容，也包括精神层面的内容；既要有数量的增长，更要有质量的提升；既有多层次的需求，也有个性化的需求。实现人民群众精神文化生活富裕富足是实现共同富裕的应有之义，随着全面小康社会的建成，人民群众对美好精神生活的渴求比以往任何时候都更为迫切。[①] 习近平总书记指出，满足人民日益增长的精神文化需求，必须抓好文化建设，增加社会的精神文化财富。在人民群众物质生活不断得到满足的基础上，需要更加注重文化建设，丰富人民群众精神生活，将加快文化建设作为新时代促进共同富裕的重要抓手，坚持以人民为中心的发展思想，不断提升文化产品层次和质量，推动人民群众精神生活迈向新台阶。进入新发展阶段，要求高质量推动更高层次的精神文明建设，这对党和政府的工作提出了更高要求，必须始终坚持以马克思主义精神文明观为指导，将文化建设提升到新的历史高度，坚持以社会主义

① 刘东超：《精神生活共同富裕是共同富裕的重要内容》，《党建》2022 年第 2 期。

核心价值观为引领，坚持弘扬中华优秀传统文化，坚持人民立场，着眼于人民群众美好文化生活的期待，努力推动物质生活共同富裕和精神生活共同富裕均衡发展。《中共中央关于党的百年奋斗重大成就和历史经验的决议》指出，党坚持把社会效益放在首位、社会效益和经济效益相统一，推进文化事业和文化产业全面发展，繁荣文艺创作，完善公共文化服务体系，为人民提供更多更好的精神食粮。迈向新征程，提升公共文化服务水平，更好地保障人民文化权益，促进人民精神生活共同富裕也是实现全体人民共同富裕过程中不可缺失的关键一环。到 21 世纪中叶，当全面建成社会主义现代化强国之时，人民群众的物质和精神层面的共同富裕也将基本实现。

第二章 山东共同富裕的物质基础

社会生产力的发展水平决定共同富裕的物质基础，“物质财富的富足是共同富裕的重要内容”[①]。本章从产业发展、区域协调和乡村振兴三大方面盘点山东共同富裕的物质基础。总体而言，山东省产业转型升级趋势明显，新旧动能转换取得突破性成绩，正在从农业大省向现代农业强省转变，工业链完整、供给链有韧性，两业深度融合、服务业蓬勃壮大；区域协调发展成效显著，三大经济圈发挥示范引领作用，区域发展一体化程度不断提高，城乡发展差距不断缩小；乡村振兴工作扎实推进，脱贫攻坚战取得全面胜利，乡村产业振兴优势明显，乡村生态文明水平大幅提高，人才振兴与组织振兴相融合。

第一节 产业转型升级趋势明显

一、新旧动能转换取得突破性成绩

近年来，山东省牢记习近平总书记加快“腾笼换鸟、凤凰涅槃、浴火重生”的嘱托，坚持把制造业作为新旧动能转换的主战场

① 李立峰：《正确认识和把握共同富裕的几对辩证关系》，《经济日报》2022年4月20日。

和突破口，加快高端制造业发展助推新旧动能转换。

（一）“十强产业”引领作用逐渐增大

山东省“十强产业”包括新一代信息技术、高端装备、新能源新材料、智慧海洋、医养健康、绿色化工、现代高效农业、文化创意、精品旅游、现代金融。涵盖了一二三产业，涉及山东主导产业、优势产业、潜力产业，代表了先进生产力发展方向。2021 年，山东省把加快新旧动能转换作为贯彻新发展理念、推动高质量发展的“牛鼻子”，持之以恒做优“十强”现代优势产业集群，新旧动能转换取得积极进展，发展后劲更加显现。

“十强产业”是新旧动能转换的主战场，山东省聚焦“十强”优势产业集群，加快战略性新兴产业和高新技术产业发展步伐，以“加法”培育做大新动能，“十强产业”引领作用逐渐增大。第一，产值稳步增加。2021 年，山东省新一代信息技术、新能源新材料、高端装备产业增加值分别增长 17.1%、32.2% 和 17.5%，分别高出规模以上工业 7.5 个、22.6 个、7.9 个百分点。[①]第二，产量迅速提升。光电子器件、半导体分立器件、集成电路、工业机器人等高端智能产品产量分别增长 73.1%、34.6%、65.2% 和 38.7%。软件业务收入 7970.4 亿元，增长 29.3%。第三，新动能效益稳步提升。高端化工、新能源新材料、新一代信息技术制造等“十强产业”，2021 年实现营业收入分别增长 38.6%、24.8% 和 20.4%，两年平均分别增长 17.9%、21.0% 和 18.6%，年均增幅分别高于规模以上工业 8.0 个、11.1 个和 8.7 个百分点；利润分别增长 100.5%、49.2% 和 6.9%，两年平均分别增长 62.7%、39.2% 和 36.9%，年均增幅分别高于规模以上工业 42.5 个、19.0 个和 16.7 个百分点。第四，现代高效农业持续推进。引黄灌区农业节水工程稳步推

① 数据来源：《2021 年山东省国民经济和社会发展统计公报》。

进，高标准创建首批国家级水产健康养殖和生态养殖示范区 4 个。深入实施水产绿色健康养殖“五大行动”，农作物耕种收综合机械化率达 89.7%，主要农作物良种 100% 覆盖，畜禽粪污综合利用率稳定在 90% 以上。第五，文旅产业增长势头良好。2021 年接待游客 7.3 亿人次，旅游总收入 8278.6 亿元，分别比上年增长 26.6% 和 37.5%，文旅融合发展再上新台阶，发放文化和旅游惠民消费券 1.5 亿元，新增首批国家级夜间文旅消费集聚区 6 个、第二批国家级文旅消费示范试点市 3 个，国家级文旅消费试点市达到 7 个。第六，金融运行整体呈现“四个新”，[①] 即总量新跨越、配置新提升、改革新突破、防控新成效。社会融资规模增量 20831.7 亿元，年末金融机构本外币存款余额 130482.1 亿元，比 2020 年增长 10.3%，比年初增加 12132.7 亿元；资本市场主体扩容，年末上市公司 371 家，全年新增 37 家。[②]

此外，为进一步促进“十强产业”增量培育，山东省编制实施了“十强产业”突破行动计划，推动成立 11 只产业基金，支持 546 个项目加快发展，基金投资 402.3 亿元，带动社会资本投融资 2232.6 亿元。[③] 在制造业 9 大产业领域 42 条产业链全面推行“链长制”，省领导挂帅担任标志性产业的“链长”，配套建章立制，取得了重要进展和成效。2022 年 7 月，山东省人民政府印发《“十强产业”2022 年行动计划》推动优势产业发展更上一层楼。按照该计划，2022 年年底前“十强产业”增加值占生产总值的比重要达到 57%。

① 中国人民银行济南分行货币政策分析小组：《山东省经济金融运行报告（2022）》，《金融发展研究》2022 年第 6 期。

② 山东省人民政府新闻办公室：《山东举行新闻发布会介绍 2021 年全省金融运行情况》，2022 年 1 月 25 日，http://www.scio.gov.cn/xwfbh/gssxwfbh/xwfbh/ shandong/Document/1719647/1719647.htm。

③ 齐鲁壹点：《山东围绕“十强”产业成立 11 支基金，支持 546 个项目发展》，2021 年 12 月 10 日，https://baijiahao.baidu.com/s?id=1718728008953657102&wfr=spider&for=pc。

（二）高端制造业助推新旧动能转换

面向新材料、高端装备、医养健康等制造业领域，山东省组织了100项重大科技创新工程，全面推行“揭榜制”“组阁制”，支持制造业龙头骨干企业吸引国内顶尖科研力量集聚山东，实现创新链“补短板、强弱项、堵漏洞”。已在安全芯片、磁悬浮列车、光刻胶、大硅片等重点领域取得一批关键技术，明显提升了制造业产业链的核心竞争力，新动能效益稳步提升。

2021年，山东省高技术制造业和高端装备制造业分别增长18.5%和17.5%，分别高于规模以上工业8.9个、7.9个百分点[①]。表2-1为2021年山东省高端制造业发展情况。整体而言，高端化工、新能源新材料、新一代信息技术制造业均取得了较快发展。进一步细分来看，医药制造业、金属制品业、通用设备制造、专用设备制造、计算机通信和其他电子设备制造业增加值增速均实现两位数增长。

表2-1　2021年山东省高端制造业发展情况　　单位：%

产业	营业收入			利润		
	增长率	两年平均增长率	高于规模以上工业	增长率	两年平均增长率	高于规模以上工业
高端化工	38.6	17.9	8.0	100.5	62.7	42.5
新能源新材料	24.8	21.0	11.1	49.2	39.2	19.0
新一代信息技术制造业	20.4	18.6	8.7	6.9	36.9	16.7

数据来源：山东省统计局

（三）新兴产业助添经济增长新动力

山东省“十四五”战略性新兴产业发展规划提出要充分发挥“十强

① 数据来源：山东省统计局。

产业”中新一代信息技术、高端装备、新能源新材料、现代海洋、医养健康“五强”新兴产业的引领作用，加快培育壮大新能源汽车、航空航天、绿色环保、新兴服务等新兴产业的规模和实力，努力构建形成“5+N”的战略性新兴产业发展新格局。2021年作为“十四五”规划的开局之年，山东省新兴产业发展迅速，助添经济增长新动力。

如表2-1所示，山东省新一代信息技术、新能源新材料增长迅猛。同时，高端装备产业凝聚力、创新力有较大提升。2021年，山东省高端装备产业营业收入达到1万亿元，增加值占装备工业比重达到46.4%。涉及的42条重点产业链中，高端装备占7条，分别是汽车、工程机械、农机装备、数控机床、氢燃料电池、海工装备和轨道交通装备。大型拖拉机、工业机器人、新能源汽车、集成电路、光电子器件等高端装备产品，增速分别达到24.8%、38.7%、97.7%、65.2%和73.1%。[①] 山东省高端装备产业聚集度持续提升。累计培育省级“雁阵形”产业集群11个，轨道交通装备、智能家电2个产业集群入选国家先进制造业集群。高端装备产业创新能力也显著提升，已累计创建高端装备省级及以上制造业创新中心8家、工业设计中心141家、培育制造业单项冠军企业187家，国家技术创新示范企业22家，3项成果获国家科技进步奖一等奖。山东省高端装备屡创“世界第一”，一批国之重器相继交付使用。国内首台具有完全自主知识产权的智能雪蜡车正式服务北京冬奥会冰雪项目。

现代海洋产业蓬勃发展。建成海水淡化工程41个，日产能达45.1万吨；新增国家级海洋牧场示范区5处，累计达到59处，占全国的39.3%。沿海港口全年完成货物吞吐量17.8亿吨，集装箱吞吐量3446万标准箱，比2020年分别增长5.5%和8.0%；集装箱航线、外贸航线总量分别达到313条和221条，航线数量和密度均居我国北方港口首

① 数据来源：《2021年山东省国民经济和社会发展统计公报》。

位。海洋科技创新加速起势，累计建成全省技术协同创新中心 124 家，现代产业技术创新中心 156 家。省部共建国家海洋综合试验场（威海）挂牌运行，国家深海基因库、国家深海大数据中心、国家深海标本样品馆、中国海洋工程研究院落户青岛市。

医疗健康领域成果显著。2021 年年末职工基本医疗、居民医疗保险参保人数分别为 3226.7 万人和 4614.1 万人，医疗卫生机构 8.6 万所，其中，医院 2660 所，比 2020 年年末增加 20 所；基层医疗卫生机构 8.2 万所，增加 0.1 万所。58 家疾控中心进行改扩建，超过半数的地市建成一所达到三级传染病医院标准的医疗机构，设立 9 个省级公共卫生事件应急救援区域中心。人均基本公共卫生服务经费补助标准由 74 元提高至 79 元。累计组建家庭医生服务团队 3.2 万个，签约居民 4686.2 万人。医疗仪器设备投资增长 22.2%，生物医药、医疗器械产业集群雏形初现。

航空航天行业实力显著增强。2021 年，山东省海阳市九天行歌火箭贮箱产业基地、东方空间“引力一号”商业固体运载火箭总装测试中心、星河动力商业固体运载火箭创新研发制造基地三大项目同步启动，打造建设中国最大商业固体火箭总装测试基地，助力形成百亿级商业航天产业集群。山东省长征固体火箭基地项目一期工程已在海阳建成投产，实现了山东省火箭制造“零”的突破；中国首艘专业化海上卫星发射船也已正式开工建造。

绿色环保行业发展蹄疾步稳。2021 年全年共打造绿色发展先行区 2 个，深入实施水产绿色健康养殖“五大行动”，重点培育 67 个骨干基地；光伏、生物质发电装机容量居全国首位，全年新能源和可再生能源装机容量为 6130.5 万千瓦，占全省发电装机总容量的 35.2%，同比提高 7.3 个百分点。生态环境质量持续改善，蓝天白云、绿水青山成为常态。

新兴服务行业新动能蓬勃发展。升级类消费增势强劲，2021 年全年限额以上体育娱乐用品类、通信器材类和新能源汽车零售额分别增长

61.5%、54.3% 和 92.0%。高新技术服务业保持较快增长，2021 年全年实现营业收入比 2020 年增长 18.4%，两年平均增长 14.9%。其中，电子商务服务、科技成果转化服务、研发与设计服务、专业技术服务等分别比 2020 年增长 57.6%、37.5%、35.0% 和 23.0%。①

此外，2021 年山东省"四新"经济增加值占比为 31.7%，"四新"经济投资占比超过一半，达到 51.2%。高新技术企业总数突破 2 万家，比上年增长 38.2%，创历史新高。高新技术产业产值占规模以上工业总产值的比重为 46.8%，比上年提高 1.7 个百分点。②

二、农业大省向现代农业强省转变

（一）农业总产值连续多年全国第一

作为农业大省，山东农业发展势头强劲，从 1990 年开始，山东省农业总产值就已全国领先。31 年来一路领跑，从 2016 年的 9075.60 亿元，到 2017 年的 9140.36 亿元，到 2018 年的 9397.39 亿元，到 2019 年的 9671.67 亿元，再到 2020 年的 10190.6 亿元，成为全国第一个农业总产值超过 1 万亿元的省份。

2021 年山东省在原有基础上更进一步，农业发展稳中有增。农林牧渔业产值达 11468.0 亿元，按可比价格计算，比上年增长 8.6%。具体各细分产业的产出情况见表 2-2。

表 2-2 2021 年山东农业各产业产出情况

产业	产值（亿元）	增长率	占比
种植业	5814.6	4.3%	50.7%
林业	219.9	1.7%	1.9%

① 中国人民银行济南分行货币政策分析小组：《山东省经济金融运行报告（2022）》，《金融发展研究》2022 年第 6 期。

② 数据来源：《2021 年山东省国民经济和社会发展统计公报》。

续表

产业	产值（亿元）	增长率	占比
牧业	2904.2	21.1%	25.3%
渔业	1652.6	5.9%	14.4%
农林牧渔专业及辅助性活动	876.7	8.2%	7.6%

数据来源：《2021年山东省国民经济和社会发展统计公报》

从增加值的角度来看，山东省农业也走在全国前列。2021年山东省农业增加值达到6029亿元，是上海市的60倍，是农业大省黑龙江的近两倍。图2-1为近10年来农业增加值前十省份农业增加值变动趋势，相比其他农业大省，山东省农业在绝大部分年份（除2020年）的增加值均居全国首位，并且山东省农业增加值的增长速度较快。

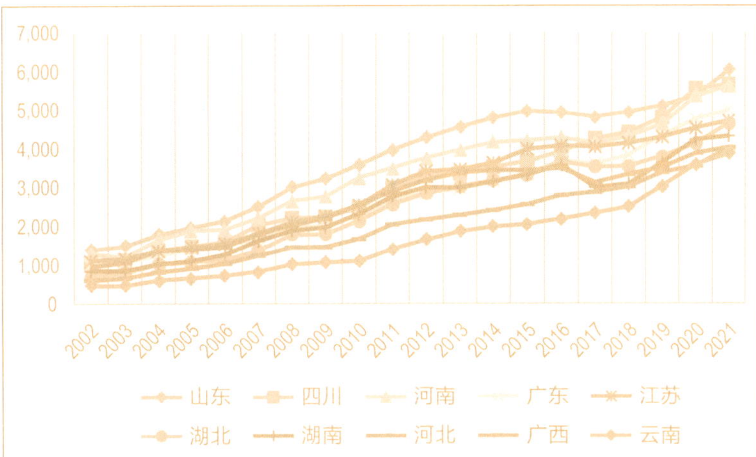

数据来源：wind数据库

图2-1　近10年来农业增加值前十省份农业增加值变动趋势

在山东省的农林牧渔业中，并不存在某一产业发展较快、领先过多，或者某一产业发展较慢、落后较多的情况，而是四大产业相互协调、相互配合、共同发展。

粮食产业方面，山东省是13个粮食主产省之一，粮食连年丰产。

2021年粮食总产量达1100.1亿斤，增加10.8亿斤，连续8年过千亿斤。[①] 山东省粮食产业集群群聚发展，门类齐全，[②]“齐鲁粮油”品牌在全国影响力越来越大。

林业方面，山东省森林覆盖率提高到20.9%，林地及非林地林木覆盖资源合计400.2万公顷，森林资源合计330.1万公顷。[③] 同时，山东省大力发展绿色生态产业，生态环保产业已成为山东省经济发展的新引擎。

畜牧业方面，产业基础雄厚。2021年猪牛羊禽肉产量815.1万吨，比2020年增长12.9%；禽蛋产量455.4万吨，下降5.3%；牛奶产量288.3万吨，增长19.4%。[④] 山东省畜牧产品可满足1.5亿人消费需求，是京津沪等高端市场的主要供给区。2021年，全省肉蛋奶产量1500万吨，肉蛋奶总产量占全国10%，稳居全国首位。

渔业方面，山东省继续实施海洋强省战略，加快推进“海上粮仓”，在原有海洋渔业优势基础上继续提升。2021年，山东省渔业产值为1652.6亿元，水产品总产量820.7万吨，增长3.9%。其中，海水产品产量706.6万吨，增长4.0%；淡水产品产量114.1万吨，增长3.3%。[⑤]

在全国GDP突破百万亿元的历史节点，山东省农业总产值首超万亿元，展现的是端稳中国饭碗的底气，折射的是传统农业在新时代焕发的勃勃生机。而连续31年农业总产值领跑全国，展现的是山东省作为农业大省的底气，折射的是中国农业欣欣向荣的光明前景。

---

① 数据来源：《2021年山东省国民经济和社会发展统计公报》；中国人民银行济南分行货币政策分析小组：《山东省经济金融运行报告（2022）》，《金融发展研究》2022年第6期。

② 数据来源：《山东省政府新闻办召开新闻发布会介绍山东省粮食产业高质量发展情况》，2020年9月24日，http://www.lswz.gov.cn/html/hybd2020/2020-09/24/content_260522.shtml。

③ 数据来源：《2021年山东省国民经济和社会发展统计公报》。

④ 数据来源：《2021年山东省国民经济和社会发展统计公报》。

⑤ 数据来源：《2021年山东省国民经济和社会发展统计公报》。

（二）现代高效农业引领高质量发展

加快发展现代高效农业是改变我国农业生产落后，实现我国农业高质量发展的必然趋势。在这方面，山东农业一直以来都是全国的标杆。

习近平总书记于 2013 年 11 月视察山东时强调："保障粮食安全是一个永恒的课题，任何时候都不能放松。"牢记总书记嘱托，按照总书记指引的方向前进，山东省牢牢扛起"打造乡村振兴的齐鲁样板"重要政治任务，统筹谋划、勇探新路。山东省实施乡村振兴战略的首要任务便是确保重要农产品特别是粮食供给。在确保粮食安全和重要农产品有效供给的基础上，加快构建现代农业体系，推进农业由增产导向转向提质导向。近年来，山东省坚持以打造乡村振兴齐鲁样板为总抓手，深化农业供给侧结构性改革，从产业、科技、人才等方面不断夯实农业发展内生动力，农业现代化阔步前进。2019 年，山东省农业科技进步贡献率达到 64.56%，高出全国 5 个多百分点。[①] 赤霉病被称为小麦"癌症"，全世界的科研人员都在试图攻克，但鲜有突破性进展。就在 2020 年 4 月，国际学术期刊《科学》在线发表山东农业大学孔令让科研团队的成果，其团队在历史上第一次做到了从小麦的近缘植物中顺利克隆出抗赤霉病的基因，这一成果为全世界农业科研人员解决赤霉病这一困难找到了办法。由于受新冠肺炎疫情影响，2020 年是困难重重的一年，但山东省作为全国农业发展的"排头兵"，蔬菜总产量连续 6 年超过了 8000 万吨，而粮食总产量也连续 7 年超过了 5000 万吨，这些成果给了全省、全国人民一个充实的"粮袋子"、安稳的"菜篮子"。

山东省为全国贡献了农业产业化经营、农业国际化、科教兴农等山东经验。"十三五"期间，山东省级财政累计下拨资金 4.13 亿元，支持山东省现代农业产业技术体系创新团队建设。"十四五"时期是实施乡

① 数据来源：《2021 年山东省国民经济和社会发展统计公报》。

村振兴战略的重要时期，是推进共同富裕取得明显性实质性成果的关键阶段，山东农业不仅要继续走在前列，而且要在打造乡村振兴“齐鲁样板”的过程中，进一步起到对全国农业的引领和示范作用。乡村振兴的关键是产业振兴，发展高效农业生态产业是全面推进共同富裕，实现乡村振兴的必然要求。农业产业化的发源地在山东，山东农业产业化经营多年一直处于全国前列，在领跑全国的同时，又开启了加速度。山东农业在前两年加快发展农业“新六产”四大新型业态，将农业产业化推向“升级版”。通过塑造农业“新六产”四大新型业态，培育家庭农场等农业“新六产”带动主体，做优特色小镇等农业“新六产”发展载体，到2020年在全省建设50个农业“新六产”示范县，培育600家利益联结紧密的示范主体，给广大农民带来一大波红利，为实现高质量发展，实现共同富裕打下了更加坚实的基础。

三、工业链完整、供给链有韧性

（一）工业生产稳中向好

2021年，山东省第二产业增加值33187.16亿元，增长7.2%，两年平均增长5.2%，第二产业占比由上年的39.1%调整为39.9%。全部工业增加值27243.6亿元，比上年增长8.6%，规模以上工业增加值增长9.6%，两年平均增长7.3%。[①] 图2-2为10年来山东省第二产业和工业总体情况。总体而言，第二产业和工业总产值呈上升趋势，尤其是近几年，随着新旧动能转换效果显现，无论从总量还是占比上来看，工业生产均稳中向好。具体来看，山东省工业生产呈现以下特征：

① 数据来源：《2021年山东省国民经济和社会发展统计公报》。

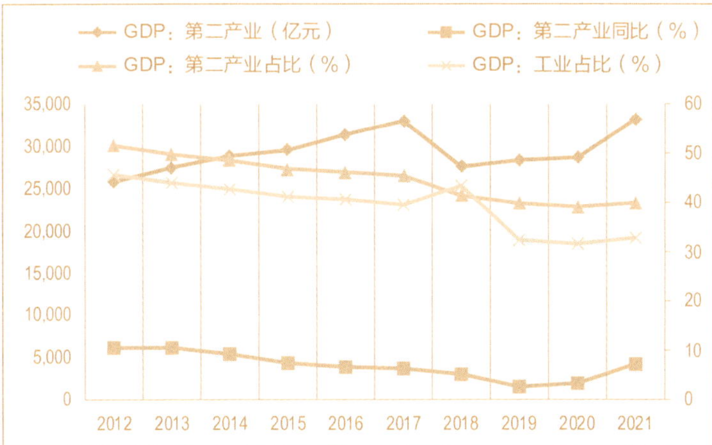

注：第二产业总产值在主坐标轴，同比增长率和第二产业增加值占比和工业占比在次坐标轴。

数据来源：wind 数据库

图 2-2　10 年来山东省第二产业和工业总体情况

1. 多数工业行业利润高速增长。2021 年，在山东省的 41 个工业大类行业中，有 23 个行业利润增速在两位数以上，占比为 56.1%，利润高速增长的行业受大宗商品价格上涨的影响多集中于炼油、化工、钢铁、有色与建材等原材料行业，利润分别增长 57.8%、151.4%、13.8%、80.1% 和 10.7%，合计规模以上工业利润增长 25.5 个百分点，全省重点调度的 120 种重点产品中，78 种产品产量比 2020 年有所增长，增长面为 65.0%，比 2020 年扩大 12.5 个百分点。①

2. 工业生产结构持续优化调整。从行业看，医药制造业、金属制品业、通用设备制造等先进制造业均实现两位数增长，均高于规模以上工业增长率。从产品看，工业机器人等主要产品实现较快增长。“四新”经济投资占全部投资比重超过一半；高新技术产业投资两年平均增速达到 20.4%。

3. 工业企业营收能力增强。2021 年，山东省规模以上工业实现营

① 数据来源：《2021 年山东省国民经济和社会发展统计公报》。

业收入达到102271.5亿元，首次突破10万亿元大关，比2020年增长18.0%，两年平均增长9.9%；实现利润总额5268.8亿元，比2020年增长20.9%，两年平均增长20.2%；营业收入利润率为5.2%，比2020年提高0.1个百分点。从工业产品价格层面来看，2021年山东省工业生产者价格高位运行，工业生产者出厂价格（PPI）由2020年同期下降1.9%转为上涨10.3%，工业生产者购进价格由2020年同期下降2.5%转为上涨9.5%。价格涨幅居全国中游水平，山东省工业生产者出厂价格同比指数高于全国平均水平2.2个百分点，在全国居第14位，在华东6省1市中居第2位；购进价格同比指数低于全国平均水平1.5个百分点，在全国居第19位，在华东6省1市中居第5位。

4. 民营工业企业活力激发。在政府助企纾困政策的作用下，2021年民营工业增加值增速达11.3%，高于规模以上工业1.7个百分点，虽受近几年新冠肺炎疫情的不利冲击，但2020年、2021年平均增速为7.7%，高于规模以上工业0.4个百分点；对规模以上工业增长的贡献率比2020年提高21.7个百分点，达到了73.8%。年末，规模以上民营工业企业产成品存货周转天数和应收账款平均回收期分别为20.9天和43.5天，分别比2020年减少1.8天和4.0天。

（二）工业门类最齐全

目前，在联合国分类的41个工业大类中，中国是唯一一个41个大类齐全的国家，而山东则是中国唯一具有全部工业大类的省份，207个工业中类中山东省有197个，666个工业小类中山东有526个。[①] 山东是中国工业门类最为齐全、基础最为雄厚、结构最为完善、配套最为完备的省份之一。在众多工业门类中，电子计算机、改装汽车、拖拉机、发电量、水泥、化肥、轮胎、氧化铝、纱、布、机器纸、新闻纸、啤酒、

① 数据来源：山东省统计局。

葡萄酒等产量均居全国第一。化工、建材、医药3个行业主营业务收入全国第一，冶金、纺织、电子信息行业主营业务收入均超过万亿元。

（三）产业链供给链韧性增强

在提升产业链供应链韧性方面，面对近两年新冠肺炎疫情、涨价、缺电、断供、洪涝等一系列极端考验，山东省从“两个大局”的高度抓好“双统筹”工作，一方面，在疫情防控最艰难时期，率先实现复工复产，圆满完成了疫情防控应急物资调拨保障任务，有力支撑了全国防控大局；另一方面，稳住制造业基本盘、加快修复受损面、努力培育增长点、强化创新驱动，加速完善“链长制”工作机制，全省工业经济全面超过疫情前增长水平，产业链供应链韧性有效增强。2021年全省产业链供应链保持稳定，行业增长面拓宽，规模以上工业34个大类行业增加值实现增长，增长面达82.9%，比2020年扩大9.7个百分点。①

“链长制”作为一种长效机制，被寄望能推动破解产业链协同发展的难题。为此山东省高度重视、深入贯彻落实“链长制”，以9个重点产业42条产业链为抓手，推动供应链产业链联盟工作有序开展，加快引进实施一批支撑性项目，培植一批“领航型”企业，牵引带动中小企业“专精特新”发展，着力增强产业链供应链自主可控能力。截至2021年，山东省累计培育制造业单项冠军企业557家，其中，国家级制造业单项冠军企业145家（示范企业109家、产品36个），数量居全国第2位。拥有362家全国专精特新“小巨人”企业，居全国第3位。其中，重点支持“小巨人”企业157家，数量居全国首位。②

2021年山东省统筹推进补齐短板和锻造长板，着力解决核心技术“卡脖子”难题，多方合力提升科技自我创新能力、掌握核心技术，取

① 数据来源：《2021年山东省国民经济和社会发展统计公报》。

② 数据来源：《2021年山东省国民经济和社会发展统计公报》。

得了一系列重大突破。从发明专利来看，2021 年山东省发明专利授权 36345 件，比 2020 年增长 35.9%；PCT 国际专利申请量 3244 件。有效发明专利拥有量 150776 件，增长 21.1%，每万人口有效发明专利量 14.85 件，增加 2.45 件。从科技平台建设来看，建设 6 家山东省实验室，省级“政产学研金服用”创新创业共同体发展到 31 家；院士工作站数量达到 444 家。从特色产业来看，2021 年山东省海洋科技创新加速起势，累计建成全省技术协同创新中心 124 家，现代产业技术创新中心 156 家。

与此同时，山东省组织多部门协同合力推进了“链主”企业牵头主导、产业链联盟合作、“产学研”协同推进、要素保障服务 4 项机制，在 42 条重点产业链的 112 个重点“链主”企业中，国家级制造业单项冠军有 33 家，有 91 家国家级单项冠军企业主导产品市场占有率居全球首位，占总数的 62.7%。切实增强了“链主型”企业影响力和带动力，牵引上下游企业“建链、补链、延链、强链”，推动重点产业链固基强基，增强了产业链供给链的韧性。

四、两业深度融合、服务业蓬勃壮大

（一）服务业对经济增长的贡献上升

2021 年，山东省服务业对经济增长的贡献率相比 2020 年的 55.1% 进一步提高到 59.5%。山东省生产总值为 83095.90 亿元，其中第三产业增加值为 43879.71 亿元，比上年增长 9.2%。规模以上服务业营业收入突破 1 万亿元，达到 1.2 万亿元，增长 23.7%，营业利润增长 7.0%。新产业、新业态、新商业模式表现亮眼，多式联运和运输代理业、互联网和相关服务、研究和试验发展、科技推广和应用服务业营业收入分别增长 88.0%、24.4%、26.9% 和 37.2%。①

① 数据来源：《2021 年山东省国民经济和社会发展统计公报》。

（二）制造业与生产性服务业深度融合

近几年，我国“两业融合”不断取得新的进步。山东省也加快了服务业与制造业深度融合的步伐，颁布了多项政策以支持并促进省内的企业，尽快实现由生产型企业向生产服务型企业的过渡和转变，以及服务型企业与制造环节的融合。从现有的成果来看，山东省制造业与服务业融合的进度飞快，服务型制造也不断创造出新的模式。

山东省颁布了一系列的政策，以继续推动省内的跨界融合发展，以此来推动整个产业链的优化升级。2021 年，山东省高端服务业营业收入同比增长 25%，对规模以上服务业的增长贡献达到 34%。其中，信息技术服务业的营业收入同比增长达到了 18%，其利润总额占全部利润总额的 34%，营业收入的利润率也达到了 13% 的高水准，这些数据都高居各个行业的首位。2021 年，山东省制造业技改投资同比增长 11.4%，省内的各家制造业企业纷纷将其技术改造的重点放在数智化转型以及高端化跃迁上。根据此前对全省各个重点制造业企业进行的问卷调查的结果分析，有 52.1% 的重点制造业企业把对原有设备进行数智化更新以及对技术进行智能化改造作为其技术改造的重点；有 51.4% 的重点制造业企业则将其技术改造的重点放在了打造高端产品的生产线上，以加快实现增加产量和拓展开发。实现制造业和服务业的两业融合发展是培育现代化产业体系，增强先进制造业企业的核心竞争力，这些都是实现高质量发展的重要途径。

（三）高端服务业发展迅速

山东省立足新发展阶段、贯彻新发展理念、构建新发展格局，准确把握本地区在服务和融入新发展格局中的比较优势，坚持规划引领、政策保障，推动服务业高质量发展，走出了一条符合本地实际的服务业高质量发展之路。2021 年服务业稳步增长，其中高端生产性服务业蓬勃发展。坚持一切围绕高质量发展、一切服务高质量发展，经过近3年的艰苦努力，山东省搭建起制度创新的“四梁八柱”，构建起新时代现代化强省的基本框架，八大发展战略齐头并进，九大改革攻坚行动扎实推进，呈现出一系列看得见的趋势性、关键性的深刻变化。2021年，省委、省政府密集出台3批促进高质量发展的政策包，积极扩内需、促消费、降税费，从夯基垒台、立柱架梁，到全面推进、厚积成势，再到系统集成、协同高效，有力促进了服务业生产经营快速恢复，为全省服务业持续稳定向好发展提供了有力支撑。

创新是服务业高质量发展必由之路，积极推动服务业创新发展，紧跟共享经济、体验经济、线上经济等新业态、新消费趋势，加快激发内需潜力，更好地满足人民群众消费升级的需求，进一步释放生活性服务业发展潜力和活力。以信息传输软件和信息技术服务业、金融业、房地产业等行业为代表的现代服务业增加值同比增长10.9%，两年平均增长7.2%，分别比GDP及服务业平均增速高11.03个百分点；对经济增长的贡献率达25.2%。山东省在构筑新高地中优化创新生态，在激发新活力中积聚创新力量，形成多主体协同、全方位推进的创新体系，不断释放出服务业高质量发展的潜力。

开启新征程，取得新突破。山东省经济“新格局”正在形成、“新势力”正在崛起、“新动力”正在培育、“新活力”正在迸发，在加快新旧动能转换、推动高质量发展的路上，山东省高端服务业发展会越来越好，前景无限。

（四）消费新业态成为新增长点

2021年山东省新兴消费不断扩容，新业态加快发展，线上消费实现快速增长。2021年山东省网上销售额5409.1亿元，增长17.8%，其中实物商品网上零售额4763.亿元，增长16.5%，占社会消费品零售总额的14.1%，全省网络零售前三的行业为家用电器与音响器材、日用品以及服装鞋帽分别占 23.2%、13.4% 以及 12.5%。[①] 直播电商、社区电商等消费新业态逐步成长为消费的新增长点。临沂市新增 9 处直播电商区域运营中心，成为北方最大的短视频直播电商基地。山东省首家跨境电商保税直播基地在青岛市启用，消费者购买进口品更加便利。线上消费需求的增加以及消费新业态的不断发展和完善共同推动了山东省线上消费的快速增长，消费市场呈现出韧性强、潜力大的特点，未来具有非常广阔的发展空间。

新业态带来新机遇，新机遇创造新动能。随着山东省培育“四新”经济步伐的加快，消费领域的新业态也层出不穷，“体验消费”“首店经济”等消费领域的新业态正在成为山东省深挖内需、扩大国内市场的新经济增长点。2021 年以来，山东省加大对住宿餐饮、居民服务、教育养老、文化旅游等服务消费的支持力度，通过发放文旅消费券、体育消费券等多种形式，引导线上线下深度融合，塑造消费新业态新模式，提升消费智能化，激发消费新动能，全力促进服务消费扩容提质。

新业态新模式推动了山东省产业跨界融合、升级换代而直接生成新的产业，衍生传统产业发展新方向，促进现有领域衍生新环节、新活动，产业发展空间得到拓展；同时进一步拓展需求新空间、激发消费新潜力，促使消费市场规模扩大，进而带来产业规模经济的快速实现。优化了制造业的内部结构，推动传统服务业向现代服务业升级。新业态新模式激发的消费需求升级也会促进产业的高端化发展，加速生产、流通、交换变革，加速形成数字化、网络化的供应链平台，从而引导企业改进原有的生产方式和业务发展模式，有效驱动各要素的快速配置、网络共享、集约整合、协作开发和高效利用，实现了产业链分工的高效协同与沟通。重视消费新业态对经济社会发展的重要作用，对于提高居民收入水平、扩大中等收入群体、扩大内需、实现共同富裕都有十分重要的意义。

① 数据来源：《2021 年山东省国民经济和社会发展统计公报》。

第二节　区域协调发展成效显著

一、三大经济圈发挥示范引领作用

贯彻新发展理念，推动构建新发展格局，实施供给侧结构性改革，坚持具有全局性意义的区域协调发展。经济空间的结构革新对区域经济发展的作用至关重要，而城市经济圈建设对于区域发展具有重要影响，地域相近且具有经济依赖的不同城市的联合是承托各类发展的空间主体。黄河流域高质量发展和生态环境保护示范区建设能够充分发挥山东半岛城市群的领头作用，扩展山东中心城市的影响力。为了贯彻落实新发展理念，加快山东省新型经济现代化建设，2020 年以来山东省政府相继出台了省会、胶东、鲁南三大经济圈的“十四五”一体化发展规划，构建了“一群两心三圈”的区域发展总体布局，其中“三圈”具体是指由济南、淄博、泰安、聊城、德州、滨州、东营组成的省会经济圈，由青岛、潍坊、威海、烟台、日照构成的胶东经济圈以及由临沂、枣庄、济宁、菏泽构成的鲁南经济圈，目的是依托城市圈建设，形成经济发展的集聚效应，为加快山东省新旧动能转化提供动力。近年来，山东省深入实施区域协调发展战略、主体功能区战略，加快“一群两心三圈”建设，全力推动区域协调发展。省会、胶东、鲁南经济圈一体化稳步推进，2021 年全年三大经济圈生产总值分别达到 31074.6 亿元、35534.7 亿元和 16463.7 亿元，按可比价格计算，比 2020 年分别增长 7.8%、8.3% 和 8.6%，对全省经济增长的贡献率分别为 36.0%、43.2% 和 20.8%。[①]

① 数据来源：《2021 年山东省国民经济和社会发展统计公报》。

（一）省会经济圈抢抓重大国家战略，扎实推进“强省会”战略

省会经济圈7个地市间土地相连，文化交融、交通畅通，承接京津冀辐射影响，是北方开放繁荣、极具活力的区域，占地面积达6.09万平方公里，科技、文化、旅游资源丰富，拥有全省近60%的科研高校，众多国家级景点、自然保护区坐落于此，公共服务基本实现了“一网通办”，发展基础深厚。省会经济圈规划“一心两圈层、一带两枢轴”的发展布局，将省会济南置于发展的核心地位，济南市是山东省两大中心城市之一，通过强化其政治中心、经济中心等功能，城市承载力不断提升，2021年济南全年生产总值（GDP）11432.2亿元，比2020年增长7.2%，两年平均增长6%，[①] 2022年1—6月生产总值达到5481.3亿元，同比增长2.7%[②]，带动并引领周边城市的能力大幅提高。通过建立济南—淄博—泰安同城化的内核圈层，与聊城—德州—滨州—东营联动圈层形成融合互动，以黄河文化旅游生态带作为发展枢轴，推进生态走廊、特色产业和绿色经济的发展，建设和疏通泰安—济南—德州和淄博—济南—聊城的交通路线，为各类新兴产业发展提供保障。2021年全年，省会经济圈7市GDP总和为31074.6亿元，较2020年增长3608.5亿元，对全省经济增长的贡献率由2020年的38.7%下降至2021年的36.0%，下降了2.7个百分点。[③] 经初步核算，2022年上半年7市GDP总和达到15598.31亿元，济南市GDP总量为5481.3亿元，同比增长2.7%；淄博市GDP总量为2199.31亿元，同比增长4.2%；德州市GDP总量为1804亿元，同比增长3.8%；东营市GDP总量为1741.48亿元，同比增长3.6%；泰安市GDP总量为1592.4亿元，同比增长

① 数据来源：《2021年山东省国民经济和社会发展统计公报》。

② 数据来源：济南市统计局。

③ 数据来源：《2021年山东省国民经济和社会发展统计公报》。

3.6%；滨州市 GDP 总量为 1406.44 亿元，同比增长 3.4%；聊城市 GDP 总量为 1373.38 亿元，同比增长 3.8%，见表 2-3 所示。①

表 2-3 省会经济圈城市 GDP 变化情况 单位：亿元

	2021 年	占比	2020 年	占比	增量
全省	83095.90		73129.00		9966.90
济南	11432.22	13.76%	10140.91	13.87%	1291.31
淄博	4200.62	5.06%	3673.54	5.02%	527.08
德州	3488.72	4.20%	3078.99	4.21%	409.73
东营	3441.72	4.14%	2981.19	4.08%	460.53
泰安	2996.66	3.61%	2766.46	3.78%	230.20
滨州	2872.11	3.46%	2508.11	3.43%	364.00
聊城	2642.52	3.18%	2316.84	3.17%	325.68
总计 / 占比	31074.57	37.40%	27466.04	37.56%	3608.53

数据来源：《2021 国民经济和社会发展统计公报》《山东省统计年鉴 2021》

《省会经济圈一体化发展“369”行动方案》提出了双招双引三大行动、六大工程和“九个一”目标，双招双引三大行动包括以吸引长三角优秀企业和企业家来鲁创业为目标举办与上海跨国公司的交流会，以对接京津冀和雄安新区发展为目标吸引北京央企来鲁投资兴业，以深入与日韩经贸合作、提升 RCEP 话语权为目标建设省会经济圈 RCEP 经贸合作示范区。六大工程包括：交通互联互通工程，以济南为中心畅通与其余城市航线、公路线、铁路线和高铁线的交通运输网建设，构建干线、城际、市郊和城轨铁路四线为一体的铁路交通网；推进济南—潍坊、济南—高青、济南—东阿等 6 条高速改建项目，启动绕城高速大北环等 30 余项公路项目，依托高速公路、国省干线和县乡公路等畅通 7 市连接；济南、滨州、东营机场建设提速，小清河复航工程、大清河航道、济南港、泰安港、东营港、滨州港等工程进展顺利。高端科技创新平台共享工程，不同地市发展侧重目标不同，涵盖新材料、高端石化、生物

① 数据来源：各市统计局 2022 年上半年生产总值初步核算结果。

医药、精品旅游等各个方面，通过集聚7地市的高校、科研院所、创新龙头企业、科创投资企业等单位联合开展，济南市重点发展大数据、人工智能、医疗医养、高端制造等产业集群，推进科创城、技术研究院建设，优化产业生态，实现信息共享、资源共用，平台共创。社会保障联动提升工程，创新参保“换地不换卡”“一卡通用”等社保卡服务方式，统一服务标准化体系，7地市间数据共享业务互联，并进一步探索社保卡联通公交、景点缴费等扩展服务项目。文化旅游“十个一”工程，在3年内实现经济圈内文旅同城，打造民宿品牌，开发旅游精品路线，以文化巡回展览、绘画阅读比赛等方式实施更亲民、更便民的公共文化服务。自贸试验区创新联动工程，实现济南“全域自贸”，以自贸试验区济南片区的发展实践为基础，总结提炼可供推广的经验，形成区域联动创新区赋能强省会建设。绿色一体化发展示范区建设工程，划分济南新旧动能转换先行区、淄博周村区、齐河县、邹平市4地为试点地区，在土地规划、投资经营等方面探索新模式形成经验并进行推广。

实现新旧动能转化，需要全面重塑经济发展环境。省会经济圈经济稳定性不断提升，各类不同产业支撑的经济结构韧性增强，是引领山东半岛城市高质量发展的强劲动力，瞄准规划编制、交通、科创、产业、文旅、公共服务、资源要素配置、环境保护和对外开放发展的“九个一”目标，在区域一体化实践中铸造省会经济圈的成功经验。

（二）胶东经济圈海洋经济引领，打造对外开放新平台

胶东经济圈5地市是山东省对外开放程度最高的地区，陆地面积达5.2万平方公里，海洋面积达13.3万平方公里，拥有丰富的海洋矿产和生物资源。2021年，胶东经济圈推进高水平对外开放，稳步扩大规则、规制、管理、标准等制度型开放，加快建设贸易强区，领先优势得以进一步巩固，2021年全年胶东5市实现GDP总和35534.7亿元，较2020年增长了4421.30亿元；在全省GDP比重由2020年的42.55%

提高到2021年的42.76%；对全省经济增长的贡献率较2020年提高了2个百分点，达到43.2%（见图2-4）。2021年全省海洋生产总值达到1.49万亿元，比2020年增长15.7%，占全省GDP比重超过18%。经初步核算，2022年上半年5市GDP总和达到17699.89亿元，青岛市GDP总量为7070.35亿元，同比增长3.7%；烟台市GDP总量为4349.91亿元，同比增长4.5%；潍坊市GDP总量为3523亿元，同比增长3.7%；威海市GDP总量为1632.42亿元，同比增长3.4%；日照市GDP总量为1126.19亿元，同比增长3.8%。①②③ 5年来，山东省将现代海洋产业列为重点打造的十强现代优势产业集群之一，海洋渔业、海洋交通运输、海洋生物医药、海洋电力和海洋盐业5个产业规模均居全国第一，同时加快建设船舶修造、海洋重工、海洋石油装备制造三大海洋制造业基地。依托科教兴海战略，成为海洋研究人才高地，海洋领域专业院士占比为全国的1/3，在海洋发展、生态保护等方面发挥先锋作用。海岸线占全国的1/7，长达2782.2公里，为青岛、日照和烟台市港口的蓬勃发展创造了条件，承接贸易商品、船舶交易等多项航运服务，吞吐量达4亿吨，② 当前各港口积极推动功能转型，从单一的装卸功能向实现智慧数据、贸易、金融功能转变，一流港口建设提速增效。公共服务一体化程度提升，营业执照、社保待遇资格认证、劳动能力鉴定等政务服务实现“跨域通办”，通过高铁、公路、铁路等构成的交通运输路线网，胶东“一小时通勤圈”的目标基本实现。各市的发展目标和定位进一步明确，充分发挥青岛市的辐射带头作用，加快现代化海洋中心城市建设，提升全球影响力；强化新旧动能转化核心城市功能，打造烟台市成为制造业强市；推进开放农业试验区建设，将潍坊市建设为农业现代化示范

① 数据来源：《2021年山东省国民经济和社会发展统计公报》。

② 数据来源：《胶东经济圈“十四五”一体化发展规划》。

③ 数据来源：各市统计局2022年上半年生产总值初步核算结果。

点；开发海洋科技创新和滨海旅游度假休闲功能，打造“精致城市·幸福威海”；瞄准定位现代钢铁制造基地、北方能源枢纽，将日照市建设成为生态宜居的现代化滨海城市。

表 2-4　胶东经济圈城市 GDP 变化情况　　单位：亿元

	2021 年	占比	2020 年	占比	增量
全省	83095.90		73129.00		9966.90
青岛	14136.46	17.01%	12400.56	16.96%	1735.90
烟台	8711.75	10.48%	7816.42	10.69%	895.33
潍坊	7010.60	8.44%	5872.17	8.03%	1138.43
威海	3463.93	4.17%	3017.79	4.13%	446.14
日照	2211.96	2.66%	2006.43	2.74%	205.53
总计 / 占比	35534.70	42.76%	31113.40	42.55%	4421.30

数据来源：《2021 国民经济和社会发展统计公报》《山东省统计年鉴 2021》

《关于加快胶东经济圈一体化发展的指导意见》中细化了胶东经济圈 5 个方面的发展目标。在交通基础设施建设方面，提升胶东国际机场和烟台机场的枢纽功能，威海和潍坊机场的迁建工程稳步推进，科学布局港口的公路线建设，实现“公转水、公转铁”。潍坊—莱西的高铁线路建设完成，沈海高速、荣成铁路、青岛西—京沪高铁二期等建设项目稳步推进。产业协同化程度提升，发挥青岛市的“领头人”作用，依托青岛蓝谷和西海岸新区建设国际海洋创新研究中心，以海洋经济和港口经济为支撑形成具有区域特色、结构完整的产业链和产业布局。联合烟台、威海、日照等制造业发达的周边城市，实现区域资源的高效化流动。各地龙头企业跨市合作，设立产业合作平台，实现胶东经济圈 5 市产业链、供应链功能互补，创新链共享。对外开放程度加深，深度参与“一带一路”建设，与匈牙利、印度尼西亚等国共建合作园区，在东盟、中东欧打造具有国际声望的家电、化工等品牌，深化中日韩之间金融、医养、高端制造、信息技术以及影视动漫间的交流合作，建设中日韩地方经贸合作示范区，不断提升产业投资效益，密切文化、科研等人文交流。生态环境保护修复启动，里口山、伟德山等8项山林保护工程，李村河、白沙河等6项河流修复工程，莱州金矿、龙口煤矿等6项矿区治理修复工程，大气、水源、土壤以及固废污染协同治理，制定评价标准实施跨区域环境协同监管。公共服务一体化不断升级，打通了社保卡“一卡通”信息化壁垒，“胶州通办”服务水平提升，人才服务功能优化，胶东5市共享教育医疗资源。

胶东经济圈具有良好的区位优势和发展基础，区域一体化发展能加快新发展格局的构建，破解产业链和供应链研发、生产、销售环节缺漏、成本高的弊端；以发展海洋经济为切入点，积累探索海洋强国战略实践经验；同时，青岛市作为率先发展的中心城市，其带动胶东经济圈区域内均衡的实践也是山东省发展转型的重要经验。

（三）鲁南经济圈建设乡村振兴先行区，培育发展新引擎

鲁南经济圈4地市占地4.52万平方公里，占全省的28.6%，常住人口3202.8万人，占全省的31.5%。[①] 鲁南经济圈位于黄河、淮海和长江流域交界地带，连接山东沿海和中原地区，是山东省与安徽省、江苏省、河南省互通的重要桥梁。京沪、京九、鲁南高铁分段以及京台、济光高速公路途经鲁南经济圈，已建成菏泽牡丹机场，拥有代表性港口济宁港。经济总量不断增长，2021年，鲁南经济圈4市实现GDP总和16463.7亿元，较2020年增长1947.78亿元；对全省经济增长的贡献率由2020年的20.1%，提高到2021年的20.8%，提高了0.7个百分点。经初步核算，2022年上半年4市GDP总和达到8396.63亿元，临沂市GDP总量为2747.4亿元，同比增长3.7%；济宁市GDP总量为2580.37亿元，同比增长4.1%；菏泽市GDP总量为2063.42亿元，同比增长

① 数据来源：《鲁南经济圈“十四五”一体化发展规划》。

3.6%；枣庄市 GDP 总量为 1005.44 亿元，同比增长 4.1%，[①] 南经济圈增速是三圈最快的，表现出良好的成长性。

鲁南 4 市拥有丰富的资源，菏泽、济宁、枣庄迄今为止已发现 60 多种矿产资源，煤、铁、金刚石储备资源丰富，煤矿储量占全省的 73%，临沂、济宁铁矿储量占全省的 90% 以上，同时鲁南 4 市还是山东省的“粮仓”，粮食总产量占全省的 34.4%，达 1873.82 万吨，肉禽、蔬菜、水产、林果等资源产量丰富。[②] 鲁南经济圈历史文化资源丰富，拥有儒家文化、红色文化、孔孟文化等众多文化资源，台儿庄古城等著名景区坐落于此。

表 2-5　鲁南经济圈城市 GDP 变化情况　　单位：亿元

	2021 年	占比	2020 年	占比	增量
全省	83095.90		73129.00		9966.90
临沂	5465.50	6.58%	4805.25	6.57%	660.25
济宁	5069.96	6.10%	4494.31	6.15%	575.65
菏泽	3976.67	4.79%	3483.11	4.76%	493.56
枣庄	1951.57	2.35%	1733.25	2.37%	218.32
总计 / 占比	16463.70	19.81%	14515.92	19.85%	1947.78

数据来源：《2021 国民经济和社会发展统计公报》《山东省统计年鉴 2021》

《关于加快鲁南经济圈一体化发展的指导意见》进一步明确了区域融合的发力点，在基础设施一体化建设方面，加快推进曲阜—菏泽—兰考段、滨州—淄博—临沂段、潍坊—新沂段等地高铁建设，莱芜—临沂段、济南—微山段等地高速公路建设，统筹平原水库建设，强化 4 市天然气管道、储水、储气、储电基地的协同保障。在城乡统筹发展方面，4 市致力于打造乡村振兴示范样板，在枣庄建设国家可持续发展农业示范区，枣庄山亭成为农业农村现代化试点县，菏泽牡丹区、济宁金乡和

① 数据来源：各市统计局 2022 年上半年生产总值初步核算结果。

② 山东省统计局：《2021 年山东省国民经济和社会发展统计公报》。

临沂兰陵等地区建设了农业产业园和科技园区，推广“金丰公社”等乡村发展模式，支持农产品基地建设和农业企业发展，在乡村产业融合、乡村创新治理、乡村人才培养等方面先行先试，探索中等发展地区和革命老区转型新模式，农村公共设施的“七改”工程加速推进。在推进产业协同发展方面，临沂重点发展医养领域，枣庄瞄准智能制造，济宁发展农业机械为主的装备制造，菏泽发展生物医药，形成制造业优势互补、现代服务业加快融合、科创平台共建公用的发展格局。在文旅融合方面，依托鲁南旅游联盟，4 市 67 个景点实现旅游同城化，共同打造具有鲁南特色的文旅品牌。在生态环境治理方面，4 市定期会商，在标准建立、污染监测和监管执法方面实现了“三方统一”，并开展了四河修复工程。在对外开放方面，依托“一带一路”，建设境外生产基地，鼓励临沂市建设跨境电商试验区。在公共服务共享建设方面，公共卫生现代化信息平台资源实现共享，组建了区域专科医疗联盟；建立鲁南高校联盟，共建职业技能培训基地，加强教育合作交流。

鲁南一体化发展程度处于初步阶段，需多措施提升要素配置效率，夯实产业基础，增强创新创业、对外开放能力，统筹区域和城乡一体化水平，探索乡村振兴和新型城镇化建设新模式，通过不断提升鲁南城市群一体化水平，共同实现高质量发展。

二、区域发展一体化程度不断提高

省会、胶东、鲁南经济圈的战略部署，将山东省划分为功能不同的三大经济体，在圈内盘活资源的同时，圈外良性的合作与竞争机制逐步形成，扩大内需与深化供给侧结构性改革有机结合，提高省内全要素生产率，着力推进城乡融合和区域协调发展，有效提升全省内的经济效益，实现自由贸易和生产要素区域内的自由转移。在交通互联、产业融合、合作共赢等方面，区域一体化程度不断提升，从而使资源配置趋向于最优状态，推动了各区域在基础设施共建、产业融合探索、技术设备创新、各类平台共建共享等方面打开新局面。

（一）交通网不断完善，基础设施互联互通

建设交通强国，山东省明确提出要构建干线铁路、城际铁路、市域铁路和城市轨道 4 类交通线路融合的立体交通网。截至 2021 年，山东省内高铁通程公里数位居全国第三，达到 2319 公里，鲁中高铁东西段、鲁南高铁日照—曲阜段已建设完成，胶东经济圈内已形成高铁“半岛环”。2021 年，加快推进 13 个、1259 公里在建高速公路项目建设，京台高速德州—齐河（鲁冀界）段改扩建工程、日兰高速巨野西—菏泽段改扩建、京台高速泰安—枣庄段改扩建、董家口—沈海高速段 4 个项目、333 公里建成通车，全省高速公路通车里程达到 7477 公里，居全国第 6 位，六车道以上占比提升到 30%。2021 年，沿海港口全年完成货物吞吐量 17.8 亿吨，集装箱吞吐量 3446 万标准箱，比 2020 年分别增长 5.5% 和 8.0%，集装箱航线、外贸航线总量分别达到 313 条和 221 条，航线数量和密度均居我国北方港口首位。拥有青岛胶东国际机场、东营胜利机场、临沂启阳机场、济南遥墙国际机场等 10 个民用运输机场。[①] 优化内河水运体系，大力推进小清河复航工程，缓解陆地交通压力，改善流域内的生态环境和交通运输问题，发挥生态旅游、航运贸易等功能，打造“黄金水道”。同时山东省致力于将数字信息技术融入交通运输发展，提升交通数字化水平。依托全省综合交通的数据赋能中心建设，支持探索智慧高铁、智慧港口运行试点，实现基础设施、运输服务和行业治理三方升级。充分发挥数字化治理在交通运输平台大数据应用、交通运输工程项目数字化交付、客运服务水平优化、物流运营和监管模式创新以及运输行业效率提升等方面的应用。

① 数据来源：山东省交通运输厅。

其他基础设施建设上，5G 网络站点布局加快，互联水平提升，确保重点区域的 5G 网络全覆盖，大数据、工业互联网等新型基础设施建设扎实推进。截至 2021 年，建成并开通 5G 基站 10.1 万个，建设省级工业互联网平台 115 个，“上云用云”企业超过 35 万家。全省（固定）互联网宽带接入用户 3863.7 万户，增长 12.1%，其中 100M 以上用户占比达到 97.3%。移动互联网用户 9368.0 万户。固定宽带家庭普及率为 97.5 部 / 百户。移动基站总数达 60.9 万个。能源项目建设方面，2021 年供应天然气 231.7 亿立方米，比 2020 年增长 4.6%[①]，天然气山东环网、“陇电入鲁工程”、中俄东线等天然气管道建设项目持续推进。“莱热入泰”项目的实施为加强区域间供热管网供应合作提供了实践经验。成品油管道总长达 2200 公里，菏泽—郑州成品油管道建成投入使用，充电设施建成超过 6.5 万个，为各类设备尤其是新能源汽车的使用提供保障。[②]

（二）产业协同融合发展

2021 年山东省一二三产业产值稳定增长，第一产业增加 5363.8 亿元，增幅为 2.7%；第二产业增加 28612.2 亿元，增幅为 3.3.%；第三产业增加 39153.1 亿元，增幅为 3.9%。[②] 2022 年上半年全省生产总值为 41717 亿元，按不变价计算，同比增长 3.6%。其中，第一产业增加值为 2884 亿元，同比增长 5.3%；第二产业增加值为 16643 亿元，同比增长 3.4%；第三产业增加值为 22190 亿元，同比增长 3.5%。[③] 第三产业占全域生产总值的比例进一步提升，依托三大经济圈部署了山东省产业融合的总体发展布局。

产业链现代化程度不断提升，推行“链长制”，发展多方参与的基础

① 数据来源：《2021 年山东省国民经济和社会发展统计公报》。

② 数据来源：山东省统计局《山东全面建成小康社会发展成就之一综合篇》。

③ 数据来源：山东省统计局 2022 年上半年全省经济运行情况解读。

研究、技术研发、成果落地转化和产业创新为一体的创新产业链。工业领域强化数字驱动和赋能，推动新型工业化，坚持将实体经济作为经济发展的着力点，2021 年山东省规模以上工业增加值较上年增长 9.6%，装备制造业同比增长 10.5%，高技术制造业同比增长 18.5%，依托“数字 +”“5G + 工业互联网”战略，推进数字产业化进程，连接工业设备、生产环节和供应链，园区、车间、物流的数字化应用场景得以实现。“新技术、新产业、新业态、新模式”的“四新”经济投资占全部投资的比重超过 51%，高新技术产业投资增长 11.6%，高于全部投资 5.6 个百分点。产业集聚发展速度加快，在威海、枣庄、莱芜、淄博拥有 4 个国家级特色优势产业集群，15 家国家级创新型产业集群试点。2022 年上半年，规模以上工业增加值同比增长 4.8%。6 月增速达到 6.1%，且有 30 个行业在 41 个行业大类中的增加值同比保持增长，高新技术制造业、新一代信息技术制造业增加值同比分别增长 15.5%、13.2%，分别高于规模以上工业 10.7 个、8.4 个百分点，新型产品中集成电路、工业机器人、单晶硅、光电子器件等产品产量分别增长 18.2%、33.1%、79.3%、86.8%。[①] 服务业稳步发展，2022 年上半年全省服务业实现增加值 22190.1 亿元，占全省 GDP 的比重为 53.2%，以电子商务、专业技术和科创服务等为主要项目的高技术服务业发展迅速，2022 年上半年，信息传输、软件和信息技术服务业增加值增长 15.2%，高技术服务业营业收入增长 15.8%，高于全部规模以上服务业 0.5 个百分点。[②] 在农业发展方面，拥有平阴县、沂南县等 11 家现代产业园，以玫瑰、白菜、大闸蟹等生产为主的特色农产品优势区 17 个，新泰市楼德镇、费县上冶镇等农业产业强镇 78 家，[③④] 2022 年上半年蔬菜总产量达到 3976.0 万吨，

① 数据来源：山东省统计局《“十三五”时期山东经济社会发展综述》。

② 数据来源：山东省统计局 2022 年上半年全省经济运行情况解读。

③ 数据来源：《2021 年山东省国民经济和社会发展统计公报》。

④ 数据来源：山东省统计局《“十三五”时期山东经济社会发展综述》。

增长 4.9%。主要畜禽肉蛋奶产量达到 769.0 万吨，同比增长 2.8%。[①]

产业布局和合作模式不断优化，省会经济圈制定区域产业发展目录，指导 7 市开展特色化产业集群，形成规模效应，开展“双向飞地”“共管园区”等不同区域间的产业合作新模式，通过省会进行研究、周边进行制造和转化等承接方式共享利益分配。胶东经济圈则提出以青岛市为领头城市，不断提升产业创新和研发能力，联合周边城市进行制造的配套分工，跨市设立产业园区，搭建交流平台，充分发挥烟台市、潍坊市的高端制造优势。鲁南经济圈重点企业发展迅速，企业瞄准核心技术难点和产业链重点环节，提升产业链的整合程度，同时联合 4 市开展“补链、强链、延链、固链”工程，依托开发区、产业园区、优势发展区吸引产业集聚，对产业链进行分类并明确引领发展的城市，同时发挥其他城市的协同作用，提高产业集聚的竞争力。

（三）区域合作不断加深，实现互利共赢

在科技创新层面，区域合作主要体现在以下 3 个方面。一是协同打造重大科创平台和创新共同体，推进科研平台共创和大型仪器共用，首席专家跨区域“组阁”，联合开展“卡脖子”难题攻关，实现区域内资金、人才、产业和技术的深度融合和高效配置。“十三五”以来，科创平台建设速度加快，山东产业技术研究院等项目落地，至 2021 年，建设了 6 家山东省实验室，省级“政产学研金服用”创新创业共同体发展到 31 家，院士工作站数量达到 444 家。企业创新活力不断迸发，入库科技型中小企业 2.9 万家，居全国第 3 位。二是协同创新服务体系不断完善，科技成果转化途径和参与主体多元化，“产学研”融合程度不断加深，实现了成果的高效率和跨区域转化，知识产权标准化管理程度提升，携手共建了一批区域创业创新投资基金管理机构。三是人才高地初步建成，健全区

① 数据来源：山东省统计局 2022 年上半年全省经济运行情况解读。

域人才协同培育和人才评价标准互认体系，人才服务体制机制进一步完善。截至 2021 年，享受国务院政府特殊津贴专家 3510 人、齐鲁首席技师 1806 人、高技能人才 340 万人、获得“山东惠才卡”人选 7243 人[①]。

在生态环境治理层面，区域合作体现在 4 个方面。一是共建环境保护网络，跨区域重点生态保护红线严格管控，划定陆域、海域红线，跨区域破损山体、湿地、植被逐步修复，生物多样性保护工作深入推进，建立了 488 个自然保护区，建立的农作物、林木、畜禽种质资源库数量分别为 52 处、40 处和 62 处。二是开展污染协同治理，在大气污染治理上，持续深入开展“四增四减”计划，通过优化产业和能源结构，强化区域联合治理能力，2021 年全年优良天数比例明显提升，为 71.1%，比 2020 年改善 2.3 个百分点；重污染天数平均 3.6 天，比 2020 年改善六成。在水污染治理上，重点加强了入河（海）口源头整治，完善了城市水系和农村水利的监控与修复，加强了地下水超采的惩罚力度，全面清除了劣 V 类水体。在土壤污染治理层面，强化污染企业风险管控和农用耕地污染治理，提升了农业清洁化水平。三是环境协同监管，建立区域联防和生态补偿机制，跨区域生态纠纷、生态应急处置和监测信息共享等机制进一步完善，生态补偿引入市场参与，补偿措施更加多元化。四是共同推进绿色发展，“十三五”期间，万元 GDP 能耗年均下降 4.46%，整体下降 20.4%，新能源和可再生能源在部分领域逐步取代旧能源的使用，装机容量占全省的 30.1%，达到 4791.2 万千瓦。2022 年上半年，山东省新能源和可再生能源发电装机容量 6637.0 万千瓦，同比增长 28.8%，占全部装机容量的 37.3%，同比增长 5.6%，绿色生产和节能消耗实践迈上新台阶[②③]。

① 数据来源：《2021 年山东省国民经济和社会发展统计公报》。

② 数据来源：山东省统计局《山东全面建成小康社会发展成就之一综合篇》。

③ 数据来源：山东省统计局 2022 年上半年全省经济运行情况解读。

在文旅发展层面，区域合作主要体现在以下 3 个方面。一是公共文化服务水平提升，济南国际文旅城、儒学国际交流中心等城市综合文化中心加快建成，截至 2020 年，山东省 1822 个乡镇街道以及 7 万多个社区基本实现了公共文化服务网络的全面覆盖，美术馆、图书馆、博物馆参观互联共享，其中图书馆和博物馆数量与 40 年前相比增长了 92.5% 和 5670%；截至 2021 年，公有制艺术表演团体 103 个，艺术表演场馆 87 个，博物馆 639 个，公共图书馆 154 个，群众艺术馆和文化馆 158 个，其中 133 个文化馆被命名为国家一级馆，数量位居全国第一。部分城市开展了阅读一卡通和展览一站式等合作项目，满足群众多方面的文化需求。二是合作开发精品旅游路线，依托红色文化、黄河文化、兵家文化和牡丹文化等制定了一批旅游文旅线路，乡村旅游发展势头良好，截至 2021 年，共有全国乡村旅游重点镇 3 个、全国乡村旅游重点村 7 个，山东省乡村旅游重点村 60 个、景区化村庄 285 个，国家 A 级景区 1193 家，其中，5A 级景区 13 家，星级饭店 492 家，旅行社 2729 家。三是文化产业市场不断融合，成功举办第二届山东省旅游发展大会、第五届山东文化和旅游惠民消费季和“山东人游山东”“好客山东游品荟”等活动。文旅促进消费取得新成效，发放文化和旅游惠民消费券 1.5 亿元，新增首批国家级夜间文旅消费集聚区 6 个、第二批国家级文旅消费示范试点市 3 个，国家级文旅消费试点市达到 7 个。[①]

三、城乡发展差距不断缩小

城乡协调发展是新时代促进经济和社会转型的重要抓手。新时代要坚持推动城乡融合发展，加快构建新发展格局。山东省通过构建新型城

① 数据来源：山东省统计局《文化筑魂百年梦圆——山东全面建成小康社会发展成就之十六文化事业篇》。

乡关系，科学化配置城乡间资源和要素流动，保证省内经济健康稳定运行。近年来，以人为中心推进城镇化实施成效显著，2021 年，常住人口城镇化率为 63.94%，比 2020 年年末提高 0.89 个百分点，人均绿地面积和覆盖绿化率分别为 17.7 平方米和 41.7%，城镇环境持续优化；依托乡村振兴"1+1+5+N"政策规划，通过清洁能源和清洁水源入乡村、"旱厕革命"等改造活动，农村人居环境得到改善。农业经营主体完成转型，增收能力明显提升，发展了一批特色农产品品牌，不断提升对外开放程度，农产品市场交易额突破新高，城乡居民收入持续缩小。

（一）城乡居民生活水平差距显著缩小

随着山东省经济总量的增加，城乡居民收入持续增长，基本实现同步，2021 年全体居民可支配收入达到 35705 元，比 2020 年增长 8.6%。其中，城镇居民人均可支配收入 47066 元，增长 7.6%；农村居民人均可支配收入 20794 元，增长 10.9%（见表 2–6）。居民人均消费支出 22821 元，增长 9.0%。其中，城镇居民人均消费支出 29314 元，增长 7.4%；农村居民人均消费支出 14299 元，增长 12.9%。居民人均住房建筑面积 41.3 平方米。2022 年上半年，全省居民人均可支配收入 19129 元，同比增长 4.5%，实际增长 3.1%。其中，城镇、农村居民人均可支配收入分别为 24463 元和 12150 元，增长 3.6% 和 5.3%，扣除价格因素，实际增长为 2.3% 和 3.4%。[①]

表 2–6　2021 年山东省居民人均可支配收入情况　　单位：元

指标	年收入	月收入	比上年增长
全体居民人均可支配收入	35705	2975	8.60%
城镇居民人均可支配收入	47066	3922	7.60%
农村居民人均可支配收入	20794	1733	10.90%

注：增长率未扣除价格因素。

数据来源：山东统计局

① 数据来源：山东省统计局 2022 年上半年全省经济运行情况解读。

消费结构进一步升级优化，食品类支出下降，烟酒、衣着、文娱教育、交通、电信通信和医保等方面消费增多，人均医疗保健支出增加。截至2020年，百户居民计算机覆盖率为63.7%，较5年前上升了7.6%，百户移动电话覆盖率为234.4%，83.9%的移动电话接入互联网。值得注意的是，高端智能化产品消费大幅提升，新能源汽车销售额达到60.8亿元，智能家电零售额为107.3亿元，比2018年年均增长62.8%。①

为了打造“美丽宜居，百姓安居”的山东居住新格局，廉租房、商品房和经济适用房加快建设，老旧小区、棚户区改造不断推进，农村危房、“旱厕”改造加快推进，“无害化”卫生厕所普及率快速提升。城乡人均居住面积持续增长，绿色建筑产业化进程加快，城乡建筑格局进一步优化。② 2021年，开工改造棚户区13.0万套，基本建成43.6万套，开工改造老旧小区65.6万户。开工保障性租赁住房7.5万套，筹集公租房1610套，发放住房租赁补贴5.6万户。住房公积金缴存1590.8亿元，发放贷款920.2亿元。

（二）城乡基本公共服务实现均等化

在教育均等化实践层面，进一步深化城乡教育交流合作，中小学和职业教育资源共享平台初步建立，依托城市优秀教师教育资源，鼓励城市学校跨区域对点帮扶乡村学校，教师流动计划实施更加灵活。为了更加合理地配置班额，在“十三五”期间改扩建中小学4064所，创造新增学位354万个。2021年，完成配套幼儿园整治2121所，全省新建改扩建幼儿园571所。为了提升乡村教师留岗意愿，依托《山东省乡村教师支持计划实施办法（2015—2020年）》，不断提升乡村教师生活水平

① 数据来源：山东省统计局《消费市场跨越发展全面小康品质跃升——山东全面建成小康社会发展成就之八消费市场篇》。

② 数据来源：山东省统计局《建筑业实力不断壮大服务发展贡献突出——山东全面建成小康社会发展成就之五建筑业篇》。

和薪资条件，新建 1.1 万套乡村教师周转宿舍投入使用，并且在工资待遇和评奖评优上给予一定倾斜。2021 年，城乡幼儿园和中小学教师分别新增 1.1 万人和 3.7 万人，小初高专任教师总数分别达到 46.8 万人、31.6 万人和 15.6 万人，师资队伍进一步扩大，区域教育均衡发展的目标初步实现。①

在医疗卫生事业发展层面，突破了城乡体制机制的障碍，城乡居民医疗保险实现并轨，明确了家庭、个人、集体和政府四位一体的筹资机制，从大额住院费用补偿扩展到部分疾病和门诊统筹，参保受益范围扩大，明确了农民工、城乡灵活就业人员的参保规定，大病保险、基本医保、商业健康保险等全覆盖、多层次的医保机制逐渐成形。截至 2021 年，医疗卫生机构 8.6 万所。其中，医院 2660 所，比 2020 年年末增加 20 所；基层医疗卫生机构 8.2 万所，增加 0.1 万所。58 家疾控中心进行改扩建，超过半数的地市建成一所达到三级传染病医院标准的医疗机构，设立 9 个省级公共卫生事件应急救援区域中心。人均基本公共卫生服务经费补助标准由 74 元提高至 79 元。累计组建家庭医生服务团队 3.2 万个，签约居民 4686.2 万人。

在社会保障层面，2021 年年末职工基本养老、基本医疗、失业、工伤、生育保险参保人数分别为 3226.7 万人、2435.6 万人、1542.7 万人、1921.9 万人和 1607.5 万人。居民基本养老保险和医疗保险参保人数分别为 4614.1 万人和 7296.7 万人。企业退休人员基本养老金月人均 3127.2 元。居民基本养老保险基础养老金最低标准提高到每人每月 150 元，居民基本医保财政补助和个人缴费最低标准分别由 550 元、280 元提高至 580 元、320 元。城市最低生活保障人数 10.9 万人，月人均保障标准为 814 元，比 2020 年提高 82 元。农村最低生活保障人数 134.9 万

① 数据来源：山东省统计局《全面推进教育事业发展坚定建设人才资源强省——山东全面建成小康社会发展成就之十五教育事业篇》。

人，月人均保障标准为634元，比2020年提高74元。养老机构2380处，养老机构床位40.3万张；护理型床位23.8万张，建有社区老年人日间照料中心3252处、农村幸福院11260处。

在稳定就业层面，卫生防疫、实践文明站等公益性岗位扩容，积极消纳乡村失业人员和剩余劳动力，新增农村公益性岗位。针对返乡农民工，进行创业培训，完善职业技能评估机制，通过“十大返乡创业农民工”评选等活动激励返乡人群的创业热情，消减学历、年龄歧视，大力营造宽松和公平的就业环境。[1] 2021年，就业形势好于预期。城镇新增就业124.2万人，比2020年增长1.3%，完成年度目标的112.9%。其中，失业人员再就业45.1万人，困难群体再就业8.9万人。城镇登记失业率2.94%，比2020年降低0.16个百分点。

（三）城乡融合水平不断提升

山东省城镇化进程加快，城乡二元壁垒日渐消除，城乡矛盾进一步缓解，以人为核心、以城乡融合和区域协调发展为目标的新型城镇化建设取得重大进展，2020年城镇化率达到63.05%，2021年发布的《山东省深入推进新型城镇化三年行动方案（2021—2023年）》中提出2023年实现城镇化率达到66%以上，进一步深化城乡融合的目标。

城乡融合体现在城乡要素、经济、服务和基础设施4个方面。在城乡要素融合方面，取消落户限制逐步推进，部分市区取消购房、投资纳税限制，“十三五”期间住房租赁补贴发放21万户次。农民土地权益维护更加规范，在“三权分置”改革不断推进的同时，进城农民的土地承包权、宅基地使用权等得到保障，在符合条件的情况下，允许农村集体经营建设用地入市。人才流动方面，鼓励人才返乡创业，设立了乡镇

① 数据来源：山东省统计局《就业结构优化就业质量提升——山东全面建成小康社会发展成就之十三就业篇》。

人才技术职务专任岗位，定向使用，定向评价，部分岗位薪酬予以补贴。[①] 新型城镇化建设有序开展，紧扣智慧化、绿色化、均衡化、双向化，谋划布局 637 个新型城镇化重大工程、重大项目，高质量推进国家和省级城乡融合发展试验区建设。

在城乡经济融合方面，依托新业态和产业振兴“六大行动”，乡村产业发展动能增强。2020 年总销售额达到 500 万元以上的乡村企业数量超过 1 万家，其中包含国家级龙头企业 107 家，依托产业融合发展集群，基本形成了较为完整的产业链，带动了 1800 万户农户参加产业化经营。农产品互联网销售平台建设加快，实现产销衔接，网络零售额达 360.3 亿元，较 2020 年增长 22.3%。智慧农业建设行动深入开展，开展新型农民工培训，培训高素质农民超过 52 万人次。脱贫攻坚行动取得巨大成就，截至 2018 年年底，累计减少 251.6 万贫困人口，8654 个省重点扶贫村全部脱贫，2019 年脱贫攻坚效果进一步巩固，修整贫困户危房 3.2 万户，开展产业扶贫，通过 1581 个相关项目带动 85.9 万贫困人口参与。[②③]

在城乡服务融合方面，主要包括教育、医疗卫生服务体系建设、公共文化服务和社会保障体系建设 4 个方面。在教育方面，乡村寄宿制学校和小规模学校的基础设施进一步改善，通过扩展学校规模和建设新校，基本解决了班额数量过大的问题，乡村幼儿园办学条件和教学资源向城镇看齐，待遇条件向乡村教师倾斜。医疗卫生服务体系建设方面，城乡医疗卫生服务同质化水平进一步提升，乡镇卫生院在职人数进一步补齐，县乡医院就诊服务信息系统初步建立连接。公共文化服务方面，依托乡村文化振兴，乡村建筑、乡俗文化保护建立档案，挖掘了一批乡

① 数据来源：山东省统计局《新型城镇化稳步推进发展质量持续提升——“十三五”时期山东城镇化发展情况》。

② 数据来源：《2020 年山东省国民经济和社会发展统计公报》。

③ 数据来源：山东省统计局《“三农”加快发展全面小康梦圆——山东全面建成小康社会发展成就之三农业农村篇》。

村艺术工艺品制造品牌，开发出了一批乡村旅游精品路线。在社会保障体系建设方面，医疗和养老保险标准稳步提高，乡镇全面建立临时备用金制度，开发了具有山东特色的区域养老模式，社保体系进一步完善。

在城乡基础设施融合方面，基础设施的规划、建设和管护一体化程度不断提升，为了给乡村振兴战略的实施打牢基础，农村基础设施建设投入进一步提高。截至2020年年底，瞄准畅、安、舒、美的“四好农村路”建设目标，“十三五”期间农村公路建设投资达到900亿元，通车总里程25.8万公里。交通的便利为城乡要素融通提供条件，打通了城乡间人财物等各类资源的流动，是乡村振兴齐鲁样板建设的重要保障。城乡污染物收运体系进一步健全，污水管网、生化垃圾处置点建设深入乡村，95%的行政村实现了生活垃圾无害化处理，实施农村清洁取暖工程，新增清洁取暖216.4万户，农村人居环境条件进一步改善，美丽乡村目标建设取得实质性进展。[①] 截至2021年，新增城市污水处理能力每日82万吨，新建改造雨水管网1350公里、污水管网1593公里，改造合流制管网1042公里，整治黑臭水体工程104条。新增垃圾无害化处理能力每日5100吨，城乡生活垃圾焚烧处理率达到90%，所有县（市、区）全部启动垃圾分类。

第三节　乡村振兴工作扎实推进

一、脱贫攻坚战取得全面胜利

（一）建档立卡贫困人口全部脱贫

自脱贫攻坚战打响以来，山东省坚决贯彻落实党中央关于扶贫工作

① 数据来源：山东省统计局《“三农”加快发展全面小康梦圆——山东全面建成小康社会发展成就之三农业农村篇》。

的重要指示要求，紧盯“黄河滩”，聚焦“沂蒙山”，锁定“老病残”，坚持五级书记抓，坚持省负总责、市抓推进、县乡抓落实的工作机制，到2018年基本完成脱贫攻坚任务、2019年进一步巩固提升脱贫攻坚、2020年实现全面完成脱贫攻坚。2016年全省各级投入财政专项扶贫资金48.94亿元，建设就业扶贫车间2790个，吸纳8.9万贫困人员，减贫151.2万人，实现首战告捷；2017年安排2.79亿元购买“扶贫特惠保险”，改造贫困户危房4.85万户，减贫83.2万人，贫困发生率下降到0.3%，脱贫攻坚取得决定性进展；2018年，8654个贫困村全部摘帽，脱贫攻坚基本完成；2019年改造贫困户危房3.16万户，黄河滩区27个外迁社区主体全部封顶，28个新建村完成淤筑，400个省扶贫工作重点村安全工程全部完工，贫困发生率基本归零；2020年完成黄河滩区居民迁建任务，全面完成脱贫攻坚任务，消除绝对贫困。经过2016年至2020年的5年持续攻坚，全省共有251.6万人省标以下贫困人口脱贫，最终实现建档立卡贫困人口全部脱贫，脱贫攻坚战取得全面胜利。这5年来，山东省共投入财政专项扶贫资金329.7亿元，其中省级财政拨款123亿元，发放“扶贫贷”和“富民生产贷”分别为56.04亿元和181.9亿元，有效支持47.3万人次的贫困人口。2021年以来，山东省将工作重点放在防止返贫和新致贫上，根据中央设立的5年过渡期，严格落实脱贫人口“四个不摘”要求，持续巩固脱贫攻坚成果。

（二）专项扶贫政策支持力度不断提高

脱贫攻坚战打响以来，山东省出台了多项政策予以支持。2015年山东省出台了《关于贯彻落实中央扶贫开发工作部署坚决打赢脱贫攻坚战的意见》，明确提出2016—2017年两年基本完成脱贫任务、2018年全部兜底完成、2019—2020年巩固提升的任务目标。2018年，省委、省政府又出台了《关于打赢脱贫攻坚战三年行动的实施意见》，再次提出2018年基本完成建档立卡贫困人口脱贫任务、2019年着力巩固提升脱贫成果、2020年实现全面完成脱贫攻坚的任务目标。2020年，面对突如其来的新冠肺炎疫情，山东省出台了《关于贯彻落实习近平总书记重要讲话精神统筹抓好新冠肺炎疫情防控和决战决胜脱贫攻坚的意见》，一方面针对疫情影响采取应对措施，另一方面坚决确保2020年实现脱贫攻坚的任务目标。2021年，山东省委、省政府出台了《贯彻落实〈中共中央、国务院关于实现巩固拓展脱贫攻坚成果同乡村振兴有效衔接的意见〉的若干措施》，提出20条措施，推动从脱贫攻坚向乡村振兴的有效衔接。

（三）贫困人口发展能力明显增强

授人以鱼不如授人以渔。山东省积极引导贫困人口参与就业、引导贫困地区发展产业，从根本上实现彻底脱贫。2016—2020年的5年时间里，各级政府拨出193亿元用于专项扶贫，鼓励社会资金进入，投资金额超过122亿元，累计建设2.56万个扶贫项目，让119万贫困人口的收入大幅增加，全省贫困人口人均纯收入每年增幅22.6%，远高于全省农村人口增长水平。借助消费扶贫，将2531个扶贫产品销往各地，消费扶贫金额为100.4亿元。借助就业扶贫，为44.2万人免费进行技能培训，让40万贫困人口实现务工就业，拓宽其收入来源。全省建设3437家扶贫车间，让7.1万贫困人口实现就近就业。截至2021年，全省培育家庭农场10.4万家，农民专业合作社24.5万家，加快农村电商发展，农产品网络零售额360.3亿元。创建国家级优势特色产业集群4个，特色农产品优势区17个，认定省级休闲农业和乡村旅游示范县11个、示范点28个，山东最美休闲乡村37个，齐鲁最美田园35个，省级休闲农业精品园区32个。

（四）贫困地区生产生活条件明显改善

扶贫先扶智，教育扶贫的根本目的就是要扶智赋能，山东省实行从学前教育到高等教育资助全覆盖政策，全省新建乡村教师周转宿舍1.1万套，改善乡村教师的生活环境，并资助贫困家庭学生 87.3 万人。山东省全面落实各项医疗保障政策，确保贫困群体不能因病返贫，报销贫困人口医保费用 204.2 亿元，同时，各地医疗机构减免贫困家庭门诊和住院费用共计 11.1 亿元。山东省创新实施扶贫特惠保险，340 万人因此受益，保险公司共赔付 22.2 亿元。山东省集中改造贫困户危房 15.9 万户，并解决 13.88 万贫困人口饮用水安全问题。2021 年，全省共为 115.45 万名困难群众代缴居民养老保险费 1.61 亿元，为 3.27 万名重度残疾人办理提前 5 年领取居民养老保险待遇手续，为 86.1 万户脱贫家庭提供低保和特困救助供养。

（五）脱贫攻坚成果持续巩固拓展

山东省坚决贯彻落实党中央关于巩固拓展脱贫攻坚成果同乡村振兴有效衔接的要求，5 年过渡期内保持帮扶政策、资金支持、帮扶力量总体稳定，坚决守住不发生规模性返贫底线。继续对 190.2 万脱贫享受政策人口进行帮扶，持续巩固"两不愁、三保障"和农村饮用水安全成果。确定 20 个县（市、区）作为省乡村振兴重点帮扶县，出台支持政策，开展衔接乡村振兴集中推进区建设。健全防止返贫动态监测和帮扶机制，2021 年以来，全省新识别认定监测帮扶对象 2 万人，累计纳入 5.61 万人，全部落实针对性帮扶措施，有效防止了返贫和新致贫[①]。

二、乡村产业振兴优势明显

（一）农业产业规模稳居全国第一

山东省是农业大省、农业强省，2021 年全省农业增加值位居全国

① 山东省人民政府新闻办公室：《山东举行打造乡村振兴齐鲁样板新闻发布会》，2022 年 7 月 1 日，http://www.scio.gov.cn/xwfbh/gssxwfbh/xwfbh/shandong/Document/1727063/1727063.htm。

第一，农林牧渔业总产值11468亿元，2020年山东省是全国第一个农林牧渔业总产值突破万亿元大关的省份。山东省在农业改革与发展上形成了自己独特的经验模式，创造了“诸城模式”“潍坊模式”“寿光模式”等，因此有“全国农业看山东”之说。山东省坚持以习近平新时代中国特色社会主义思想为指导，在“三农”发展上走在全国前列。2021年，山东省的耕地面积仅占全国的6%，淡水资源仅占1%，但粮食产量为1100.1亿斤，占全国总产量的8%，位居全国第三；蔬菜产量为8801.1万吨，占全国总产量的13%，位居全国第一；肉类产量819.26万吨，占全国总产量的9%，位居全国第一；水果产量3032万吨，占全国总产量的12%，位居全国第二；水产品产量854.1万吨，占全国总产量的13%，位居全国第二；农产品出口总额1238.4亿元，占全国的24%，连续23年位居全国第一。因此，山东省在全国农业发展中占有极其重要的地位，为全国农业农村发展作出了突出贡献。

2021年全省粮食产业工业总产值为4975亿元，产值占全国的12%，连续多年稳居全国首位（见表2-7）。农业科技创新迈出新步伐，物质技术装备条件极大改善，农作物耕种收综合机械化率达到83%，农业科技进步贡献率达到63.27%。2020年，山东省农业机械总动力10964.66万千瓦，位居全国第一（见表2-8）。

表2-7　2017—2021年山东粮食产业工业总产值和粮食产量

年份	山东省粮食产业工业总产值（亿元）	山东省粮食产量（亿斤）
2017	3946	944.64
2018	4016	1064
2019	4212	1071.4
2020	4636	1089.4
2021	4975	1100

数据来源：《山东统计年鉴2021》

表 2-8　主要省份 2019 年和 2020 年农业机械总动力（万千瓦）

省份	2019 年	2020 年
山东	10679.84	10964.66
河南	10356.97	10463.7
河北	7830.72	7965.74
安徽	6650.47	6799.5
黑龙江	6359.08	6775.09

数据来源：国家统计局

（二）现代农业经营体系健全

2021 年山东省销售收入 500 万元以上农业产业化龙头企业超过 1 万家，其中，国家级龙头企业 106 家，实现销售收入 15580 亿元，带动农户超过 1800 万户，位居全国第一。全省率先基本完成土地登记确权颁证，截至 2021 年，全省农村土地流转面积达到 3890.4 万亩，占家庭承包经营耕地的 42.3%，累计建成高标准农田 6778 万亩。农村土地经营规模化率达到 40%。农民合作社、家庭农场、龙头企业等新型农业经营主体发展迅速，超过 50 万家。截至 2021 年，山东省农业产业集

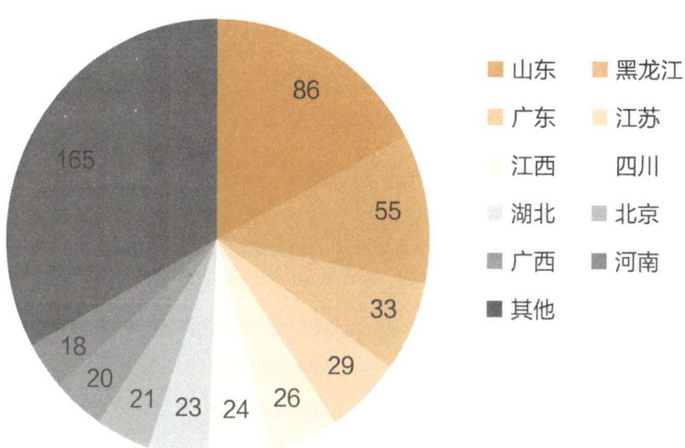

图 2-3　2021 年中国农业 500 强企业分布

数据来源：农民日报社发布的“2021（第五届）中国农业企业 500 强名单”

聚发展加快，累计创建国家级优势特色产业集群 4 个，现代农业产业园 11 个，特色农产品优势区 17 个，绿色发展先行区 2 个，农业产业强镇 78 个。2021 年中国农业 500 强企业中，山东省有 86 家，位居全国第一（见图 2-3）。

（三）新业态经济助力乡村发展

山东省借助电商的快速发展，积极推动农产品网络零售，2021 年达到 360.3 亿元，总量居全国第 5 位，电商成为山东农产品销售的新渠道、新引擎。山东省菏泽市曹县面积 1969 平方公里，总人口 175 万，2021 年已拥有 168 个淘宝村，成为仅次于义乌的全国第二“超大型淘宝村集群”。曹县有两大特色产品：木制品和演出服，是全国最大的桐木加工出口基地、全国最大的演出服和汉服基地。2018 年曹县电商网络销售额为 158 亿元，尽管受到新冠肺炎疫情的影响，导致 2020 年销售额有所下降，但到 2021 年曹县电商网络销售额为 281 亿元，增长 77.8%。截至 2021 年，曹县拥有电商企业 5000 余家，网店 6 万余个，亿级店铺 6 个、千万级店铺 100 多个，带动全县 35 万人创业就业，带动 5 万人返乡创业，2 万人通过电商实现精准脱贫，占全县脱贫人口的 20%。与此同时，曹县人民的口袋也逐渐富了起来，2018 年曹县人均可支配收入为 2.59 万元，2021 年为 3.06 万元，同比增长 18.1%（见表 2-9）。

表 2-9　2018—2021 年菏泽市曹县淘宝村数量、电商网络销售额和人均可支配收入

年份	淘宝村（个）	电商网络销售额（亿元）	人均可支配收入（万元）
2018	113	158	2.59
2019	124	198	2.81
2020	151	156	2.92
2021	168	281	3.06

三、乡村生态文明水平大幅提高

（一）农村基础设施和社会事业建设有序推进

2021 年以来，山东省出台多项政策，支持农村基础设施和社会事业的发展。第一，山东省实施农村人居环境整治提升 5 年行动，加快建设美丽乡村和美丽庭院，计划在 2022 年新创建 500 个省级美丽乡村示范村。第二，山东省实施农村基础设施网行动计划，加快建设“四好农村路”，在 2022 年新建改建农村公路 1 万公里。第三，积极推进农村供水工程建设改造，到 2022 年年底，实现农村规模化供水率在 82% 以上。第四，实施农村电网巩固提升工程，确保农村用电的持续性和安全性。第五，加快对农村危房改造，建立农村困难群众住房保障长效机制。第六，加快农村信息基础设施建设，到 2022 年年底，实现 40% 的行政村用上 5G 网络，重点村覆盖千兆光纤网络，并加快发展智慧农业，实现农机等农业装备的智能化，推进农村生活的数字化。第七，推进农村教育建设，不断提高农村教育设施和教学质量，实现教育的普惠性。第八，加快农村卫生体系和医保体系建设，提升农村医疗机构的服务能力。2022 年，山东省已谋划了 27 项重点任务、8 大类 25 个重点项目，总投资超过 1400 亿元。通过项目建设，带动农村基础设施和公共服务水平全面提升。

（二）温泉度假、精品民宿等乡村休闲旅游业发展迅速

山东省积极创新乡村旅游业态，以果园、田园、菜园、林园、牧园、古村落、特色乡村等为依托，打造田园综合体、农旅特色小镇、智慧农业园区、乡村旅游特色村、农耕体验基地等龙头示范项目，提供农事活动体验、乡村文化体验、休闲游乐、养生养老等服务功能，带动农业产业链延伸和价值链提升。利用“公司 + 村集体 + 家庭农场”等组织运营模式，推进休闲农业和乡村旅游融合发展。发展乡村创意农业，引进文创、

艺术、民宿、乡村酒店等业态，建设一批农业创意园区，开发农业文创旅游产品。打造乡村地标农业，加大对夏津黄河故道古桑树群、枣庄古枣林、乐陵枣林复合系统、章丘大葱栽培系统等重要农业文化遗产的保护和利用，讲好齐鲁乡村故事。实施地理标志农产品保护工程，引导地方优质绿色农产品进景区、度假区。创新策划开展花会、灯会、庙会、山会、歌会等民俗活动，打造春节、中秋节等传统节日乡村旅游品牌。[1]

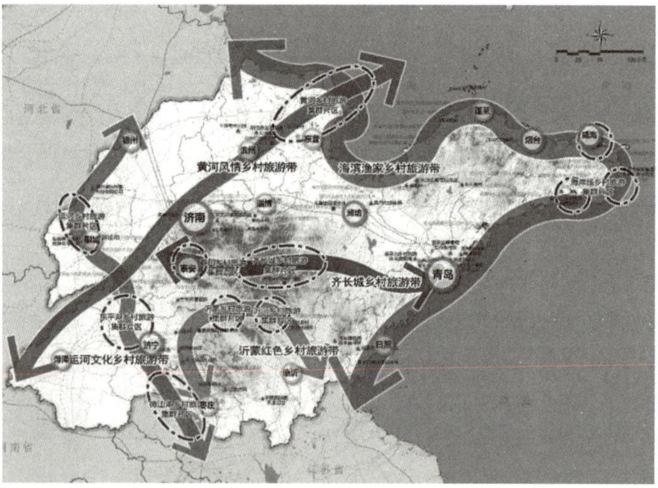

图 2-4　山东乡村旅游发展规划图

2015 年全省乡村旅游接待 3.3 亿人次、实现旅游消费 1800 亿元；2019 年全省乡村旅游接待 5.4 亿人次，增长 63.6%，实现旅游消费 2710 亿元，增长 50.6%。受新冠肺炎疫情影响，2020 年乡村旅游接待 2.86 亿人次，实现旅游消费 1426 亿元。2021 年，全省接待乡村旅游游客 4.02 亿人次，同比增长 40.8%，实现乡村旅游消费总额 1973 亿元，同比增长 38.3%（见表 2–10）。还培育了一批乡村旅游集群片区、精品旅游小镇、乡村旅游示范园区；拥有全国乡村旅游重点镇 3 个、全国乡村旅游重点村 7 个，山东省乡村旅游重点村 60 个、景区化村庄 285 个。

[1] 山东省文化和旅游厅：《山东省文化旅游融合发展规划（2020—2025 年）》，2020 年 7 月 3 日。

表 2-10 2015—2021 年山东省乡村旅游接待人数和旅游消费

年份	山东省乡村旅游接待（亿人次）	山东省乡村旅游消费（亿元）
2015	3.3	1800
2016	3.97	2200
2017	4.45	2549
2018	5.03	2955
2019	5.4	2710
2020	2.86	1426
2021	4.02	1973

数据来源：《山东省国民经济和社会发展统计公报》

（三）特色文明乡风不断倡导

山东省大力培育和践行社会主义核心价值观，深化“听党话、感党恩、跟党走”等宣传教育活动，持续加强乡村思想道德建设，打造一批群众喜闻乐见的基层宣讲品牌，推动习近平新时代中国特色社会主义思想进乡村、进社区。深化拓展新时代文明实践中心建设，提升志愿服务水平，拓展服务群众方式。深化乡村文明行动，继续开展文明村镇创建，倡树新时代美德健康生活方式。持续推进移风易俗，规范村民议事会、红白理事会等群众自治组织，推进节地生态公益性安葬（放）设施建设。落实国家文化产业赋能乡村振兴计划。加强农耕文化传承保护，推进非物质文化遗产和重要农业文化遗产保护利用。支持农民开展多种形式的文化体育活动，办好农民丰收节。推进农村电影优化升级，放映公益电影不少于 70 万场，实现行政村全覆盖。[1]

① 《省委、省政府印发〈关于做好 2022 年全面推进乡村振兴重点工作的实施意见〉》，2022 年 4 月 25 日，http://www.shandong.gov.cn/art/2022/4/25/art_175486_537549.html。

四、人才振兴与组织振兴相融合

（一）回乡就业、创业的专业技术人才不断增加

目前，全国各地农村出现“空心化”“老龄化”问题，山东省特别重视乡村干部和回乡就业人员的年轻化。青年是产业振兴的“领头雁”，是组织振兴的“后备库”，是人才振兴的“生力军”。为吸引更多大学生去乡村就业，山东省启动“卓越农林人才”培养计划，鼓励高等院校等学校设立农学专业，为乡村振兴的发展提供源源不断的专业化人才。山东省积极通过实施“村村都有好青年”选培计划，选派15.5万名乡村好青年深入基层，其中1.4万名好青年进入村（社区）“两委”班子，1500余名好青年当选村（社区）党组织书记，3500余名青年成长为产业带头人，带动11万户村民共同致富，有效推动了青年与乡村的“双向奔赴”[①]。以山东省菏泽市为例，截至2022年5月，菏泽市共有40.55万人回乡创业就业，创办企业16.61万家，引进334个投资过亿元的项目。

（二）基层党组织优秀人才比例不断提高

为确保乡村振兴战略的有效实施，山东省选派1.9万名“加强农村基层党组织建设”党员服务于山东农村，推动乡村组织振兴各项部署要求在基层落实落地。目前，全省村党组织领办合作社已发展到近4.3万家，入社成员440多万户。山东省特别重视对年轻干部的培养，2021年村（社区）“两委”换届选举工作基本完成后，村（社区）党组织书记平均年龄分别比上届下降2.9岁、3.2岁；村党组织书记中，大专及以上学历1.3万名、占25.5%；社区党组织书记中，大专及以上学历

① 魏然、刘一颖：《深入打造乡村振兴齐鲁样板》，《大众日报》2022年5月31日。

5199名、占74.9%。[1] 2019—2021年的3年里，全省“四级联考”共招录公务员1.6万人，其中县级以下机关13.44万人，为乡村发展注入了新鲜血液。2022年，山东省积极引导各类人才向农村基层聚集，选派600名教师、400名科技工作者、500名医务工作者、300名文化和旅游工作者到基层服务[2]。

（三）人才引进和评价制度不断完善

山东省鼓励高等院校等科研院所的专业技术人员下乡为农户进行技能培训和专业指导，为农户排忧解难，同时支持有条件的乡村建设人才公寓，为人才下乡提供便利。为吸引大学生回乡，积极推进大学生“三支一扶”等计划，引导农学等相关专业的学生去基层工作，建立健全编制周转使用制度，解除返乡人才的顾虑。鼓励高等院校等事业单位人员下乡担任第一书记，用更专业的知识、更广阔的人脉和更先进的技术，为乡村振兴事业贡献自己的力量。2018年以来，山东省把乡村人才振兴重点任务作了详细分解，由省人才工作领导小组负责，并将乡村人才振兴作为17市人才工作考核重点内容。

---

① 齐鲁晚报齐鲁壹点：《最新数据！山东共有基层党组织35.3万个、党员701万名》，2021年7月2日，https://baijiahao.baidu.com/s?id=1704127208545780799&wfr=spider&for=pc。

② 《省委、省政府印发〈关于做好2022年全面推进乡村振兴重点工作的实施意见〉》，2022年4月25日，http://www.shandong.gov.cn/art/2022/4/25/art_175486_537549.html。

第三章

山东共同富裕的社会保障与生态建设基础

保障和改善民生，大力推进生态文明建设，推动全体人民共同富裕是实现中国式现代化的重要内容。近年来，山东省民生保障和生态保护取得瞩目成果。在民众生活水平改善方面，山东省社保覆盖面持续扩大，社会待遇水平连年提升，全省医疗服务资源尤其是基层医疗卫生服务资源呈增长趋势；同时教育事业改革工作稳步进行，完善立德树人、选任贤能机制，全省基础教育、职业教育、高等教育高速高质量发展。配合新旧动能转换工作，山东省大气环境、水资源、土壤资源以及海洋资源环境得到显著改善，通过优化整合自然保护地、建设生态文明示范区等途径完善省内生态环境治理体系，促进经济与生态共同发展战略实现。

第一节 社会保障与公用事业稳步发展

一、社保制度体系更加健全

（一）社保覆盖面持续扩大

社会保障制度是促进经济高质量发展、保障民众生活水平、维持社会和谐稳定的重要制度安排。社会保障是一种基础性的制度安排，与最广大人民的根本利益紧密相关，要健全社会保障体系，健全覆盖全民、统筹城乡、公平统一、安全规范、可持续的多层次社会保障体系，扩大社会保险覆盖面。

我国政府运作理念由经济逻辑转向社会建设逻辑，社会保障制度在我国地位愈发重要，高质量的社会保障体系为社会成员共享改革发展成果提供了坚实的制度保障和行动导向，是推动共同富裕进程的基础制度设计，也是实现中国式现代化的重要组成部分。为助力新旧能源转换、经济高质量发展，“十三五”期间山东省坚持加强社会保障的兜底功能，贯彻落实社会保障体制改革，促进社保体制完善、待遇水平提升、社保基金运行稳定同步发展，为社会民众构建坚实可靠的保障网络。其间，各级地方政府以社会公平、人民至上为工作宗旨，采取更多惠民生、暖民心举措，继续深化城乡居民社会养老保险改革，推动城乡居民医疗保险合并，构建较完善的城乡居民保险并轨机制，城乡养老保险和医疗保险设立统一化标准，打破山东城乡二元对立的困境，同步开展居民参加社会保险倡导工作，着力提升山东省社会保障覆盖率；在全国率先开展企业养老保险基金省级统一管理，统一省内养老保险缴费基数，按照统收统支、收支平衡等原则，加强对企业养老基金的管理，完善基金缺口补偿分担机制，提升企业养老基金运行的稳定性，加快建设社保基金信息系统，实时连接各地社会保险终端，推动社保业务网上办理，全面提升管理服务水平。

我国社保体系在经历系列化渐进改革后取得重大发展与成就，集中体现在社会保险、福利、救助等方面。《社会保险法》的正式实施，明确了以权利与义务相结合、社会保险为主体的中国新型社会保障体系。

表 3-1　山东省 2016—2021 年年末社会保险参保人数　　单位：万人

年份	居民基本养老保险	居民医疗保险	失业保险	工伤保险	生育保险
2016	4538.9	7228.8	1222.9	1510.9	1139.1
2017	4530.6	7282.6	1268.3	1569.1	1186.6

续表

年份	居民基本养老保险	居民医疗保险	失业保险	工伤保险	生育保险
2018	4551.9	7364.9	1318.5	1633.0	1235.4
2019	4560.3	7395.8	1366.0	1710.7	1298.8
2020	4590.4	7374.5	1466.1	1822.1	1534.3
2021	4614.1	7296.7	1542.7	1921.9	1607.5

数据来源：《2016—2021 年山东省国民经济和社会发展统计公报》，其中前两列统计口径为全体居民基本养老保险和全体居民医疗保险

《社会保险法》正式在国内建立起以权利和义务相结合的、以社会保险为主体的新型社会保障体系，我国社会保障制度进入新时期新发展阶段，社会保障体系逐渐完善成熟。表 3-1 中所列为近 5 年山东省社会保险参保人数，由此可以看出，五大保险的参保人数一直呈增长趋势。山东省具有大人口基数特征，虽然基本养老保险、医疗保险覆盖率较高，但社会中仍然存在大量人口未纳入社会保险范围现象，被社会保险红利排斥，该现象仍是山东省后续推动共同富裕进程中面临的挑战。

以全体社会成员为实施客体的社会保险制度安排是提升全社会人力资本资源的重要政策手段，是激发社会经济创新活力、促进经济高质量发展的政策动力。受历史因素的限制，我国各地民生、社保起步水平较低，尽管改革开放 40 多年以来我国社会全面飞速发展，但社会上仍存在大量低收入甚至无劳动能力群体，该社会群体即社会救助的目标群体。

社会救助秉持底线思维和可持续思维，保障社会成员最基本生活水平资源，在分配经济发展红利、推动共同富裕过程中起兜底作用，是保证社会公平、维护社会和谐稳定的最底层保障。自 2014 年《社会救助暂行办法》《山东省社会救助办法》实施以来，山东省着力构建“8+1+3”模式的社会救助体系，以保障居民最低生活水平、医疗救助、就业救助等 8 个方面为主要内容开展工作，切实为居民生活提供精准有效的全方面保护网络；在社会救助内容不断完善的同时山东省各级政府也面临较大的财政压力，为促进更高质量社会救助补偿，山东省充分发

挥社会力量的补充功能，激励社会力量参与社会救助，补充完善社会救助工作内容，在全社会范围内形成良好互助氛围；为保证社会救助团体的规范发展，山东省完善相关法律法规，相继出台4部规范性文件，在补充最低生活保障、医疗救助等方面构建起完善的条文规范体系；同时加大社会团体和救助工作人员的监管力度，完善救助对象的核对机制。“十三五”时期，山东省“8+1+3”模式的社会救助体系逐渐完善，救助工作成果显著。

表3-2　2016—2021年山东省最低生活保障人数　　单位：万人

年份	农村居民最低生活保障人数	城镇居民最低生活保障人数
2016	217.7	30.9
2017	181.7	23.8
2018	117.1	15.9
2019	117.8	13.3
2020	135.3	12.3
2021	134.9	10.9

数据来源：《2016—2021年山东省国民经济和社会发展统计公报》

表3-2反映了自2016年以来，山东省城乡居民最低生活保障人数逐年减少，总体呈下降趋势。截至2022年5月，山东省农村居民最低生活保障户数为88.7万户，保障人数降至132.2万人，城镇居民最低生活保障户数为6.7万户，保障人数降至10.1万人[①]，这表明山东省在响应脱贫攻坚、促进全体人民共同富裕方面成果显著；山东省城乡低保人数呈下降趋势，但城乡低保人员数量差距较大，侧面反映出山东地区城乡发展差距。

总体上，山东省社会保障覆盖面积持续扩大，参保人员逐渐增加，低保人员逐渐减少，为实现巩固脱贫攻坚成果与乡村振兴的有效衔接提供了基础制度保障，但同时省内的区域、城乡发展不平衡现象严峻，现

① 民政部、华经产业研究院：《2022年5月山东省民政事业支出、低保人数及低保户数统计》。

行的社会保障制度无法满足不同地区的要求。在“十四五”规划中，山东省坚持人民至上、系统协同等理念，聚焦就业经济发展，促进各地区之间均衡发展，深入推进多层次的社会保险制度，加快建设社会保险、社会救助、社会福利相互协调的统一社会保障体系，推动共同富裕、社会高质量发展，促进改革红利加速释放。

（二）待遇水平稳步提高

社会保障制度是保障民众生活水平的重要制度，也是增加社会人力资本的关键制度，社会保险、社会救助为社会民众的发展提供了基本的保障，但高质量社会保障体系的实质内涵不仅体现在保险和救助方面，还对社会待遇水平提出更高要求，要增加社会弱势群体帮扶、提高公共服务水平、提升社会公共服务待遇。学者刘继同[①]认为社会福利是社会政策和社会理论体系的重要组成部分，战略地位重要。社会保险待遇的提高与共同富裕的基本内涵在一定程度上一致，二者都追求社会和谐稳定，为民众提供更高的生活质量水平，促进经济高质量平稳的发展。

“十三五”期间，山东省社保覆盖面积不断扩大的同时，待遇水平稳步提升。山东省在“十三五”规划期间，建立起完善的基本养老保险待遇确定、调整机制，5 年内先后 3 次提升居民养老保险基础养老金最低标准。经调整后，2021 年山东省居民养老保险基础养老金提高至每人每月 150 元，企业退休人员基本养老金月人均 3127.2 元。失业保险金标准调整为 1890 元、1710 元和 1530 元，1 级至 4 级工伤职工伤残津贴平均增长 4.9%。山东省高度关注民众看病问题，切实提升医保报销比例，居民医保和职工医保的报销比例持续提升，分别达到 70%、80% 以上[②]；在大病保险方面，积极探索大病医保制度，在提升最低段报销

① 刘继同：《国家、社会与市场关系：欧美国家福利理论建构与核心争论议题》，《社会科学研究》2018 年第 4 期。

② 数据来源：2021 年 4 月 23 日山东省政府新闻办新闻发布会。

比例的同时促进更多病种纳入大病医保范围内，截至 2021 年，山东省大病救助已包括尿毒症、乳腺癌、胃癌等多种疾病，报销比例按照不同级别医疗机构、不同病种有所差异。

2021 年之后是我国社会发展的关键时期，是巩固脱贫攻坚成果与乡村振兴有效衔接的开启元年。面对省内仍存在的不平衡不充分问题，山东省持续加大社会保障力度，全省范围内上调最低工资标准，三档月最低标准分别为 2100 元、1900 元和 1700 元[①]，在全国位于高标准阵营；在上调最低工资的同时上调社保缴费基准，2021 年山东省社保缴费基础下限为 3746 元，上限为 18726 元，至 2022 年年中，山东社会保险缴费基础上下限标准暂定为 4121 元、20599 元[②]，上下限缴费基数的提升将进一步提高养老金待遇水平；深入完善医疗保险制度，以服务型政府理念简化社保办理流程，实行一站式服务模式，将拓宽医保范围纳入医疗保险制度改革的重要工作内容范畴，2022 年正式实施医保异地就医政策，减轻民众就医压力；在职工养老关系转移接续方面，2022 年山东省政府取消职工基本养老保险在省内的转移接续，并开通全省通办系统平台，依托线上便捷优势提升养老服务办理效率。

整体而言，山东省内社保待遇水平稳定提升，人民生活保障水平稳步提高。社会保障待遇水平的提升为激发民众追求社会共同富裕的热情和创造力奠定了良好的基础，保持社会进步发展活力，在推进全体人民共同富裕、建立典型的山东共同富裕样板方面发挥重要兜底保障作用。

（三）社保基金运行总体平稳

社保制度在社会中充当“保护伞”的战略角色，面向社会全体公众提供服务。社会保障体系的高效运行依托于一定的社会资本支持，社会

① 数据来源：《山东省人民政府关于公布全省最低工资标准的通知》。

② 数据来源：《山东省关于暂定 2022 年度全省社会保险费缴费基数上下限标准有关问题的通知》。

保险基金的平稳运行是社保制度平稳运行的重要基础，其决定社会保障制度结构的系统化，平稳的社保基金能够促进社会福利水平的提升，维持社会和谐稳定，是实现乡村振兴、推动共同富裕的基石。2016—2020年山东省社会保险基金状况如表 3-3 所示。

表 3-3　山东省 2016—2020 年社会保险基金收支及累计结余　　单位：亿元

年份	社会保险基金收入	社会保险基金支出	社会保险累计结余
2016	3502.5	3202.2	3678.7
2017	3663.7	3622.9	3718.9
2018	4460.9	4081.1	4098.7
2019	4579.2	4512.4	4126.8
2020	4164.5	4879.7	3411.7

数据来源：《山东省统计年鉴 2021》

2016 年至 2019 年，我国社会保险基金收入呈涨幅趋势，从 2016 年的 3502.5 亿元上涨至 2019 年的 4579.2 亿元，社保基金支出与收入增加趋势相同，支出基金 5 年间上涨幅度较大。2020 年社保基金收入降低与新冠肺炎疫情之间存在相关关系。受新冠肺炎疫情冲击，2020 年我国社会经济发展速度相对较缓，疫情对社会经济的发展造成全方位影响。经济事业低迷，导致社保基金收入较 2019 年偏低，同时社会保险基金支出仍稳步提升，且社保基金累计结余保持在较高水平，以上数据显著反映山东省受疫情等不可抗因素的影响时，社保基金总体上运行平稳，具有较高的弹性空间和可靠性。

面临新冠肺炎疫情的巨大基金财政压力，2021 年山东省社会保险基金收支取得重大成就，总体来看，基本养老保险、工伤保险、失业保险 3 项社会保险基金全年总收入为 4217.8 亿元，全年基金总支出为 4094.8 亿元，分别同比 2020 年增长 1132.9 亿元、331.9 亿元，年末 3 项社保基金累计结余同比 2020 年年末增长 4.1%，为 3160 亿元。仅养老保险一项社会保险基金全年收支情况分别为 4052.4 亿元、3927.4 亿元，年末累计结余相比 2020 年年末增长为 4.5%，金额达 2891.7 亿元。其余几项社会保险基金收支情况都呈积极增长态势。[1]在多项社会保险中，基本医疗保险基金变化最为显著，相关数据如表 3-4 所示。

表 3-4　山东省 2016—2020 年基本医疗保险基金收支　　单位：亿元

年份	基本医疗保险基金收入	基本医疗保险基金支出	累计结余
2016	1081.5	956.7	877.6
2017	1195.2	1094.6	979.2
2018	1530.5	1253.7	1256.1
2019	1582.7	1362.6	1492.7
2020	1585.1	1457.1	1665.7

数据来源：《山东省统计年鉴 2021》

基本医疗保险基金收入和支出在 5 年间分别上涨，基金支出涨幅最大，医疗保险基金累计结余依旧保持高速增长，进一步验证我国社保基金高平稳状态。山东省人力资源社会保障厅相关负责同志表示：“2020 年山东省将 1000 亿元企业养老保险基金委托全国社保理事会投资运营，截至目前，已到期委托运营基金本金 767.58 亿元，累计收益 326.86 亿元，有效壮大了山东省社保基金规模。”[2]

2020 年全国各地遭受新冠肺炎疫情的冲击，经济行业的低迷导致社保基金收支波动，我国社保基金累计结余数虽存在高度的弹性空间，但仍需增强相应的风险防范机制，以风险人才引进为基础，构建强韧性社保基金管理体制，提高社保基金抗风险能力，提升基金运行稳定度。

社保基金是社会保障制度的重要组成部分，是社保体系运转的基础。为夯实山东省建设共同富裕全国先行样板的基金基础，一方面，应持续增强对社保基金的收支控制力度，进一步扩大社保覆盖面，尤其增强对社会流动人口的协调管理力度，增加社保基金收入来源。另一方面，形成稳定成熟、系统化的社保基金管理体系，引进相关技术人才，

① 数据来源：《2021 年度山东省人力资源和社会保障事业发展统计公报》。

② 《社保政策你我他——全省社会保险政策集中宣传活动》，山东省人民政府网站，2021 年 4 月 26 日，http://www.shandong.gov.cn/art/2021/4/26/art_97349_10289592.html。

加强对社保基金投资运营的管理；开发社会资本，在保证社保基金运行安全平稳的基础上，借助市场力量，壮大社保基金规模，实现社保基金合理科学开发与使用；加强社保基金监督管理体系，形成内部控制和外部控制协同合作的社保基金监督机制，增强基金支出科学性、合理性和规范性，基金使用秉持高效率与高效益原则，防止贪污腐败事件的发生；完善社会保险基金补助制度，将部分国有资产纳入社会保障基金体系范围内，以国资股权分红、投资收益等方式补充社会保障基金，形成社保基金风险预防化解机制，增加基金运行的稳定性。

二、公共医疗卫生服务体系逐步完善

（一）全省健康水平显著提高

实现人与社会的全面发展和进步、共建共享改革发展成果是实现共同富裕的根本目标，高水平的全民健康内含于人民建设美好生活、实现共同富裕之中。社会全面进步、国家综合竞争力的提升需以社会人民的健康水平为基础，保证全民健康是共建共享改革发展成果的题中应有之义，健康公平是机会公平与结果公平的统一[①]，社会健康差距导致个人发展能力和发展机会的差距，例如身体状况良好的社会人能够享受到正常的工作机会和社会资源使用机会，对身体有所残缺或后期受到伤害的群体而言，该群体虽能够享受到相应的社会福利和社会救助扶持，但与健康的社会人群体相比，弱势群体受部分社会资源使用的排斥，在一些公共资源的使用上受到限制，在工作机会上处于天然劣势地位。健康差距诱发的发展机会差距对社会秩序的稳定运行形成挑战，引发社会总体公平不稳定，同时健康问题也是致贫返贫的重要原因。

① 王秀峰、吴华章、甘戈：《卫生健康在共同富裕中的地位作用与主要任务》，《卫生经济研究》2022 年第 2 期。

另外，健康事业的发展是推动经济持续高质量增长的重要支撑。在追求美好生活质量的新时代下，社会对卫生医疗健康方面的投入持续提升，预防性储蓄总量呈下降趋势，高效拉动社会需求侧总容量；同时健康事业的发展具备高效的经济带动效应，在就业岗位提供方面，健康事业为社会各群体提供大量就业岗位，增加社会经济繁荣的弹性空间，有助于保持经济平稳运行。因此，将健康指标纳入共同富裕评价体系是必要的，也是促进社会全面进步的重要基础。人民健康水平与共同富裕两者辩证统一于中国治理体系治理能力现代化建设的历史进程中。

健康已成为全社会关注的重大民生保障问题，直接关系着民众生活水平质量，关系群众的生活满意度和生活幸福感。健康卫生事业的发展是五年规划的重要组成部分，深受党、政府、社会和民众各界关注。山东省以省内丰富医疗养老资源为基础，构建胶东半岛、鲁西北、鲁西南三大医养健康产业发展格局。以济南、青岛、烟台 3 市为核心，建设国家医疗健康数据中心，依托数字技术发展医疗健康企业，推动省内海洋生物医药产业发展，打造国际医药健康综合工业园，夯实全省医养健康产业基础；构建以胶东海洋生物健康产业带、鲁中西部运河健康产业带、鲁中南部山地健康产业带为区位的医养健康产业格局，着力以医养健康促进全省健康水平提升。山东省重视基层健康宣传教育，依托基层社区治理发展潮流，多途径开展健康教育，推广普及相关健康知识，提高居民健康素养水平；社区基层医疗建设同步进行，拓宽民众获取健康卫生资源渠道，发展多元化的健康服务。

在“十三五”期间，山东省全省健康水平显著提高，取得重大成就。全省人均期望寿命由 2015 年的 78 岁上升至 2020 年的 79.13 岁，“十三五”期间，山东省对卫生健康事业的投入持续提升，平均增长幅度为 17.5%，人均卫生健康费用从 323.13 元提升至 653.70 元，为山东省全民健康水平的提升提供重要的基础保障。其他方面，孕产妇死亡率由 2015 年的 13.04/10 万降至 2021 年的 7.67/10 万，婴儿死亡率和 5

岁以下儿童死亡率分别由2015年的4.77‰和6.03‰下降至2021年的3.31‰和4.12‰；2021年全省妇女常见病筛查率达88.92%，85%以上目标人群接受免费孕前有声健康检查，产前筛查率达93.71%，新生儿疾病筛查率达99%以上，截至2021年年底，山东省民众主要健康水平总体处于中高收入国家平均水平。①

青岛市在山东省整体战略规划中占据重要地位。作为山东省经济的龙头城市，青岛市围绕“健康中国战略”推动青岛医疗健康事业的发展，持续增加卫生健康事业财政投入，形成以政府财政投入为引领、社会各界资本投入为支撑的“一核多元”模式。2020年，青岛市人均期望寿命为81.51岁，高于全省平均水平，孕产妇死亡率、婴儿死亡率分别降至4.26/10万、1.67‰，均低于山东省2020年平均水平，同时青岛重视健康事业发展宣传，联合新闻媒体、社区宣传栏等媒介广泛开展健康教育活动，全市居民健康素养水平由2017年的16.12%提升到2020年的24.38%②，青岛市在健康事业方面的投入取得显著成效，并走在山东省前列。

有相关学者基于省域面板数据，利用熵值法对山东省居民健康水平和医疗卫生资源投入状况进行研究，得到相关数据如下：2018年山东省居民健康水平为0.365，在全国范围内位于前列，卫生资源投入0.504；山东省居民健康水平与卫生资源投入协调度值为0.642。③

以上数据表明，山东省在“十三五”期间对医疗卫生健康事业的投入持续增加并且取得显著成效，全省健康水平明显提升。“十四五”期间山东省将坚定支持党的二十大目标，持续推进健康事业建设，把保障人民健康放在优先发展的战略位置，为共同富裕的推动奠定稳固的健康基础。

① 数据来源：2021年2月25日山东省政府新闻发布会。

② 数据来源：2021年1月6日山东省青岛市政府新闻发布会。

③ 杨应策、俞佳立、夏梦凡：《居民健康水平与医疗卫生资源投入的协调度研究》，《统计与决策》2021年第11期。

（二）医疗资源总量持续增长

全省居民健康水平的提升依托于山东省持续增长的医疗资源。山东医疗卫生资源是省内医疗保险、医保基金、长护险等事业发展的基本决定因素。自 2016 年以来，山东省持续提升医疗卫生事业财政投入水平，贯彻“共建共享、全名健康”战略方针，围绕普及健康生活、优化健康服务、建设健康环境等维度开展健康山东工作，深化医药卫生改革，建设以县市为单位的覆盖山东省全范围的医共体以促进医疗资源在省内的流动与公平分配，加快现代医保制度体系建设；促进医疗机构标准化建设。2016 年，山东省拥有的一级、二级、三级医院数分别为 712 所、495 所、150 所，截至 2021 年，各级医院数量分别增长至 997 所、740 所、196 所，其中一级医院数由 2016 年的 712 所增加至 2020 年的 1025 所，2021 年山东省一级类别医院数从 1025 所降低至 997 所，二级、三级医院数均呈增长状态，反映山东对省内医疗卫生机构的严格把控，在追求医疗卫生资源数量增长的同时追求卫生健康事业的高质量发展，医院数量、质量的增长代表着山东省医疗资源量的增长幅度。“十三五”期间，山东省医疗卫生机构数和床位数有所提升，全省医疗卫生机构 8.5 万所，床位数 64.07 万张，在岗人员 102.88 万人，医院床位数为 499505 万张，护理员床位数为 6605 万张，与 2016 年相比有明显差距[①]；加强对医疗卫生机构的监管能力，建立医务人员考评制度，提升医疗服务人员基本职业道德素养，建设全心为患、廉洁行医的医德医风。在精神卫生服务体系建设方面，山东省坚持保证每县（市）至少有一所精神卫生医疗机构，每 10 万人精神科医师达到 4.6 人，每万人精神科床位达到 4.26 张，并且能够提供心理咨询服务的综合医疗机构达到 80% 以上。[②] 总体

① 数据来源：《山东省统计年鉴 2021》。

② 数据来源：《2021 年山东省国民经济和社会发展统计公报》。

来看，全省各级各类医疗卫生机构呈现高质量发展趋势。以 2018 年为分界线，此前全省医疗机构数量增长明显，此后山东省对医疗卫生机构的医疗水平提出高质量发展要求，严格把控机构质量，取缔非法、质量不合格相关机构，医疗卫生健康事业发展由数量增长时期向存量增长阶段迈进，具体发展状况如图 3-1 所示。

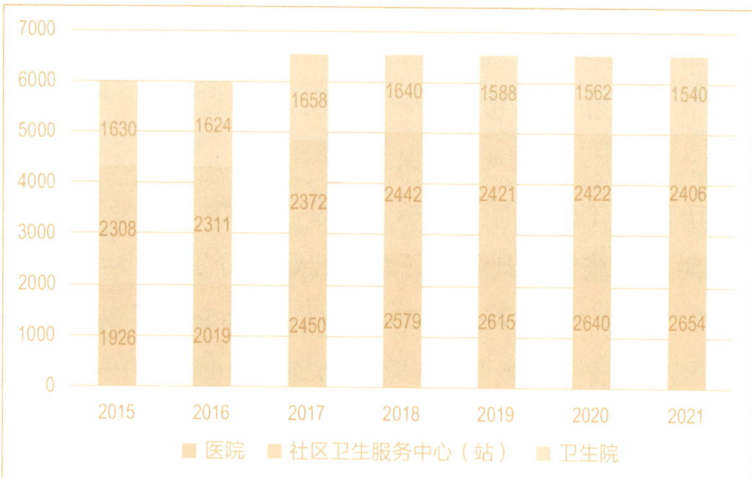

图 3-1　山东省医院、社区卫生服务中心和卫生院数量（个）

数据来源：《2021 年山东省卫生健康事业发展统计公报》

传统医疗卫生事业在深化改革工作的同时寻求新的突破，为社会民众提供更高质量的健康服务。为加快医疗卫生事业的专业化、标准化建设，提升医疗卫生服务水平，在数字技术由普及化迈向大众化的背景下，《山东省医疗保障信息平台建设工程初步设计及概算》提出建设创新“互联网 + 医疗 + 医药”的运行模式，在全省范围内建设医疗信息平台。截至 2021 年年底，全省内开通应用医保电子凭证的定点医药机构达到 6.2 万家，依托该应用实现互联网线上医保结算功能。

2020 年全国各省市遭受新冠肺炎疫情冲击，山东省积极抗疫，持续提升医疗资源投入。截至 2021 年年末，全省医疗卫生机构共计 8.6 万所。其中，医院 2660 所，比 2020 年年末增加 20 所；基层医疗卫生机构 8.2 万所，增加 0.1 万所。58 家疾控中心进行改扩建，超过半数的地市建成一所达到三级传染病医院标准的医疗机构，设立 9 个省级公共卫生事件应急救援区域中心。[①] 在疫情特殊情况下，省政府及各地市政府坚决以人民为中心、以生命安全为根本开展防疫抗疫工作，切实保障民众身体健康不受疫情影响，将疫情控制在最小化。

2021 年我国开展下一个五年规划，山东省凭借“十三五”期间所取得的成就，继续加大医疗卫生投入，努力打造全国前列的医疗大省。“十四五”规划中提出建设包括省、市、县在内的统一管理的医疗保障管理体系，持续提升省内医疗资源水平，至 2025 年山东省每千人口医疗卫生机构床位数由 2020 年的 6.42 张提升至 7.5 张，每千人口拥有执业（助理）医师由 2020 年的 3.25 人增长至 3.85 人，每千人口拥有注册护士数由 2020 年的 3.53 人增长至 3.95 人，养老机构护理型床位占比由 2020 年的 43% 提高至 60%[②]；完善医疗服务价格动态调整和医疗保险待遇机制，加强对医疗机构集中采集的指导力度，借助互联网等技术完善医疗器械等物品的采购机制，在全省范围内建立医用耗材、药品价格信息监测机制，加强医疗服务价格的宏观调控，确保医疗费用维持在较为合理的水平，保证民众看得了病、看得起病。

（三）基层医疗卫生服务能力大幅提高

共同富裕的推进是社会、经济、政治互融合作的过程，需要从上至下地深入交互发展。在医疗卫生事业方面，仅推动医保、集中医疗事业的发展难以支撑全体社会共同进步，基层医疗卫生作为最广大人民群众健康服务体系的网底，基层医疗卫生发展水平是公共卫生体系健全最重要的评价指标之一。基层医疗卫生机构是基层群众获得医疗卫生服务最

① 数据来源：《2021 年山东省国民经济和社会发展统计公报》。

② 数据来源：《山东省“十四五”公共服务规划》。

直接、最便利的途径，也是建立基层首诊、分级诊疗的起点。基层医疗卫生服务水平的提升，在解决患者就医拥堵问题，医疗资源浪费，降低医疗开支等方面具有积极贡献意义，是解决“看病难、看病贵”的有效实施对策，也是解决民众就医问题的“最后一公里”[①]。

自 2009 年我国实施“新医改”政策以来，山东省各地市根据当地情况发展基层医疗卫生服务，加大基层医疗设施建设投入，打造老百姓看得了病、看得起病的山东。省内形成政府顶层设计引领、社会团体参与、民众自发支持的上下双向基层医疗互动渠道，全省基层医疗卫生服务能力大幅提高。

在“十三五”期间，全省开展 3 年时效的基层医疗卫生机构标准化建设，累计招收专本科医学生 4620 人，乡村医生执业（助理）医师率达到 38.7%，通过相应人才引进、人才留乡政策充实基层人员力量[②]。截至 2020 年年底，山东省全省社区卫生服务中心（站）达 2422 所，床位数达 18389 张，卫生技术人员为 40256 人，基层医疗卫生机构主要部分——村卫生室和诊所、卫生所、医务室的数量分别为 53523 所、21968 所，在全国范围内处于较为领先水平。另外，社区有卫生站（室）的户比重总体为 95.8%，城镇和农村户比重分别为 97.6% 和 93.3%，二者之间差别较小，这也说明了山东省在推动基层医疗卫生能力提升的同时，高度关注城乡平衡发展，积极促进城乡交融合作，实现山东全省医疗服务均衡发展。[③]

2021 年全年，全省基层医疗事业在“十三五”成就的基础上稳步前进，现有社区老年人日间照料中心 3252 处、农村幸福院 11260 处，基层医疗卫生机构 85716 所，全年增加约 0.1 万所，基层医疗卫生机构

① 陈曦：《我国分级诊疗制度现状分析和对策建议》，《就业与保障》2021 年第 20 期。

② 数据来源：2021 年 2 月 25 日山东省政府新闻发布会。

③ 数据来源：《山东省统计年鉴 2021》。

床位数 12.22 万张，占山东省全省医疗机构床位数的 18.14%，服务于基层医疗卫生机构人员达到 35.58 万人，占全省卫生服务人员总数的 33.70%，累计组建家庭医生服务团队 3.2 万个，签约居民 4686.2 万人；总体上山东省全省设立 394 所县级医院，139 所县级妇幼保健机构，170 所县级疾病预防控制中心，131 所县级卫生监督所，其中众多县级疾病预防控制中心在山东省全省新冠肺炎疫情防控战略中发挥重要支撑作用，是山东省有效控制新冠肺炎疫情蔓延的重要一环。[①②] 在宏观层面优化基层医疗卫生机构规划布局，微观层面加强对基层卫生机构的绩效考核力度，提升基层医疗卫生服务水平，确保基层医疗卫生服务规范化、标准化，实现高质量的基层医疗发展；山东省以属地管理、公益性导向、信息化支持为基本原则，对基层医疗机构开展综合性考核，以医疗服务提供为核心，重点评价医务人员专业能力和人员结构配置，保证省内基层医疗资源配置均衡。

整体上，山东省基层医疗卫生服务体系融合度较高，但内部地市之间仍存在差距。为加快建设山东省共同富裕先行样板区，在后续建设过程中仍应加强基层医疗体系建设，提升公共卫生体系的协调能力，促进各地市融合发展，建立“一对一帮扶”合作平台。以济南、临沂、青岛市为中心组建山东三大区域医联体，构建医疗融合的区位优势，增强基层医疗机构服务能力；同时，继续加强医疗信息化建设，将医疗与数字技术融合，开展城乡、区域一体化医疗信息化建设，构建覆盖山东全域的医共体；纵向实现各级医疗机构信息互通，横向实现医疗信息与医保、卫生健康体系融合，建立一个基层检查，三级医院诊断，医保、卫生健康体系同步记录的信息系统网络，提升民众就医满意度，进一步提高全省健康水平。

① 数据来源：《2021 年山东省国民经济和社会发展统计公报》。

② 数据来源：《2021 年山东省卫生健康事业发展统计公报》。

三、教育事业改革稳步发展

教育、科技、人才是全面建设社会主义现代化国家的基础性、战略性支撑。改革开放后，党中央高度关注教育事业的恢复与发展。1998年公布《面向21世纪教育振兴行动计划》，2010年中共中央、国务院印发《国家中长期教育改革和发展规划纲要（2010—2020年）》，2019年发布《中国教育现代化2035》，相关教育发展规划明确了我国教育事业系统化、规范化发展方向，将教育置于全国优先发展的战略地位。党的二十大报告就实施科教兴国战略，强化现代化建设人才支撑给予充分阐释，要坚持教育优先发展，加快建设教育强国，提高人才自主培养质量。坚持中国特色社会主义道路、建设现代化中国、推动共同富裕建设、实现中华民族的伟大复兴需以教育为依托，教育事业的终极目标内涵——全方位提高公民素质素养、为国家全面发展社会全面进步提供人才资源保障——是实现现代化中国的重要补充。山东省作为全国教育大省，在中共中央、国务院的领导下积极开展教育建设，取得一系列建设成果。

（一）基础教育稳居全国第一阵营

基础教育是面向全体学生的国民素质教育，为提升全国各族人民基本素养打下坚实的基础。基础教育在提升国民整体素质、培养社会进步所需的各方面人才、促进中国特色社会主义现代化建设等方面发挥先导性和基础性的作用。作为全国教育大省，山东省基础教育建设与发展经验丰富，自改革开放以来取得一系列成果。截至2015年年底，山东省圆满实现“十二五”教育事业规划目标，基础教育事业发展迅速，全省学前教育毛入学率达到81.97%，义务教育基本实现全面普及，不同地区间义务教育发展差距逐渐缩小，省内高中教育进入普及攻坚阶段，教育资源向高质量、丰富化方向发展。在取得显著成果的同时，省内基础教育发展仍面临严峻社会问题的挑战，主要集中在各地区教育资源的发展不平衡，不同学前教育机构之间的教育质量存在较大差距，学前教育机构的监管力度不足，教育监管问题时常发生；省内仍面临大量适龄儿童未接受义务教育，城乡之间义务教育资源分配不均衡等教育困境；高中阶段教育仍以应试教育模式为主，省内高中教育机构主要分布在城镇地区，农村地区的高中教育成本较高。

为实现基础教育高质量发展，“十三五”期间山东省聚焦省内教育事业发展，贯彻落实全国教育大会精神，坚持教育优先发展、统筹协调推进等基本原则，深化教育综合改革工作。《山东省学前教育条例》提出对省内现有的学前机构进行整治、审查，加大学前教育监管力度，扩大资源供给，解决幼儿无园入、入园难等问题。在基础教育规范化发展的实践层面，截至 2020 年年底，山东省已建成并运行 24701 所学前教育机构，2020 年全省招生人数为 1460959 人，总计在校生为 3808029 人，教职工人数为 370027 人，其中专任教师 240294 人[①]。2021 年，山东省总计增加 2121 所，新建扩建幼儿园 571 所，新补充公办幼儿园教师 1.1 万人。在义务教育阶段，取消中小学大班制度，严禁中小学开设 66 人以上的超大班；新建扩建中小学，优化中小学分布布局，加大对乡村、贫困村等教育资源薄弱地区的教育资源投入，建设爱心希望学校；加大对困难家庭、特殊家庭的教育补贴力度，在“十三五”末期，普通小学和普通初中的办学机构分别为 9619 所和 3238 所，2020 年招生人数为 1296317 人和 1239966 人，教职工人数相差不大，分别为 400114 人和 372939 人，基于“十三五”规划所取得的成就，2021 年山东省改扩建中小学 277 所，中小学 56 人及以上大班额保持动态清零，新补充中小学教师 3.7 万人，小学教育、初中教育分别拥有 46.8 万人、

① 数据来源：《2020 年山东省国民经济和社会发展统计公报》。

31.6 万人[①]，无论是办学机构还是师资力量等都呈现增长趋势。在高中阶段教育方面，提升对贫困生的补贴标准，严格监管补贴申请、发放流程；积极深入高考改革，取消高中文理分科制度，探索高中走班制度、专业自选制度、高考“专业＋学校”模式，探索以学生综合素质评价为核心的高考招生模式，切实改变现有应试教育模式，发展更为现代化的高中教育。

“十三五”期间，山东省学前教育毛入园率提高至 2019 年的 90.4%，高于全国平均水平 7 个百分点；截至 2021 年年底，学前 3 年毛入园率达 94.12%，普惠性幼儿园覆盖率达 90.01%，公办幼儿园在园幼儿占比达 53.72%；在教师队伍建设方面，山东省全省共有 45.49 万人致力于幼儿园工作，其中 59.27% 约 26.96 万人为专任教师，学前教育工作人员数较 2020 年明显增加；91.77% 约 24.51 万名专任教师接受过专业教育培训，表明省内学前工作教师队伍达到较高质量水平。[②]九年义务教育普及工作持续开展，义务教育普及率进一步提升，从 2015 年的 97% 提高到 2019 年的 97.74%，高于全国平均水平 2.94 个百分点；高中阶段毛入学率由 2015 年的 97.36% 提升到 2019 年的 97.65%，比全国平均水平高 8.15%[③]；从微观视角出发，在“十三五”教育事业取得成就的基础上，山东省基础教育事业稳步推进，2021 年全年省内共设立 12754 所义务教育阶段学校，其中小学 9458 所、初中 3296 所；义务教育阶段在校生为 1143.93 万人，小学阶段在校生达到 755.81 万人，初中阶段在校生人数为 388.12 万人，二者数据同 2020 年均有所增加，小学和初中校均规模分别达到 799 人、1178 人，师生比例为 1∶16.14 和 1∶12.28；从整体数据来看，省内今年学校增长数量放缓，着重提升基础教育教育

① 数据来源：《山东省统计年鉴 2021》。

② 数据来源：《2021 年山东省教育事业发展统计公报》。

③ 数据来源：2020 年 11 月 17 日山东省关于介绍“十三五”时期教育高质量发展情况新闻发布会。

质量，从教育事业发展方面助力山东省社会整体全方位高质量发展，总体上山东省基础教育水平稳居全国第一阵营。[1]

（二）为党育人、为国育才，立德树人机制不断完善

立德树人是我国教育事业的根本任务，教育的终极目标是为国家社会培育人才储备，推动国家现代化建设，为社会主义发展培养德智体美劳全面发展的建设者和接班人。为促进新时代人才坚定不移地在党的领导下支持中国特色社会主义事业建设，山东省围绕加强学生政治思想建设方针政策，积极实施为党育人、为国育才政策，完善立德树人机制。

“十三五”规划初期，面对中小学德育教学目标不清晰、教学内容陈旧重复、教学理念与现实脱节、缺乏针对性和系统性等问题，山东省以社会主义核心价值观为政策理念根本，在全国率先推出教育改革新政——《山东省中小学德育课程一体化实施指导纲要》（以下简称《纲要》）。《纲要》结合实践从理论层面指出要结合不同学识阶段学生人格特点，依据小学、初中、高中思政课标准设计层级渐进的德育内容，探索新形式的德育教学模式，采取更开放、更多元的学生评价机制，例如活动项目评议、深入观察等方法，杜绝唯分数论现象，促进学生树立良好的道德品质素养；将德育理念与学科教学相融合，挖掘课程中的德育元素，在日常学科教学过程中穿插德育教学，为学生营造良好的、高品质的道德素养氛围，潜移默化地引导学生树立正确的价值；注重对学生传统文化的教学，学习中国优秀的传统文化，通过生动鲜活的史实培育学生高尚的道德素养；提升实践课程所占比例，积极开展团体活动、研旅活动，明确课程目标，将德、知、史融入实践活动中，引导学生在实践活动中培育个人兴趣、提升个人能力、塑造良好品行。总体上按照德育课程、学科课程、传统文化课程、实践活动课程 4 个序列，形成“四

① 数据来源：《2021 年山东省教育事业发展统计公报》。

位一体”的德育体系，实现不同学段德育课程的有效衔接，形成一体化、系统化的德育课程体系。

加强中小学生德育工作的同时，山东省推动省内高校德育工作改革，在中小学德育课程基础上对大学生进行深入的道德涵养教育，以习近平新时代中国特色社会主义思想为核心，高水平开展马列主义、毛泽东思想、中国特色社会主义等重要理论思想教育，围绕“五位一体”开展工作。为切实提升当代大学生思想政治水平，山东省主要从以下几个方面开展高校德育工作改革创新。

一方面，全面推进思政教育改革，着力构建“三全育人”格局，以山东省丰富的优秀传统文化和红色文化为基础，深度挖掘思政教育资源，创新思政教学内容，形成具有山东特色的齐鲁思政精品课；另一方面，2020 年山东省委教育工作领导小组为进一步构建和完善整体统一的思政教育体系，开展思政课改革“六大行动”，从课程拓展、师资力量、教学质量、教学资源、实践教学、高校固本 6 个方面全面推动思政内容进课堂进学生头脑，为建设现代化中国培育优质人才，培养德智体美劳全面发展的社会主义建设者，为建设美好社会、实现共同富裕奠定人才基础，提供人才动力。

（三）高等学校特色发展初见成效

基础教育水平是地区公共服务能力的重要代表，反映了地区社会经济发展增长速率的下限。高等教育与基础教育间存在较大差异性，高等教育建立在基础教育之上，是基础教育的延伸和拓展，高等教育阶段是开发社会人才资源的重要阶段，是培养高度专业型人才的阶段，代表着地区的社会发展水平和科学研究水平，更反映了地区或城市的潜在发展能力。高等教育在推动社会经济高质量发展过程中扮演着资源转换的中介角色，是经济高质量发展、社会全面均衡进步的重要动力源泉。实现高等教育现代化是优化人才供给结构、丰富教育内涵的关键一步，也是推进中国式现代化的重要组成部分。在高等教育由精英化向大众化、普及化跨越的背景下，社会对高校教育的多样性和个性化需求更为明显，而模块化、统一化的教学内容和教学方式是高等教育多样化发展的重要阻碍。山东省贯彻落实《国家教育事业发展“十三五”规划》中教育结构性改革要求，秉持实践理念，围绕人才强国战略坚持对高校高等教育进行分类管理、分类建设，近年来高校高等教育特色发展初见成效。

截至 2021 年年底，全省共有研究生培养机构 35 个，其中普通高等学校 32 个，科研机构 3 个；普通高等学校 153 所，其中本科院校 70 所（含 4 所独立学院），高职（专科）院校 83 所；独立设置的成人高等学校 11 所。招生人数呈上升趋势，教职工总人数为 17.78 万人，专任教师占教职工总人数的 72.2%。全省高等教育在校生（包括研究生、普通本专科和成人本专科）总规模为 348.51 万人，比 2020 年增加 31.97 万人。新增博士高校 2 所、硕士高校 1 所，新增 10 个博士学位授权点和 114 个硕士学位授权点，2021 年招收 1508 名博士后，新设立 87 个博士后创新实践基地，满足博士后相关研究工作内容。[①]

在人才振兴、人事管理方面，2021 年年末，全省共 3510 名专家享受国务院政府特殊津贴、21 人收获中华技能大奖、全省突出贡献的中青年专家保有量为 1536 人、齐鲁首席技师 1806 人、高技能人才 350 万人、“山东惠才卡”持卡人 7243 人。全年新增取得全省统一评价高级职称证书人数 8.1 万人。[②]

为进一步开展“高等学校分类管理、分类建设”工作，山东省提出“全力建设双高学校，大力冲刺双一流高校”，支持省内 3 所部属高校建设世界一流大学，提升省内部属高校在全国的教育竞争力；分类支持 15 所左右省属高校、50 个左右学科建设高水平大学和高水平学科专

① 数据来源：《2021 年山东省教育事业发展统计公报》。

② 数据来源：《2021 年度山东省人力资源和社会保障事业发展统计公报》。

业，为省内高校冲击“双一流”夯实基础。同时，优化省内优质教育资源，整合组建齐鲁工业大学和山东第一医科大学，完成 13 所高校省部共建改革工作，建设 9 所省市共建重点高校，同时积极吸引社会资金，共计 5428 家企业参与高校办学工作，创新高校办学模式，将政府教育财政投入与社会企业资金结合，扩充高校办学资金，提升省内高等教育教学水平。

在提升省内高等教育水平的同时积极对外交流，拓宽高校与世界交流渠道，当前省内驻鲁高校已与全球 100 个国家或地区建立 3259 对友好合作关系，多所高校进行境外办学，吸纳人才，国内创建 16 个中外合作办学机构，实施 179 个中外合作办学项目。[①]2021 年，山东省继续坚持高校对外交流，深化国际教育合作交流，新增 4 个中外合作办学机构和 29 个中外合作办学项目，截至年底，机构和项目总量分别达到 21 个和 206 个[②]，在全国范围内处于第一梯队，山东省高等教育成为我国教育事业对外交流的典范。山东省高校高等教育与世界学术界高水平高质量的沟通交流实现省内高等教育与世界高等教育的有效接轨。

（四）职业教育“山东模式”初步定型

新旧动能转换、建设全国统一大市场、高质量经济发展战略对山东省教育体系提出更高要求，为全面适应新时代下中国社会的发展，山东省提质培优，完善省内职业教育体系，构建职普融合的双教育体系。职业教育旨在为社会培育应用技术型人才，作为一种跨界域教育类型，其结合了“职业域”“教育域”“社会域”等多界域特质，具有多维价值，其作为中介联系机制将外部生产要素转化为人力技术资本，对社会经济发展产生影响。职业教育的发展程度、教育体系、教学质量与经济建设、社会进步之

① 数据来源：2020 年 11 月 17 日山东省关于介绍“十三五”时期教育高质量发展情况新闻发布会。

② 数据来源：《2021 年山东省国民经济和社会发展统计公报》。

间保持密切关系，相关研究表明，职业教育与经济发展之间存在相对应的耦合关系[①]。近年来，山东省高度关注省内职业教育发展，通过一系列举措打造职教高地，为山东健全要素市场体系培养后续人才支撑。

为打破职业教育在社会中“低顺位化”的困境，增强职业教育的吸引力，山东省借助省部共建国家职教创新发展高地建设东风，率先在国内探索职业教育改革，按照“起步成势、一年成式、两年成是、三年成事”的发展规划，在全省范围内推进职教改革。在完善职教体系方面，山东省推动“职教高考”政策的落地，以文化知识与职业技能为核心，打通中等职业教育和高等职业教育之间的晋升渠道，形成完整的中等职业教育、专科教育、职业本科教育、应用型本科教育、专业硕士研究生的职业教育体系，构建完整的职业教育应用型人才培养体系，为学生提供丰富的教育选择。目前，山东省已设立 4 个职教改革试验先行区，构建 12 项制度机制，开展 495 个职业改革项目。

在新时代背景下，为发展内涵式职业教育，山东省对职业教育增值赋能，建设教学内容标准化的职业院校。山东省教育厅联合各政府部门、社会企业，实现对职业教育各阶段教学标准进行一体化设计，规范各院校教学内容和教学标准；同时落实院校自主办学权，将部分权力——人才招聘权、学科专业设置权、薪酬分配设置权、教学模式权等高度下放给各职业学校，支持职业院校自主确定招考标准、招考内容和用人设计，在保证职业教育规范化发展的过程中培育多样化教学，保证在读学生德智体美劳技多方面发展。当前共开发 322 个专业教学标准，完善 147 个全过程衔接的课程体系，实现教育域与产业域的有机融合。[②]

山东省为激发省内职业教育活力，深化校企合作、产教融合，创建

① 祁占勇、王志远：《经济发展与职业教育的耦合关系及其协同路径》，《教育研究》2020 年第 3 期。

② 数据来源：2020 年 11 月 17 日山东省关于介绍“十三五”时期教育高质量发展情况新闻发布会。

“财政投入＋企业资金＋社会捐赠”的办学模式，引入全社会力量进行合作办学，建立混合所有制形态，逐渐完善多元主体办学制度，发展校企协同育人机制。2021年，全省中等职业学校在校生人数达到83.91万人，相关教职工人数为6.00万人，比上年增加1202人，其中专任教师5.36万人，比2020年增加4407人，生师比为15.66：1。专任教师学历合格率为95.19%，具有研究生学历的比例为10.57%，专任教师中“双师型”教师所占比例为35.59%。高职（专科）院校83所，独立设置的成人高等学校11所。获得全国职业院校技能大赛金牌60枚、奖牌100枚，金牌数和奖牌数全国“双第一”[①]。

在长期为实现共同富裕目标的过程中，山东省作为全国教育大省，坚定不移地发展教育，以《山东教育现代化2035》为指导，牢固在基础教育上取得的成就，完善立德树人机制，促进职普教育协同发展、高等教育厚积薄发，构建完整职业教育体系，健全不同阶段、不同层级、不同类型学校的建设标准，同时增加教育办学弹性，针对各地特色创办适宜的人才培养方案，构建基础教育与高等教育有效衔接、职业教育与普通教育交互融合、德育全面覆盖的教育课程体系和教学模式，为山东省推动乡村振兴、实现共同富裕提供学科型与应用型、综合型与专业型人才，丰富山东社会人才资源，提升山东发展的潜在能力。

第二节　生态环境保护和建设持续推进

一、生态环境持续改善

改革开放以来，我国各级政府长期以“经济效率”为治理逻辑开展

① 数据来源：《2021年山东省教育事业发展统计公报》。

工作，在经济方面取得巨大成就成为世界第二大经济体的同时，对生态环境造成了较大的压力，全国大范围空气质量下降、水资源污染、荒漠土地扩增等生态问题对居民生活质量造成较大影响。人民对美好生活的追求与日益退化的生态环境之间在粗放式经济条件下存在严峻矛盾，低质量的经济状态难以满足人们对生态产品的高质量需求。面临生态环境退化日益加剧的困境问题，党中央在党的十七大首次提出“建设生态文明”的要求，在党的十八大、十九大中将“生态文明建设”作为我国一项基本国策，推进美丽中国建设，深入推进环境污染防治，基本消除重污染天气和城市黑臭水体，加强对土壤污染源头的防控。良好的生态水准促使资源配置合理化，实现社会福利最大化，促进共同富裕的建设。在经济发展方面，生态环境对社会经济具备外部性，良好的生态环境和高效的自然资源利用率在需求侧和供给侧两方面发挥作用，优化社会经济结构。近年来，山东省积极开展生态环境保护和生态环境建设工作，通过新旧动能转换、生态振兴等举措发展山东特色的绿色经济，着力发展山东域内生态物种多样性，构建黄河流域、海洋环境、丘陵山地、大气质量“海陆空一体化”的系统性生态保护格局，生态环境得到持续改善。

（一）污染物排放得到控制，空气质量逐渐提高

重工业经济和能源经济在山东经济结构中具有基础支撑作用，但重工业、能源产业的发展对大气环境质量造成破坏性影响。2010 年，山东省全省二氧化硫排放量 188.11 万吨，氮氧化物排放量 173.99 万吨，工业烟（粉）尘排放量 70.57 万吨。[①] 此外，山东省城市环境管理力度较弱，城市内部大规模的旧城拆迁改造、交通运输改造、建筑施工，农村地区露天焚烧秸秆、燃放鞭炮，对省内空气质量造成严重破坏。2015 年，山东省正式开启新旧动能转换工作，在“十三五”期间，山东省持续加大环

① 数据来源：《2010 年山东省国民经济和社会发展统计公报》。

境财政投入，取得巨大成就，大气污染物排放量具体情况如表 3-5 所示。

表 3-5　山东省 2016—2020 年主要空气污染物排放量　　单位：万吨

年份	二氧化硫排放量	氮氧化物排放量	烟（粉）尘排放量
2016	73	142	62
2017	42	120	48
2018	34	115	39
2019	28	109	37
2020	19	62	24

数据来源：《山东省统计年鉴 2021》

2016 年山东省全省二氧化硫排放量为 73 万吨，2020 年年底，该指标排放量降至 19 万吨，降低幅度高达 73.97%；在氮氧化物和烟（粉）尘排放量方面，都呈现大幅度的下降。具体来说，整个“十三五”期间，山东省按照《规划》积极开展工作，规划中的九大约束性环境目标全部超额完成，成功完成《山东省 2013—2020 年大气污染防治规划》中对 2020 年空气环境质量改善的规划。截至 2021 年年底，山东省细颗粒物浓度首次迈入“三十”时代，省内细颗粒物（PM2.5）平均浓度 39μg/m^3，比 2020 年改善 15.2%，环境空气质量综合指数 4.38，比 2020 年改善 10.1%；优良天数平均比例 71.1%，比 2020 年改善 2.3 个百分点；重污染天数平均 3.6 天，比上年改善六成[①]；在大气环境防治方面，山东省持续发力，二氧化硫排放量由 2020 年的 19 万吨降至 11 万吨，其他如二氧化氮、臭氧排放量、一氧化碳浓度分别为 29 万吨、166μg/m^3 和 1.2mg/m^3。[②] 总体上，省内大气二氧化硫、氮氧化物平均浓度达到国家空气环境质量一级标准，青岛、烟台、威海、日照 4 市的城市空气质量全面达到《环境空气质量标准》二级浓度限值，总体空气质量状况在全国范围内达到靠前位置，山东省在控制污染物排放、改善大气环境等方

① 数据来源：《2021 年山东省国民经济和社会发展统计公报》。

② 数据来源：《2021 年山东省生态环境状况公报》。

面的经验为国内其他省份提供了工作模板。

（二）水资源严格保护，水质达标率不断提高

水资源是人类社会进步发展的重要战略性资源，对国家或地区的经济发展和文明进步具有重要的影响。山东省作为全国的经济强省、资源富省、人口大省，水资源短缺制约其社会与经济的发展。从战略角度来看，山东省水资源总量严重短缺，省内水资源拥有量占全国水资源总量的 1% 左右，省人均水资源占有量不到全国人均占有量的 1/6。[①] 同时，粗放式的经济发展管理对山东省境内的水资源环境造成严重性破坏，可用水资源短缺困境加重，南水北调工程虽在一定程度上缓解了山东省的缺水困境，但整体上仍处于缺水状态。

面对严峻的水资源问题，2012 年山东省实行最严格的水资源管理制度，对湖泊河流、地下水等水体资源开采进行严格控制，各类经济开发区、产业园区等项目建设开发应适应当地水资源循环、水土保持等状况，各地区取水用水项目进行管控审批；同时现存入河入湖排污口重新由主管部门进行审查，加强监督管理；不得于饮用水保护区和饮用水提供区内新建入河入湖排污口，现存排污口由当地主管部门拆除。2021 年年底，省内开展入河入湖排污口整治行动成果显著，4 万余个排污口全部完成溯源，南四湖流域、黄河流域全年分别规范化改造排污口 12450 个、5686 个，在水资源持续的严格管控下，山东省水资源质量逐渐提升[②]。2022 年，山东于青岛、烟台、东营、潍坊、德州、滨州、聊城、菏泽 8 个地级市及其所属区县政府部门单位开展水资源保护利用及相关资金情况专项审计工作，重点审计考察河长制、最严格水资源管理制度等相关政策的执行现状，考核山东省水资源环境的治理、保护、使

① 数据来源：《2020 年中国水资源公报》。

② 数据来源：《2021 年山东省生态环境状况公报》。

用情况，为当前省内仍存在的水资源保护、利用等方面的问题提出突破性意见建议，促进黄河流域山东段水域生态环境的高质量保护，在全省范围内建设与山东水资源承载力相当的经济产业结构体系，实现社会、经济、生态同步发展。

“十三五”期间，山东省省内地表水年均水质测量指标均达到省、市防治指标要求，实现百分百达标率，其中达到或高于Ⅲ类水体的地表水占省内总体地表水量的 73.5%；在城市饮用水水源方面，全省共有 52 个地级市饮用水水源地，其中 98.1% 的水质达到或高于Ⅲ类水体标准，超额完成“十三五”规划预期目标。同时对污染严重的水体，例如黑臭水体，省内各地市内共 166 个黑臭水体全部按照国家水质标准进行整治，目前省内Ⅴ级劣质水资源全面清除。2021 年，山东省继续坚持新时代生态环境保护理念，在“十三五”期间所取得成就的基础上深入开展工作，全省国控地表水考核断面中 115 个断面达到或高于Ⅲ类水体标准，占全省 153 个断面的 75.2%，同比增长 13.1%，增长速度在全国各省、市、自治区内最高。①

（三）土壤和地下水质量总体稳定

土地是构建人与自然命运共同体的重要基础，是社会发展的根本性资源，在人口健康、农业发展、经济进步等方面具有决定性作用，土壤生态系统稳定对生物安全、总体生态环境发挥支撑功能。土壤的多功能性与水资源质量安全之间高度耦合，地下水水质深受土壤质量影响。在山东省整体供水系统中，地下水提供的供水量占据较高比例。2012 年前，山东省内能源工业、重工业发展对省内土壤和地下水质量造成破坏性损害，省内土壤和地下水质量呈较低水平。为充分发挥土壤和地下水的生态功能、经济功能及其战略功能，“十三五”期间，山东省坚持以

① 数据来源：山东省政府新闻办举办展望“十四五”系列新闻发布会第 7 场。

土壤质量提升为发展核心，秉持人与自然命运与共思想理念，统筹推进生态环境与社会经济同步高质量发展，推动乡村生态振兴、共同富裕建设进程。“十三五”期间，山东省全省土壤环境和地下水质量总体保持稳定，近年来二者质量风险保持在可控范围内。

2016年，山东省注重土壤环境改善，相继发布土壤防治指标，加大省内土壤防治治理监管力度，建设覆盖全省的土壤环境质量监测网络，建立耕地分类管理机制，对全省范围内的耕地土壤环境质量进行类别划分，实行不同程度的分类管理。截至2020年年底，山东省已按照国家标准建立1741个国控土壤监测点和1184个省控土壤监测点。工业方面，围绕“绿色经济”理念开展防治工作，重点开展针对重金属污染防治工作，强制对重工业企业固体污染物排放进行审查，推进企业绿色生产工艺和排放物清洁整治，减少固体污染物、重金属污染物排放量，从源头上减少对土壤环境的压力。农业方面，按照三类管理方式，减少农村地区农药化肥使用率，全省使用率分别为40.08%、40.15%，较之前大幅度下降，全省82.96%的废旧农膜进行回收再利用。同时加大对污染土壤修复治理，全省累计获得中央土壤防治资金达13.07亿元，工业用地推广济南油墨场地土壤修复技术经验，促使工业用地快速恢复健康土质标准；农业用地以实现乡村振兴为目标，进行农村污染治理攻坚战，农村生活污水治理排放、家禽粪便处理利用等方面建设农村统一生活垃圾回收处理站，建设美好乡村，保证农村生态环境处于健康状态。2022年山东发布《关于组织开展山东省第三次土壤普查的通知》，计划于2022—2025年完成对省内土壤的第三次普查工作，旨在更新当前全省土壤资源现状，为土壤资源可持续开发利用、构建生态文明山东、保障国家粮食安全提供有力支撑。

另外，省内共设立138个国家地下水监测位点[①]，覆盖全省，省内

① 数据来源：2021年1月27日山东省政府介绍2020年全省生态环境质量状况及相关工作进展情况发布会。

地下水质量状况报告工作及时准确，当前地下水质整体达到国家饮用水标准，储存量总体上保持稳定，“十三五”期间，山东省整体水资源总量分别为220.32亿、225.61亿、343.25亿、195.21亿、375.30亿立方米，其中地下水资源与地表水不重复量分别为99.14亿、86.47亿、112.67亿、75.54亿、115.46亿立方米[①]，近年来山东省地下水资源达到总体水资源总量的30%以上，并且呈相对稳定的状态，对省内生态环境保护、生态环境建设具有重要意义。

（四）海洋环境质量不断提高

山东省拥有3345公里的海岸线，两面临靠渤海、黄海，海岸线约占全国海岸线的1/6，依托丰富海洋资源，山东海洋产业发展迅速，“十四五”规划提出进一步发展现代海洋产业，为山东新动能发展、新产业增长充能；海洋环境资源具有多功能属性，在发挥经济属性的同时还具备生态价值，海洋是地区生态循环中的重要组成部分，更是区域水循环的关键一环，维持水资源更新循环、维持物种多样性。为确保海洋环境发挥多样化功能，山东省以习近平生态文明思想为指导，统筹陆海保护工作，构建省际、省内区域协作联动网络，合力建设可持续绿色发展的海洋生态环境。

“十三五”规划时期，为全面推动临海海洋水域高质量循环，全省高度关注海洋环境监测保护机制建设，共设立575个省级海洋生态环境质量监测站，监测范围覆盖入海河流口、海洋生物种类、海洋垃圾、海水质量、海洋生物健康等指标维度，重点关注黄河入海口、各市内海港海湾水体质量，以区域协作联动网络为基础，统筹海洋环境质量检测与保护工作。截至2020年年底，38条省级以上河流消除Ⅴ类水体，近岸海域水质优良比例达到91.5%，超过2020年规划88%近岸海域水质优

① 数据来源：《山东省统计年鉴2021》。

良比例目标；修复 4675.63 公顷沿渤海区域的滨海湿地，其间开展“退耕还湿”“退养还礁”等工作，沿海生态环境得到显著改善。[①] 2021 年，全省继续坚持绿色发展，强化区域协作、协同共治，在 2020 年消除Ⅴ类水体的基础上，省内国家级河流入海口水质全部达到Ⅳ类水体及以上，全年整治企业入海排污口共 20914 个，截至 2021 年年底 73.8% 的入海排污口已完成清洁排放整治，全部入海排污口中 140 个工业生产废水排放口全部进行整治改革，在对源头进行整治的同时加大海洋垃圾处理力度，当年共捕捞海洋垃圾 3000 余吨，近岸海域优良水质比例为 92.3%，比 2020 年增长 0.8%[②]。“十四五”规划进一步提出在海洋环境保护基础上稳步推进。

当前，山东省整体生态环境持续改善，生态稳定性稳步提升，山东滨海区域生态恢复多样性，相继发现东方白鹤、江豚等珍稀物种。2022 年，烟台龙口境内发现刚出生的斑海豹，一系列珍稀物种的出现代表山东省海洋环境质量在逐渐恢复。未来，山东省将持续秉持“人与自然和谐共生”理念，落实美丽山东目标，构建绿水青山和金山银山协同发展的格局，满足民众对美好生活的需求，完善生态环境保护制度，建立高效的生态环境治理机制。

二、生态保护扎实推进

（一）生态环境治理体系不断完善

完善的生态环境治理体系是山东生态环境的持续提升的关键制度基础。为构建现代化生态环境治理体系，省政府及各地市政府探索创新生态治理工具，构建包含海陆空、产业发展、科技创新等指标的环境治理

① 数据来源：2021 年 2 月 26 日山东省政府介绍“十四五”时期生态环境保护重点任务和举措发布会。

② 数据来源：2022 年 1 月 14 日山东省政府“发布 2021 年全省生态环境质量状况”发布会。

机制，健全生态环境治理协作网络，推动生态保护高质量发展。

为确保生态保护有法可依，山东省以生态理论基础为指导，丰富相关环境保护法律法规、规范性文件内涵，建构覆盖大气、水源、土壤、海洋全方面的污染防治指标体系，形成系统化规范文件框架，对省内各产业类型的排放标准严格监督，以山东“十二五”规划、“十三五”规划生态目标为基础，设立年度环境污染防治预期目标；针对《关于构建现代环境治理体系的指导意见》做出具体性制度安排，以八大体系为核心深入推动现代环境治理体系构建。自生态保护责任机制、生态保护考核机制、责任落实机制等维度健全生态环境治理责任体系，从领导层面增强环境治理责任意识，全社会范围内营造保护生态意识氛围；对相关企业的污染物排放进行审查审核，要求企业提升污染物无害化处理工艺和处理设施，健全企业环境治理体系；通过自媒体、媒体、互联网等途径提升民众生态意识，充分发挥慈善组织、生态组织等社会团体参与生态环境治理，引导全社会进行生态环境保护，完善环境污染处罚机制，健全环境治理全民行动体系；为完善环境治理监管体系，坚持完善环境风险防范体系，形成“互联网＋政务服务”模式，建设环境信访举报信息化平台，提升环境执法监管力度，切实打击贪污、受贿等行为，为生态保护建立坚强的监管后盾；相继出台一系列法律法规、规范性文件以完善环境治理法律体系；坚持碳达峰碳中和，积极发展绿色生态产业，建设山东特色的环境治理市场体系；加强企业环境信用建设，树立政府环保诚信形象，健全环境治理信用体系；同山东驻省高校合作，开展绿色技术创新工作，推动绿色科技创新，以科学的理论知识为指导进行具体的生态环境治理与保护，加强生态稳定性和应激性，以科技创新健全环境治理体系。

八大体系共同构建山东生态环境防治体系，推动山东环境协同治理体系发展。依托防治体系的不断完善，山东省生态保护扎实推进，省内自然保护地实现优化整合，对自然保护地区实行更加科学合理的规划与保护；生态示范区建设成果显著，为全国提供了丰富的生态建设经验；生态建设融入黄河流域生态保护和高质量发展战略，是省内各区域协作发展、协同建设的重要组成部分，标志着整体生态理念与区域生态发展的融合更加深入。“十四五”期间，要提升生态系统多样性、稳定性、持续性，加快实施重要生态系统保护和修复重大工程，实施生物多样性保护，推行草原森林河流湖泊湿地休养生息，防治外来物种侵害，构建更加完善的生态治理体系，提升山东整体生态水平。

（二）自然保护地完成优化整合

生态自然保护区是地区生态系统恢复、物种多样性保护、生态稳定性维持的最有效途径，也是发挥自然生态资源战略功能的集中形式体现。近年来，山东省高度关注自然保护区管理工作，整合优化省内各类自然保护地，在全省范围内构成科学合理的自然生态空间，以自主修复为主、人工介入为辅为基本原则，按各保护区实际情况进行分类综合管理，各地市加强区域合作能力，形成在全国范围内较为领先的生态自然保护地管理体系。

截至 2021 年，山东省已设立 488 个各级各类自然保护地[①]，其中国家级自然保护区 7 个，占地面积达 22.06 万公顷，包含省级自然保护区 38 个，占地面积为 50.77 万公顷[②]，形成覆盖陆地生态、海洋生态全方位的生态保护网络。黄河流经山东省 9 个地级市，对省内经济、政治、生态具有深远的影响，是全省自然保护地区最为集中的生态地区。2021 年 10 月 20 日，习近平总书记对黄河入海口生态进行考察，再次强调黄河流域生态功能地位，以自然保护区为核心创立黄河口国家公园，科学、扎实推进黄河入海口生态稳定健康；在习近平总书记指示下，山东

① 数据来源：2021 年 10 月 12 日山东省政府新闻办召开“山东省生物多样性保护工作进展和成效”发布会。

② 数据来源：《2021 年山东省生态环境状况公报》。

省开展黄河生态保护区整合优化工作，黄河流域地级市设立的各级各类自然生态保护区由之前的230个整合优化为154个，其中县级市级别的自然生态保护区由85个降至58个，占黄河流域生态总量的37.7%[①]；当前山东省先后投资5.3亿元建设黄河口国家公园，共整合8个黄河流域自然生态保护区，通过优化整合对黄河入海口生态进行更加科学、更加扎实的管理，同时与河南省建立起横向的黄河流域生态补偿协同机制，确保黄河生态质量良好。

除黄河流域外，渤海、黄海、崂山等自然生态区优化管理方式，以保护生物多样性为核心制定战略任务，划定多个陆地优先区域和海洋优先区域，同时对省内18个自然保护地、16条河流、90个大型矿区进行所有权首次登记，包括烟台牙山省级自然保护区、山东孟良崮国家森林自然公园、白马河、大沽河、济宁煤田王楼煤矿等，进一步明确责任主体，深化生态保护工作改革，完善生态保护责任体系，全面提升山东省生态系统质量和稳定性。[②]

（三）生态示范区建设成果显著

自然保护地以自然生态系统修复、维持物种多样性以及保护自然遗迹为核心，意在尽可能减少人类社会对自然生态稳定性的干预。生态示范区区别于自然保护地，示范区以生态经济学为原理，促进生态与经济共同、和谐发展，推动区域的社会经济发展，根本目标在于按照可持续发展和命运共同体的要求，利用生态经济学原理，实现区域内经济和环境的共同发展，在保证人民对物质需求的同时建设良好的生态环境，满足人民对美好生活的多方面需求。生态文明建设示范区是我国在生态文明建设过程中探索出的重要途径，是推进生态经济共同进步的重要载体

① 数据来源：2021年11月11日山东省政府新闻办举行“黄河流域生态保护和高质量发展”主题系列新闻发布会。

② 资料来源：《2021年度自然资源统一确权登记工作计划》。

和发展平台。当前，山东省在生态文明建设示范区方面成效显著，走在全国前列。

为探索生态与经济协同发展治理格局，山东省从实践层面先后开展五批国家生态文明建设示范区，截至 2021 年年底，山东省共设立 17 个国家生态文明建设示范区，最新一批包括济南市历下区、青岛市西海岸新区、济宁市任城区、潍坊市高密市、威海市乳山市、青岛市胶州市、德州市齐河县、潍坊峡山生态经济开发区 8 个地区；设立 7 个国家级“绿水青山就是金山银山”实践创新基地，最新一批包括德州市乐陵市、济南市莱芜区房干村，山东省“两山”实践创新基地总数在全国范围内排名第二，走在全国前列。2021 年，山东省生态环境厅设立第一批省级生态示范区和“两山”创新基地，首批省级生态示范区包括青岛西海岸新区红石崖街道、莱西市院上镇、枣庄市薛城区等 9 个县、乡镇[①]，首批“绿水青山就是金山银山”创新实践基地包括济南市莱芜区房干村、高青县常家镇、淄博市淄川区太河镇等 11 个县、乡镇、村。[②]

生态示范区的设立为全省及全国提供经济与生态协同发展的重要经验，是山东省生态保护和经济发展协同联合探索道路上的重要里程碑。

（四）生态建设融入黄河流域生态保护和高质量发展战略

黄河在山东省具有重要的战略地位，黄河流经全省 9 个设区市，黄河流域的生态质量对省内整体的生态系统稳定性、经济高质量发展、水资源供给稳定、物种丰富性具有重要且深远的影响。在全国范围内，黄河作为国内第二大河仍具有重大战略潜能。2019 年，中共中央以及国务院正式将黄河流域生态环境保护和高质量发展上升为重大国家战略，黄河流域的生态环境治理与保护涉及经济、能源、社会、政治等多方面。

① 资料来源：山东省生态环境厅公告（2020 年第 8 号）。

② 资料来源：山东省生态环境厅公告（2020 年第 9 号）。

在省内黄河流域，山东省设立众多自然保护地和生态文明建设示范区，以生态示范区为例，山东省 17 个国家级生态文明建设示范区中，黄河流域 9 个设区市建成的生态示范区为 7 个，占总体示范区的 41.2%，通过自然保护地和生态示范区，山东省着力加强对黄河流域生态环境的保护力度，切实提升该流域的生态环境质量。为实现黄河流域高质量发展，山东省将新旧动能转换与生态保护相融合，提升产业科技创新能力，大力发展山东省高新技术产业、新兴产业，从能源、经济结构等方面发展高质量绿色经济。截至 2020 年年底，山东省高新技术企业产值占工业总产值的 40% 以上[①]，新旧动能转换初见成效，减轻了黄河流域的生态压力。总体来说，山东省从能源、产业等各方面入手，将生态环境建设理念融入经济高质量发展，融入黄河流域生态保护和高质量发展战略，实现山东生态、经济、社会全面进步。

三、生态环境保护任重道远

“十三五”期间，山东省在生态环境防治方面取得系列性成效，大气环境、水体资源、土壤以及海洋环境质量显著提升，山东整体生态环境系统稳定性得以提升，生态建设示范稳步进行，但目前总体生态环境提升仍滞后于人民美好生活需求增长，省内结构性污染问题较为突出，环境质量提升速率明显放缓，环境持续改善压力大，生态修复任务仍然艰巨，尤其是黄河流域生态治理能力与生态退化之间存在差距；另外，山东省内仍然存在较高的环境安全风险，对生态环境具有潜在挑战。

（一）结构性污染仍然突出

山东省生态环境压力集中体现在省内结构性污染较为突出。新旧动

① 数据来源：《山东省黄河流域生态保护和高质量发展规划》。

能转换工作持续深入推进促使省内高新技术产业蓬勃发展。截至 2021 年，三次产业结构比重为 7.3：39.9：52.8[1]，山东省第三产业比重逐渐提升，占比超过整体产业的 50%，但目前全省产业结构仍较为单一，山东第二产业比重高于全国平均水平，第三产业比重低于全国平均水平，与广东、江苏、浙江相比，山东省的第一产业比重远高于其他三省，平均超过 3.4%—4%，而第二产业比重也与其他三省之间存在较大差距。山东省工业产业结构整体依然偏向重工业，高新技术工业企业仍处于发展阶段；另外，省内能源结构以煤炭为主，全省煤炭消费量、火电装机容量分别约占全国 10%、9.3%，全省农业用地方式和用地结构不够科学合理，农药化肥使用量在全国范围内排名靠前，土壤和地下水质量仍然面临较大的污染风险；家庭汽车、重型货车保有量较高，致使省内碳排放和氮氧化物排放等大气污染物总量较高。

山东省目前正处于供给侧结构改革、经济发展结构调整、新旧动能转换的关键时刻，生态文明建设示范区探索的生态经济协同发展经验仍未在全省范围内推广，生态环境保护和经济高质量发展之间的协调联动管理和统筹工作不够成熟，全省创新能力、创新技术整体上低于江浙粤，碳达峰碳中和的理念与实际工作融合度不足，导致省内结构性污染依然突出。

（二）环境质量仍需持续改善

当前，山东省整体环境质量不甚乐观，“十三五”生态规划设立的预期目标虽超额完成，但与实现共同富裕所要求的生态文明健康标准仍存在差距。在大气环境方面，山东省臭氧浓度逐年上升，高峰时段集中出现在夏季、秋季，对挥发性有机物治理力度不强且管控不够精准，省内挥发性有机物的排放量位居全国前列，对山东省大气环境质量造成较

① 数据来源：《2021 年山东省国民经济和社会发展统计公报》。

大破坏；截至 2020 年年底，山东省仍有 13 个省市的空气质量未全面达到国家环境空气质量二级标准，大气环境仍需高度关注。

在临海海洋环境方面，渤海近陆水域的海水质量不稳定，Ⅰ类水质海域面积和Ⅱ类水质海域面积占近陆水域面积的比例波动较大；黄海近陆水域水质堪忧，自 2007 年黄海浒苔爆发，对青岛、日照沿海水域造成极大破坏，尽管投入大量的人力、物力、财力对浒苔进行治理，但每年夏季依然爆发浒苔绿潮，2021 年黄海浒苔绿潮覆盖面积再创历史纪录，分布面积超过 6 万平方公里，其中 1746 平方公里的水域被浒苔集中覆盖[①]，周边水域环境质量下降，生物多样性遭到严重破坏。

除大气环境和海洋环境外，山东省地表水水质、空气质量优良天数等方面依旧低于国家平均水平，不仅对山东省财政投入产生沉重压力，还对山东省整体生态系统循环具有重大影响。

（三）生态系统稳定性较弱，保护修复压力较大

省内各地区的生态系统稳定性较差，局部的生态空间抵抗性弱，当地的整体生态环境受损，尤以黄河流域较为突出。流经省内黄河水段水质较差，含泥沙量逐年上升，受黄河水流的冲击，两岸土地不断遭受侵蚀，黄河入海口呈扩大趋势；同时沿黄 9 个设区市土地沙化的状况越来越重，沿黄防护林出现断带现象且部分地区断带率高达 30% 以上，省内黄河流域的生态系统面临整体性的生化退化风险。

除黄河流域外，山东省鲁中南、胶东半岛丘陵低山地区存在水土流失现象，围湖耕作、围湿造耕等现象难以杜绝，部分塌陷矿区仍未治理等。种种生态问题都对省内薄弱的生态监管能力提出挑战，尽管各级各类观测站数量众多，但各监测站、不同类别监测站之间的协作联合度不高，监测站之间信息传输效率低，对潜在的生态环境问题警惕性不高；

① 数据来源：2022 年 2 月 15 日山东海警局、山东省生态环境厅召开海洋执法交流座谈会。

山东省第一产业占比较高，省内耕地面积多，进一步造成省内整体的生态系统抵抗性差、稳定性弱；受外来物种入侵的影响，如巴西龟、美国白蛾、松材线虫等，省内物种多样性受到威胁，不仅对生态质量造成破坏，对生态多样性保护的监管能力、生态系统修复能力都产生了巨大的压力。

（四）环境安全风险仍在

2022 年是实施“十四五”规划的关键一年，山东省牢固树立环境安全风险防控底线思维，以防范重大环境风险为工作主线，从危险废物医疗废物管理、重金属及矿区污染整治、辐射安全监管、化工生化废污排放等方面加强对环境风险管控能力，强化环境风险预警防控，完善环境风险防控机制。当前省内主要的环境安全风险主要表现在：（1）省内河流突发水污染风险仍然存在，北大沙河等 11 条河流突发水污染事件“一河一图一策”实施工作有待推进，突发环境事件的应急工作还有待完善；（2）省内环境应急物资的储备工作力度不够，应急物资的种类有待丰富，且分行业和分区域的环境应急物资保障体系还有待建设完善；（3）突发性环境风险隐患的排查和整治工作力度不够，仍然存在较多环境风险的隐患，涉危险废物、涉危险化学品企业等高风险企业的历史污染遗留问题有待解决；（4）省内危险废污、医疗废污排放量大，仅危险废物 2020 年产生量超过 1000 万吨，占全国总排放量的 10%，省内对危险废物处置工艺仍需改进发展；（5）环境安全预警平台有待推进，尽管已实现化工园区有毒有害气体环境风险预警体系的全覆盖，但相应的预警平台建设稍显落后，突发环境事件的快速反应能力和应急处置水平有待提高。

第四章

山东共同富裕的精神文化基础

文化是一个国家、一个民族的灵魂。文化兴则国运兴，文化强则民族强。没有高度的文化自信，没有文化的繁荣兴盛，就没有中华民族伟大复兴。[1] 党的十九届五中全会提出，繁荣发展文化事业和文化产业，提高国家文化软实力。坚持马克思主义在意识形态领域的指导地位，坚定文化自信，坚持以社会主义核心价值观引领文化建设，加强社会主义精神文明建设，围绕举旗帜、聚民心、育新人、兴文化、展形象的使命任务，促进满足人民文化需求和增强人民精神力量相统一，推进社会主义文化强国建设。要提高社会文明程度，提升公共文化服务水平，健全现代文化产业体系。2013 年 11 月，习近平总书记到山东省曲阜市考察时强调，一个国家、一个民族的强盛，总是以文化兴盛为支撑的，中华民族伟大复兴需要以中华文化发展繁荣为条件。山东广大干部群众牢记总书记嘱托，充分发挥山东省在文化基础方面的优势，积极促进各类文化创造性转化，推动传统文化创新性发展，满足人民群众的文化需求，最终增强全党全国各族人民的文化自信。

2020 年以来，山东省充分发挥在文化上的优势，结合自身特点，打造了一系列有山东特色的文化与旅游项目，努力建设中华优

① 习近平：《坚定文化自信，建设社会主义文化强国》，《求是》2019 年第 12 期。

秀传统文化“两创”先行示范区。山东文旅产业已形成“两大基地引领、两极六带支撑”的新发展格局，即以建设红色文化旅游、优秀传统文化旅游两大基地为引领，以济南省会经济圈文化旅游发展极和青岛胶东经济圈文化旅游发展极为两极，包括山水圣人中华优秀传统文化旅游带、仙境海岸文化旅游带、大运河（山东段）文化旅游带、黄河文化和绿色生态旅游带、齐长城文化旅游带以及红色文化旅游带六大旅游带，串珠成线、连片成面，打造山东文化旅游新优势。

第一节　传统文化积淀深厚

一、传统文化源远流长

山东是我国的文化大省、文化强省，是中华文明的重要发祥地，也是儒家文化的发源地。齐鲁文化源远流长，这里有孕育东方最早农耕文明的北辛文化，有汉族先民创造、一脉相承的大汶口文化、龙山文化和岳石文化。百花齐放、百家争鸣，这里有至圣孔子、亚圣孟子的儒家文化，有科圣墨子的墨家文化，有建筑鼻祖的匠圣鲁班，有兵学鼻祖的兵圣孙子。群星璀璨、圣人辈出，这里有三分天下的智圣诸葛亮，有入木三分的书圣王羲之，有齐民要术的农圣贾思勰，有发明珠算的算圣刘洪，有雅爱搜神的鬼圣蒲松龄，还有房玄龄、李清照、辛弃疾、戚继光等众多历史名人。山东省拥有 4 项世界文化遗产，分别为五岳独尊的泰山、孔子故里的曲阜“三孔”、最早的古代长城齐长城、京杭大运河山东段。此外，还有天下第一泉的趵突泉、人间仙境的蓬莱阁、海上第一仙山的崂山、历史文化名城的青州古城、天下第一庄的台儿庄古城等历史文化景点。山东省拥有烟台剪纸、滨州剪纸、高密剪纸、莒县过门笺、诸城派古琴、济南皮影戏、泰山皮影戏和定陶皮影戏 8 项人类非物质文化遗产代表作名录，拥有 186 项国家非物质文化遗产。因此，山东省在中华文明的历史长河中举足轻重，也有了“一山一水一圣人”的美誉。

山东是全国文物资源大省，文物资源多、级别高，总量位居全国前列。根据第三次全国文物普查数据显示，山东省全国重点文物保护单位 233 处，位居全国前列，省级文物保护单位 1968 处，居全国首位，市、县级文物保护单位 1 万余处。山东省拥有 4 处世界文化遗产，位居全国第 3 位，拥有 10 座国家级历史文化名城、4 座国家历史文化名镇、11 座国家历史文化名村。全省拥有不可移动文物 5 万余处，其中登录国家数据库 3.35 万处，位居全国前列。全省拥有可移动文物 558 万余件，占全国总数量的 8.74%，居全国第 3 位。根据 2020 年山东省发布的《山东省文化旅游融合发展规划（2020—2025 年）》，对各地区传统文化旅游的优势和未来发展做了详尽分析。山东省作为中华文明的发源地之一，省内各地区都有自己的独特文化，这是山东省在传统文化上的优势。表 4-1 呈现了山东省各地区传统文化旅游发展优势。

表 4-1　山东省各地区传统文化旅游发展优势

城市	传统文化旅游发展优势
济南	以趵突泉和大明湖为核心，构建泉水文化旅游产品体系，打造泉城济南
青岛	以“海上第一仙山”崂山为核心，构建仙境海岸文化旅游产品体系，打造国际滨海旅游之城
泰安	以泰山和岱庙为核心，构建五岳独尊、天地泰和的文化旅游产品体系，打造国际化山岳休闲度假养生康体旅游综合体、中华祈福文化旅游之城
烟台	以道家文化、葡萄酒文化、开埠文化、海洋海岛文化等特色，打造中国最佳海洋休闲度假城市
威海	以刘公岛为核心，构建爱国主义红色文化旅游产品体系，打造红色文化旅游之城
济宁	以孔孟儒家文化为核心，提升“东方圣地”品牌传播力，打造中华优秀传统文化传承发展示范区
潍坊	以世界风筝之都和珍贵地质资源优势，打造著名民俗文化、地质奇观旅游目的地
淄博	以齐文化、聊斋文化、蹴鞠文化等主题文化旅游产品体系，打造国内知名文化旅游之城
枣庄	以台儿庄古城为核心，打造大运河文化旅游示范区

续表

城市	传统文化旅游发展优势
日照	以东夷文化、齐长城为特色，打造中国知名海洋旅游目的地
临沂	以沂蒙精神为主线，讲好革命故事，打造全国红色旅游胜地
德州	以黄河文化、运河文化、董子文化为核心，打造山东文化旅游产业对接京津冀协同发展的桥头堡
聊城	以运河文化、水浒文化、黄河文化为核心，打造江北水城
滨州	依托孙子文化、黄河文化、红色文化为核心，发展研学旅游、红色旅游等文化旅游产品
菏泽	以牡丹文化、水浒文化等资源为依托，发展花卉观赏、武术研学等文化旅游产品，打造牡丹之都

二、文化旅游产业位居全国前列

山东省以打造中华优秀传统文化创造性转化创新性发展先行示范区为目标，形成了四大文化旅游示范区：以济南、泰安、曲阜文化走廊为核心轴带的优秀传统文化旅游示范区；以莱芜、淄博和潍坊文化走廊为核心轴带的齐文化旅游示范区；以德州、聊城、济宁、枣庄文化走廊为核心轴带的大运河（山东段）旅游示范区；以菏泽、东营、滨州文化走廊为核心轴带的黄河三角洲生态文化旅游示范区。山东统筹推动儒家文化、泰山文化、齐文化、黄河文化、运河文化等融合发展，重点发展国学经典游、深度研学游等高端产品，打造一批文化旅游精品目的地，形成中华优秀传统文化传承弘扬及文化与旅游融合发展的重要基地。

在品牌创建方面，山东省匠心打造“好客山东”品牌，4 个字体现了“有朋自远方来，不亦乐乎”的君子情怀，展现了山东人古道热肠、有情有义、真诚厚道的美好品质，既表达了山东拥有安全、舒适、良好的旅游环境，也包含了齐鲁文化中的精髓，塑造了山东“使远者来而近者亲”的文化旅游形象。山东推出了综合型经典文化旅游线路，通过整合经典景区与精品旅游项目，串联省域的重要旅游目的地品牌，借助快速交通线路与客源地之间的衔接串联，推出了山水圣人之旅、仙境海岸之旅、济青风情之旅、运河水浒之旅、齐风鲁韵之旅、黄河入海之旅、亲情沂蒙之旅、山盟海誓之旅、名著名花之旅、东方圣地之旅、平安泰山之旅、泉城济南体验之旅、齐国故都体验之旅、水浒故里体验之旅、鸢都龙城文化体验之旅和乘高铁环游齐鲁之旅等 16 条综合型经典文化旅游线路。突出发挥“好客山东”品牌效应，聚焦山水圣人、红色文化、生态康养、仙境海岸等优势，结合各地资源特色，打造“好客山东”品牌引领的文化旅游品牌体系。

截至 2022 年，山东省拥有 A 级旅游景区 1193 家，其中 4A 级景区 223 家，5A 级景区 14 家。山东省拥有 7 个国家级自然保护区，国家森林城市 17 个，国家湿地公园 66 处，省级湿地公园 134 处，世界地质公园 2 个，国家地质公园 13 个，省级地质公园 51 个。黄河在山东注入渤海，形成世界少有的黄河口湿地生态系统和“黄蓝交汇”独特景观。

表 4-2　山东省 5A 级旅游景区

序号	景区名称	所在地市
1	济南市天下第一泉	济南
2	青岛崂山风景区	青岛
3	枣庄市台儿庄古城景区	枣庄
4	东营市黄河口生态旅游区	东营
5	烟台市龙口南山景区	烟台
6	烟台市蓬莱阁（三仙山·八仙过海）旅游区	烟台
7	潍坊市青州古城旅游区	潍坊
8	济宁市曲阜明故城（三孔）旅游区	济宁
9	泰安市泰山景区	泰安
10	威海市刘公岛景区	威海
11	威海市华夏城景区	威海
12	沂蒙山旅游区	临沂 / 潍坊
13	临沂市萤火虫水洞·地下大峡谷旅游区	临沂
14	济宁市微山湖旅游区	济宁

表 4-3 为 2016—2021 年山东省旅游人数和旅游收入情况。2016 年山东接待游客 7.1 亿人次、旅游收入 8020 亿元，到 2019 年山东接待游客达到 9.3 亿人次，增长 30.99%，旅游收入达到 11087 亿元，增长 38.24%。受新冠肺炎疫情影响，2020 年山东省接待游客 5.4 亿人次、旅游收入 6019.7 亿元，2021 年山东省接待游客 7.3 亿人次、旅游收入 8278.6 亿元。从全国来看，山东旅游人数和旅游收入位居前列，表 4-4 和表 4-5 为 2019—2021 年主要省份旅游人数和旅游收入的情况。2019 年山东省旅游人数位居全国第二，旅游收入全国第五，到 2021 年，山东的旅游人数位居全国第二，旅游收入全国第二。文化旅游对经济增长的贡献逐年增加，“好客山东”品牌影响力不断扩大。

表 4-3　2016—2021 年山东省旅游人数和旅游收入

年份	接待游客（亿人次）	旅游收入（亿元）
2016	7.1	8020
2017	7.8	9200
2018	8.7	9892.4
2019	9.3	11087
2020	5.4	6019.7
2021	7.3	8278.6

数据来源：《山东省国民经济和社会发展统计公报》

表 4-4　2019—2021 年主要省份旅游人数

省份	2019 年接待游客（亿人次）	2020 年接待游客（亿人次）	2021 年接待游客（亿人次）
广东	4.9	2.3	—
江苏	8.7	4.7	7.1
贵州	11.3	6.2	6.4
四川	7.5	4.5	4.8
山东	9.3	5.4	7.3
河南	9.0	5.5	7.9

数据来源：各省《国民经济和社会发展统计公报》

表 4-5　2019—2021 年主要省份旅游收入

省份	2019 年旅游收入（亿元）	2020 年旅游收入（亿元）	2021 年旅游收入（亿元）
广东	15155	4524.9	—
江苏	14321	8250.6	11672.7
贵州	12321	5791.3	6642.2
四川	11594	7173.3	7352.8
山东	11087	6019.7	8278.6
河南	9607	4812.9	6078.9

数据来源：各省《国民经济和社会发展统计公报》

三、传统文化创造性转化、创新性发展

（一）曲阜孔子及儒家文化产业迅速聚集

早在 1994 年，“三孔”就被列入世界文化遗产，2007 年入选国家 5A 级旅游景区。2021 年济宁市接待游客 6000 万人次，实现旅游收入 630 亿元。而“三孔”，不仅仅是曲阜的名片，也是济宁的旅游名片。

山东省以儒家文化为核心资源，加快建设曲阜优秀传统文化传承发展示范区，以国学研修、历史文化体验为主要内容，突出儒家文化、历史文化内涵，完善提升孔子博物馆、孔子研究院、尼山圣境景区功能，办好国际孔子文化节（尼山世界文明论坛）等重大活动，着力提升“东方圣地”化旅游目的地品牌，打造中华优秀传统文化体验胜地、国际儒家文化研学旅游目的地。[①] 2012 年“三孔”景区接待中外游客 435 万人次，门票收入 1.83 亿元，到 2019 年“三孔”景区接待游客 558 万人次，增长 28.27%。受新冠肺炎疫情影响，2020 年“三孔”景区接待游客 221 万人次，2021 年“三孔”景区接待游客 260 万人次。

① 山东省文化和旅游厅：《山东省文化旅游融合发展规划（2020—2025 年）》，《全国一体化在线政务服务平台》2020 年 7 月 3 日。

表 4-6 “三孔”景区接待中外游客数量及门票收入

	接待中外游客（万人次）	景区门票收入（亿元）
2012	435	1.83
2013	361	1.64
2014	409	1.78
2015	486	1.92
2016	494	1.67
2017	466	1.58
2018	495	1.45
2019	558	—
2020	221	—
2021	260	—

数据来源：历年《曲阜市国民经济和社会发展统计公报》

（二）泰山文化产业多元化发展

泰山，位于山东省泰安市，是世界首例文化与自然双遗产，也是世界地质公园。泰山不仅仅是一座山，其文化内涵和精神意义已经超越自然山的概念。自秦始皇起，历史上共有6位帝王在泰山封禅，泰山作为五岳之尊已经成为人民心中的“国山”。一系列成语典故也可以看出泰山在人们心中的地位，如“安如泰山”“泰山磐石”“登泰山而小天下”“人固有一死，或重于泰山，或轻于鸿毛”等，这些都是我国人民拼搏向上精神的体现。泰山文化的独特之处在于把儒、释、道三教文化融合在一起，已成为一种“国泰民安”的象征。

山东省以世界遗产泰山和国家历史文化名城泰安为核心，营造“五岳独尊、天地泰和”的文化空间体系，大力发展登山祈福、休闲度假、医养健康、户外运动、研学旅游等特色旅游，与济南、济宁市共建齐鲁历史文化核心轴线，打造国际化山岳休闲度假养生康体旅游综合体、中华祈福文化旅游目的地。[①] 2013年泰山景区接待进山进景点游客497.6万

① 山东省文化和旅游厅：《山东省文化旅游融合发展规划（2020—2025年）》，《全国一体化在线政务服务平台》2020年7月3日。

人次，实现门票总收入 3.8 亿元，实现门票、客运、索道等收入 9.72 亿元；到 2019 年泰山景区接待进山进景点游客 567.9 万人次，实现门票、客运、索道等收入 9.59 亿元。受新冠肺炎疫情影响，2020 年泰山景区接待进山进景点游客 278.6 万人次，2021 年泰山景区接待进山进景点游客 331.7 万人次。

表 4-7　泰山景区接待进山进景点游客数量及门票、客运、索道等收入

	接待进山景点游客（万人次）	门票、客运、索道等收入（亿元）
2013	497.6	9.72
2014	416.53	11.2
2015	589.8	11.6
2016	573	10.7
2017	546.8	11.58
2018	562.1	11.1
2019	567.9	9.59
2020	278.6	—
2021	331.7	—

数据来源：历年《泰安市国民经济和社会发展统计公报》

（三）齐文化品牌影响力不断提升

齐文化主要是指春秋战国时期的齐国文化，以及后世在齐地继承和发扬的文化。在没有齐国之前，山东就已经发展出了东夷文化，可以说齐文化是东夷文化的延续。在诸侯争霸的战国，齐国建立了世界上最早的官办高等学府——稷下学宫，为当时的“百家争鸣”提供了良好的环境，极大促进了先秦时期的文化发展。山东省正加快推进齐文化传承创新示范区，加快推进齐国故城、青州古城、周村古街、坊子建筑群等文物的利用，推进齐文化特色产业融合提升。山东省建设了齐文化博物馆群、稷下学宫模拟展示馆、齐文化博物馆、足球博物馆、蒲松龄故居、管仲纪念馆、姜太公祠等齐文化体验项目。山东省举办了齐文化旅游节、中国陶琉文化节、旱码头文化节、姜太公暨齐文化主题国际巡展等

文化旅游活动。山东省积极打造具有国际影响力的齐文化文创产业集聚区和文化旅游产业示范基地，培育齐文化传承创新发展旅游高地。

齐文化核心之一就是齐长城文化，齐长城至今已有 2600 多年的历史，是世界上现存最古老的长城，1987 年被列入世界文化遗产名录。山东省以平阴、章丘、莱芜、博山、淄川、沂源、临朐、沂水、安丘、莒县、五莲境内齐长城遗址为重要节点，建设齐长城国家文化公园。齐长城还有一段流传了 2000 多年的感人故事，即孟姜女哭长城。山东省全面保护齐长城本体、沿线历史文化遗产和自然生态，打造横贯齐鲁大地的齐长城文化旅游廊道。

（四）大运河文化高质量发展

山东省以大运河国家文化公园（山东）为核心，以德州、聊城、泰安、济宁、枣庄等运河沿线城市为节点，实施大运河文化遗产保护利用工程。以微山湖、东平湖为集聚发展区，整合开发运河两岸文化旅游资源，串联山陕会馆、戴村坝、聊城中国运河文化博物馆、济州古城、台儿庄古城以及鲁故城、大汶口国家考古遗址公园等标志性项目，深入挖掘传统工

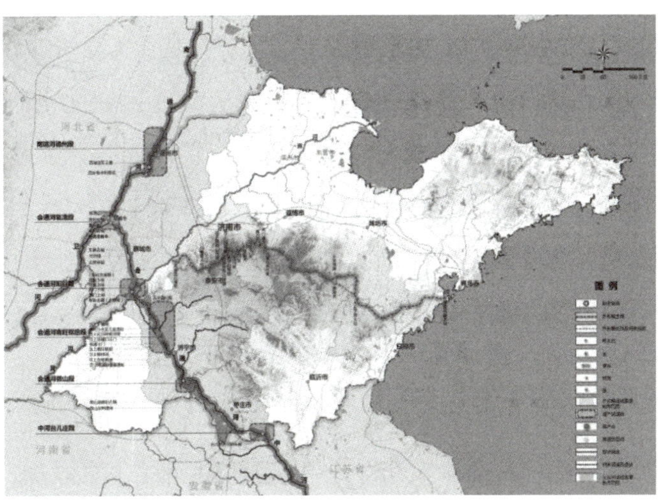

图 4–1　运河文化（山东）旅游规划图

艺、民俗节庆、地方戏曲等资源，打造大运河文化旅游示范区。突出鲁风运河、儒韵风尚文化品牌，构建“运河文化走廊 + 运河古镇群”空间发展格局。整合郭城、梁山、东平、阳谷 4 县和高唐、平阴等地的水浒文化旅游资源，提升水浒文化旅游品牌，建设“水浒故里”文化旅游目的地，与大运河文化旅游带共同构成带动鲁西区域发展的隆起带。[①]

四、地方民俗文化活动繁荣发展

作为古代齐鲁文化圣地，山东省历史悠久，文化底蕴深厚，拥有丰富多彩的非物质文化遗产。据统计，截至 2022 年，山东省共拥有 186 项国家级非物质文化遗产代表性项目，约占国家非遗总量的 5.15%，位居全国第二。按照所属类别划分，山东省国家级非物质文化遗产则分为 10 大类，其中，传统戏剧有 33 项，数量最多；其次为民间文学，为 28 项；传统美术有 25 项，非遗项目是比较多的，对当地的发展起到了重要的作用。同时，山东省级名录 1073 项，市级名录 4121 项，县级名录 12758 项，总量居全国前列。山东省依托丰厚的非遗文化底蕴，将非遗资源优势转化为乡村振兴产业优势。截至 2021 年，全省共有各类非遗企业和经营业户 120 多万个，年产值 1600 亿元左右，直接从业人员近 400 万人[②]。

非物质文化遗产与民俗文化有高度相关性，是民间文化的精华。山东省推出“非遗 + 旅游”的融合模式，遴选了一批非遗项目进旅游景区、旅游度假区、乡村旅游区，实现两者互补双赢。同时，完善非遗生产性保护示范基地旅游功能，培育文化旅游新业态，开发了一批非遗主题旅游景区、旅游小镇、旅游特色村。

① 山东省文化和旅游厅：《山东省文化旅游融合发展规划（2020—2025 年）》，《全国一体化在线政务服务平台》2020 年 7 月 3 日。

② 山东省文化和旅游厅：《山东省非遗助力乡村振兴工作成效显著》，2021 年 12 月 14 日，http://www.shandong.gov.cn/art/2021/12/14/art_175487_524916.html。

表 4-8　山东省国家级非物质文化遗产名录

民间文学	梁祝传说、孟姜女传说、董永传说、尧的传说、牛郎织女传说、徐福传说、陶朱公传说、麒麟传说、鲁班传说、八仙传说、秃尾巴老李的传说、崂山民间故事、舜的传说、庄子传说、柳毅传说、牡丹传说、泰山传说、胡峄阳传说、孟母教子传说
传统音乐	聊斋俚曲、古琴艺术（诸城派）、唢呐艺术（邹城平派鼓吹乐）、鲁西南鼓吹乐、海洋号子（长岛渔号）、鲁南五大调、古筝艺术（山东古筝乐）、锣鼓艺术（临清驾鼓）、佛教音乐（鱼山梵呗）、道教音乐（崂山道教音乐）、道教音乐（泰山道教音乐）、道教音乐（胶东全真道教音乐）、道教音乐（腊山道教音乐）、弦索乐（菏泽弦索乐）
传统舞蹈	秧歌（鼓子秧歌、胶州秧歌、海阳大秧歌、济阳鼓子秧歌、阳信鼓子秧歌）、龙舞（龙灯扛阁）、高跷（独杆跷）、鼓舞（陈官短穗花鼓、柳林花鼓、花鞭鼓舞、八卦鼓舞）、商羊舞、阴阳板
传统戏剧	大平调、京剧、柳子戏、大弦戏、四平调、柳琴戏、五音戏、茂腔、道情戏（蓝关戏）、道情戏（沾化渔鼓戏）、一勾勾、皮影戏（泰山皮影戏）、皮影戏（济南皮影戏）、皮影戏（定陶皮影）、二夹弦、吕剧、柳腔、山东梆子、莱芜梆子、枣梆、鹧鸪戏
曲艺	山东大鼓、胶东大鼓、山东琴书、莺歌柳书、山东落子、端鼓腔、山东花鼓
传统体育、游艺与杂技	聊城杂技、梅花拳（梁山梅花拳）、蹴鞠、查拳、螳螂拳、宁津杂技、佛汉拳、孙膑拳、肘捶、花毽、徐家拳
传统美术	杨家埠木版年画、高密扑灰年画、内画（鲁派内画）、剪纸（莒县过门笺、滨州民间剪纸、高密剪纸、烟台剪纸）、泥塑（聂家庄泥塑、惠民泥塑）、面人（曹州面人、曹县江米人）、面花（郎庄面塑）、草编（莱州草编）、柳编（博兴柳编、曹县柳编、临沭柳编）、石雕（嘉祥石雕、掖县滑石雕刻）、木雕（曲阜楷木雕刻、曹县木雕）、核雕（潍坊核雕）、葫芦雕刻（东昌葫芦雕刻）、锡雕、木版年画（东昌府木版年画、张秋木版年画）、砖塑（鄄城砖塑）、传统玩具（郯城木旋玩具）、鲁绣
传统技艺	风筝制作技艺（潍坊风筝）、琉璃烧制技艺、临清贡砖烧制技艺、陶器烧制技艺（德州黑陶烧制技艺）、鲁锦织造技艺、黄金溜槽堆石砌灶冶炼技艺、漆器髹饰技艺（潍坊嵌银髹漆技艺）、蒸馏酒传统酿造技艺（景芝酒传统酿造技艺）、晒盐技艺（卤水制盐技艺）、周村烧饼制作技艺、酱肉制作技艺（亓氏酱香源肉食酱制技艺）、淄博陶瓷烧制技艺、孔府菜烹饪技艺、豆腐传统制作技艺、德州扒鸡制作技艺、龙口粉丝传统制作技艺、丝绸染织技艺（周村丝绸染织技艺）
传统医药	中医传统制剂方法（东阿阿胶制作技艺、二仙膏制作技艺）、中医正骨疗法（新泰孟氏正骨疗法、徐氏中医正骨）、传统中医药文化（宏济堂中医药文化）
民俗	祭孔大典、泰山石敢当习俗、胡集书会、元宵节（淄博花灯会）、渔民开洋、谢洋节、灯会（渔灯节）、庙会（泰山东岳庙会）、民间信俗（东镇沂山祭仪）、抬阁（芯子、铁枝、飘色）（阁子里芯子）、抬阁（芯子、铁枝、飘色）（周村芯子）、抬阁（芯子、铁枝、飘色）（章丘芯子）、中元节（莱芜中元节习俗）

第二节　红色文化资源丰富

一、红色基因薪火相传

（一）具有优良的革命传统

自古以来，山东就是兵家必争之地，拥有悠久丰富的革命传统和革命历史。在中国共产党成立初期，山东诸城的革命先驱王尽美同志在山东传播马克思主义学说，他是中国共产党创始人之一、中共一大代表、山东党组织最早的组织者和领导者。抗日战争时期，在山东根据地共产党领导的抗日武装下，共歼灭日伪军 51.3 万余人，占歼敌总数的 30%，是各抗日根据地之首。但山东也付出了惨痛的代价，被日寇杀害同胞 90 万余人，加上受伤者与失踪者，整个抗战时期山东伤亡人数超过 600 万人。在抗战结束后，山东人民军队有 33 万余人，占全国人民军队总数的 1/4；党员 30 多万人，约占全国党员总数的 1/4。在解放战争时期，多场大规模战役发生在山东，例如鲁南战役、莱芜战役、孟良崮战役、沙土集战役、济南战役等。作为连接华北和华东的重要节点，山东全境的解放具有重大的战略意义。在抗美援朝时期，有 2.5 万多名齐鲁儿女牺牲，人数居全国第二，全国共有 54 人获得“一级英雄”或“一级模范”称号，而山东籍战士占了 1/4。在那些艰苦卓绝的岁月里，齐鲁大地作出了巨大牺牲，留下了一件又一件可歌可泣的红色故事，构成了山东红色文化的底蕴，这是山东人民的宝贵财富，更是全国人民的精神财富。

（二）革命历史文化资源丰富

山东革命文物数量多，具有集中连片分布的特点。2021 年山东省公布了《第一批山东省革命文物名录》，名录分为可移动珍贵革命文物和不可移动革命文物两部分。全省不可移动革命文物共897处，其中包括全国重点文物保护单位12处、省级文物保护单位179处、市县级文物保护单位491处、一般不可移动文物215处；可移动珍贵革命文物3233件/套，包括一级文物82件/套、二级文物21件/套、三级文物3130件/套[①]。此外，还有未列入第一批革命文物名录革命文化相关遗存1542处，其中全国重点文物保护单位21处35个，省级文物保护单位48处。山东省作为拥有光荣传统和英雄事迹的革命老区，革命文物数量位居全国前列，革命历史文化资源丰富。山东省有93个县列入国家第二批革命文物保护利用片区，位居全国第一，有30处抗战纪念设施被列入国家第三批抗战纪念设施，位居全国第一，有16家革命博物馆被评为一、二、三级博物馆，也位居全国第一。

山东省加大革命文物保护力度，实施革命旧址维修保护计划、馆藏革命文物修复计划和革命文物预防性保护，积极推动鲁西南、济南、沂蒙、胶东革命文物集中连片保护利用。同时，山东积极探索革命文物展示方式，通过红色旅游宣讲、展览、联展、巡展等方式，让革命文物“活”起来，并组织开展各类以红色教育为主题的纪念活动。通过线上线下相结合的方式，借助AR、VR等高科技手段，创新革命文物传播方式。山东省加快实施革命旧址保护利用工程、革命文物主题展示传播工程、重点红色旅游经典景区提升工程等三大工程。

（三）沂蒙精神是党和国家的宝贵财富

2013年11月25日，习近平总书记在临沂考察时指出：“沂蒙精神与延安精神、井冈山精神、西柏坡精神一样，是党和国家的宝贵精神财富，要不断结合新的时代条件发扬光大。”沂蒙山区是我国的革命老区，被称为是抗日战争和解放战争的两战圣地。在革命战争时期，人口

① 资料来源：《第一批山东省革命文物名录》。

420万的沂蒙山区就有120万人参战支援前线，有20万人参军，更有10万战士血染战场。沂蒙有太多的英雄事迹，有用母乳救战士的沂蒙红嫂、有中国抗日第一村的渊子崖村、有拥军支前的沂蒙六姐妹……沂蒙精神是党政军民共同铸就的最伟大的红色革命精神之一，体现了爱党爱军、无私奉献、永不服输的优秀品格，是我国红色文化的重要组成部分，是全党全国各族人民最为宝贵的精神财富。

蒙阴县是沂蒙精神的发源地之一，全县A级景区多达19家，其中4A级以上景区3家，是全国红色教育旅游知名品牌示范区。蒙阴县拥有沂蒙六姐妹红色旅游区、孟良崮战役烈士陵园、南北岱崮保卫战纪念碑等一系列红色文化旅游景区，红色旅游已成为当地的支柱产业。表4-9为2016—2021年蒙阴县接待游客和旅游总收入的基本情况，2016年蒙阴县接待游客785万人次，旅游总收入53.85亿元。尽管受新冠肺炎疫情影响，2020年蒙阴县接待游客仍达到593万人次，旅游总收入53亿元。到2021年蒙阴县接待游客972.2万人次，同比增长63.9%，旅游总收入87.3亿元，同比增长64.7%，已超过2019年疫情前的水平。

表4-9　2016—2021年蒙阴县接待游客和旅游总收入

年份	接待游客（万人次）	旅游总收入（亿元）
2016	785	53.85
2017	875	62.8
2018	654	49.4
2019	790	80.22
2020	593	53
2021	972.2	87.3

二、红色文化产业发展迅速

（一）红色文化产业竞争力大幅提高

自2020年以来，山东省积极打造红色文化旅游带和红色文化旅游基地。以济南、菏泽、济宁、枣庄、临沂和威海等市为核心城市，深入挖掘临沂、菏泽、枣庄等地的红色文化资源，发展红色旅游、红色教育培训，建设沂蒙红色文化旅游高地，打造全国著名的红色旅游经典景区集群和爱国主义教育基地。同时，加快推进济南（大峰山）党性教育基地、台儿庄战史陈列馆、铁道游击队党性教育基地、诸城尽美红色文化旅游小镇、沂蒙红色旅游区等红色旅游项目建设。积极举办沂蒙红嫂文化旅游节、抱犊崮抗日战争红色主题教育活动、鲁西南战役纪念活动等红色旅游节事活动。山东省目前已规划出冀鲁边抗日红色旅游胜地、胶东红色文化旅游目的地、亲情沂蒙旅游区、枣庄红色旅游目的地和红色金乡旅游基地五大红色旅游区。

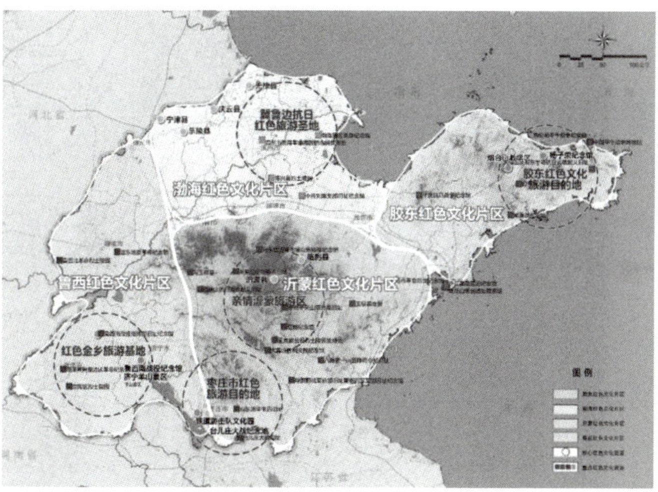

图 4-2　山东红色旅游发展规划图

（二）红色旅游景点内容不断丰富

山东省积极完善红色旅游精品体系，打造红色旅游品牌。通过创新红色旅游发展模式，丰富红色旅游产品，提高红色旅游服务质量。打造一批“重点红色旅游经典景区”，使其成为主题鲜明、交通便利、服务配套、吸引力强，在国内外有较大影响力的旅游目的地。以沂蒙山国家

5A级旅游景区以及党性教育基地为核心，联合潍坊临朐县、淄博沂源县等地，打造全国一流的“亲情沂蒙旅游区”。推出一批“红色旅游精品线路”，举办一批红色旅游节事活动，增强红色文化吸引力，打造红色文化旅游目的地，形成全省红色旅游精品体系。丰富红色旅游体验，创新红色旅游发展模式。坚持把红色旅游与爱国主义、革命传统教育等相结合，充分利用全省主要历史文化和革命文化资源，打造具有山东特色的红色文化研学旅游目的地体系。深入挖掘革命文物价值内涵和文化元素，开发文化创意产品。加强红色旅游人才队伍建设，推动红色旅游与其他旅游业态的融合发展，打造“红色＋乡村”“红色＋文创”“红色＋民俗”等红色旅游复合型产品，助推红色旅游高质量发展。[①]

表4-10　山东省全国红色旅游经典景区

系列景区	景区
济南市红色旅游系列景区	济南革命烈士陵园
	济南战役纪念馆
	济南市解放阁
	莱芜市莱芜战役纪念馆
枣庄市红色旅游系列景区	枣庄市、济宁市铁道游击队红色旅游景区
	枣庄市八路军抱犊崮抗日根据地遗址
	枣庄市台儿庄大战遗址
临沂市红色旅游系列景区	华东革命烈士陵园
	蒙阴县、沂南县沂蒙山孟良崮战役遗址
	莒南县八路军一一五师司令部
	河东区新四军军部旧址
	沂南县红嫂家乡常山庄村
青岛市红色旅游景区	青岛市中国人民解放军海军博物馆
威海市红色旅游景区	威海市环翠区刘公岛甲午海战纪念地
鲁西南战役纪念系列景区	菏泽市郓城鲁西南战役指挥部旧址
	冀鲁豫边区革命纪念馆
	济宁市金乡县鲁西南战役纪念馆

① 山东省文化和旅游厅：《山东省文化旅游融合发展规划（2020—2025年）》，《全国一体化在线政务服务平台》2020年7月3日。

续表

聊城市红色旅游景区	聊城市东昌府区孔繁森同志纪念馆
烟台市红色旅游系列景区	烟台市海阳地雷战遗址
	胶东革命烈士陵园
	杨子荣纪念馆
	海阳市地雷战纪念馆
德州市红色旅游景区	德州市冀鲁边区革命纪念园
滨州市红色旅游景区	滨州市渤海革命老区纪念园

第三节　党建文化特色创新

一、党建文化创新发展

（一）始终把讲政治放在首位，不断激发党建活力

党的十九大报告强调："旗帜鲜明讲政治是我们党作为马克思主义政党的根本要求。"山东省始终把政治建设放在首位，始终坚持讲政治、顾大局，坚决贯彻落实以习近平同志为核心的党中央决策部署，确保与党中央保持思想统一、行动统一、步调统一。全省各级领导干部始终坚持正确政治方向，增强政治意识，提高政治能力，始终牢固树立"四个意识"、坚定"四个自信"、做到"两个维护"。进入新发展阶段，全省各级领导干部深入学习贯彻习近平新时代中国特色社会主义思想，强化理论武装，坚持以社会主义核心价值观为引领，巩固马克思主义在意识形态领域的指导地位。山东省认真履行管党治党、全面从严治党主体责任，不断提高政治判断力、政治领悟力、政治执行力，做到党中央提倡的坚决响应，党中央决定的坚决执行，党中央禁止的坚决不做。山东省始终把抓好党建作为最大政绩，坚持从严治党，努力把党建设得更加坚强有力。

（二）打造文化阵地，不断丰富党建活动

全省深入开展党史学习教育，巩固深化“不忘初心、牢记使命”主题教育成果，做到学史明理、学史增信、学史崇德、学史力行。在2018—2022 年的 5 年时间里，建立了党员教育师资库、专家库，遴选教师 20560 名、专家 4706 名，打造党员教育现场教学基地 1267 个，全省各级举办培训班 1.6 万期、培训 2800 万人次。

坚持以中华优秀传统文化为核心。山东省作为中华文明的发源地之一，拥有儒家文化、泰山文化、齐文化、运河文化等众多优秀的传统文化，全省一方面加快建设尼山世界儒学中心，积极进行文物保护和修复工作；另一方面将传统文化与党建文化有机结合，增强民族自豪感，真正建立起党员领导干部的民族文化自信。

坚持以红色文化为基因。山东省积极整合省内红色文化资源，开展中国特色社会主义和中国梦宣传教育，加强党史、新中国史、改革开放史、社会主义发展史学习教育和形势政策教育，大力弘扬民族精神，深入践行沂蒙精神。同时，加强爱国主义教育基地建设，丰富新时代爱国主义教育的实践载体，打造“齐风鲁韵、铸魂化人”党建品牌。

以党建文化凝聚人心，大力宣扬社会主义核心价值观。习近平总书记强调，群众路线是党的生命线和根本工作路线，社会主义核心价值观是全党全国各族人民团结奋斗的共同思想基础。全省树立先进的党建文化理念，积极弘扬社会主义核心价值观。

（三）各地积极创新，全面提升基层党建水平

全省深入学习贯彻习近平总书记关于基层党建工作的重要论述，制定实施了《山东省 2018—2022 年党的基层组织建设规划纲要》和《关于推进新时代全省基层党建工作高质量发展的若干措施》，各地也积极推出各项措施，切实提升党建引领基层治理质量和水平，探索形成了

具有山东特色的实践成果，为新时代现代化强省建设提供了坚强组织保障。

表 4-11 省市关于党建工作的相关政策文件

	政策文件	重点内容
山东省	《山东省 2018—2022 年党的基层组织建设规划纲要》	提出通过 5 年努力，推动全省党的基层组织建设全面进步、全面过硬，组织力全面提升，构建起具有山东特色的新时代基层党建工作格局
济南市	《关于全域提升省会城市基层党建工作质量的若干措施》	全面提升街道社区党建工作质量、大力推进改建社区规范转型发展、党建赋能城市经济高质量发展、创新重点功能区党建助力区域协同发展、推进党群服务中心体系功能建设、以高质量“红色物业”建设提升城市生活品质、加快建设高素质城市基层党建骨干队伍、强化城市基层党建工作责任落实
青岛市	《关于坚持党建统领经济社会高质量发展的意见》	提出“青岛党建统领 22 条”，为统领经济社会高质量发展提供政治、组织、行动和制度保证
潍坊市	《潍坊市城市基层党建工作标准》	针对城市基层党建四级运行机制、区域化共驻共建机制、党支部设置与换届、党的组织生活、支部生活日（主题党日）等 20 项内容设定党建工作标准
烟台市	《关于进一步加强全市党员教育工作的意见》	全面强化习近平新时代中国特色社会主义思想教育、分类开展党员教育、建立健全党员教育内容体系、选优建强党员教育师资体系、拓展延伸党员教育阵地体系、丰富完善党员教育教学体系、加强党员教育组织领导
济宁市	《加强党的基层组织建设三年行动计划（2022—2024 年）》	全力构建更加严密的党的基层组织体系、更加顺畅的工作运行体系、更加高效的引领服务体系、更加坚实的工作保障体系、更加严格的责任落实体系
临沂市	《关于加强全市党员教育培训工作的指导意见》	全面加强习近平新时代中国特色社会主义思想教育培训、提升党员教育培训针对性、聚焦党员教育培训内容体系建设、优化党员教育培训方式方法、强化党员教育培训基础保障、加强党员教育培训组织领导
淄博市	《淄博市党建领航专业市场高质量发展的十条意见》	从严密组织体系、规范市场秩序、优化市场环境 3 个层面，围绕精准掌握底数、推进两个覆盖、完善五级架构、加强行业自律、发挥党员作用、量化积分管理、解难题、建阵地、优服务、促发展 10 个方面提出了指导意见
菏泽市	《关于落实全面从严治党要求进一步加强市直机关党的建设的意见》	强化理论武装，打牢思想建党根基；严肃党内政治生活，营造良好政治生态；强化基层基础建设，充分发挥基层党组织战斗堡垒作用和党员先锋模范作用；持续改进机关作风，扎实推进机关党风廉政建设和反腐败工作；细化管党治党责任，完善机关党建工作机制；大力推动创新发展，提高机关党建科学化水平
德州市	《关于优化提升村党组织书记队伍的若干措施（试行）》	从拓宽选人渠道、强化政治激励、落实待遇保障、提升素质能力等方面作了创新突破，推出 19 条富有含金量的“硬核政策”，吸引各类优秀人才到村任职，助力推动乡村振兴
聊城市	《关于加强全市行业党建工作的指导意见》	始终把抓好党的建设作为各项工作的根本，努力在守正创新、提质增效上下更大功夫，以高质量党建引领和保障高质量发展

续表

	政策文件	重点内容
泰安市	《党建引领网格化治理工作规范》	以“网格走访、网格服务、网格治理”为重点，加强网格化载体建设，推进社会治理重心下沉、资源统筹，夯实基层基础工作，构建长效长治机制
东营市	《党建引领重点工作攻坚22条意见》	提出22条举措，通过抓党建强能力促创新、激活力促改革、增动力促发展
威海市	《关于深化党支部标准化规范化建设提升基层党建工作质量的指导意见》	普遍实现党支部工作标准化规范化，基本消除二星级以下党支部，推动基层党建全面进步全面过硬
日照市	实施“七项行动”推动基层党建工作全面提升	实施“能力提升”行动，强化基层党员干部队伍素质；实施“强基筑垒”行动，提高村级党组织保障水平；实施“头雁引领”行动，选优配强村党组织书记队伍；实施“支部＋合作社”行动，发展壮大村级集体经济；实施“集中整顿”行动，大力整顿软弱涣散村党组织；实施“提升攻坚”行动，推动城市基层党建全域提升；实施“达标提升”行动，实现基层党建连片推进、整镇提升
枣庄市	开展基层党建工作“回头看”	一看头雁领航，常态化提升领飞本领；二看党员队伍，立体化提升肌体质量；三看制度保障，系统化提升规范水平；四看集体经济，多元化提升发展质效；五看基层治理，精细化提升服务效能；六看差距不足，精准化提升短板弱项；七看创新举措，特色化提升党建活力
滨州市	以过程管控落实党建责任	通过建立抓基层党建工作过程管控机制，切实推动各级党组织书记落实抓基层党建工作责任过程化、常态化、具体化，实现基层党建突出问题由事后整改为过程推动，督促各级党组织书记始终把党建责任扛在肩上、抓在手上，真正推动基层党建工作责任落实、任务落地

二、党建文化特色发展

（一）党建文化建设积极深入基层

截至2021年，山东省共有基层党组织35.3万个、党员701万名，其中35岁以下党员达到126.4万名，队伍年龄结构不断改善，不断为党的蓬勃发展注入新鲜血液。全省紧紧围绕脱贫攻坚、乡村振兴等国家重大任务，将党建工作深入基层，充分发挥党员的先锋模范带头作用，奔向更美好的生活。在乡村基层党组织建设方面，基层党组织带头人素质进一步提升，村党组织书记中，大专及以上学历1.3万名、占25.5%；全省引进3.6万名人才回乡创业就业，9905名优秀人才回村任职，先后选派 5 轮 8 万余名第一书记和工作队到农村一线。在城市基层党组织建设方面，社区党组织书记中，大专及以上学历 5199 名、占 74.9%，并配备社区工作者 5.4 万名，提高了社区的工作速度与效率，全面推进“齐鲁红色物业”建设，深化党建引领城市网格化治理，超 60% 的网格（小区）建立党群服务站（点）。

（二）不断提高基层党建管理能力

以全省全面推行“链长制”为契机，积极探索产业链党建工作，以“党建链”助力建强重点产业链，推动产业集群高质量发展。截至 2021 年，全省 16 市已成立市级产业链党委或党建联盟 91 个，县级 420 个，覆盖企业 11652 家。注重加强党内激励关怀帮扶，省委表彰优秀共产党员 774 名、优秀党务工作者 299 名、先进基层党组织 740 个，为 63.9 万名老党员颁发“光荣在党 50 年”纪念章，带动各级走访慰问老党员、生活困难党员 150 余万人次。[①]

山东省以信息化增添新动能，以述职评议考核激发动力活力。开通“灯塔——党建在线”网络平台，网上全省党的组织体系基本搭建、党员组织关系网上转接等 20 多个业务应用系统广泛使用，宣传平台、教育平台、服务平台影响力不断扩大。全省连续 6 年组织市县乡三级党委书记和各领域党组织书记开展述职评议考核。督促指导各级党组织书记聚焦短板弱项，制定整改清单，推进解决了一大批突出问题。[②]

（三）基层党建引领的先进典型

潍坊诸城市枳沟镇北杏社区是中共一大代表王尽美同志的故乡，社区共有 5 个自然村，6 个网格党支部，户籍人口 5534 人，常住人口

① 赵君：《强基固本，让党旗在基层一线飘扬》，《大众日报》2022 年 5 月 22 日。
② 张春晓、鲁祖轩：《让党旗在齐鲁大地高高飘扬》，《大众日报》2021 年 6 月 26 日。

1843 人。社区党委进一步创新提升“诸城模式”，以王尽美党性教育基地建设为核心，以“党建融联体”为抓手，传承和弘扬尽美革命精神，推动社区组织、经济、居住、服务、文化“五位一体”融合发展，着力打造生产美、生活美、生态美的尽美红色小镇。社区先后荣获山东省“文明村庄”“干事创业好班子”等称号。

党建引领组织融合，夯实基层治理根基。2010 年，根据社区建设进程和村民意愿，依法按程序撤销了原有的 5 个村民委员会，选举成立北杏社区村民委员会，把行政村变为自然村。2018 年 2 月，为适应社区化模式下的基层党组织建设需要，社区党委按照居住网格设立网格党支部，社区党委下设两个联建党总支、六个网格党支部、一个党群服务中心党支部。同时社区注重党员干部建设，探索建立以“专业五级”为核心的社区党组织书记管理体系，社区实行干部“一对一”结对帮带、一职一后备制度；社区党委坚持“五四三二”工作运行机制，所有事项召开党委初议联席会议、重大事项进行决策听证，保证决策民主化、科学化。注重人才回引，举办“桑梓行·话发展”活动。正如北杏村多名企业家，积极响应在外优秀人才回村创业政策回村创办仓储物流公司，为社区居民提供就业岗位，支持社区发展。

党建引领经济融合，壮大社区集体经济。社区要融合发展，集体经济组织的融合是最艰难的，直接涉及原有村庄以及村民的经济利益和福利待遇。2010 年，北杏社区在实现社区党组织、村民自治组织的社区化改革之后，经认真讨论研究，社区党委决定迈出这最艰难的一步，将原有 5 个自然村的经济联合社进行合并。实行资产集中管理，资金统筹使用，人员集中办公，干部统筹调配，档案集中存放。利用两年时间将其他 4 个村的 120 多万元债务全部还清。依托 2016 年成立的社区公司，兴建了北杏工业园、乔有山农业公园等经济发展项目，解决了 500 余人的就业问题。2018 年开始，社区公司年收益超 200 万元。流转土地 3600 亩，投资近 1000 万元，开发乔有山农业园区，打造集观光、旅游、采摘于一体的综合园区，打造“党建引领，公司经营，群众参与，共同富裕”的乡村振兴新路径，有力地促进了集体增收、农民致富。

党建引领居住融合，改善群众居住环境。自 2017 年开始，为提升社区居民生活品质，社区党委在充分尊重民意的基础上，积极推进聚集融合工程建设，坚持“三步走”、17 个环节原则，3 次入户调查，3 次召开全体村民会议集体决策，组织实施过程中选派党员和村民代表进行质量监督直至验收交付。安置区建设居民楼 56 栋，社区 5 个自然村 1543 户居民已全部完成搬迁安置，成为全市第一个全部完成搬迁安置的社区。小区水、电、气、网、绿化、亮化等配套设施齐全。推行“红色物业”管理，免收物业费，小区每两栋楼由一名党员干部担任楼长，为居民提供卫生监督、邻里调处、政策宣传等服务，近距离、全方位的“一站式”服务赢得了居民好评。

党建引领服务融合，增强群众幸福指数。社区党委把提升群众满意度和幸福感作为一切工作的出发点和落脚点，创新推行“党建 +”模式，民生服务坚持福利保障一体化、基建投入均衡化、脱贫致富全域化，公共服务事项实行清单化、流程标准化、平台便捷化，最大限度及时有效解决群众诉求。坚持志愿服务“三面向”，面向青少年送教育、面向青壮年送技术、面向老年人送福利。社区每年为 5 个自然村的 800 余名 70 岁以上老年人和低保户、贫困户每人发放 600 元生活补贴及节日福利，进一步增强社区群众满意度和幸福感。新建成 2600 平方米的党群服务中心，全方位满足社区群众在社会事务、民生保障、就业服务、文化娱乐等方面的需求；规划建设枳沟卫生院北杏分院，进一步完善提升服务群众水平。

党建引领文化融合，推进资源融合共享。原来社区各村的群众在风俗习惯、生活习惯等方面也不尽相同，文化就是最好的融合剂。社区党委以传承和发扬尽美革命精神为核心，充分发挥尽美小学、社区红色书屋、书画社等文化阵地优势，培育社区庄户剧团、书画班等民间文化组织，加强社区群众之间的沟通与联系，用文化的力量推进移风易俗、促进邻里互助。经过 10 多年的社区化发展，社区群众的生产生活方式也都逐渐融为一体，借助文化的纽带作用，老百姓对社区化的认同感已经深入人心。依托红色村组织振兴建设，深入挖掘红色资源，打造精品特色教育阵地。投资 320 万元，建设建筑面积 5520 平方米的美丽村庄试点项目——尽美红色广场，突出建设尽美党旗文化墙、红色景观墙、组合文化墙等教育主体，以王尽美生平履历为主要设计轴线，传播红色文化，打造集文化传承、党性教育、休闲娱乐于一体的大型文化娱乐活动广场。

第五章 山东促进共同富裕的目标

建立科学合理的共同富裕评价指标体系，是设定和评判山东促进共同富裕目标的关键所在，有助于山东明确促进共同富裕的方向和目标，探寻出促进共同富裕的“山东路径”。本章以习近平总书记关于共同富裕重要论述精神为指引，借鉴已有学者的研究，构建具有针对性和可行性的共同富裕评价指标体系，并在此体系基础上对鲁苏浙共同富裕水平进行比较分析，提出山东促进共同富裕的战略目标。

第一节　共同富裕评价指标体系构建及测度

目前，已有部分学者从不同角度对共同富裕的概念和内涵进行了定性分析。本节在参考这些学者思想的基础上，结合《中华人民共和国国民经济和社会发展第十四个五年规划和2035年远景目标纲要》《浙江高质量发展建设共同富裕示范区实施方案（2021—2025年）》等相关政策文件，充分考虑山东省探寻共同富裕之路的历史使命和经济社会发展实际，构建科学合理的共同富裕评价指标体系。

一、共同富裕评价指标体系的构建原则

（一）科学性原则

“富裕”反映了社会财富的多少，是社会生产力的集中体现，是量的标志；而“共同”反映了社会成员对财富的基本占有情况，是社会生产关系的集中体现，是质的定性。评价指标体系的构建应紧紧围绕共同富裕的主体、内容和路径展开，科学合理地反映新时代共同富裕的意义价值和科学内涵，指标体系的构建应具有层次性，各指标之间具有一定的逻辑关系。

（二）全面性原则

共同富裕，不是单纯的物质富裕，而是生活富裕富足、精神自信自强、环境宜居宜业、社会和谐和睦、公共服务普及普惠，是人的全面发展和社会的全面进步，是一个地区、一个国家现代化水平的全面体现。因此共同富裕指标体系的构建必须以全面性为原则，能客观真实地反映区域物质、生活、精神、环境、社会以及公共服务的特点和状况，能客观全面反映出区域共同富裕的发展水平。

（三）可行性原则

指标体系的构建是为区域政策制定和科学管理服务的，指标选取的计算量度和计算方法必须一致统一，各指标尽量简单明了、微观性强、便于收集，要统筹考虑指标度量的可获得性、可统计性、可对比性。

（四）客观性原则

共同富裕的实现程度应当是一个综合指数，其中包括多个具体指

标，而精准客观、真实有效的数据是有效测度的基础。为尽可能确保数据的真实性与有效性，应优先选择可靠的数据来源，即权威机构发布或统计的数据，从而能够获得社会各界的广泛认可。

二、共同富裕评价指标体系框架构建

共同富裕可以分解为“富裕”与“共同”两个维度，促进共同富裕，必须要坚持“富裕”与“共同”的有机统一。“富裕”包括了物质富裕和精神富裕，“共同”则是要缩小富裕差异性。结合共同富裕的科学内涵，以科学性、全面性、可行性和客观性为原则，可以构建由3个一级指标、8个二级指标和14个三级指标组成的评价指标体系（见表5-1）。

（一）物质生活富裕

物质生活富裕是共同富裕的基础，只有具备了一定的物质基础，精神生活才具备相应的条件得以展开。物质生活富裕包括经济发展、收入消费、公共服务和生态环境4个二级指标。

经济发展指标采用人均地区生产总值来衡量，收入消费指标采用居民人均可支配收入以及恩格尔系数来衡量，公共服务指标采用生均教育经费、每万人拥有执业（助理）医师数、每千老年人口养老床位数来衡量，生态环境指标采用万元GDP能耗和可吸入颗粒物年均浓度来衡量。其中，恩格尔系数、万元GDP能耗、可吸入颗粒物年均浓度是负向指标，指标数值越大，物质生活富裕程度越低；其余指标为正向指标，指标数值越大，物质生活富裕程度越高。

（二）精神生活富裕

共同富裕既包括物质生活富裕，又涵盖人民对美好生活向往的方方面面，是物质与精神相统一的富裕。[①] 精神生活富裕既是共同富裕的目标，也是保证共同富裕得以实现的前提。精神生活富裕层面包括文化建设和法治建设两个二级指标。

文化建设指标采用人均教育文化娱乐消费支出、人均拥有公共图书馆藏量以及人均受教育年限来衡量，法治建设指标采用每万人口律师数来衡量。以上指标均为正向指标，指标数值越大，精神生活富裕程度越高。

（三）富裕共同度

我国在富裕程度不断提升的同时，还存在收入分配差距较大的问题，这些问题的存在直接制约了共同富裕的进程和水平。[②③] 新发展阶段我国将开启全面建设社会主义现代化国家的新征程，要实现共同富裕，在建设现代化过程中就必须坚持以人民为中心的发展思想，自觉主动解决区域差距和城乡差距，促进社会公平正义。[④] 富裕共同度包括区域收入差距和城乡收入差距两个二级指标。

区域收入差距是指区域内部各地市收入水平差距，该指标采用地区居民人均可支配收入最高最低倍差来衡量；城乡收入差距指标采用城乡人均可支配收入比来衡量。两项指标均为负向指标，指标数值越大，富裕共同度越低。

表 5-1　共同富裕评价指标体系

一级指标	二级指标	三级指标	指标方向
物质生活富裕	经济发展	人均地区生产总值（元）	正向
	收入消费	居民人均可支配收入（元）	正向
		恩格尔系数	负向

① 刘东超：《精神生活共同富裕是共同富裕的重要内容》，《党建》2022 年第 2 期。

② 张占斌、毕照卿：《中国共产党对共同富裕的百年探索：深刻把握与历史贡献》，《经济社会体制比较》2022 年第 2 期。

③ 张来明、李建伟：《促进共同富裕的内涵、战略目标与政策措施》，《改革》2021 年第 9 期。

④ 此处区域差距主要从区域收入差距角度分析，城乡差距主要从城乡收入差距角度分析。

续表

一级指标	二级指标	三级指标	指标方向
物质生活富裕	公共服务	生均教育经费（元）	正向
		每万人拥有执业（助理）医师数（人）	正向
		每千老年人口养老床位数（张）	正向
	生态环境	万元 GDP 能耗（吨）	负向
		可吸入颗粒物年均浓度（微克 / 立方米）	负向
精神生活富裕	文化建设	人均教育文化娱乐消费支出（元）	正向
		人均拥有公共图书馆藏量（册）	正向
		人均受教育年限（年）	正向
	法治建设	每万人口律师数（人）	正向
富裕共同度	区域收入差距	地区居民人均可支配收入最高最低倍差	负向
	城乡收入差距	城乡人均可支配收入比	负向

三、山东省“十三五”共同富裕水平的测度与分析

（一）共同富裕水平的具体测度步骤

基于上述共同富裕评价指标体系，我们对山东省“十三五”期间（2016—2020 年）共同富裕水平进行测度。采用熵权法对各项指标赋予权重[①]，各项指标数据均来自国家统计局、《中国统计年鉴》及各省统计年鉴等。测度具体步骤如下：

1. 首先对各项指标数据进行无量纲化处理，将异质指标同质化。由于正向指标和负向指标数值代表的含义不同，因此，对于正负向指标进行如下数据标准化处理[②③]：

① 本章将江苏、浙江作为山东的对标省份，因此，为保证数据的可比性，此处将山东、江苏和浙江的指标数据纳入，统一确定权重。

② 麻珂、丁猛：《基于功效系数法的物流作业绩效评价》，《西南民族大学学报（人文社会科学版）》2015 年第 4 期。

③ 王棚宇、王秀兰：《基于功效系数法的城市土地利用效益评价——以武汉市为例》，《西北农林科技大学学报（社会科学版）》2008 年第 1 期。

$$正向指标：x_{ij}=\frac{X_{ij}-X_{i\min}}{X_{i\max}-X_{i\min}}\times 40+60$$

$$负向指标：x_{ij}=\frac{X_{i\max}-X_{ij}}{X_{i\max}-X_{i\min}}\times 40+60$$

其中，X_{ij} 为第 j 年第 i 项指标的原始数据，$X_{i\max}$ 为第 i 项指标的最大值，$X_{i\min}$ 为第 i 项指标的最小值，x_{ij} 为标准化处理后的数据。

2. 计算第 i 项指标下第 j 个指标占该指标的比重：

$$P_{ij}=\frac{X_{ij}}{\sum_{j=1}^{15}X_{ij}}$$

3. 计算第 i 个指标的熵值：

$$e_i=-k\sum_{j=1}^{15}p_{ij}\ln(p_{ij})$$

其中，$k=\frac{1}{\ln(15)}>0$，满足 $e_i>0$

4. 计算信息熵冗余度：

$$d_i=1-e_i$$

5. 计算各项指标的权重：

$$w_i=\frac{d_i}{\sum_{i}^{14}d_i}$$

各项指标相对于一级指标的权重为该项指标权重占一级指标所有权重的比：

$$\omega_i=\frac{w_i}{\sum_{i=1}^{n}w_i}$$

根据以上步骤计算出的指标总体权重和相对权重如表 5-2 所示。

表 5-2　共同富裕评价指标体系权重

一级指标	二级指标	三级指标	指标权重（总体）	指标权重（相对）
物质生活富裕	经济发展	人均地区生产总值（元）	0.0716	0.1246
	收入消费	居民人均可支配收入（元）	0.0713	0.1240
		恩格尔系数	0.0663	0.1153
	公共服务	生均教育经费（元）	0.0719	0.1250
		每万人拥有执业（助理）医师数（人）	0.0673	0.1170
		每千老年人口养老床位数（张）	0.0728	0.1266
	生态环境	万元 GDP 能耗（吨）	0.0789	0.1373
		可吸入颗粒物年均浓度（微克 / 立方米）	0.0750	0.1304
精神生活富裕	文化建设	人均教育文化娱乐消费支出（元）	0.0701	0.2408
		人均拥有公共图书馆藏量（册）	0.0803	0.2759
		人均受教育年限（年）	0.0662	0.2273
	法治建设	每万人口律师数（人）	0.0745	0.2559
富裕共同度	区域收入差距	地区居民人均可支配收入最高最低倍差	0.0672	0.5019
	城乡收入差距	城乡人均可支配收入比	0.0667	0.4981

6. 计算共同富裕总指数以及 3 个一级指标的得分。共同富裕总指数（Y）等于标准化后的数据乘以该指标的权重，一级指标的得分（y）等于该一级指标下三级指标的相对权重乘以标准化后的数据，即：

$$Y_j = x_{ij} \times w_i$$

$$y_j = x_{ij} \times \omega_i$$

（二）共同富裕水平的测度结果分析

基于上述评价方法对“十三五”时期山东省共同富裕水平进行了测度，结果如表 5-3 所示。由表 5-3 可知，“十三五”期间山东省共同富裕水平一直呈上升趋势，共同富裕总指数从 2016 年的 64.3 上升至 2020 年的 73.9，增长 9.6，年平均增长率为 3.5%。具体到一级指标各维度，也均呈现上升趋势，物质生活富裕、精神生活富裕和富裕共同度的指数值分别增长 9.5、11、7.1，年平均增长率分别为 3.4%、4.3%、2.5%，其中精神生活富裕的增长幅度大大超过共同富裕整体水平的增长幅度，富裕共同度的增长幅度低于共同富裕整体水平的增长幅度，这表明“十三五”期间山东省共同富裕水平的提高主要表现在物质生活富裕和精神生活富裕上，富裕共同度提高不明显。共同富裕是“富裕”和“共同”的统一，山东省亟须在实现物质和精神生活富裕的基础上，着力构建初次分配、再分配、三次分配协调配套的基础性制度安排，缩小富裕差异，实现“共同”，既要把“蛋糕”做大，又要把“蛋糕”分好。

表 5-3 “十三五”时期山东省共同富裕水平

年份	共同富裕总指数	物质生活富裕	精神生活富裕	富裕共同度
2016	64.3	65.8	60.0	67.2
2017	67.1	68.9	63.0	68.0
2018	69.3	71.6	64.9	68.8
2019	71.9	74.3	67.3	71.4
2020	73.9	75.3	71.0	74.3

第二节　鲁苏浙三省共同富裕水平的比较分析

2021 年 6 月 10 日，中共中央、国务院发布《关于支持浙江高质量发展建设共同富裕示范区的意见》(以下简称《意见》)。《意见》指出，浙江省在探索解决发展不平衡不充分问题方面取得了明显成效，具备开展共同富裕示范区建设的基础和优势。同时，经济总量始终处于全国第二位的江苏省，在发展共同富裕上也拥有较好的经济基础和较大优势。2020 年，江苏地区生产总值达到 10.27 万亿元，人均 GDP 达到 12.5 万元，人均 GDP 居全国之首。鲁苏浙 3 省经济实力相近，地理位置相邻，在发展共同富裕方面具有很强的相似性和可复制性，因此本节将从物质富裕、精神富裕、富裕共同度和整体水平方面对鲁苏浙 3 省共同富裕状况进行比较分析，以找出山东省促进共同富裕的优势和短板，厘清山东省在促进共同富裕进程中的开拓方向和路径。

一、物质生活富裕比较

共同富裕首先是以物质生活的共同富裕为基础的。在高质量发展建设共同富裕的过程中，经济的繁荣和可持续发展是实现共同富裕的保障。“十三五”时期，山东省物质生活富裕与浙江省、江苏省相比还有一定差距，具体如下。

一是总体经济实力仍需进一步提升。“十三五”时期山东省经济获得了较大发展，国内生产总值突破 7 万亿元大关，2020 年达到 7.3 万亿元，稳居全国第 3 位，人均地区生产总值也从 2016 年的不足 6 万元上升到 2020 年的 7.18 万元。但与江苏省、浙江省相比，山东省经济发展还存在一定差距，仍需努力。2016 年，山东省与江苏省 GDP 的差距为 9078 亿元，但 2020 年扩大到 29590 亿元。2016 年，山东省 GDP 领先浙江 20523 亿元，但 2020 年缩小到 8516 亿元。人均 GDP 方面，2016 年山东与江苏、浙江的差距分别为 33419 元、25677 元，2020 年差距分别扩大到 49406 元、28795 元（见图 5-1），2020 年山东省人均地区生产总值仅为江苏省的 59.2%、浙江省的 71.4%。

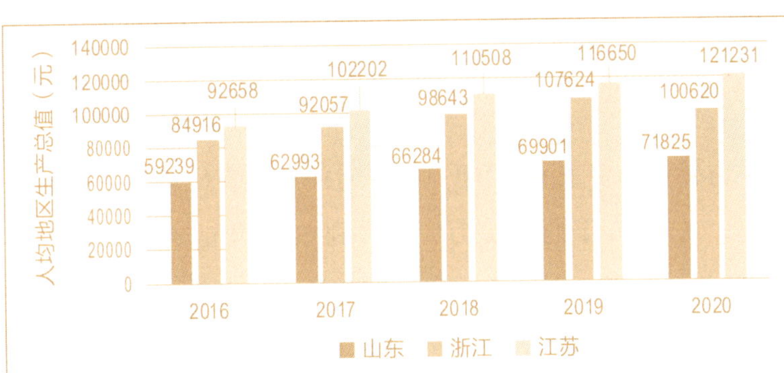

图 5-1 “十三五”时期山东、江苏、浙江 3 省人均地区生产总值比较

二是收入水平相对较低。“十三五”时期山东省人均可支配收入稳步上升，从 2016 年的 24685 元上升到 2020 年的 32886 元，增长了 8201 元。但与江苏省、浙江省相比，收入增长仍比较缓慢。2016 年到 2020 年，江苏、浙江人均可支配收入分别增长了 11320 元、13868 元，增速也高于山东水平（见图 5-2）。2020 年山东省人均可支配收入仅为浙江的 62.8%，绝对值相差 1.95 万元，差距较大。

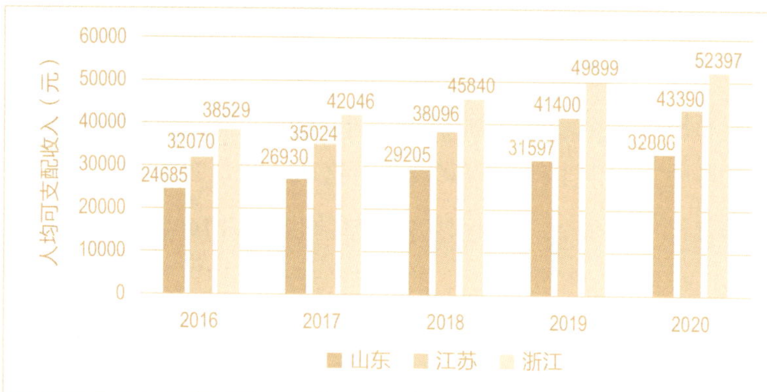

图 5-2 “十三五”时期山东、江苏、浙江 3 省人均可支配收入比较

三是公共服务基础相对薄弱。从每千老年人口养老床位数来看，“十三五”时期山东省每千老年人口养老床位数从 2016 年的 38.5 张下降到 2020 年的 28.5 张，下降了 26.0%。山东省养老设施的增速赶不上老年人口的增速，养老服务设施亟须完善。而江苏省、浙江省每千老年人口养老床位数一直保持稳定，江苏基本稳定在 40 张左右，浙江则稳定在 53 张以上（见图 5-3）。

从生均教育经费来看，“十三五”时期山东省生均教育经费呈缓慢上升趋势，从 2016 年的 1.22 万元上升到 2020 年的 1.46 万元，上升了 20.1%。但与江苏省、浙江省相比，山东省在教育投入上还存在一定差距。江苏省生均教育经费从 2016 年的 1.53 万元上升到 2020 年的 1.86 万元，上升了 21.6%。浙江省则从 1.78 万元上升到 2.64 万元，上升了

48.3%，增速为山东省的 2 倍多。从绝对值来看，山东省与浙江省的差距明显，2020 年浙江省生均教育经费约为山东省的 1.8 倍（见表 5-4）。

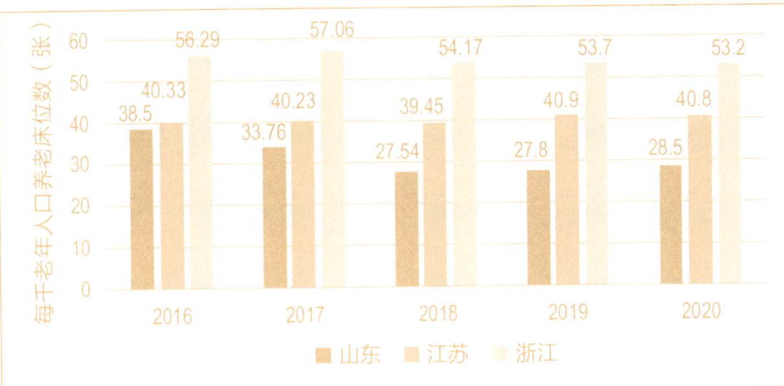

图 5-3 “十三五”时期山东、江苏、浙江 3 省每千老年人口养老床位数比较

表 5-4 “十三五”时期山东、江苏、浙江 3 省生均教育经费比较　单位：万元

	2016	2017	2018	2019	2020
山东	1.22	1.29	1.37	1.44	1.46
江苏	1.53	1.59	1.67	1.76	1.86
浙江	1.78	1.96	2.17	2.41	2.64

四是生态环境保护压力较大。“十三五”时期山东省万元 GDP 能耗和可吸入颗粒物年均浓度一直呈下降趋势，从 2016 年至 2020 年分别下降了 16.2% 和 33.3%。尽管山东省在生态环境保护方面取得了不错的成绩，但山东产业结构偏重、能源结构以煤为主、污染物排放量大等问题难以在短期内解决，从而导致了生态环境质量的改善与国内先进省市相比还存在较大的差距。从万元 GDP 能耗上看，山东省万元 GDP 能耗远大于江苏、浙江，2020 年山东省万元 GDP 能耗为 0.57 吨，是同期浙江、江苏的 1.5 倍和 1.8 倍。从可吸入颗粒物年均浓度来看，2020 年山东省为 80 微克 / 立方米，浙江省为 45 微克 / 立方米，江苏省为 59 微克 / 立方米，山东远大于浙江和江苏（见图 5-4）。

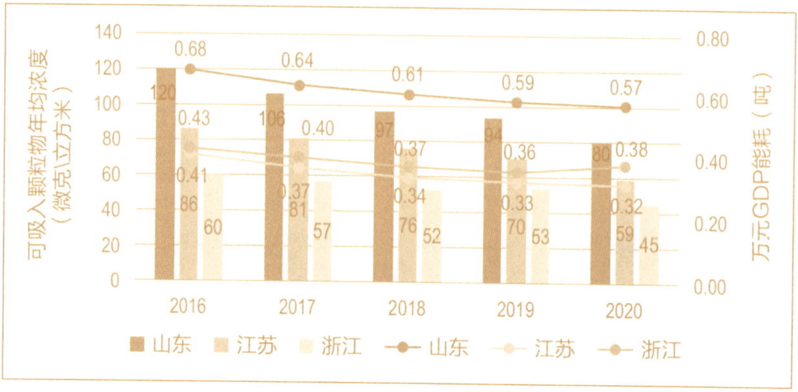

图 5-4 “十三五”时期山东、江苏、浙江 3 省生态环境指标比较

二、精神生活富裕比较

相较于物质富裕的具体化、标准化等特征，精神富裕具有抽象性、模糊性等特征，不易进行定量测度和比较。我们基于人均拥有公共图书馆藏量、每万人口律师数从文化建设和法治建设两个方面进行对比分析，发现与江苏、浙江两省相比，山东省在精神生活富裕层面仍有较大提升空间。

一是公共文化服务水平仍需提升。公共图书馆的现代化建设是地区文化建设的重要体现，也是一个地区文化建设的重要内容。山东省每万人拥有公共图书馆建筑面积从 2016 年的 106.6 平方米增长到 2020 年的 113.02 平方米，人均拥有公共图书馆藏量从 2016 年的 0.51 册增长到 2020 年的 0.69 册。而同时期江苏省每万人拥有公共图书馆建筑面积则从 145.2 平方米增长到 190.08 平方米，人均拥有公共图书馆藏量则从 0.95 册增长到 1.24 册。浙江省每万人拥有公共图书馆建筑面积则是从 189 平方米增长到 204.02 平方米，人均拥有公共图书馆藏量则从 1.25 册增长到 1.53 册（见图 5-5）。由此可以看出，山东省公共文化服务发展与江苏、浙江两省还有一定差距，对文化建设的重视程度仍需提升。

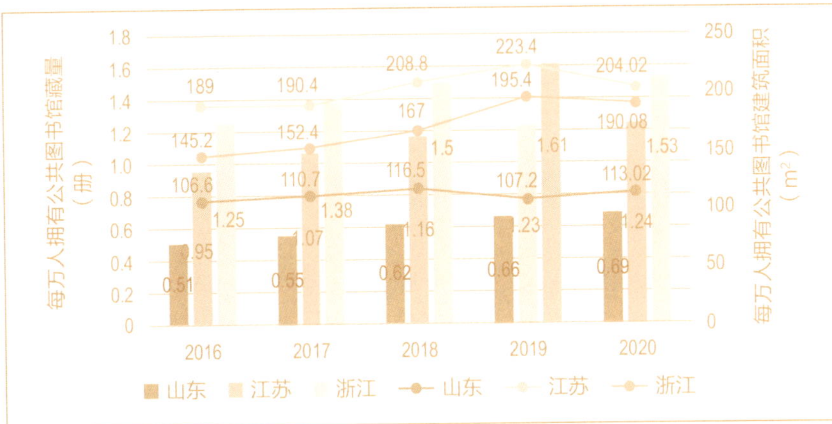

图 5-5 “十三五”时期山东、江苏、浙江 3 省公共图书馆事业发展水平比较

二是法律服务资源总量相对欠缺。新时代新阶段，人民群众对美好生活的向往更多向民主、法治、公平、正义、安全、环境等方面延展，人民要求公共法律服务供给更加充分、优质、便捷。“十三五”时期山东省每万人律师数从 2016 年 2.21 人增加到 2020 年 3.1 人，增长幅度为 40%。但同时期江苏省从 2.28 人增加到 4.2 人，增长幅度为 84%；浙江省从 3.66 人增加到 5.46 人，增长幅度为 49%（见图 5-6）。由此可见，与江苏省、浙江省相比，山东省法律服务资源总量仍相对欠缺。促进共

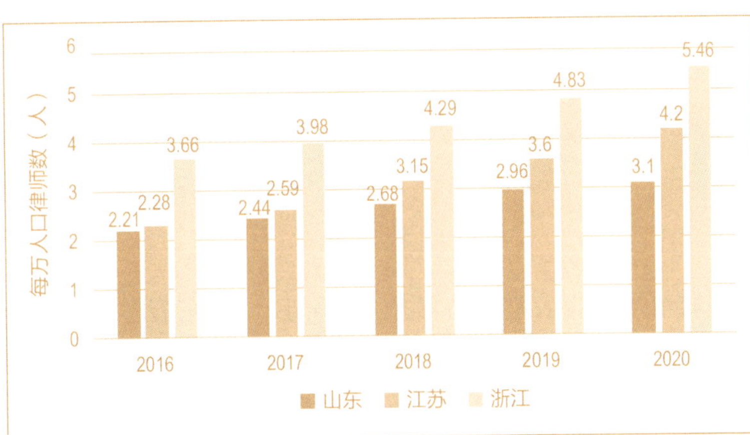

图 5-6 “十三五”时期山东、江苏、浙江 3 省每万人口律师数比较

同富裕，需要着眼于人民群众日益增长的法律服务需求，加快构建覆盖城乡、便捷高效、均等普惠的现代公共法律服务体系。

三、富裕共同度比较

共同富裕，“富裕”衡量的是水平，“共同”则是规定了相对差距。在社会发展过程中，由于地区资源禀赋的差异，必然会产生不同程度的贫富差距，但这种差距必须控制在合理的范围之内。此处我们重点从区域收入差距和城乡收入差距两个方面出发，对鲁苏浙 3 省富裕共同度进行对比分析。

一是山东省区域收入差距相对较小。表 5-5 表明，鲁苏浙 3 省中，江苏省的区域收入差距最大，2016—2020 年收入最高地市的居民人均可支配收入是最低地市的 2.4 倍左右，同时期山东省是 2.1 左右，浙江省是 1.7 左右。尽管山东省区域收入最高最低倍差并不高，但从绝对差距来看，仍处于较高区间。2020 年，山东省内青岛市居民人均可支配收入最高，达到 47156 元，最低的菏泽市仅为 21741 元，两者差距为 25415 元；而同时期浙江省最高的杭州市与最低的丽水市差距为 24135 元。

表 5-5 “十三五”期间山东、江苏、浙江 3 省区域收入差距比较　　单位：万元

	2016	2017	2018	2019	2020
山东	2.21	2.18	2.15	2.20	2.17
江苏	2.46	2.43	2.42	2.41	2.37
浙江	1.72	1.70	1.69	1.67	1.64

二是城乡居民收入差距仍需进一步缩小。“十三五”期间山东省致力打造乡村振兴齐鲁样板，农业农村工作成果显著，农民收入持续增加，城乡居民收入差距呈现缩小趋势。2020 年，农村居民人均可支配收入达到 18753 元，与 2016 年相比增长 34.4%，大大超过城镇居民人

均可支配收入增速，城乡居民收入比也由2016年的2.44缩小为2.33。但与江苏和浙江相比，山东城乡收入比仍较高。2020年浙江、江苏省城乡收入比分别为1.96、2.19，比山东省分别低0.37、0.14（见表5-6）。“十四五”期间山东省应继续扎实推进乡村全面振兴，积极汲取江苏、浙江省农村发展经验，保证农村居民收入增速高于全省居民收入平均增速。

表5-6 “十三五”期间山东、江苏、浙江3省城乡收入差距比较 单位：万元

	2016	2017	2018	2019	2020
山东	2.44	2.43	2.43	2.38	2.33
江苏	2.28	2.28	2.26	2.25	2.19
浙江	2.07	2.05	2.04	2.01	1.96

四、共同富裕整体水平比较

依据前文构建的共同富裕评价指标体系，分别计算江苏、浙江两省的共同富裕总指数以及3个一级指标维度的指数值，并与山东省进行比较，结果见表5-7。由此可以看出，“十三五”期间山东省共同富裕水平与浙江省、江苏省相比存在较大差距。从共同富裕总指数来看，浙江省比山东省高出19左右，江苏省比山东省高出10左右。从物质生活富裕来看，浙江省比山东省高出18左右，江苏省比山东省高出10左右，而且山东省与浙江省、江苏省的差距在逐年拉大。与物质生活富裕相比，“十三五”期间山东省精神生活富裕与浙江省、江苏省的差距更大。从历年精神生活富裕指数值来看，山东省与浙江省相差20左右，与江苏省相差15左右。山东省富裕共同度发展水平略高于江苏省，但与浙江省差距明显。从历年富裕共同度指数值来看，山东省与浙江省相差25左右。

表 5-7 “十三五”期间山东、江苏、浙江 3 省共同富裕水平比较

		2016	2017	2018	2019	2020
总指数	山东	64.3	67.1	69.3	71.9	73.9
	江苏	73.5	77.4	78.0	84.5	85.1
	浙江	82.9	86.3	89.7	93.7	93.6
物质生活富裕	山东	65.8	68.9	71.6	74.3	75.3
	江苏	74.7	79.5	79.1	88.4	87.8
	浙江	83.0	86.9	90.4	93.5	93.2
精神生活富裕	山东	60.0	63.0	64.9	67.3	70.9
	江苏	74.5	77.9	80.4	84.1	85.7
	浙江	78.4	81.7	85.9	92.9	91.5
富裕共同度	山东	67.2	68.0	68.8	71.4	74.3
	江苏	66.6	67.2	68.2	68.9	72.1
	浙江	92.4	93.9	95.2	96.5	100

第三节 山东促进共同富裕的战略目标

不断改善人民生活、促进共同富裕，是习近平总书记对山东提出的明确要求。2022 年 5 月召开的中国共产党山东省第十二次代表大会明确提出：“始终坚持以人民为中心，在高质量发展中创造高品质生活，打造共同富裕的省域范例。”现在，山东省已经到了扎实推动共同富裕的关键阶段。山东省应始终坚持以人民为中心的发展思想，以解决地区差距、城乡差距、收入差距问题为主攻方向，在高质量发展中扎实推动共同富裕，加快破解发展不平衡不充分问题，率先在推动共同富裕方面实现理论创新、实践创新、制度创新、文化创新，探索促进共同富裕的“山东实践”，到 2035 年基本建成新时代社会主义现代化强省，全省综合竞争力大幅跃升，人的全面发展、人民共同富裕取得更为明显的实质性进展。

一、物质生活富裕层面的目标

（一）经济发展

发展是解决我国一切问题的基础和关键，GDP 是衡量一个国家或地区经济发展水平的重要指标。党的十九届五中全会明确提出到 2035 年人均 GDP 要达到中等发达国家水平。[①] 按此初步测算，要实现这一目标，2035 年的经济总量和人均量需要在 2020 年基础上翻一番及以上。2020 年，山东省人均 GDP 为 71825 元，基本处于全国平均水平。按照山东“十四五”规划设定的地区生产总值年均增速 5.5% 计算，假设人均 GDP 实现同步增长，2025 年山东人均 GDP 将接近 9.4 万元，在此基础上，审慎预测保持 5% 的年均增速发展 10 年，到 2035 年将达到 15 万元左右[②]，可以实现达到中等发达国家水平的目标。

（二）收入消费

实现人民生活富裕，就要保持经济增长与收入增长同步，收入是人民生活富裕最为直观的体现。在经济高速增长阶段，GDP 的增长和居民收入的增长可能会呈现不一致性。但“十三五”期间，我国 GDP 增长和居民可支配收入增长的同步性非常强，意味着 GDP 的增长可以转化为居民收入的提高，居民可以共享发展成果。到 2035 年人均 GDP 要达到中等发达国家水平，意味着我国将成功跨越中等收入阶段，并在高收入阶段继续向前迈进一大步。2020 年，山东居民人均可支配收入为

① 一般认为，将人均 GDP 高于 1.2 万美元、低于 4 万美元的经济体列入发达经济体名单，把位居中游水平的作为中等发达经济体。联合国所列发达国家属于中等的 17 个国家，人均 GDP 的中位数是 19602 美元，算术平均数是 21350 美元；IMF 所列发达经济体中属于中等的 15 个经济体，人均 GDP 的中位数是 25941 美元，算术平均数是 25591 美元。基于这些情况，可考虑将中等发达国家或经济体的人均 GDP 入门水平确定在 2 万美元左右。

② 按照汇率 6.5 测算，为 2.3 万美元，基本达到中等发达国家水平。

32886元，按照居民人均可支配收入增速与GDP增速同步预测，居民收入目标可以分为两步走：第一步是保持5.5%的增速，到2025年实现人均可支配收入达到4.3万元左右，跨越中等收入陷阱；第二步是保持5%的增速，到2035年实现人均可支配收入达到7万元，实现居民收入翻一番，达到中等发达国家水平。

恩格尔系数是评价国家贫富或地区生活水平高低的重要标准之一。居民用于食品的支出占可支配收入的比例越小，居民将有更多的收入用于其他消费和投资领域，意味着居民的物质基础更加丰富，生活质量更高。2020年，山东省居民恩格尔系数约为27%，按照世界粮食与农业组织（FAO）的标准[①]，已经达到最富裕的阶段，但和北京（22%）、上海（24%）相比，还有继续下降的空间。在“十四五”期间，应继续着力提高居民收入水平，控制食品价格，引导居民消费结构升级，促进恩格尔系数进一步下降。

（三）公共服务

基本公共服务是指建立在一定社会共识基础上，由政府主导提供的，与经济社会发展水平和阶段相适应，旨在保障全体公民生存和发展基本需求的公共服务。基本公共服务的整体水平是表现物质富裕的重要变量，体现了社会普遍富裕的程度，是实现共同富裕的重要基础。[②]根据《山东省“十四五”公共服务计划》，到2025年，公共服务制度体系更加完善，政府保障基本、社会多元参与、全民共建共享公共服务供给格局基本形成；到2035年实现基本公共服务均等化目标，从而为共同富裕的基本实现提供保障。公共服务中，教育、医疗和养老与人的全

① 按照世界粮食与农业组织（FAO）的标准，恩格尔系数在30%以下为最富裕，30%—40%为富裕，40%—50%为小康，50%—59%为温饱，59%以上为贫困。

② 李实、杨一心：《面向共同富裕的基本公共服务均等化：行动逻辑与路径选择》，《中国工业经济》2022年第2期。

面发展直接相关，是人民群众最为关心的三大问题。我们以这 3 个维度衡量公共服务水平，其中教育以生均教育经费（万元）衡量、医疗以每万人拥有执业（助理）医师数（人）衡量、养老以每千老年人口养老床位数（张）衡量。

教育方面，2020 年，山东省生均教育经费为 1.46 万元，浙江省生均教育经费为 2.64 万元。“十三五”期间，浙江省生均教育经费年均增速约为 9%，而山东省仅为 4% 左右，教育资金投入力度急需加大。因此，我们设定未来山东省生均教育经费年均增速应超过 6%，确保按在校学生人数平均的教育经费逐年增加，到 2025 年生均教育经费达到 1.95 万元，到 2035 年生均教育经费达到 3.5 万元。

医疗方面，2020 年山东省每万人拥有执业（助理）医师数 32 人，略低于浙江省（34 人）。根据山东省“十四五”规划设定的目标值，2025 年每万人拥有执业（助理）医师数应达到 38.5 人，以满足人民群众日益增长的健康需求。

养老方面，2020 年山东省每千老年人口养老床位数 28.5 张，远低于浙江省（53.2 张）。山东省是人口大省，人口老龄化程度显著高于全国平均水平，到 2025 年，山东省预计 60 岁及以上人口将超过 2400 万人，在总人口中占比将超过 24%[①]。国际社会通行的养老床位数跟老年人数的比值为 5%—7%，因此，山东省应更加重视老龄化问题，加速养老资源布局。规划到 2025 年，实现每千老年人口养老床位数 50 张，到 2035 年，实现每千老年人口养老床位数 70 张，老龄事业高质量发展的格局基本形成。

（四）生态环境

推动共同富裕的一个重要视野是必须协调好人与自然的关系，在人

① 袁涛：《发展老龄事业，五个方面着力》，《大众日报》2021 年 12 月 31 日。

与自然和谐共生中寻找推动全体人民实现共同富裕的动力。习近平总书记一直强调"绿水青山就是金山银山"的理念，因此"绿水青山"也是物质财富的一种体现。在发展的价值取向上，如果只是注重经济价值而忽视生态价值，注重经济理性而忽视生态理性，必定会导致人与自然之间的发展不协调、不充分，导致全体人民的共同富裕无法实现。在生态环境维度，我们用万元GDP能耗（吨）和可吸入颗粒物年均浓度（微克/立方米）衡量环境优化程度。"十三五"期间，随着新旧动能转换的持续推进，资源能源消耗型的产业结构进一步优化，山东全省万元GDP能耗累计下降16%，超额完成国家下达的17%的目标任务，可吸入颗粒物浓度从120微克/立方米下降到80微克/立方米，环境改善十分显著。因此，在"双碳"目标约束下，山东省应持续推进新旧动能转换，完成分解国家任务，突破能源效率短板约束，在"绿水青山"中实现经济总量跨越式发展，生态环境更加优异，为基本实现共同富裕提供保障。

二、精神生活富裕层面的目标

（一）文化建设

文化建设是精神富裕的重要组成部分，推进文化建设重在提高人均受教育程度、增进民生福祉、创造更加普惠公平的条件，给更多人创造提高精神水平的环境。[①②]我们以人均教育文化娱乐消费支出、人均拥有公共图书馆藏量、人均受教育年限3个指标反映文化建设水平。2020年，山东省人均教育文化娱乐消费支出为2254.83元。应继续延续"十三五"期间增长态势，在"十四五"期间保持6%的年均增速，到2025年人均教育文化娱乐消费支出达到3000元，以实现消费升级。

① 刘培林等：《共同富裕的内涵、实现路径与测度方法》，《管理世界》2021年第8期。

② 李实：《共同富裕的目标和实现路径选择》，《经济研究》2021年第11期。

2020年人均拥有公共图书馆藏量为0.69册，与浙江省（1.53册）差距明显，因此应加速公共图书馆布局，到2025年争取实现人均拥有公共图书馆藏量达1册，到2035年实现人均拥有公共图书馆藏量达2册。

实现共同富裕关键要靠更多的高素质劳动者推动高质量发展。第七次全国人口普查结果显示，全国人口中15岁及以上人口的平均受教育年限为9.91年。31个省份中，平均受教育年限在10年以上的省份有13个，山东省2020年人均受教育年限仅为9.75年，低于全国平均水平。根据山东省“十四五”规划中设定的劳动年龄人口平均受教育年限目标值，规划到2025年人均受教育年限应提升0.5年，达到10.25年，到2035年人均受教育年限应达到目前“超高人类发展水平”国家的人均受教育年限12.2年[①]，以实现教育综合实力显著增强，社会文明程度显著提升。

（二）法治建设

作为保障和促进共同富裕实现的重要组成部分，法治建设能够为实现共同富裕创造公平有效的法治环境，为共同富裕的实现提供坚实保障。通过强化相关法律法规的实施，构建更加公平的法律制度和有序的社会环境，为全体人民的社会活动提供激励和制度保障，构建和谐社会。良好的法治环境下，也有利于形成更加合理的收入分配关系，促进形成有利于实现共同富裕的收入分配秩序。

“十三五”以来，山东省大力推进法治建设，弘扬法治精神，坚持以法治建设推动改革、发展，社会主义民主法治更加健全，社会公平充分彰显。2022年1月24日，司法部发布《全国公共法律服务体系建设规划（2021—2025年）》（以下简称《规划》），《规划》设定的“十四五”时

① 根据联合国开发计划署《人类发展报告2020》，2020年“超高人类发展水平”国家的平均受教育年限为12.2年。

期公共法律服务工作主要指标中每万人律师数预期目标为 5.3 人。2020 年山东省每万人律师数达到了 3.1 人，同期浙江省为 5.46 人，山东还存在一定差距。审慎预测山东省每万人律师数应与全国目标保持一致，到 2025 年山东省每万人律师数应达到 5.3 人，到 2035 年基本实现治理体系和治理能力现代化，法治建设达到更高水平，法治山东基本建成。

三、富裕共同度层面的目标

（一）区域收入差距

进入新发展阶段，我国经济快速发展，各地区经济总量也不断增长，但我国的区域经济布局的巨大变化，导致地区之间较大的发展差距。过去，山东省产业结构以资源型、重化工产业为主，产业结构不够优化，发展动能不足，经济增长缓慢，面临严峻的发展困境。“十三五”期间，山东省大力发展制造业，新旧动能转换实现突破，发展动能不断增强，但仍存在较大的区域差距。区域差距无法完全消除，但如果长期差距不断扩大，将不利于区域协调发展，不利于形成合理的产业布局。因此，必须要采取必要措施，根据各地区的发展优势和制约因素调整产业结构，加强宏观调控，缩小山东省内区域差距。

“十三五”期间，山东省设区市人均可支配收入最高最低倍差由 2016 年的 2.21 缩小到 2020 年的 2.17，区域收入差距呈现持续稳定缩小趋势。但与 2020 年浙江省 1.64 的最高最低倍差相比，山东省区域收入差距仍旧偏大。《浙江高质量发展建设共同富裕示范区实施方案（2021—2025 年）》提出，到 2025 年设区市人均可支配收入最高最低倍差缩小到 1.55 以内，率先基本形成以中等收入群体为主体的橄榄型社会结构，解决区域差距问题。因此，对标先进，“十四五”期间山东省争取到 2025 年实现地区人均可支配收入最高最低倍差缩小到 1.8 以内，到 2035 年缩小到 1.5 以内，以实现区域发展更加协调更加均衡。

（二）城乡收入差距

习近平总书记指出，实现共同富裕，最艰巨最繁重的任务仍然在农村。我们必须以缩小城乡收入分配差距为重要抓手，巩固脱贫攻坚成果，推进共同富裕。生产要素分配的城乡差异和按劳分配的分配制度、经济发展初期优先发展重工业的产业偏向政策、不同生产方式导致的形成的生产效益差异是造成城乡收入差距的主要因素[①]。党的十八大以来，我国经济总量持续增长，人民生活水平全面提高，收入分配体系逐步完善，但我国发展不平衡不充分问题仍然突出，城乡存在较大的差距。

随着脱贫攻坚和乡村振兴的深入推进，山东省农民收入增速明显快于城镇居民，城乡收入差距总体趋于缩小。从人均可支配收入看，"十三五"期间，山东省农村人均可支配收入年均增速约6%，城镇居民人均可支配收入年均增速约5%，城乡人均可支配收入比从2016年的2.44下降到2020年的2.33。《山东省新型城镇化规划（2021—2035年）》中明确提出了城乡居民收入比的目标值，争取到2025年缩小到2.2左右，到2035年缩小到1.8左右。

综合以上分析，"十四五"时期及2035年远期山东省促进共同富裕相关目标量化设计见表5-8。

表5-8 "十四五"时期及2035年远期山东省促进共同富裕的战略目标

		指标（单位）	2020年	2025年	2035年	"十四五"年均增速/[累计]	远期目标年均增速/[累计]	属性
物质生活富裕	经济发展	地区生产总值增速（%）	3.2	—	—	>5.5	>5	预期性
		人均地区生产总值（元）	71825	94000	150000	[22175]	[78175]	预期性

① 叶兴庆：《以提高乡村振兴的包容性促进农民农村共同富裕》，《中国农村经济》2022年第2期。

续表

<table>
<tr><th colspan="2"></th><th>指标（单位）</th><th>2020 年</th><th>2025 年</th><th>2035 年</th><th>“十四五”年均增速 /［累计］</th><th>远期目标年均增速 /［累计］</th><th>属性</th></tr>
<tr><td rowspan="7">物质生活富裕</td><td rowspan="2">收入消费</td><td>居民人均可支配收入（元）</td><td>32886</td><td>43000</td><td>70000</td><td>[10114]</td><td>[37114]</td><td>预期性</td></tr>
<tr><td>恩格尔系数</td><td>0.28</td><td>—</td><td>—</td><td colspan="2">持续缩小</td><td>预期性</td></tr>
<tr><td rowspan="3">公共服务</td><td>生均教育经费（万元）</td><td>1.46</td><td>1.95</td><td>3.5</td><td>[0.49]</td><td>[2.04]</td><td>预期性</td></tr>
<tr><td>每万人拥有执业（助理）医师数（人）</td><td>32</td><td>38.5</td><td>—</td><td>[6.5]</td><td>—</td><td>预期性</td></tr>
<tr><td>每千老年人口养老床位数（张）</td><td>28.5</td><td>50</td><td>70</td><td>[21.5]</td><td>[41.5]</td><td>约束性</td></tr>
<tr><td rowspan="2">生态环境</td><td>万元 GDP 能耗（吨）</td><td>0.57</td><td>—</td><td>—</td><td colspan="2">完成国家分解任务</td><td>约束性</td></tr>
<tr><td>可吸入颗粒物年均浓度（微克 / 立方米）</td><td>80</td><td>—</td><td>—</td><td colspan="2">持续缩小</td><td>预期性</td></tr>
<tr><td rowspan="4">精神生活富裕</td><td rowspan="3">文化建设</td><td>人均教育文化娱乐消费支出（元）</td><td>2255</td><td>3000</td><td>—</td><td>[745]</td><td>—</td><td>预期性</td></tr>
<tr><td>人均拥有公共图书馆藏量（册）</td><td>0.69</td><td>1</td><td>2</td><td>[0.31]</td><td>[1.31]</td><td>预期性</td></tr>
<tr><td>人均受教育年限（年）</td><td>9.75</td><td>10.25</td><td>12.2</td><td>[0.50]</td><td>[2.45]</td><td>约束性</td></tr>
<tr><td>法治建设</td><td>每万人口律师数（人）</td><td>3.1</td><td>5.3</td><td>—</td><td>[2.20]</td><td>—</td><td>预期性</td></tr>
<tr><td rowspan="2">富裕共同度</td><td>区域收入差距</td><td>地区居民人均可支配收入最高最低倍差</td><td>2.17</td><td>1.8</td><td>1.5</td><td>[−0.37]</td><td>[−0.67]</td><td>约束性</td></tr>
<tr><td>城乡收入差距</td><td>城乡人均可支配收入比</td><td>2.33</td><td>2.1</td><td>1.6</td><td>[−0.23]</td><td>[−0.73]</td><td>约束性</td></tr>
</table>

经验篇

EXPERIENCE

党的十八大以来，以习近平同志为核心的党中央把握新时代新阶段新变化，在打赢脱贫攻坚战、全面建成小康社会基础上，提出共同富裕的重大使命，并对山东打造乡村振兴齐鲁样板、促进共同富裕提出了重要指示要求。山东省委、省政府牢记习近平总书记殷切嘱托，紧紧锚定“走在前、开新局”，把促进共同富裕作为重大政治责任，作出了一系列工作部署和实践探索，力争在共同富裕的理念、思路、模式上作出新探索，作出更大贡献。

共同富裕的道路上，山东省立足大省基础优势，抓重点补短板，在高质量发展中不断探索共同富裕的山东路径。共同富裕的核心在于增进人民的福祉，而兴产业、保就业便是最关键的举措，也是共同富裕的物质基础。在共同富裕实现路径的基础环节，山东省以产业发展为基，立足农业大省客观实际，坚持稳中求进工作总基调，以深化供给侧结构性改革为主线，在产业强链、延链、补链上做文章，不断推进农村一二三产融合，着力发展现代产业优势集群，为实现共同富裕夯实物质基础。在共同富裕实现路径的重点环节，山东省着力解决发展不平衡问题，自觉主动缩小区域差距，深入实施新型城镇化战略，推动东中西三大区域协调发展、大中小城市均衡发展，向着更高水平、更高质量不断迈进，不断增强人民群众的获得感、幸福感、安全感。实现共同富裕，最艰巨最繁重的任务在农村。在共同富裕实现路径的关键环节，山东省牢记总书记“打造乡村振兴齐鲁样板”的重要指示精神，不断创新体制机制，破解乡村振兴“人、地、钱”难题，持续推进乡村振兴工作，在高质量高水平发展中打造乡村振兴齐鲁样板，在乡村振兴战略实施道路上不断缩小城乡差距，推进乡村共同富裕。共同富裕绝不简单是经济层面的富裕富足，还对富裕的成色、社会治理、精神文化等诸多领域提出更高的要求。在共同富裕实现路径的控制环节，山东省牢记总书记“两山”理论，坚持走绿色发展道路，咬住“青山”不放松，不断探索生态产品价值实现的新路径，使生态价值找到更多实现业态，统筹推进生态环境保护与经济高质量发展。在共同富裕实现路径的组织环节，山东省持续推进党的建设，尤其是基层党组织建设，通过党建引领、文化赋能，切实提升基层政权和村级组织的治理能力，激发人民群众的内生动力，凝聚集体行动的力量，扎实推进共同富裕。

本篇共分为 5 章，分别从产业发展、区域协调、乡村振兴、生态保护、党建赋能 5 个方面，梳理山东省促进全体人民共同富裕的实践路径和经验探索。

第六章

特色产业高质量发展推动共同富裕实践

第一节　寿光经验：以蔬菜产业发展带动共同富裕

寿光市是中国蔬菜之乡，也是设施蔬菜的发源地和全国最大的蔬菜集散地。近年来，寿光市按照“做强两端、提升中间”的思路，前端重点做标准研发、种子研发和技术集成创新，后端重点培育特色蔬菜品牌、打通高端销售渠道，中间构建以合作社、家庭农场为主体的新型农业经营体系，抢占蔬菜全产业链“微笑曲线”两端，加快实现由蔬菜产业传统生产基地向综合服务基地转型。山东寿光蔬菜产业集群被农业农村部、财政部确定为全国首批50个优势特色产业集群之一，寿光市先后入选全国农业科技现代化先行县共建名单及第一批农业现代化示范区名单，成为2022年山东省首批现代农业强县。产业兴旺、农民增收，寿光市走出了一条蔬菜产业高质量发展带动共同富裕的金光大道。

一、做大蔬菜产业，夯实共同富裕的物质基础

（一）创设和优化蔬菜产业扶持政策，促进产业高质量发展

1. 设立蔬菜产业财政补贴专项，加大政策支持力度

寿光市政府会同有关部门设立现代蔬菜产业园、蔬菜产业强镇和蔬菜产业集群等农业产业融合项目，扶持发展蔬菜产业，建设蔬菜产业链。为促进农村产业发展和城乡一体化建设，助力小产业发展壮大，形成优势特色产业集群，推动产业升级，提高农村总体经济水平，农业农村部办公厅、财政部办公厅于2020年启动了分批支持建设优势特色产业集群项目。寿光市通过层层筛选，其蔬菜产业优势特色产业集群获得中央财政1亿元支持补助，财政补贴涉及蔬菜种植、农机设施、仓储保鲜、蔬菜加工、产品流通、品牌培育等系统化产业发展，促进提升优势特色产业水平。2018年，投资2亿多元，对17个村1.86万余亩土地实施高效节水灌溉改造。2018年、2019年分别投入540万元和8000万元，支持全市高品质蔬菜园区发展。2018年、2019年、2020年市财政分别投入370万元、500万元和45万元，用于蔬菜项目的宣传、培训、农户补贴和蔬菜产品抽样检测以及产品补贴。2018年投入549万元，助力开展“两改”工作。自2012年以来，市财政累计投资3亿元，持续出台新品种研发、种子加工、品种繁育等方面扶持政策，促进蔬菜种业发展。

2. 优化蔬菜农业产业技术体系，实现蔬菜产业现代化

科技是第一生产力，蔬菜种植离不开科技支撑。蔬菜大棚技术的发明和推广应用，助力蔬菜生产突破季节瓶颈。寿光市不断更新蔬菜生产体系，将高新科技贯穿到整个蔬菜产业的生产至销售全过程，打造中国的“菜篮子”。寿光市大力发展智慧农业，利用“互联网+”、物联网、云计算等现代信息技术，构建现代蔬菜农业产业技术体系，加快蔬菜设

施更新换代，鼓励农户应用自动温控、智能雾化器等科技监控设备全面提升蔬菜大棚现代化水平，实现蔬菜质量安全全域化、网格化监管，实现种植、培育、监管等一体化生产，对全部蔬菜生产设施、农资店、渠道商进行登记备案，整合蔬菜生产、农药实名销售、蔬菜质量检测、蔬菜交易各流程数据信息，实现蔬菜生产的数据化管控。利用物联网智能管控设备实现水肥一体化，通过智能蔬菜温室，实现远程操控，提高蔬菜质量的有序监管，促进蔬菜高质量生产，推动蔬菜产业园区化、标准化、规模化生产。推广盐碱滩涂无土栽培技术，提高寿光北部盐碱滩涂的土地利用水平，扩大设施蔬菜种植面积，提高单位土地产出效益，增加农民收入。利用高新技术开辟了北上广的“绿色通道”、日韩的“蓝色通道”和美洲的“空中走廊”，建立了网上销售平台，拓宽了销售渠道。通过举办中国（寿光）国际蔬菜科技博览会，实现蔬菜产业从区域性到国际性的跨越。

3. 搭建研发平台，强化蔬菜研究

寿光市强化研究平台建设，重视蔬菜研究，不断加强与国内外农业科技研究机构合作，聘请种业科研和农业管理人才，开展分子育种、基因编辑等高科技育种技术的研发，提高育种基础研发水平。国产蔬菜种子市场占有率由 2010 年的 54% 提升到 2022 年的 70% 以上，加速蔬菜新品种、新成果转化应用。科研机构依托国际蔬菜科技博览会和国际蔬菜种业博览会，了解国外优质蔬菜品种和农业生产技术，根据寿光市蔬菜发展状况和蔬菜生产中存在的技术问题和生产瓶颈，确定蔬菜品种培育标准和技术侧重点，加强与先进科研院所的沟通，不断提升研发培育能力。完善种质资源保护基础设施，建设公益性产地蔬菜种质资源库，为合作科研单位和种业企业提供可靠资源。为提高科研人员对蔬菜研发的积极性，寿光市进一步加大政府的科研项目投资，激励科研人才提升科技素养，投身蔬菜种植基地，破解乡镇农村蔬菜产业组织专业人员匮乏的难题。

（二）培育蔬菜龙头企业，带动全产业链快速发展

1. 培育产业龙头，优化资源配置

寿光市积极引导龙头企业和合作社带动蔬菜产业发展，促进“寿光蔬菜”向外推广。寿光大力培育新型农业经营主体，鼓励农户流转土地承包经营权，推进土地规模经营和蔬菜种植用地的集中管理，引导农户注册蔬菜合作社，成立家庭农场，促进蔬菜生产走向专业化、合作化。为满足市场对蔬菜质量和饮食健康的需求，加大对蔬菜品质的把控力度，实现质量提升。2019 年，作为寿光市蔬菜产业的代表性企业，寿光农发集团筹建 4 个高标准农业园区，面积达 4415 亩，在寿光多个新型农业园区内实现从农资供应、技术指导、园区管理，到生产检测、品牌包装、产品销售等产业链全过程的统一运营和标准化管理。打造大棚“暖冬式”蔬菜产业，推动形成蔬菜种子市场、生产资料市场等 20 多个专业批发市场和 180 处农村集贸市场。中国寿光农产品物流园和山东寿光果菜批发市场两个大型批发市场成为全国蔬菜产业的重要蔬菜集散地。在寿光市蔬菜产业中形成了专业批发市场引领，生产资料市场提供保障，链接集贸市场和外地直供直销市场，囊括全国大城市蔬菜供应的大型开放的蔬菜网络。寿光成为全国最大的蔬菜集散中心、价格形成中心、标准集成中心、种业研发中心。寿光的蔬菜产业不仅服务全国 20 多个省（自治区、直辖市），而且还出口至东南亚及俄罗斯等国家和地区。政府资金扶持龙头企业发展，提升其市场竞争力，实现蔬菜产业发展的市场化和标准化转型。强化政府职能，合理配置资源，推动城乡各类要素资源的双向流动，提高产业经营效率和经济效益。

2. 建立蔬菜产业化联合体，实现蔬菜生产规模效益

寿光市将蔬菜种子培育、蔬菜种植、蔬菜产品加工、配送、零售等环节链接成一个完整的蔬菜供应链，实现了蔬菜产业化经营和一体化经营，促进蔬菜产品价值增值。寿光蔬菜产业凭借其相对稳定的供应链和

对蔬菜市场的影响力，将企业与农户结合在一起，灵活性和组织协调性相结合，构造寿光市行业范围内的蔬菜产业化联合体，实现蔬菜生产规模效益，带动区域经济发展。蔬菜产业化联合体的建立促进了蔬菜产业的集聚发展，蔬菜生产合作社不断增加，2020 年寿光市拥有农业产业化市级以上重点龙头企业 138 家，包括 18 家省级龙头企业、3 家国家级龙头企业，15 万户农户加入合作社，形成 2070 个果蔬合作社，全市超过 85% 的农户成为产业经营体系的一员，共建成 43 家省级及以上农民合作社示范社、家庭农场示范场。

3. 延长蔬菜产业链，促进农旅融合发展

大棚蔬菜促进了寿光市“观光农业”的发展。寿光市投资先后建起了三元朱绿色食品开发基地、绿色食品示范基地、市蔬菜高科技示范园，每年吸引其他地区的菜农及相关干部十几万人参观学习，蔬菜博览会的举办更是扩大了产业知名度。蔬菜产业的蓬勃发展带动了寿光市经济的快速发展，“菜乡”寿光声名远播。寿光不断加大蔬菜产业投资，建立蔬菜批发市场新交易大厅、弥河自然风景区、市林海生态博览园、农业高科技走廊、巨淀湖旅游度假村，涉农“景点”逐渐成形，“观光农业”和“观光旅游”逐渐发展并带动总体经济发展。创建休闲农业、观光农业、都市农业等新农产业模式，推进农、文、旅、康、研、学融合，推动乡村旅游、科普教育、文化传承、健康养生、养老服务等涉农项目发展。深入挖掘农业文化，在田园综合体、特色小镇、美丽乡村等农村新载体中融入农业文化，让游客在休闲游览之中了解农业文化背景，提升休闲农业的价值，实现蔬菜消费市场与生产者之间的有效衔接。

（三）创办新型服务组织，助力蔬菜产业高质量发展

1. 以资源整合和制度建设为引领，促进蔬菜产业高质量发展

寿光市蔬菜专业合作社在推动蔬菜产业发展上发挥了至关重要的作用，已经成为推动蔬菜产业化、品牌发展的重要力量。但原有合作社普

遍存在规模较小、服务领域窄、蔬菜品牌不响亮、经营管理能力不足等问题。为更好地组织合作社抱团发展，推动合作社规范提升、资源融合，2020 年 9 月 26 日，寿光市创新成立蔬菜合作社联合会。合作社联合会由全市 107 家规模蔬菜合作社组成，重点围绕蔬菜生产的产前、产中、产后全产业链，开展技术指导、信息共享、生资供应、金融服务以及产品销售、加工、运输、储藏等全链条服务。作为“寿光蔬菜”区域公用品牌打造和标准推动的主体，联合会全力推动寿光蔬菜标准化、品牌化、安全化，全面提升寿光蔬菜的整体水平和行业影响力。以蔬菜合作社联合会为载体，整合寿光全市合作社资源，带动寿光 85% 以上的菜农进入产业化经营体系，引导合作社与农户建立紧密的利益联结关系，推动蔬菜产业在规模化、标准化、集约化、绿色化等方面整体提升。以制度创新促行为规范，制定实施《蔬菜合作社信用评级实施办法》，依据评级结果建立示范社名录，将联合会会员全部纳入信用评级，落实合作社的生产经营主体责任，规范经营管理行为。

2. 以品质提升为根本，探索打造合作社规范提升标准

寿光市制定了《蔬菜合作社样板社规范提升标准》，选取 10 家合作社作为样板社，按照“统一技术服务、统一农资管理、统一标准化管理、统一质量检测、统一注册品牌、统一包装销售”的蔬菜生产经营标准进行样板打造，向全体会员示范蔬菜种植管理规范，明确标准化操作规程，带动蔬菜产品生产标准化操作规程和蔬菜产品分类等级标准的落地，助推寿光蔬菜品质提升。与中国质量认证中心对接开展“寿光蔬菜”全球良好农业规范和中国良好农业规范（GAP）双认证，使“寿光蔬菜”获得进入国际市场的通行证。目前，全市已有 3 家合作社通过 GAP 双认证。

3. 以产品质量为前提，建立“寿光蔬菜”溯源体系

2021—2022 年，寿光市引导建设“寿光蔬菜”区域公用品牌“区块链追溯”生产示范大棚 2000—3000 个，安装传感器、环境检测器、

视频监控器等，进行土壤、水肥、生长期、结果期、采摘期等全程质量动态检测视频化的创新溯源模式。同时，引用政府资源公共服务，开展大气检测和环境卫生防疫，并同步向溯源系统传输过程与结果，建立高度市场信用模式。争取到2025年，“寿光蔬菜”区域公用品牌使用覆盖率达到100%，寿光蔬菜产业全部依托联合会进行资源整合，“寿光蔬菜”将全部进行生产全过程溯源管理，彻底解决“寿光蔬菜”原产地问题。

4. 以品牌建设为统领，提升寿光蔬菜的附加值

寿光市建立“寿光蔬菜”区域公用品牌管理评价体系，积极引导符合入会条件的合作社加入联合会，依托联合会统一宣传，“抱团”打市场，建立京东、天猫等线上平台“寿光蔬菜旗舰店”3家，引入政府信用、龙头企业信用、农户信用联合机制，初步建立起“区域公用品牌+合作社联合会+合作社+龙头企业+农户”的模式，探索打造万亩丹河蔬菜标准园蔬菜产业联合体样板，直接带动农户200多户，真正实现了蔬菜产业从“单打独斗”向“抱团发展”的经营方式转变，构建起产业主体联合、经济利益共享、市场风险共担、责任主体明确、行业自律规范的产业融合发展新局面。

（四）培育乡土人才，激发蔬菜产业发展原动力

1. 加强基层农技推广体系建设

寿光市自2009年开始实施基层农技推广体系改革与建设项目，建设农技推广服务站，提供农业技术培训，提升基层农民素质。2018年，根据寿光市农业生产的现实需要，在全市范围选取402个农业科技示范主体，特别聘请30名农技员，建设了山东永盛农业发展有限公司蔬菜生产基地和稻田李营村粮食生产基地，以粮食和蔬菜两个产业为主，推广了一系列主导品种和主推技术，较好地开展了农业技术培训、优秀品种推广和示范工作，发挥了农技推广促进农业发展的作用。2019年，

种植业、畜牧业、农机化3个专业项目首次整合实施与统一集中培训，加强农技推广，促进增收致富。寿光市还构建科技中心和产业园区，落实基层科技体系建设，成立乡镇农技站提供蔬菜产业指导，增大农业知识普及力度，在村一级设置宣传介绍栏，引导有种植经验的农户参与宣传推广，促进农技推广向专业化方向转变。通过政策扶持、技术人员下乡等方式提高农民学习热情，完善科技农业指导体系，提高农技推广的效率。

2. 组织开展教育培训

为提高农民尤其是菜农的种植技术和整体水平，寿光市多次组织开展教育培训班，帮助农民解决基础性生产问题，为技术推广的实施提供基础。为提高农业技术人员的专业素养，2020年，寿光市农业农村局举办全市基层农技推广体系专业技术人员素质能力提升培训班，邀请专家教授，围绕农业农村经济发展、农业信息化建设、现代农业种养新技术应用等进行授课，全市100余名农技推广体系专业技术人员参加培训。通过系统培训和信息交流促进广大专业技术人员增加知识、更新技术，增强为农户服务的科技技能，为现代农业发展注入新科技、增添新动力。

3. 推进乡土人才职称评定

为更好发挥农村实用型人才在乡村振兴战略中的示范带动作用，近年来，寿光市人社局、农业农村局积极开展农民技术人员职称评定工作，扎根乡镇、街道和村庄的工作，从事技艺技能工作的土专家、能工巧匠，从事技术应用、技术推广、技术服务等工作的人员，从事乡村产业发展经营管理工作的技艺技能类、技术应用与推广类和经营管理类人才均可申请乡土人才职称。乡土人才职称评定的推进激发了农村人才发展的积极性，为产业发展提供了专业人才支撑。乡土人才职称评定工作推进20多年来，已累计评定各类农民技术人员2.6万余人，为乡村振兴“寿光模式”开展、带动区域发展提供了重要力量支撑。在工作开展过程中不断扩大范围，确保人员覆盖广，严格把控评定标准，确保评定质量高，保证工作的严肃性和公正性，强化服务，确保人才待遇优，充分保障乡村实用人才的基础条件，为蔬菜产业发展提供内在动力。

二、调整分配关系，实现共同富裕

（一）延长产业价值链，联结利益机制

1. 强化“公司＋基地＋农户”产业体系，提升产业竞争力

寿光市蔬菜产业不断深化改革创新，促进提质增效，延长产业机制链条，通过利益机制将蔬菜产业公司、蔬菜种植基地和菜农联合在一起，形成“公司＋基地＋农户”的产业体系，不断强化蔬菜供应链，积极打造现代蔬菜产业新模式。完善蔬菜产业基础设施，优化种植业产业结构，革新生产技术，强化营销市场体系。通过引导农户流转土地经营权，促进产业规模化发展，辐射带动农户提高收入，实现共同富裕。结合产业转型调整，引导企业与合作社、农民抱团发展，形成更加紧密的利益共同体，实现“田间”与“车间”无缝衔接。由农业龙头企业、农业技术人员等牵头创办的农村专业合作经济组织，将菜农融入蔬菜产前、产中和产后各个环节，形成蔬菜生产要素产业化组织模式。蔬菜产业体系化经营弥补中小蔬菜企业规模小、信息来源少的不足，促进资源合理配置，提高区域创新能力，在农户、销售平台、众多企业和研发机构之间形成创新合作，提高企业竞争力和区域带动能力，增强利益链的整体稳定性。

2. 突出枢纽功能，形成流通网络

寿光市蔬菜产业发展形成稳定的供应链和规模化产业组织模式，成为全国蔬菜产业供销中心；蔬菜产业技术水平领先，创新科技水平不断提高，科研机构合作逐步加强，助力其成为蔬菜种养技术交流中心；寿光市蔬菜供销体系发达，蔬菜及其加工产品销往全国各地，成为中国的

“菜篮子”，在蔬菜产业中的枢纽功能日益突出；线上销售、线下展销和规范物流使其形成内部机制完善、规模体系庞大的物流网络。完善的销售体系助力寿光市蔬菜产品的信息完善翔实，同时使整个供应链联结机制完备，优化了企业间、农户间的公平竞争环境，节省了交易成本，增加了企业收益。寿光蔬菜的发达流通网络提高了适应市场变化的能力，降低产业经营风险，实现组织效率最大化，区域经济内部利益互相联结，收入增长相互促进。

3. 创新利益联结机制，提高菜农收入

围绕小农户与现代农业发展衔接机制、提高农民组织化程度，加快形成以小农户经营为基础、合作社发展为纽带、社会化服务为支撑的立体式复合型现代农业经营体系，构建综合高效的政策扶持体系，帮助新型农业经营主体扩大经营规模、改进利益分享机制，带动农民参与市场化经营、引领其进入现代农业的建设工作中。充分利用龙头企业的带动作用，形成“公司 + 基地 + 合作社 + 农户”的新型合作机制，使专业合作经济组织真正成为农业增效、农民富裕的重要载体。合作社经营助力提高菜农收入，提高农业生产信心，增强农业农村改革内生动力和核心竞争力，提高农业农村可持续发展能力。

（二）实行人才政策，推动实现就业增长

1. 实施实用人才培育计划

实施完善寿光乡村之星、文化之星等本土人才培育支持政策，出台支持寿光乡村教师、乡村医生等乡村公共服务人才培养、评价、激励办法，不断吸引各类人才下乡助力乡村全面振兴。目前，全市自主培育各级乡村之星 116 人、文化之星 164 人、镇村卫生专业人才 2708 人、中小学教师 6700 多人。同时，依托农村干部学院、农民夜校等平台，开设 40 门农业课程，编写 19 本“寿光特色”农学教材，轮训农民 30 万人，培育新型职业农民 2751 人。

2. 实施农技推广人才培强计划

寿光市从全国 33 所高校院所选聘 103 名专家教授担任企业科技副总、乡镇科技镇长，选派 72 名省级科技特派员，组织 120 多名专家和农技人员长期深入农村社区、田间地头、种植大棚，举办各类技术培训、专题讲座，解决农业技术难题。目前，全市拥有农民技术人员总量达到 2.5 万人。同时，寿光市积极融入全国脱贫攻坚大格局，先后在江西井冈山、陕西安塞、四川北川等地建设了大型蔬菜基地，寿光常年有 8000 多名技术人员在外指导蔬菜生产，向全国 26 个省市自治区提供了农业问题集成解决方案，全国新建大棚中一半以上有“寿光元素”。

3. 实施青年人才集聚计划

发挥“寿光在外人才众多、回报家乡愿望强烈”的优势，着力打好亲情牌、乡情牌。建立 3700 多人桑梓人才库，先后到北京、上海、济南等地举办桑梓人才项目对接会、高校院所博士寿光行等活动 50 多场，与北京大学、济南大学、青岛科技大学等 32 所高校建立合作关系，引导在外优秀企业家、桑梓人才带技术、带资金、带项目返乡开展育种研发、农资生产、直播电商等领域创新创业。目前，已建立桑梓引才工作站 11 家，引进人才技术项目 102 个。同时，实施农村优秀在外人才“雁归计划”“寿光英才回归计划”，定期到高校开展专场招聘、在线开展直播带岗活动，平均每年吸引 5000 多名青年人才回寿光创新创业，录取基层农技推广人才定向培养生 12 人，引进农业院校大学生 126 人，选聘 176 名在外人才回村任职、143 名优秀青年回村担任村支部书记助理、村委会主任助理。在 10.7 万种大棚的菜农中，“70 后”“80 后”“90 后”占到 54.8%，较好地解决了“谁来种地”的问题。

4. 强化政策扶持力度

先后出台乡村人才振兴工作方案、扶持蔬菜种业发展等专项政策，对蔬菜种子企业和科研机构在新品种选育、科研基地建设、人才引进等方面进行扶持，落实基层人才安居工程、大学生生活补贴等政策。自

2013年以来，寿光市财政累计投入1.5亿元，争取省市农业人才工程配套资金2110多万元，推进了全市蔬菜种业发展。配套建设国家级星创天地3家、省农科驿站6家、省级农民培育实训示范基地2处、乡村振兴示范站25处，引进淘宝大学、拼多多大学等第三方培训机构落地运营，打通乡村人才成长的“快车道”。加大对乡村人才发展的金融服务支持，出台精英人才创业计划、人才创业投资基金管理办法等，对创新创业人才给予最高300万元资助资金+2000万元股权投资支持。探索开发蔬菜合作社资金链交易平台，现已拓展农业合作社1207个，绑定新型职业农民、农业技术带头人等3.7万户，交易金额37.6亿元。联合农商行推出“菜乡e贷”“人才贷”等信贷产品，每名农业人才给予20万—1000万元的授信额度。

（三）实施先富带动后富，缩小收入差距

1. 发挥企业带动作用，引领区域发展

寿光市始终把扶持企业发展作为蔬菜产业的重要内在支撑，促进企业扩大投资、实现规模经营。寿光市支持骨干企业深化产业结构、提高产业层次、延长产业链条、加强自主创新、促进资源整合，增强核心企业竞争力，推动以蔬菜为特色产业的企业蓬勃发展。在发展势头强劲的特色企业中筛选市场前景好、创新能力强、发展潜力大的企业加大扶持力度。支持重点企业实施并购重组、强强联合，为寿光市经济增长提供引擎，引领区域经济发展，带动区域致富。

2. 发挥集体经济作用，带动群众致富

寿光市挖掘地区资源特色，从实际出发，通过科学流转土地，扩大经营规模，促进集约经营，不断开发村集体的“边角”资源，提高资源利用率，创办经济合作组织，党支部引领，村委会协调，通过改制、参股等形式吸引农户投资参与，增强集体经济的生产动力，不断壮大村集体经济。2021年，村集体收入10万元以上的村达到906个，占93.6%；

百万元以上的村达到 206 个，占 21.3%；千万元以上的村达到 17 个。

3. 推动跨区域服务，带动其他区域致富

依靠“中国蔬菜之乡”坚实的农业根基和技术优势，建立与贫困地区长效联系机制，持续加强与贫困地区的科技创新要素对接，将蔬菜种植的 30 余项农业新技术、新成果、新模式移植到贫困地区，推进落后地区产业发展。搭建互动交流平台，“多渠道”开展技术合作。在中国（寿光）国际蔬菜科技博览会期间，举办井冈山绿色食品产业招商推介会，推动 4 家本地企业与井冈山市签订绿色食品产业投资项目协议；设置井冈山绿色食品展，组织 6 家井冈山涉农企业参加展会，充分展示竹笋、山茶等当地特色农产品，在促进井冈山绿色食品产业的发展中发挥了积极推动作用。

（四）完善公共服务体系，提高生活品质

1. 构建养老体系，确保老年人安度晚年

寿光市委、市政府高度重视养老服务工作，不断完善扶持政策，坚持以“兜底线、保基本”为出发点，充分利用社会资源，推动形成多元化、多层次、专业化的养老服务供给局面，初步构建起居家社区机构相协调、医养康养融合发展的多层次养老服务体系，满足不同老年人多样化的养老服务需求。健全完善支撑养老服务业发展政策体系，对达到相应功能和面积的城市社区老年人日间照料中心和老年人公益性助餐点（幸福食堂），财政每处分别给予 5 万元和 2 万元的一次性建设补助。对开展老年公益助餐点的，财政按每年 2 万—4 万元给予运营补助，对 80 周岁以上的集中供餐老年人，每人每天给予 3—4 元餐费补助。在财政补助的基础上，建立了企业冠名慈善基金，把部分基金增值收入作为助老专项资金，同时将部分村集体土地承包收入纳入幸福院运营经费。各镇街还广泛发动社会捐助，建立孝老敬老基金，保障了幸福院的可持续运营。2020 年以来先后 5 次提高救助标准，农村特困人员基本生活标准达到每人每年12288元。

2. 完善社保制度，提升人民群众幸福指数

寿光市从群众需求出发，不断完善公共服务体系，持续加大社会保障的投入力度，建立统筹城乡的社会保障体系，全力扩大社保覆盖广度，努力解决社保难题，切实做到“应保尽保”。构建包括养老保险、医疗保险、社会救助等多层次、全方面的社会保障体系，保障市民生活底线，解决后顾之忧，提高参与社会建设的积极性。经过努力，寿光社会保险工作快速发展，各项社会保险有序推进，破解老有所养、病有所医、伤有所扶、失有所助、育有所帮的难点，切实维护市民的合法权益，提高居民生活保障和幸福指数，促进了寿光市经济发展。

第二节　马套村特色：在文、农、旅融合中推动共同富裕

济南市长清区万德街道马套村，党支部领办合作社，文、农、旅融合发展，2020年入选第二批全国乡村旅游重点村名单，2021年被命名为第八批“全国民主法治示范村（社区）”、首批山东省景区化村庄、“第二批全国乡村治理示范村”。通过构建村集体、合作社、村民等利益联结机制，实现了全体村民的共同富裕。

一、文、农、旅融合发展，促进特色产业振兴

（一）聚焦茶业发展，带动产业振兴

1. 促进土地流转，发展茶叶种植专业合作社

马套村地处泰山边界，地多人少，土壤贫瘠，早期生活贫困，为带动村庄发展，马套村治山整地，涵养水源，植树造林，彻底改变农业生

产条件。2009 年，马套村围绕绿色生态发展，开始推广茶叶种植。自 2010 年开始，马套村经过外出学习，逐步淘汰了老旧产业，引进茶叶种植。为扩大茶叶产业规模，村干部鼓励村民流转土地。到 2015 年马套村核心区茶叶种植面积达到了 700 多亩，先后筹资 130 万元创办了茶叶种植专业合作社，带动村民投资入股。2013 年，马套茶叶合作社发动村民入股 110 多万元，建成了马套将军山茶叶加工厂，融合地区优势和山地资源大力发展茶叶种植。随着产业规模不断扩大，合作社管理日趋完善，茶产业发展壮大，茶叶销路扩大，供销体系完善，马套村成了远近闻名的茶叶村，茶叶产业发展带动村庄走上乡村振兴致富之路。

2. 打造茶叶品牌，提升茶产业价值

马套村地处泰山西麓，受泰山小气候的影响，适宜种植茶叶。2015 年，马套村被定为山东省农业农村厅“一村一品”示范村。马套茶叶新绿清香，被中国茶叶协会赋予“小米汤、板栗香”的美誉，成为国家地理标志产品。马套茶叶知名度高，附加值大。以村集体名义注册“将军山”茶叶商标并投入市场，适应市场经济的变化，从不同层次丰富产品种类，满足不同群体的需求。此外，马套村顺应时代发展，建立电商平台，通过“互联网 +”的模式进行推广，过硬的质量、良好的信誉，使得茶产品销售量和客户群体不断扩大，强化了茶叶品牌宣传和品牌效应，不断提高茶叶品牌价值和村庄知名度。通过茶叶销售宣传，使得济南市民知道济南也有茶园，前来观光和采摘茶叶，为发展茶叶旅游打下了基础。

3. 延长产业链条，保障农民增收致富

茶叶的种植，解决了在家劳动力就业岗位，使在家劳动力也有了稳定的收入，茶产业成了马套村的主导产业，村民成为茶叶种植合作社的股东。茶叶工厂的建立也延伸了产业链条，促进茶产品多样化发展，增加了群众的收入，鲜茶叶经炒制加工销售后其附加值成倍增长，使得茶园亩产值达 3 万元。随着采茶、买茶游客的不断增加，将军山旅游度假

专业合作社不断壮大，后续建成了马套将军山景区，开发乡村旅游新业态，成立了物业管理公司，提供全产业链的农旅综合服务。茶叶加工厂的规模不断扩大，辐射带动村庄周围2000余亩土地，茶叶加工厂和合作社经营提供了众多就业岗位，提高村民收入水平。

4. 依托茶叶发展，实现三产融合

马套村依托茶叶种植，发展茶叶加工和休闲旅游，提高了种植业、加工业和服务业总产值。通过党支部领办、合作社主营、农民入股，马套村探索出一条三产融合发展的致富之路。茶叶种植、采集、加工、售卖的良性运转，吸引游客看茶、采茶、炒茶、买茶，提高了马套村茶叶产业的知名度。农家游、采摘游、休闲游的组合发展，奠定了马套村旅游业的发展基础。马套村一二三产融合发展，推动了村集体经济发展壮大。2021年，实现村民年人均收入3.2万元、村集体收入400多万元。

（二）促进农旅融合发展，形成旅游综合体

1. 发展红色茶乡旅游线路，促进旅游业发展

马套村以茶产业为基础，结合泰山文化、民俗文化，宣传弘扬红色故事，开拓农家民俗文化，形成独具特色的红色茶乡旅游线路，促进乡村旅游蓬勃发展，马套茶马古道红色茶乡旅游线路在第三届茶乡旅游发展大会上入围全国百条红色茶乡旅游线路。为提高乡村旅游服务水平、丰富旅游线路，马套村建设经营高标准民宿，并利用当地资源在水库周边提供茶产品采摘、观赏、品鉴区，以及景观长廊和齐长城文化体验等服务，不断拓展旅游资源。马套村积极洽谈与泰安岱岳区旅游局、粥店办事处等地合作，着力打造北靠灵岩寺、南依泰山为重点的大泰山旅游格局，提高旅游业发展质量。

2. 整合村庄资源，实现农旅融合

依托马套村的天然优势，融合农村文化特色，整合自然资源与地方特色，利用桃花源景区吸引游客观光，采用“支部 + 合作社 + 资金股

东＋房屋股民”的经营手段，邀请村民以闲置房屋入股，联合成立旅游合作社，建起了标准不同、风格各异的民宿和餐厅，形成集生态旅游、人文历史观光、采摘餐饮、民宿居住等于一体的旅游综合体，促进农旅融合发展，不断增强村集体经济实力，提高村民平均收入和总收入水平。

3. 产业发展一体化，实现传统产业升级

马套村从茶叶种植起步，后联合村民发展集体种植，形成合作社主营，包括茶叶生产加工、茶产品销售、茶乡旅游和农旅融合服务等系列产品的一体化经营模式。从传统农业种植到特色茶叶种植，从茶产业种植加工到乡村休闲体验，从农旅融合到红色文化传承，马套村开拓了传统农业到新兴产业的蜕变之路，形成了经营体系完善、组织规模庞大的产业链条，实现了传统产业的转型升级。

（三）促进文化振兴，强化文旅属性

1. 挖掘村庄历史，发挥北方农村特色

马套村充分发掘当地红色历史文化，建设红色主题景点，活化党史学习教育，宣传红色旅游背景，在古槐路上打造了一条红色文化景观线，增强农村旅游吸引力。作为北方农村，马套村具有传统特色美食和民俗文化，结合村庄村民特点，马套村建设了马套文体广场和百姓大舞台，成立了30余人的将军山演出队，并在重大节日举办多场精彩演出，利用齐鲁电视台《拉呱》栏目等电视广播平台做好村庄宣传工作，极大丰富了村民的文化生活，提升了马套村村民的幸福指数。

2. 建设新农村文化，实现文化振兴

马套村积极建设新农村文化，响应农村文化振兴的要求，大力弘扬社会主义核心价值观和孝老爱亲、邻里互助等传统美德，积极开展“争创出彩人家·共建美丽乡村”和“四德工程建设”等活动，推出《马套村子女养老金补贴办法》和《以房养老办法》，成立村级幸福院和日间

照料中心，形成和谐美好的乡村风貌，提高村民的精神文明水平。

3. 结合区位优势，宣传文旅产业

马套村依托山色美景，结合泰山文化、民俗文化、红色文化打造党建深度体验路线，不仅立足本村资源优势，还以问题为导向，积极引进社会资本、专业人才，合理利用社会资源破解制约本村旅游产业发展的要素瓶颈，聘请专家设计文旅发展路线，切实做到内外联动、借力发展，推动实现乡村全面振兴。此外，马套村借助泰山文旅发展边界的区位优势提高文旅发展深度，强化文化旅游的地区属性，强化文旅产业宣传力度，推动地区经济发展。

（四）培育乡土人才，提供产业支撑

1. 建设基层农技推广体系，提升产业效率

合理利用互联网平台和农技推广平台为茶农创造学习机会，聘请茶产业专业技术人员进行技术指导，组织乡村人才队伍，在茶叶种植合作社内建立茶叶品种试验和示范单位，形成科学合理的农技推广体系，帮助村民和茶农普及农业种植基本知识。村干部始终强化学习观念，不定期组织农户参观学习农业种植示范地区和乡村旅游示范地区的建设经验，促进文旅产业改革进步，汲取经验，突破发展瓶颈，提高农旅融合发展强度和产业经营效率。

2. 组织开展教育培训，培养乡村振兴人才

马套村作为“乡村文明家园”示范村，以其完备的茶叶产业体系和独具特色的乡村旅游吸引了众多村镇、研究机构参观学习，马套村也经常开展教育培训活动，不断提高乡村建设水平，为其区域发展储备乡村人才。此外，山东交通学院在马套村设立了乡村振兴培训学院，成为全省首家“乡村振兴培训学院”，以教育资源和财力资本协助马套村推进“三农”工作，帮助破解乡村建设的人才短缺问题，吸引更多的人才、资源和技术向马套村集聚，助力培养乡村振兴人才，推动乡村旅游业发展。

3. 制定引才引智战略，带动产业发展

强化茶产业发展优势，保障人才收入水平，提高人才参与乡村振兴的积极性，不断引进相关人才，同时，人才引入助力产业发展更加规范化，增强产业合理性和经济实力，二者互相激励、互促互进。马套村制定“三个一”的引才引智战略，即每位“两委”干部至少结交一个能人，引进一笔资金，招回一个人才，已吸引建筑公司经理、酒店管理、市场营销等30多名优秀年轻人才回村就业，在“两委”、村企、合作社平台的重要岗位上施展才华、贡献力量，推动马套村更好更快发展。村“两委”制定了绩效工资和权力下放制度，给各个部门指标，成绩与效益挂钩，有效带动了村庄产业发展。

二、壮大集体经济，实现村民共同富裕

（一）创新利益联结方式，增加农民发展机会

1. 联合村集体与农户，保证农民利益

马套村利益联结机制健全，村集体与农户通过合作社的经营方式联结在一起，降低了农户经营风险，充分保障了农民的收入水平。马套村村民可通过参与当地茶叶工厂或合作社获得工资收入，也能通过土地入股，利用股东身份从合作社的收益中获得分红，合作社部分营业收入将形成村集体收入，用于改善村庄福利，构建起村民和村集体双赢共同体。集体和农民实现了利益共享，农户收益得到保障，村集体和农户协调发展，马套村朝着共同富裕的目标不断迈进。

2. 实现村社合一，规范管理机制

马套村创办的茶叶和旅游合作社，均是在党支部带领下、村委会作为股东参与的合作社，将村集体收入与农户收入紧密联系在一起，为各个合作社的发展提供了坚强的支撑，在政策、资金、服务上为合作社提供了便利，是济南市村社合一示范点。合作社采取股份制经营，村社合

一，有效整合资源，最大限度保证了集体和村民股东的利益，促进合作社与村庄领导班子协调统一，实现茶叶产业的管理机制规范有序，使得马套村的各项事业得以健康发展。

3. 促进农民入股，帮助农民就业

马套村党支部领办合作社，是在土地流转和规模经营的基础上推进的，一方面，村民以土地为股本加入茶叶种植专业合作社，或以房屋资源加入旅游合作社，促使村民身份转变，成为合作社的股东，以提供稳定的分红收入。另一方面，合作社、旅游景区、民宿和茶叶工厂的设立为村民提供了 200 多个就业岗位，创造了就业机会，解决了没有条件入股的村民就业问题，保证在实现共同富裕的道路上一个不掉队。

（二）稳固乡村就业，保障农民收入

1. 加强青年人才培养，储备青春力量

马套村注重青年人才教育，不断强化地区优势吸引人才返乡，由村支部组织开展座谈会，吸引返乡创业青年和村内青年劳动力参与；依托村内党建资源，对本村的党员干部和后备干部开展教育培训，从思想上引领青年不断提高党性修养，增强村庄建设责任意识，强化乡村振兴使命担当。在学习教育中解决青年群体在乡村振兴实践过程中遇到的困惑和难题，鼓励青年扎根乡村，大展拳脚，为乡村振兴提供人才智力支持，在乡村振兴中贡献青春力量。

2. 发展农民职业培训，提高农民素质

从了解农业发展、热爱农村生活、关心农民状况的农民中选择能够在乡村建设过程中扎根农业、稳定劳作，并能在实践中积累农业经营经验的现代农民群体。增加与马套村现有“乡村振兴培训学院”的合作，并积极洽谈农业科研院所、涉农院校的技术指导，充分利用教育资源和网络教育资源开展农民职业培训。聚焦“创业”，村干部联合返乡人才合理利用资源，引导农民从事适度规模生产，以茶叶生产为基础领办家

庭农场，借助技术指导实现全产业链的技能培训和跟踪服务，改善农业经营条件，促进职业农民实现代际传承。

（三）发挥组织动能，推动共同富裕

1. 党支部领办，组织带动集体发展

马套村坚持党支部引领，党支部结合本村实际和发展阶段，把握发展机遇，适时发展茶产业、文旅产业。为探索产业发展新思路，党支部领办合作社，发挥集体的力量，积极流转土地、盘活宅基地，吸收资金、引进人才，合理配置资源，创办了茶叶、旅游合作社，将村集体收入与农户收入紧密联系在一起，组织带动集体发展，实现了村经济的跨越式发展。2018 年 10 月，以马套村为主导村建立起 8 号路党建联合体，在片区 8 个村庄复制推广马套村经验，通过组织共建带动产业共创、人才共育、文化共铸、生态共治，为周边乡村振兴提供了坚实的组织保障。

2. 集体利益共享，推动共同富裕

在党支部领办、合作社主营的模式下，合作社所得收入，年底按照规定比例二次分红。法人实体也根据相关约定，上缴集体分成。这样，合作社和法人实体将年营业额的 5%—10% 交给村集体，形成集体经济收入，最大程度上保证了集体和村民股东的利益。然后，村集体将集中起来的收入用之于民，形成村庄发展基金和幸福院支出、老人免费体检费用、养老补贴、适学儿童补贴等村内福利。为提升村庄品质，实现精神共同富裕，投资 2000 万元建设美丽村居，建成乡村记忆馆，丰富了村民文娱生活，改善村居环境，真正实现了集体利益共享，推动村民迈向共同富裕。

第七章

重大区域发展战略引领的共同富裕实践

第一节　菏泽实践：在高质量发展中推进共同富裕

菏泽市，位于山东省西南部，辖七县两区和市经济开发区、菏泽高新区两个功能区，是一个农业大市，属于后发达地区。习近平总书记视察山东期间，明确要求山东不断改善人民生活、促进共同富裕，开创新时代社会主义现代化强省建设新局面。菏泽市牢记总书记嘱托，始终践行以人民为中心的发展思想，紧紧围绕重点产业、乡村振兴、城市功能、营商环境 4 个突破，艰苦奋斗、埋头苦干、砥砺前行，在高质量发展中探索共同富裕的菏泽路径。"十三五"期间，经济总量由全省第 13 位跃居全省第 8 位，前进了 5 个位次，增速全省第一。2021 年，菏泽市多项经济指标增速均居全省前列或超过全省平均水平，其中全体居民人均可支配收入、城乡居民人均可支配收入、"社零额"等 6 项指标增速均居全省首位，菏泽市成为山东省发展速度最快、综合实力提升最明显的地市之一，全面开创了"后来居上"的新局面。

新发展阶段，菏泽市面临新的发展机遇。一是鲁西新区建设拉开大幕。2021 年，菏泽鲁西新区成功纳入全省 4 个新区试点，率先完成规划并报省政府审批，于 2021 年 11 月 22 日正式获批。菏泽省级新区建设，对于贯彻落实黄河流域生态保护和高质量发展等重大国家战略、提升山东半岛城市群区域发展整体位势、引领区域协调发展战略具有重大促进作用。二是菏泽现代医药港强势崛起。截至2022年7月，菏泽现代医药港已签订40多个项目，总投资130亿元，一系列高水平产业项目的引入创造了菏泽市新的经济增长点。三是“惠菏保”防止群众因病返贫。没有年龄与职业限制，不用体检，有过病史的人群也能参保，可实现“一站式、两单制”理赔，有效解决了群众医药费负担，造福了广大百姓。四是淘宝村数量领跑全国。2021年淘宝村、淘宝镇名单中，菏泽市共有516个淘宝村、84个淘宝镇，分别占全省的64%和46%，数量均居全国地级市第1位，通过淘宝村产业链延伸带动48万余人就近就业。五是群众精神文化生活更加丰富。近年来，菏泽打造10多个品牌特色文化节，如菏泽国际牡丹文化旅游节、菏泽市农村文化艺术节、鲁西南鼓吹乐大赛、冬春文化惠民季等，增强群众的参与感和文化认同感，实现从“办文化”到“种文化”的转变。六是凝心聚力打赢脱贫攻坚战。脱贫攻坚战实施以来，菏泽170.15万人全部脱贫，855个省定扶贫工作重点村全部出列，59.1万脱贫享受政策人员和0.26万即时帮扶人员全部落实医保扶贫政策，贫困户年人均纯收入由2015年的2747元增长到2020年的7580元，历史性解决了绝对贫困问题，稳步迈向共同富裕的道路。

一、基础设施建设助推区域经济腾飞

（一）健全城际立体交通体系，实现区域联通

菏泽市坚持把抓好综合交通运输工作作为推动高质量发展的重要任务，畅通发展血脉，大力推进机场、高铁、高速、航道等重大交通设施项目建设运营，打造“空、铁、公、水”健全的立体交通体系。2021年4月，牡丹机场正式通航，连接了北京、上海、广州等14个国内热门城市。“十四五”期间，启动牡丹机场二期扩建工程，积极推进空港

经济区建设，增加通用航空设施，拓展业务范围。鲁兰高铁曲阜至菏泽至庄寨段已于 2021 年 12 月成功投入运营，雄商高铁与鲁南高铁并行段 18.4 公里平行段已开工建设，物流园区、港区、大型企业等货运铁路专用线建设加快。菏宝、德上、枣菏等高速菏泽段相继建成。“十四五”期间，将建成“四纵四横二连”的高速公路网，实现与周边城市的高速公路直达。新万福河航道一期已完成交工验收，具备通航条件，新万福河巨野港万丰作业区已建成并开始试运营。港口集散系统的规划建设将有效提高港口货物的中转能力和效率，提高运输服务质量。区域交通互联互通，为菏泽市插上了经济腾飞的翅膀，为助力经济高质量发展和奔向共同富裕之路注入了新动力。

（二）完善城区基础设施建设，提升宜居宜业环境

加快完善城区道路，积极打通、提升城区断头路和亟须改造道路，彻底治理占用、挖掘城市道路乱象。积极推进海绵城市和低碳城市建设，重塑河网纵横的水系格局，构建以郊野公园、综合性公园、特色主题公园、社区公园为主体的多层次、多类型城市公园体系，提升宜居环境品质。

菏泽市积极营造“政策最优、办电最快、服务最好”的“三最”电力营商环境，全力保障农村电力安全。国网东明县供电公司争当黄河滩区“战贫”的电力先行官，针对当地扶贫产业发展现状，为滩区群众定制了多种便捷高效的优质服务，积极推进“五站五线”扶贫迁建和电网建设工作。大力推进引黄灌区农业节水工程，着力解决农业用水问题。合理制定田间节水规划，完善引黄灌区水闸、桥涵等配套设施建设，利用工程管理服务中心提高管理效率，在施工过程中重视生态保护与资源节约。同时，对农田灌溉用水实行计量收费，有效减少了水资源浪费。

二、重点优势产业筑牢共同富裕根基

菏泽市加快培育发展高新技术企业，大力引进优质项目，加快产业集聚发展和转型发展。聚焦生物医药和高端化工“两大核心产业”，注重科技创新，突出产业优势，加快打造以生物医药、高端化工为核心的“231”特色产业体系，提升产业竞争力，促进全产业链高质量发展。

（一）做大做强生物医药产业链

在生物医药方面，初步形成“一港四园、多点支撑”协同发展格局，按照“政府主导、市场化运作、企业化管理”思路，推行生物医药产业“链长制”，狠抓20个领航企业培育、20个重点项目建设，充分发挥优势互补、多点配合、特色鲜明、注重创新的优势，致力于将全市生物医药产业链做大做强。作为发展生物医药产业的龙头和主战场，截至2021年年底，菏泽现代医药港吸引了北京康辰、南京知和等31个国内外知名药企进驻，累计签订项目40个、总投资130亿元，2021年实现一般公共预算收入1.25亿元。在菏泽现代医药港带动下，全市着力打造涵盖创新孵化、成果转化、制剂制造、临床研究等环节的完整生物医药产业链，93家规模以上生物医药企业2021年实现营收600.1亿元，同比增长46.0%，总利润达110.5亿元，同比增长39.5%，发展动能越发强劲。

（二）推动化工产业转型升级

在高端化工方面，大力推进产业转型升级，加快炼化一体化步伐，实现整个产业链跨越式发展。东明石化从一家微不足道的“茶壶炼厂”发展成为国内民营炼化的领头羊，凭借强大的发展活力引领区域经济发展，加速形成鲁西南千亿级高端化工产业集群，在全市工业产业中发挥了中流砥柱作用，承担起高质量发展的责任。企业发展壮大后，不忘初心回馈社会，积极投身公益慈善事业，利用自身资金和资源优势，帮助困难群众解决实际问题，助力实现共同富裕。目前，东明县高端化工产业集群被纳入山东省“十强”产业“雁阵形”集群库，东明石化成为产业集群龙头企业，在山东民营企业中名列前茅、山东石化企业中排名第一，向“迈向世界500强”目标不断努力。

三、黄河滩区搬迁和老旧小区改造实现富民安居

（一）统筹滩区迁建，巩固脱贫攻坚成果

菏泽市作为全省黄河滩区居民迁建的主战场，结合国家政策和当地实际，走出了一条具有自身特色的迁建与扶贫之路。制定了较为完善的搬迁政策，出台了《山东省东明县黄河滩区居民迁建（村台工程）实施方案》《东明县黄河滩区村台安居工程建设农业产业扶贫发展规划》等文件，做好统筹规划与扶贫指导。实施灵活的居民安置措施，采取外迁安置、就地就近筑村台、旧村台改造提升等方式，在搬迁过程中充分考虑当地实际情况和村民意愿，降低施工过程中与村民发生纠纷的可能性，对村民的损失进行最大限度补偿。做好产业支撑，在滩区周围开发扶贫产业，打造具有滩区特色的现代绿色农业模式，实现高质量发展。目前，东明县把“一户一案”精准扶贫、“一村一品”产业扶贫、“一人一岗”就业扶贫“三个一”工程作为扶贫抓手，不断加大对滩区的经济政策倾斜和资金支持力度，帮助困难群众实现稳定增收。

（二）改造老旧小区，提升生活品质

老旧小区长期处于失修状态，存在诸多问题，已成为群众密切关注的热点难点问题。2021年菏泽市制定实施《菏泽市城镇老旧小区改造实施方案》，通过老旧小区改造，提高居民生活质量，满足人民群众的美好生活需求。计划到2025年改造老旧小区276个，实现由“脏乱差”

到"美净齐"的逆生长。一是着力解决基础设施老化问题，包括拆违拆临、安防、环卫、消防等内容。二是完善老旧小区功能，包括完善社区和物业用房、无障碍设施、加装电梯等内容。三是提升老旧小区生活品质，包括完善社区医疗、养老、托幼等内容。通过推进老旧小区改造，解居民之所需，在提高公共服务水平上下足功夫，不断提升居民居住品质，增强居民生活的幸福感和获得感。

四、聚焦薄弱区域实现城乡协调发展

（一）精准扶贫巩固脱贫攻坚成果

菏泽市一直是山东省脱贫攻坚的重要战场，经过多年不懈努力，总结出了一套行之有效的成功经验。一是实施"一户一案"精准扶贫。按照"一户一案、一人一法"精准策略，制定有针对性的帮扶措施。比如，为会理发的贫困户配置理发工具，为会摊煎饼的群众配置鏊子等。通过这种方式帮助贫困户用自己的劳动增加收入，实现精准脱贫。二是大力推进"一村一品"产业扶贫。依托不同村落地理位置和自然条件优势，打造"生态农业 + 高效加工业 + 观光旅游业"的发展模式，实现产业扶贫一体化运行，既提高了村民创业致富的积极性，又实现了一二三产融合发展。截至 2021 年 8 月，菏泽市"一村一品"示范镇已达 187 个，惠及困难群众 150 万人。三是扎实做好"一人一岗"就业扶贫。菏泽市首创"扶贫车间"模式，对因受教育程度低、劳动能力丧失或需要在家照顾老人和儿童无法外出务工的贫困人口，实施"一人一岗、送岗上门"服务，让贫困人口在家门口就能找到工作，既不耽误挣钱又能照顾家庭。截至 2021 年 8 月，菏泽市建成运营扶贫车间 3107 个，安置就业 38.1 万人，稳定脱贫 10.2 万人。四是创新推广"电商扶贫"模式，拓宽产业扶贫范围。创新实施"一条网线、一台电脑、一个网店"工程，利用"互联网 +"促进网络创业，带动百姓扶贫致富。五是建立动态监测和即时帮扶机制。通过农民自主申请、基层干部调查、部门筛选预警、信访信息处理等相结合方式，及时发现有返贫风险的贫困人口，开展不同层次、不同类别的有针对性的救助。2022年4月，已将认定的1219户即时帮扶人口全部纳入帮扶范围，确保在全面小康的路上不落下一个困难群众。

（二）全方位推动乡村振兴战略

促进共同富裕，最艰巨最繁重的任务在农村。产业振兴方面，通过牡丹产业的品牌效应，实现观赏、文化、旅游、产品、电商等形式一体化发展。如2021年，王桥村利用电商平台宣传销售牡丹，网上电商销售额达3.5亿元，带动周边2000多个村民就业。组织振兴方面，进一步加强以党组织为核心的农村基层组织建设，明确职责任务，完善沟通机制，改进工作作风，为群众解决实际问题。2020年，张武屯村投资40余万元建设组织场所，完善党群服务功能，在党支部的领导下，张武屯村实现了村庄由乱到治、由脏到美的转变。文化振兴方面，通过"乡村记忆"工程建设与保护、乡村记忆博物馆建设、曹州文化生态保护区建设、非遗传承体系建设等，丰富乡村文化生活，改善农民精神面貌，不断提高乡村社会文明水平，为乡村振兴"铸魂"。2021年8月，菏泽市已建成1480个省扶贫工作重点村综合性文化活动室和6个外迁社区综合性文化服务中心，省级以上非遗项目和传承人数量长期处于全国前列、全省第一。人才振兴方面，坚持"助、引、育"方针，建设一支结构合理、素质优良、能力突出、优势互补的乡村人才队伍，充分释放乡村人才活力，促进人才为振兴乡村服务。2021年，共完成农业经营主体带头人培训6420人、农业经理人培训370人、新型农民创业培训50人、农业领军人才188人、贫困村农民体育骨干612人，总计培训7640人。生态振兴方面，深入推进农村人居环境整治工作，加大农村"七改"和人居环境整治力度。"十三五"期间，东明县完成危房改造 3592 户、改厕 10.5 万户、“双替代”2.6 万户，新建改建农村公路 2900 公里，总里程和优良率居全市首位。

五、社会公共事业保障富民成效

就业方面，菏泽市坚持把就业作为保障民生的重中之重，通过社区就业广告牌等各种渠道广泛发布招聘信息，及时了解辖区内劳动力就业创业情况和企业缺工情况，开展有针对性的职业技能培训，全力以赴减轻负担、稳定岗位、扩大就业。2021 年，菏泽市城镇新增就业 7.34 万个，高校毕业生整体就业率达到 98% 以上。

财政方面，充分发挥财政金融协同实现“1+1>2”的作用，助力涉农中小微企业、农户便利获得信贷。推广“农耕贷”业务，切实提升种粮农户申请农担贷款的便利程度，最大限度满足种粮农户的生产资金需求。截至 2021 年年底，菏泽市年度新增“鲁担惠农贷”8776 户，金额 53.38 亿元，位居全省第一。

医疗卫生方面，利用国家医疗保障信息平台解决医保信息不统一、异地报销流程烦琐等问题，使居民更好地享受医保带来的便利和优惠，进一步提高生活幸福感。建立并完善农村地区 30 分钟重病救治圈、15 分钟健康服务圈，努力提高城乡医疗服务和管理均等化程度。截至 2021 年年底，全市 33 家公立医院与区域平台实现互联互通，41 家医院和 185 家乡镇卫生院全部完成与惠民平台对接。

社会保障方面，菏泽市落实全民参保计划，全面宣传社会保障政策，重点关注农民工、个体劳动者、灵活就业人员、新业态职工等群体，充分挖掘参保潜力，把更多符合条件的人员纳入参保范围。依托微信公众号向公众开放、展示社会救助信息，实现社会救助信息实时查询与社会救助事务的“阳光运行”。目前，对全市贫困人口的救助保障水平在 2020 年保障标准的基础上提高了 10%。

教育方面，按照全市“十四五”规划要求，提升城乡办学条件，根据学龄人口分布合理规划学校布局，满足义务教育公平普惠发展要求。按照城乡“一盘棋”思路，将优质教育资源流向农村薄弱学校，为乡村教育造血，缩小城乡师资力量差距，实现城乡教师队伍均衡发展。2021年，菏泽市新建改扩建中小学、幼儿园91所，招聘教师4076名。

第二节　枣庄道路：在产业强市战略下推进共同富裕

在山东省南部、苏鲁交会处，有一座拥有着丰富底蕴的历史名城，它就是枣庄。这里曾是有名的抗日根据地，举世闻名的台儿庄大战、铁道游击队都爆发在此地。这片沃土也滋养出了众多的光辉人物，如凿壁偷光的匡衡、提倡兼爱理论的墨子、威震四方的著名抗日将军杨斯德等。丰富的历史文化资源已成为助力城市发展不可或缺的基石。枣庄市曾是中国重要的煤炭基地，过去的枣庄，将城市发展建立在资源开采和加工的基础上，产业模式单一，但随着资源的逐渐匮乏，枣庄市的经济发展也开始停滞不前。2021年，中央财经委员会第十次会议召开，在研究扎实促进共同富裕时习近平总书记指出，共同富裕是社会主义的本质要求，是中国式现代化的重要特征，要坚持以人民为中心的发展思想，在高质量发展中促进共同富裕。基于中央经济发展目标和任务，枣庄市提出了要坚定不移走“工业强市、产业兴市”之路，向着共同富裕不断迈进。2021年，枣庄市大力实施“工业强市、产业兴市”战略，全力构建“6+3”现代产业体系，扎实推进3年攻坚突破行动，经济高质量发展取得新进展。

一、现代化工业强市构筑共同富裕的经济基础

“因煤而竭、矿竭城衰”曾是枣庄市的历史标签。随着煤炭资源的

濒临枯竭，转型发展已经成为枣庄市必须回答的时代课题。经过深入研究、反复论证，近年来，枣庄市决定把锂电作为产业转型的重点，突出锂电新能源产业发展优势，通过做大做强锂电产业，推动新能源替代传统能源，地上能源代替地下能源，绿色能源代替“黑色”能源。作为全省第4个省直辖地级市的枣庄，其工业所带来的经济发展曾一直是枣庄人的骄傲。然而，随着煤炭资源的日益枯竭，枣庄被迫放缓了工业发展的步伐。但同时，枣庄也是一座有着140多年近现代工业文明的城市，“工业基因”深深根植于枣庄大地，如血脉般融入每一个枣庄人心中。当下的枣庄，工业仍然是经济社会高质量发展的坚强支撑。枣庄市大力实施“工业强市、产业兴市”战略，尤其是在近几年新旧动能转化之路上，枣庄虽历经转型阵痛，但始终一步一个脚印，在产业与工业发展方面取得了长足进展。

（一）培育“6+3”现代工业产业体系

工业强则城市强，产业活则城市活。枣庄为此提出了建设现代化强市必须先强工业的战略。为了重塑工业昔日辉煌，枣庄于2021年3月打响“工业强市、产业兴市”的第一轮攻坚战。在此基础上，枣庄提出培育壮大“6+3”现代产业体系，即高端装备、高端化工、新材料、新能源、新医药、新一代信息技术6大先进制造业以及高质高效农业、新型商贸物流业、特色文旅康养业，力争通过攻坚突破行动，据了解，2021年枣庄全市高新技术产业产值占规上工业总产值比重达到42.6%，较2016年提高20个百分点；5年共关闭煤矿7处、退出产能292万吨，压减焦化产能200万吨，万元GDP能耗累计下降21.3个百分点，为培育壮大煤炭接续替代产业腾出了空间。值得一提的是，在新旧动能转换大环境中，在枣庄“工业强市、产业兴市”战略扶持下，枣庄已然形成了一批批以锂电为代表的特色产业、以机床及矿山装备智能制造产业集群为代表的新兴集群，以及以“6+3”为代表的现代产业体系。在积蓄了老工业基地破茧成蝶的强劲动能后，枣庄腾飞之势清晰可见。

（二）优化营商环境“双 20 条”

枣庄产业得以迅速铺开同样离不开营商环境的强劲助力。枣庄市出台颁布了一系列政策、营商环境“双 20 条”，建立了综合协调推进机制，针对重点难点问题实行市区联动、提级办理、顶格协调。“枣惠达”服务平台实现奖补政策免申即享、即申即办，企业和群众办事越来越方便。在枣庄聚焦营商环境过程中，尤为值得关注的是，吉利欣旺达动力电池项目。该项目落地之初投资已达 50 亿元，据了解，该项目从对接洽谈到签约落地仅用 3 个月时间，其落地速度之快、效率之高无疑是对枣庄营商环境之优越的关键力证。而风驰电掣的“枣庄速度”背后，是枣庄不断改善营商环境的坚持。2021 年，枣庄市深入实施优化营商环境创新突破行动，认真落实 1 个实施方案及配套 20 条政策措施，健全重大项目领导帮包和部门会商机制。2021 年枣庄市共有 111 个项目纳入省级重点项目库，入库数量和投资规模均实现了历史性突破。

（三）开展区域对口帮包

完善专员帮包机制，开展区域对口帮包，打造项目服务金招牌。枣庄市完善市级领导帮包机制，包市、包区、包企业、帮到位、包到底。优化考核评价机制，对重点项目进展情况实行“亮屏”和媒体定期双公开，一月一通报、一季一考核、一年一观摩。将“快就是大局”意识贯穿项目建设全过程、各环节形成市级专业带头抓、县级干部重点抓、职能部门具体抓的“专员帮包”机制，努力推动项目早开工、早投产、早达效。攻坚突破行动打通了枣庄人骨子里的工业血脉，点燃了枣庄曾经工业颠覆城市的梦想，为此，全市上下心念一致，枣庄工业化发展正如火如荼地进行中，市直 78 个部门单位帮包 78 个省级重点项目，每个部门抽调一名县级干部实时跟进项目，跳出纸上谈兵的局限，俯身下一线找寻项目建设中的痛点难点，及时化解项目建设中存在的困难问题。项目专员及时向上反映情况，针对不同问题，市级上属领导每月至少一次下沉对企业项目进行考察，深入了解掌握所帮包的产业发展现状，结合供给侧结构性改革和全市新旧动能转换工作部署，促进特色优势产业进一步高质量发展。

（四）共建科技创新平台项目

作为枣庄市本地的最高学府的枣庄学院，拥有杰出教授、青年教授、优秀学子等各类人才，是枣庄当之无愧的“人才库、科技库、思想库”，通过面上拓宽、线上深化、点上突破，建立完善的服务机制，搭建广阔的服务平台，打造一流的服务队伍，广泛推动政校企全面互动，聚焦政产学研深度融合，校企共建一批科技创新服务平台、现代化智库、高水平人才储备中心和科技成果转化平台，为推动枣庄学院科学技术创新注入源源不断的动力，为枣庄“6+3”现代产业体系增添“智慧”色彩，以卓有成效的社会服务反哺人才培养，推动科学进步，深化技术创新。据统计，2021 年上半年，枣庄市依靠校企的创新科技平台梳理解决项目建设难点堵点问题 38 个。2021 年一季度，省市级项目由点及面，省级重点项目开工 65 个，市级重点项目开工 77 个，累计完成投资 119.5 亿元，固定资产投资同比增长 13.4%。

二、集体产权改革深化乡村共同富裕

（一）产权流转，盘活资产

枣庄市借助国家农村改革试验区的优势，通过建立农村产权流转交易平台等措施，加快撬动、盘活农村资产资源。2020 年 11 月，枣庄市在全省率先成立第一个市级农村产权交易平台，到 2021 年 7 月初，又率先整建制建成市、区（市）、镇街、村“四级”农村产权交易服务体系。农村产权交易机构设立、服务板块创新、运行模式探索等方面均走在全省前列，打造了全省农村产权交易工作的“枣庄模式”。历经一年的试验，农村产权交易平台成为破解深化农村集体产权制度改革难题的有力探索和生动案例。枣庄市加强交易体系顶层设计，逐步完善农村产权交易平台组织架构和运营模式。作为国家农村改革试验区，枣庄市具有农村改革的优良基因和传承。早在 2005 年，在全国创建了首个农村土地流转有形市场，并相继在全市搭建了农村土地流转市场平台体系，在农村产权交易体系建设方面有探索、有经验。现阶段，枣庄市紧紧围绕农村产权交易服务的性质定位和现实需求，在“政府主导、市场化运作、服务三农”的框架下，确立了全市农村产权交易市场市、区（市）、镇（街）、村“四级共建”的组织架构和“市场 + 公益”“六统一”的运行模式。同时，结合枣庄市实际，积极拓展服务范围，设立了“七平台一基金”的服务板块，构建了符合枣庄市实际、服务全面、功能强大、独具枣庄特色的农村产权交易运行新机制。

（二）清产核资，壮大村集体经济实力

2020 年 10 月底，枣庄市全面完成农村集体产权制度改革工作。农村数量庞大的资产资源，为发展农村集体经济，促进乡村振兴，实现农民共同富裕提供了重要的物质基础。2021 年 7 月，枣庄市委出台《枣庄市村级集体经济发展三年强村计划（2021—2023 年）》及 4 个相关配套办法，明确提出要加强与银行、保险、政策性担保等机构的联合与协作，尽快研究制定与农村产权交易相匹配的信贷、保险产品，探索建立“政策性担保 + 农村产权抵押担保”双担保运行模式，为开展农村产权交易抵押担保业务奠定基础。2021 年 8 月以来，枣庄市委组织部、市农业农村局联合在全市范围内开展了农村集体“三资”摸底清理工作，对私自侵占、不合理发包的集体资产进行规范或回收后重新发包，切实发挥集体资产的最大效益，加强农村闲置资产资源公开竞拍。在农村集体“三资”清理规范特别是闲置资源资产盘活利用工作中，及时在农村产权交易平台发布农村资产资源出租（转包）等各类信息，通过公开竞争的形式承包经营，提高农村资源配置和利用效率。围绕“资源变资产”“资产变资金”健全农村产权交易体系，多方面提高农村土地流转率，探寻各方资源经济活力，提高全要素生产率，积极拓展农民财产性收入渠道，从源头提高农民生活水平，促进乡村振兴之路稳中向好发展，实现全面共同富裕。

三、街村共创的共同富裕路径

（一）一村一厂，共创镇街产业园区

在实现共同富裕的道路上，枣庄市本着高质量发展的初心，创新探究共同富裕新路径，创办“街村共创，一村一厂”经济发展新模式。“街村共创、一村一厂”以群众共同富裕为宗旨，以减轻中小企业包袱、发展中小企业为引擎，通过“区级引导、镇村主导、群众共享”的方式，合理利用闲置资源，由街、村合资共建特色产业园区，以工业发展为基础，推动工业进步，同时以产业反哺农业，探索城镇经济与社会创新发展的新型管理模式。山东兴晟街村共创产业园就是其中典型的代表。高新区为破解当前镇域经济破局难、中小企业发展壮大难、村级收入增幅提高难的困局，通过率先探索实施的“街村共创、一村一厂”创业合作示范行动，成功创立了全省首个街村对外合作共建的特色工业园区——山东兴晟街村共创产业园。

据了解，山东兴晟街村共创产业园由兴城街道和街道下辖的井字峪村、南石东村、蒋庄村 3 个村庄，投资 1.2 亿元共同建设。产业园实现“街带村、强村带弱村”的经营管理模式，强村以资本入股，弱村（缺少资金、发展较弱）则以劳动力、土地入股，通过精准施策，实现了街

镇的联动发展。园区内首期计划建造用于产业配套、厂房租赁、综合服务等的标准化厂房4万平方米。初创企业早期面临众多的困难，其中最大的难题就是投资资金不足，为解决这一难题，园区建设植入“共享经济”式配套服务的运营模式，入园企业统一共享金融、会议、办公、物流、税务等非生产类服务配套，真正实现“拎包入住”式创业，让企业把有限的资金用于生产和销售，轻装上阵，聚力发展。

（二）服务打包，健全产业链条

促进产业优化升级，完善产业链激发经济新动力，是枣庄市经济高质量发展的重点。在山东兴晟街村共创产业园的新入园公司筛选上，园区有自己独特的标准，并不一味追求知名企业，而是高度强调公司间的产品合作以及业务配合，一家企业所生产的产品，往往是隔壁企业所需要的产品供应零配件，企业间的业务相互合作、产品相互配套，环环相扣，从而降低中小企业的原料供应以及运输成本，更大程度地实现企业间的大配套。为进一步扶持园区产业建设，高新区颁布了很多有利于园区发展的创新政策和举措，创建枣庄高新区免税示范区，园区产生的地方级税收全部反哺用于园区建设、管理、服务运营，以此调动镇村及入园企业的发展积极性；同时，积极创新优化营商环境，在园区中植入政府服务，为入园企业量身定做政策、资金、科技等全方位的服务，整合各方可利用的资源、为企业打包各项服务、构建完善的产业一体化链条，全力解决单个中小企业想做而做不了的事，最大限度扫清企业发展的一切可能障碍。

（三）持股分红，确保利益共享

园区创办之时，其最初的目的就是推动经济高质量发展，为此，枣庄高新区全体人员始终坚守本心，在脚踏实地的行动中不断推动园区全面发展。为了促进产业园区的高质量发展，园区街村共同出资创立了山东兴晟街村共创产业发展有限公司，该公司全权负责园区的创办、经营管理及收益分配。在利益分红方面，一方面，各入股村不参与园区的经营管理，享受经营收益股权分红，以出资比例为基础分化股权，按照持股比例进行分红。另一方面，各入股村还可以享受到资产处置收益分红带来的福利，在建园初期，兴晟公司会拿出园区总资产的10%—15%来作为入股村的资产处置收益分红，以确保村集体资产不受损为最低标准，进一步增强入股村及全体村民对园区发展的信心。据保守测算，园区年可实现地方级税收2400万元、年获利厂房租金520万元、综合服务收益每年100万元。不论是出资入股还是以劳动、技术等入股，各种方式都会使村民的钱包鼓起来，最终才会使村庄的集体资产日益增加。村庄的发展，必须以足够的投资为基础，只有村庄富起来，村子才有无限的发展可能，才能更大限度地造福本村百姓。

第八章

全面推进乡村振兴的共同富裕实践

第一节　中郝峪模式：发展新型集体经济推进乡村振兴

中郝峪村地处鲁山山脉东部支脉，位于山东省淄博市博山区东南部的池上镇，全村占地面积 2800 亩，截至 2021 年年底，共有村民 112 户，360 人。村庄属于纯山区村，发展中先后出现村集体经济薄弱、产业规模小层次低、乡村治理水平不高等诸多问题，曾经是人均年收入不足 2000 元的贫困村。2003 年以来，中郝峪村牢固树立绿水青山就是金山银山理念，以党的建设为统领积极推进乡村振兴战略，依托先天自然资源优势发展乡村旅游，探索出以发展新型集体经济推进乡村振兴实现共同富裕的“郝峪模式”。2021 年，全村综合性收入达到 3900 万元，人均年收入超过 4.5 万元，全村每户存款超过 10 万元，先后被国家文化和旅游部、省农业农村厅作为典型案例推广，获得“全国先进基层党组织”“全国休闲农业和乡村旅游示范点”“中国乡村旅游模范村”“全国森林康养示范建设基地”“全国农村创业创新园区”“第一批全国乡村旅游重点村”“山东省先进基层党组织”“山东省首批中小学生研学实践教育基地”等荣誉称号。全国扶贫改革试验区工作现场会、山东全省巾帼旅游现场规划论证会、山东全省文化旅游脱贫现场会亦专门观摩中郝峪村。

一、以农村集体产权制度改革为主体，夯实共富基石

（一）盘活村庄资产，实施股份制改造

中郝峪村遵循入股自愿、投资自愿的原则，对全村资产进行股份制改造，设计并实施了“全体村民股份制”的新型农村集体经济发展模式。由村“两委”和村民推选评估小组，对所有自愿参与乡村旅游发展的村民的固有资产以及具有价值的其他资源（如劳动力、农林果园、闲置房屋等）进行评估、折现入股[①]，同时对村集体固定资产、公益性资产以及土地经营权、承包山经营权等资产进行全面清查和评估。中郝峪村“全体村民股份制”的股份主要由村民股、集体股和福利股三部分构成。其中，村民股占78%，包括村民自愿评估折现和现金入股的宅基地、房屋、山林、耕地及地上附着物；集体股占18%，用于全体村民平均分红和公司未来发展；福利股占4%，主要用于老年人福利发放。股民不得退股，持股可在股东之间自由转让，可指定继承人继承；股民享有董事会的选举权和被选举权，并享受集体资产收益、分红。公司与农户利益联结机制的构建，充分调动了村民的内生动力，丰富了村民的收入来源，进一步实现了共同富裕。通过实施股份制改造，将全村资源进行全面整合，真正实现了“资源变资本、资本变股金、农民变股民”，全村齐心合力做农业和旅游业的新型农村发展模式也切实发挥了“1+1>2”的效应。目前，经过3次扩股，全村360名村民已全部入股，全村总资产达到了2.1亿元。

（二）成立专业团队，实施公司化运营

2012年，中郝峪村正式成立“幽幽谷旅游开发公司”，坚持“以农

① 王德刚、孙平：《农民股份制新型集体经济模式研究——基于乡村旅游典型案例的剖析》，《山东大学学报（哲学社会科学版）》2021年第1期。

民为主体、让农民共同致富”的理念，创新实施了“公司运作＋单体承包＋村民入股”的综合性发展模式。具体来看，首先，由公司负责全村所有旅游项目的开发和运营，游客接待、价格制定和项目分配等均由公司统一安排，所有收入每天公开，杜绝了业户之间竞相压价等恶性竞争行为。其次，公司运营的所有项目，全部由相关业户承包，并严格按照统一制定的价格和经营标准负责搞好接待、服务等工作，业户应对游客的安全、卫生负全部责任。同时，中郝峪村打造了一支对外推广的专业运营团队，积极“走出去”，推介运营“郝峪模式”，先后为山东、内蒙古、重庆、河北等地 30 余个区县进行输出辅导，规划打造休闲农业和乡村旅游项目，运营团队直接收入 500 余万元。

（三）创新四轮分配，实现利益共享

为减少贫富差距和实现合理分配，中郝峪村创新性地实施 4 轮分配，实现全体村民利益共享。第一轮分配是按劳分配，多劳多得，公平公正。一是经营分成，主要指公司根据财务部门的账面记录，将参与经营农户的接待收入五五分成；二是工资性收入，主要指依靠自己的劳动能力获取收入，在中郝峪村“自己经营、自己服务”制度下，农户需要自己负责自家农家乐的经营与服务，公司则负责根据经营业绩发放工资。此外，公司会根据岗位及其数量需要，以竞争上岗形式，雇用部分未参与经营的农户以提供日常服务。第二轮分配是按股分配，股份分红惠及中郝峪村集体和全体村民。在全民入股模式下，入股形式包括村民资金、土地、房屋、山林、劳动力以及集体资产入股[①]。第三轮即向中郝峪村全体村民发放合作医疗、养老保险、村民食堂等社会福利，通过提前把经营性收入转化为成本来降低利润进而缩小差距。另外，每逢节假

① 徐凤增、林亚楠、王晨光：《社会创业对乡村旅游利益分配模式的影响机理研究——以山东省中郝峪村为例》，《民俗研究》2019 年第 5 期。

日，公司会组织统一采购、统一发放米面粮油等生活性福利，保证每一户村民都能享受到满意的分配。此外，村内修建了公共大食堂，每天免费为所有村民提供一日三餐。第四轮分配是资源共享权收入，指经过董事会、监事会和村“两委”商议后，每年村集体及公司都会预留部分资金，进行村内养老院、卫生室、妇女儿童活动中心等公共设施的维护与新建，使村民成为实际获益人的同时壮大了集体资产。层层分配，合情合理合法，使中郝峪村不仅缩小了贫富差距，提高了居民的积极性和幸福感，更让共同富裕成为良性循环。

二、以乡村产业和美丽乡村建设为重点，实现富民惠农

（一）抓好乡村产业振兴，助推产业富农

因地制宜，全方位规划旅游体系。以康养为主题，中郝峪村投资400万元建设各类康养住宅32户，配套康养休闲、无障碍老年活动中心等设施，并增添医疗服务、休养康复、农耕体验等服务功能，以提供全方位养老休闲居住服务。同时，回收闲置房屋60余户，投资1880余万元进行改造翻新，打造特色乡村民宿群，以创建星级农家乐为抓手，规范农家乐经营服务，参照山东省文化和旅游厅制定的《农家乐卫生安全标准》，对全村农家乐进行统一管理，规范建设农家乐103户，其中25家被评为4星级或5星级农家乐，打造了一条“吃住游一体化”的乡村休闲旅游产业链。

强化体验，打造特色旅游载体。中郝峪村挖掘集合陶艺、木工、泥瓦匠、藤编、木版画等当地特色民俗类展品，建设了8家传统民俗手工坊。同时，利用大碗茶、煎饼、糕面、豆腐等乡间美食，建设了8家传统特色美食坊，邀请民间手艺人现场展示，让游客亲手体验制作。通过改造贫困户闲置的柴房、晾晒场、羊圈等资源，开设了明天邮局、真人CS、幽幽谷农场牧场等40余项体验式旅游项目。体验式旅游项目的组

合打包和逐年更新，既满足了游客的多样化情感需求，又拓展了新的利润增长点。

沿链聚合，拉长做厚产业链。中郝峪村以乡村旅游产业为基础，向产业链上下游延伸，着力推动三产融合，增加旅游产业附加值。首先，聘请山东大学旅游专家团队进行全面规划辅导，借助农家乐和特色体验项目推出研学游、拓展游等定制化行程，在提高经济效益的同时提升了旅游产业竞争力。其次，对板栗、桃花等特色农产品进行深加工，制作“大栗丸”“桃花面膜”“西施伴侣”等产品，延长了产业链，提升了价值链，并得到游客朋友的广泛青睐。

（二）抓好美丽乡村建设，助推生态惠民

注重生态治理和修复。中郝峪村严格划定生态保护、基本农田、旅游开发边界三条红线，实施森林抚育工程，组织村民修剪树枝、清理杂草、抚育森林 1000 余亩；建设污水管网 1.22 万米，拆除河边饭店 13 家，并对 2.7 万平方米的河道、8000 立方米的河岸、1.8 万平方米的两岸生态进行提升优化；建立村民大食堂所有村民免费三餐，全村实行电代煤清洁能源，减轻了家家开火对环境的影响，努力实现“村庄更宜居、环境更优美、产业更富民”效应。以上举措，不仅帮助全村生态致富，更提高了村民对保护生态环境重要性的认识，有助于进一步实现经济效益、社会效益和生态效益的有机统一。

注重人居环境质量提升。以深入推进全省第一批美丽乡村建设试点为契机，中郝峪村投资 280 余万元实施“空心村”、旧村改造工程，高标准修建志公坪景区专项旅游线路，投资 50 余万元修建 4 公里生产路并安装护栏，投资 600 多万元对全村道路进行全面硬化、安装路灯，道路两侧设立了具有村庄地方特色的标识牌，建设了 5000 余平方米的生态停车场，显著提升了村庄的人居环境和美丽乡村的建设水平。同时，大力推进“厕所革命”“污水革命”，全面普及农户家庭水冲式厕所，

建设集中式污水处理设施，敷设污水管网 12.2 公里，将生活污水全部进行处理，处理后的中水用于绿化和苗圃灌溉。其中，旱厕改造模式曾在全省农村改厕规范升级和后续管护长效机制工作现场会议上作为典型范例进行推介。

注重打造特色风貌景观。中郝峪村注重挖掘村庄乡土气息，通过最大限度地保留古树、旧宅、石墙等原始风貌，打造了独具北方农家特色的乡村景观。实施山岭绿化、村居亮化工程，在进村景观路两侧的山岭上栽植了白玉兰、华山松、樱花、水杉等众多观赏性树种，进村马路、村内街道、河道两侧、住宅之间等区域全部实现绿化，全面提升了村庄的绿化水平。投资 95 万元开展小流域治理，层层修建小塘坝、种植荷花、投放鱼苗，形成了一坝一景的优美景观。

三、以党建引领、乡村治理和人才支撑为保障，构建共富机制

（一）强化党建引领的组织保障

选好配强“领头雁”。乡村振兴的关键在带头人，选好一个人就能改变一个村。2003 年，在外经商的赵东强通过选举进入村“两委”班子后，准确把握村内生态环境优势，提出了打造农家乐、发展乡村旅游的脱贫强村思路。为打消村民顾虑，多次组织村“两委”党员和群众到潍坊、临沂市等地学习开发农家乐的经验，并带领党支部成员和党员先行先试，由村“两委”凑了 1 万元钱，带动 5 户村民办起农家乐，仅摸索经营一年就回本盈利。同时，围绕乡村旅游业发展制定和完善村规民约，将柴草堆、粪堆、砂石堆清理以及严禁各类影响村民正常生活秩序的行为等条目纳入其中，奖惩结合，不断改进。

强化党支部领导核心作用。乡村党组织不仅是领导好、组织好、治理好乡村的根本性保证，也是协调好、发展好、振兴好乡村的制度性保

障。在推进乡村产业振兴过程中，中郝峪村坚持党支部在乡村振兴中的领导地位与主导地位，确定了党支部领导、公司化运营的管理机制。成立旅游开发公司后，公司内重大事项全部由村“两委”成员决议。通过健全村民议事、办事和监事等管理制度，积极协调村委会、股份公司和股民间关系，全面提升了党支部的群众威信和影响力。民主科学的村务管理和村务公开，更加坚定了中郝峪村加快发展的信心和决心，为村级党组织的科学化建设奠定了深厚的群众基础。

发挥党员先锋模范作用。为充分发挥党员的先锋模范带头作用，中郝峪村进一步完善村民参与公司管理的制度，对全村 19 位党员进行定岗定责，党员干部自身的工作与公司收入、个人分红直接挂钩。这一制度，不仅调动了党员干部干事创业、带领村民实现脱贫致富的积极性，更充分激发了村民参与村庄事务管理、参与村庄经济发展的积极性、主动性。作为群众的核心和中坚分子，中郝峪村党员干部充分发挥骨干、带头和桥梁作用，处处以身作则，热情帮助村民解决生活问题和困难，充分发挥了党员的先锋模范作用。

（二）强化乡村治理的制度保障

突出发挥规划引领作用。中郝峪村分别聘请山东大学和山东建勘集团专家，编制《中郝峪村庄发展规划》《博山区池上镇中郝峪村美丽村居设计方案》，并通过了山东省住建厅评审。由幽幽谷旅游开发有限公司负责方案的施工建设和管理运营，按照“以人为本、村民参与、生态优先、因地制宜、经济适用、节能低碳、地域传承、特色多样”的设计原则，从地理区位、社会经济、资源条件等方面进行了全面分析，并对村庄建筑、基础设施、村庄产业等内容提出了指导意见。

塑造文明乡风新风尚。中郝峪村坚持把移风易俗列入美丽乡村建设，围绕“文明节俭、群众满意”的目标，积极开展乡村文明行动，由村“两委”成员组成红白理事会，从服务规范、礼金标准等 7 个方面对婚丧嫁娶事务进行规范管理，倡导全村实行“婚事新办，丧事简办，喜事小办”，坚定不移破陋习、树新风。制定《中郝峪村村规民约》，涵盖了村风民俗、孝老爱亲、邻里关系、环境卫生等 8 条与生活息息相关的内容，村民人手一份随时对照学习，实现了村规民约制度化、村民行为自觉化，进一步提升了农民精神风貌，提高了乡村社会文明程度，铸造了乡村振兴之“魂”。

筑牢乡村思想文化阵地。乡村文化建设中，中郝峪村以基层干部和老党员为核心，充分发挥社会主义核心价值观的引领作用，坚持推行“教育引导、实践养成、制度保障”三大举措，涌现了一批劳模和模范村民，精神文明建设成效显著。投资 500 余万元建设了中郝峪村文化大院，内设图书馆、书画室、棋牌室等文化空间。依托文化大院开设党的理论学习课堂，定期组织村民学习党的理论政策，大力弘扬民族精神和时代精神，筑牢乡村意识形态高地。

（三）强化人才汇聚的智力保障

吸引返乡青年创业创新。中郝峪村每年专门设立 300 万元的人才创业启动资金，鼓励各行各业的人才返乡创业，全力打造农村青年创业创新园区。对优秀项目，只要符合村庄的规划并经村“两委”、党员、村民代表表决通过，就可以获得 300 万元创业基金用于创意项目的落地。项目开始盈利后，10% 的收益归项目提出者所有。进入公司的返乡创业人才，每个月能够得到 1500 元的额外保底收入，同时享受村民福利待遇。目前，幽幽谷公司管理团队有 53 人，平均年龄 26 周岁，大多是返乡大学生、退伍军人和返乡创业青年。

大力培育新型职业农民。在做好人才招引的同时，中郝峪村进一步加强职业农民的培训力度，每年避开农忙时间，定期组织周边农民进行新型职业农民培训和外出学习考察，并聘请专家对学员进行授课，培训内容涵盖农作物经济作物种植技术、管理培育技术、乡村旅游培训、农家乐服务培训等方面。中郝峪村新型农民培训效果明显，截至目前，通过培训能够回乡上岗开展乡村旅游产业工作的团队就有 20 余个、近 200 人。

第二节　代村经验：打造乡村共同体，推进乡村振兴

代村位于山东省兰陵县，村域面积 3.6 平方公里，经营土地 1 万亩，现有人口 1300 余户、4100 余人。1999 年以来，在村党支部书记王传喜的带领下，代村坚持以建设生态、和谐家园为目标，实施以农为本、以农促工、以工补农、搞活商贸的发展策略，推进农工贸一体，实现了一二三产融合发展，先后发展壮大了现代农业、乡村旅游、商贸物流、建筑装饰、教育培训、医疗康养、节会展览等产业，创造性探索出“依靠发展壮大村集体经济，鼓励支持村民自主创业就业，打造乡村共同体，实现共同富裕”的新型集体化模式。2021 年，村集体各业总产值 38 亿元、村集体纯收入 1.6 亿元、村民年人均纯收入 7.2 万元，实现了“幼有早育、学有优教、劳有多得、病有良医、老有颐养、住有宜居、弱有善扶”的民生目标。代村累计带动周边 12 个村、2.6 万余农民创业就业，辐射帮助 200 多个村、1 万多个贫困户脱贫致富，实现了由贫困村向富裕村再向振兴村的蝶变。发展过程中，代村先后获得“全国文明村”“全国乡村治理示范村”“全国民主法治示范村”“全国敬老模范村居”“全国乡村旅游重点村”“中国美丽乡村”“中国乡村旅游模范村”“国家 AAAA 级旅游景区”“全国休闲农业与乡村旅游五星级企业”“山东省先进基层党组织”“山东省干事创业好班子”“山东省文明村镇”“平安山东建设先进单位”“好客山东最美乡村”等荣誉称号。村党委书记王传喜也先后被授予“最美奋斗者”“全国优秀共产党员”“全国劳动模范”“时代楷模”“全国脱贫攻坚先进个人”等荣誉称号。

一、整合跨村要素，实现资源共用

（一）整合土地资源，规模化流转

代村毗邻城区，丰富的土地资源是代村最大的资源优势，但存在人地不均、零散经营等问题。同时，为保护村里的土地不被城镇化淹没，并能够为老百姓"生金流银"，代村坚持"不转让一寸土地、不破坏一分耕地、不乱划一户宅基地"的原则，积极稳妥地推进了土地流转、整理与开发进程（见图 8-1）。2002 年，村"两委"按照依法、自愿、有偿原则，带领村民以"返租倒包"和"公司＋农户"等形式流转了 2600 亩土地，并邀请省市专家依据代村毗邻城区的特点进行规划，在不同区域配建花卉园、果园、蔬菜园、良种示范园、农业观光园和全民健身乐园等"五园一带"，实行集体统一经营，走上了发展现代农业的道路。2005 年，村民以土地入股，代村土地全部实现集约经营。2007 年，代村与毗邻 5 个村的 2200 多家农户签订了土地流转协议，流转土地 7000 余亩，加上国营农场的 2 万亩土地，村里统一经营的土地达到了 3 万亩的规模。2012 年，代村成立现代农业示范园，创办了全国第一家"国家农业公园"，发展现代农业和乡村旅游，取得了显著的经济

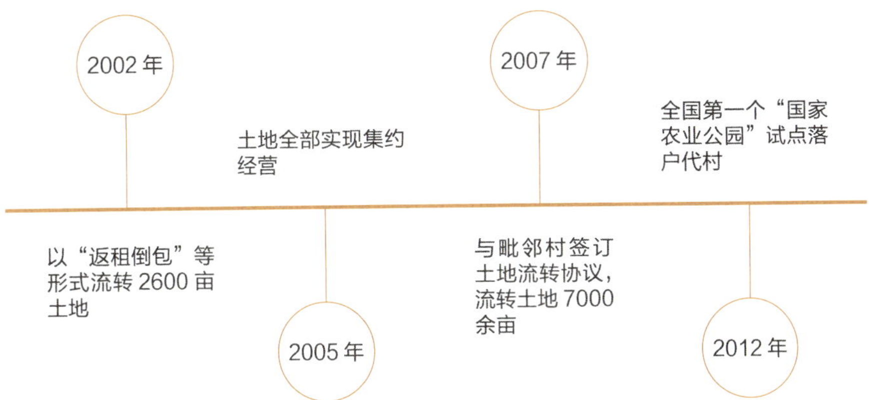

图 8-1　代村土地流转历程

效益、社会效益和生态效益。

在代村，明确坚持确权确股不确地，以保证每个村民的土地权利和收益，村集体的企业也是全民所有，每一个村民都有股份。代村农地的成功流转得益于独特的地理位置、良好的产业发展基础以及村委成员深厚的关农情怀，土地资源的集体经营、规模经营，为农业生产的园区化、集约化和现代化奠定了基础。

（二）统筹科学规划，市场化运营

代村坚持统筹集中管理，科学擘画蓝图，推进项目落地。2005年，代村实施《十年建成小康村的总体规划》，启动了旧村改造。2006年，委托中国农科院编制《山东省苍山现代农业示范园总体规划》，实施了综合开发。2012年，委托山东省旅游规划设计院编制完成《兰陵国家农业公园旅游总体规划及重点项目控制性详细规划》，推动建设了全国首家农业公园。2018年，委托临沂大学资源环境学院编制《省级现代农业科技园和农高区总体规划》，推动代村形成了兰陵国家农业公园、全国一二三产融合示范园、全国农业创业园、省级现代农业示范园、省级农业科技园、省级农高区“五园一区”融合共建格局。此外，围绕打造齐鲁乡村振兴先行样板区，由复旦大学规划设计院编制完成的《兰陵田园新城规划》确立了以代村为中心的“一主五新”社区结构和“五区一带”产业结构，新城覆盖周围11个村庄，1个国营农场，总面积20平方公里，辐射带动2.6万农民。

实践表明，以市场化思维引导乡村建设，才能破解建设、运营“两张皮”的难题，最大限度放大乡村的价值。代村主动对接市场需求，积极发展旅游业、建筑装饰业、商贸流通业，相继成立了兰陵新天地旅游开发有限公司、新天地现代农业开发有限公司、新天地置业有限公司等；按照市场规律实行企业化运作，建立了一批农区、园区、景区，并通过分红、发放补助等形式反哺村民，实现了代村的可持续发展。

二、融合“农文旅”，推动产业共兴

（一）以国家农业公园为核心，推动“农文旅”产业融合

坚持以农为本，高质量发展现代农业，延伸农业功能，促进产业融合。2002 年，代村就规划建设了农业科技示范园，并吸引一批合作社、农业企业入驻园区。以转变生产结构为突破口，应用新品种、新设备、新技术，推广以越冬蔬菜为主的高效农业生产，建设了以观光采摘为主的果品基地、以花卉生产为主的花卉基地，使农业科技含量提高，土地产出效率明显增加，现代农业发展有了雏形。以农业示范园为基础，代村开始开发农业观光游，建设了农田景观、竹林水岸、荷花湿地等自然风景，并利用沂蒙红色旅游和优质农产品资源优势，打造了建党主题展览馆、幸福家园等一系列展馆。同时，运用农业新技术，建设了农业科技馆、华夏菜园等一批集景观与技术推广于一体的室内场馆，开展农业科技互动、农事体验、休闲采摘等休闲旅游活动。

自 2007 年开始，代村累计投资 20 亿元，规划建设了占地 2 万亩的全国第一家国家农业公园——兰陵国家农业公园，是山东省内规模最大的生态农业旅游庄园。建成占地 10 万平方米的智能化温室，融合临沂农展馆、辉煌中国馆、幸福家园馆、锦绣兰陵、兰香东方、华夏菜园、沂蒙山农耕博物馆、雨林王国、水上乐园、竹林水岸、沂蒙老街、荷兰风情园、百果采摘园、湿地公园、花海田园等室外自然景观和多种休闲游乐项目，建设了兰陵·中国知青村。兰陵国家农业公园具有现代农业示范、农耕采摘体验、民俗文化展示、休闲养生度假等多项功能，集中反映了兰陵蔬菜产业发展的特点、成就、国内外新优品种和现代农业科技成果应用，同时也展示了沂蒙农耕文化的悠久历史，为代村注入了更多的旅游、文化元素，实现了“农文旅”的一体化融合发展。2021 年，《“农文旅”三位一体构建乡村振兴共同体》入选世界案例。自兰陵国

家农业公园建成以来，平均每年接待游客100多万人（次），年旅游综合收入过亿元，已连续承办九届中国兰陵（苍山）国际蔬菜产业博览会。同时，该公园也是省委党校和市级党员的教育示范点，每年举办各类新型农民培训班200多期，培训党员近万人次。2021年以来，代村实施兰陵国家农业公园5A级景区创建行动，融合休闲农业、红色文化和田园风光，推广“田园特色小镇游”“乡村振兴文化游”“沂蒙老街古村游”等旅游主题，大力发展多彩农业和中医农业。同时，从容量和质量方面加强中国知青村研学游基地建设，进一步建设“印象代村”夜游经济集聚区，不断优化“农文旅”产业结构。

（二）以田园新城建设为龙头，推动大代村产业一体化

2018年，围绕打造全国乡村振兴先行样板区和共同富裕示范区目标，代村开始推进“田园新城”项目建设。项目以代村为中心，覆盖周边11个村庄（南小庄、北小庄、晒米城前、洼桥、后连厂、前连厂、大坊、小坊、弯槐树、石桥、苏庄）和1个国营农场，形成了“两轴两带、两心一环、多节点、多片区”的整体功能结构。“田园新城”总面积20平方公里，辐射带动2.6万余人，是以田园风光为特色、城乡融合为引导，集现代农业、商贸物流加工、休闲旅游、生态居住于一体的“亦城亦乡亦园，宜居宜业宜游”的农民之城。“田园新城”作为代村和周边11个村庄新的经济增长点和重要发展机遇，坚持“政府引导支持、园区搭建平台、市场化运作”的多元化机制，已入驻企业、科研单位20多家。2019年以来，代村着手建设农业企业园、印象代村、新农人培训中心3个项目，依托现有资源打造新的增长极。其中，“农业企业园”规划占地1万亩，计划总投资100亿元，按照“五区一带”总体布局，建设农产品精深加工区、农业装备制造区、智慧农业种植区、农业科技研发区、休闲农业观光区、农村电商物流区和大汶河观光带。园区依托兰陵县120万亩各类蔬菜年产500万吨的优势，突出利用平台化

思维、工业化理念大抓农业产业化发展，延伸农业产业链条，配套建有农村电商中心、总部办公、科技孵化、生活服务、标准化厂房等，现已完成投资 50 亿元，入园企业已有 20 余家；同时代村自主经营新天地食品，建设 8 条国内一流生产线，年生产加工各类蔬菜 20 万吨。“印象代村”位于兰陵国家农业公园东部，是代村乡村旅游业的重要组成部分，由兰陵新天地旅游开发有限公司建设，占地 200 亩，总投资 3 亿元，2020 年 1 月投入使用。建成的新天地礼宾楼、民俗区、村史馆、小吃区、百货区等 9 大功能区域总投资 2 亿元，规划占地 100 亩，已成为沂蒙老街的升级版，为繁荣夜间经济作了探索性尝试，形成了“成熟商业圈”“历史文化圈”“休闲娱乐圈”等分区。该项目是兰陵县重点扶贫项目，与县域 11 个乡镇、227 个村庄、6593 户、11281 名贫困群众签订帮扶协议，帮扶 400 余名贫困户、低收入家庭创业，带动 1000 余人就业。“兰陵新农人培训中心”作为兰陵国家农业公园乡村振兴改造提升项目的重要组成部分，规划占地 200 亩，总投资 5 亿元，建有教学楼、综合楼、餐厅、学员公寓等，旨在培养造就一批懂农业、爱农村、爱农民的“三农”工作队伍和“有文化、懂技术、会经营”的新型职业农民。项目依托中央党校现场教学点、全国新型职业农民培育示范基地、国家级专家服务基地、中共山东省委党校农村发展教研基地、临沂市党性教育基地等资源优势，面向全国培训党员干部、农村各类实用人才、企业管理人才，承办各类大型会议，同时推广、展示农业高科技成果。2021 年，新农人培训中心累计接待各类会议培训 1000 余场（次），10 万余人（次）受益。

发挥“国家农业公园”“田园新城”等产业带动作用，代村推动形成了以农企园为中心的农业产业化集群，以代村商城为中心的商业文化活力区，直接带动周边村庄因地制宜发展规模化种植、物流仓储、配套服务等集体产业，已吸引 10 家企业、6 家专业合作社和 200 多个种养大户入园经营，并创建 4 个有机品牌和 10 个绿色食品品牌，实现了现代农业、乡村旅游、商贸物流、建筑装饰、教育医疗、节会展览等多业并举，一二三产融合发展的良好态势。

三、成立联合党委，实施组织共建

（一）跨村联建大代村党委

代村积极探索“党建引领，乡村共富”新模式，形成了党支部“提事”、村委会“议事”、党员和村民代表大会“定事”、村务监督委员会“监事”的工作机制，增强了村庄党组织的凝聚力和号召力。首先，梳理涉及村民利益、村集体发展的事情，在村民大会上提出由村委会成员进行评议，之后召开村民代表大会，由村民投票决定，在事务决策处理过程中由代村的监督委员会进行监督。为加强廉政建设，代村成立了农村社区纪委，并选聘 30 余名廉政监督员，主要开展村内决策监控、村企运营管理审核、党员干部监督等工作。

2008 年，通过流转周边 5 个村的 7000 多亩土地，代村高标准规划建设了现代农业示范园，随之与周边 5 个村成立了社区党委。2018 年 2 月，经报上级批准，代村成立了村级党委，下设 1 个村支部、4 个企业支部，党员发展到 106 人。同年，代村联合周边 11 个村庄成立兰陵现代农业产业园联合党委，实施党组织联建。以联合党委的形式，共建“田园新城”，推动一体化发展，比 2008 年 6 个村成立社区党委，带动范围扩大了一倍。

代村的党建工作贯穿于各领域，即把党支部建在产业“链”和各项事业发展的前沿阵地上，党组织在“链”，党员干部上“线”，起到了固“链”穿“线”、带领群众、引领发展的作用。村“两委”成员多数是三重角色，既是村干部，又是村办企业负责人和村民致富带头人；党委委员的交叉任职，实现了产业发展到哪里，党组织就建到哪里，构建了在党的旗帜引领下，党员群众共建共商共享的发展新模式。代村在重要的产业中心均设置了党支部，如代村商城党支部、新天地（企业）党支部等，并安排每个代村党委委员兼任一个企业或者部门的负责人，其目的是实现村集体组织建设和产业发展建设的统一，最大限度地保障村集体和村民从产业发展中获益。一直以来，代村始终坚持民主管理、村民自治的社会治理模式，村党组织领导下的“两委”分工负责制和“两委”联席会议制不断健全，村民全体会议、村民代表会议和村务公开制度进一步完善；坚持“三会一课”制度，组织党员每月1—5日利用晚上时间学习中央、省、市、县的路线、方针、政策，汇报村里工作及重大事项、重大决策等；并设立“首学总书记重要讲话制度”，保证党的先进理论在基层落地生根，村党委书记王传喜在全国、全省宣讲党的创新理论200余场（次），10万余人（次）受益。此外，实施学习型党组织、学习型村庄、清廉村居等建设，不断加强党组织对群团组织的领导，成立了全省第一家村级总工会；坚持村党委成员“轮流值班接访”，做到“小事不出组，大事不出村，难事找支部”。2019年，代村实施“数字代村”规划，深入推进乡村治理向现代化方向发展。2020年，代村党委荣获山东省“干事创业好班子”称号。

（二）村企联建大代村平台

在村“两委”的统一组织和监督管理下，代村的产业全部实行党组织领导下的村企合一制，形成了集体股份制、股份合作制、租赁承包制等多种形式。企业扮演“运营者”角色，具体负责项目或产业的规划、运营，与代表村民利益的村委会进行合作，承担着开发利用乡村资源的重任[①]。

代村村“两委”一班人通过到江苏华西村、河南南街村等地考察学习，积极接受新理念，不断壮大村集体经济。2010年，代村利用位于

① 彭景美：《山东代村产业振兴模式研究》，南京农业大学，2020年，第36页。

城乡接合部的优势，抓住兰陵县政府计划将批发市场外迁的机遇，规划建设了代村商城。代村商城建筑面积为22万平方米，现有商铺3000多家，年交易额达60亿余元，并增加管理人员就业岗位200多个，增加商贸物流服务就业1.2万人，直接带动代村集体增加收入4000多万元。在代村商城的带动下，建筑装饰公司顺势发展，不断拓展产业融合的广度和深度，形成了以服务于园区基础设施建设、住宅建设装饰为主的设计施工支柱产业。2017年，代村成立了集体股份制企业“山东新天地现代农业开发有限公司”，实行现代企业管理制度，实现村民入股当股东，年年享受利润分红。公司经营农业综合开发、农业技术示范推广、种苗繁育销售、农产品加工配送等，先后承担全国首个农业公园、省级农业科技示范园、省级现代农业产业园等建设任务，公司先后荣获全国首批职业农民培育示范基地、全国一二三产融合示范园、全国有机农业一二三产融合发展示范园、国家级乡村振兴专家服务基地、山东省农业“新六产”示范主体等称号。经过多年发展，代村因时制宜、因地制宜培育了建筑装饰业、现代农业、现代服务业、乡村旅游业四大优势产业。同时，村集体也鼓励村干部依托村里的产业平台带领村民自主创业，如今已形成10多个创业团组。

四、发展普惠福利，完善利益共享

（一）推行普惠社会福利

代村坚持群众至上、民生先行，在壮大集体经济的过程中，边发展边惠民，走共同富裕之路，让村民共享代村的发展成果。凡有劳动能力的村民都实现了就业，人人有工资性收入，家家有集体分红收入；村民在公司有多种就业形式，包括代村社区管理服务团队、代村商城服务团队、示范园区服务团队、建筑装饰团队等。在集体分红、土地分红的基础上，代村实施二次分配，从集体可支配的纯利润中拿出30%用于分红，带领群众增收。2021 年，村民人均纯收入 7.2 万元，比 20 年前增长 30 多倍，较 2017 年增长了 7000 元。

实施旧村改造，改善人居环境。代村的旧村改造拆迁之路历经 10 年时间：2006 年，在摸索中启动拆迁；2008 年，开始成片地拆；2010 年，开建代村商城；2012—2013 年，连续成片地拆；2014 年拆迁完成；2015 年，代村百姓全部搬进楼房，共建设住宅楼 65 栋，小康楼 170 户，老年公寓 2 处 200 户，坚持“低价安置，按需分配”政策，始终按照 500 元 / 平方米低价安置，让村民拆旧房住新房。居民区实现了“五化”“六通”，物业统一管理，污水和垃圾集中处理。代村始终坚持“严格规划控制，集约节约利用土地，分期实施改造，建设宜居家园”的目标，在没有占用一寸耕地建房子的情况下完成了整村旧村改造，并且预留了 300 亩的建设用地以应对未来 50 年新增人口的居住需求。

聚焦“幼有早育、学有所教、病有良医、老有颐养”的民生目标，由代村村集体出资实行 16 项社会保障政策，提高村民幸福指数。从 2005 年选择走集体化道路之日起，代村全体村民逐渐实现食物无偿供给；全村 60 岁以上老人不仅住进设施和服务完善的老年公寓，而且按月享受“老年优待金”；村民 100% 参加“新农合”和“新农保”，大病救助金在 1 万元至 10 万元范围内，报销总额达 70%；为全体村民发放住房补贴，2006 年以来村集体为此支付了 8000 多万元；实行奖学金制度，对初中以上就读的村民子女每年发给 2000 元助学金，对高考进入本科线的村民子女，其中进入前十名高校的发给 5 万元奖学金，进入 985、211 高校的奖学金为 2 万元，进入二本线的奖学金为 1 万元，进入三本线的奖学金为 6000 元。在加强社区建设的同时，不断配套完善公共服务设施，建设了幼儿园、小学、便民服务中心、红事服务大厅、白事服务大厅、社区医院、公共浴池、村民文化广场、妇女儿童活动中心等。

（二）共建共享代村品牌

代村实施乡村振兴走向共同富裕的发展过程中，地方政府、代村村委会、村民等主体发挥作用不同，但共同目标都是共建共享代村品牌。其中，地方政府扮演“宏观调控者”角色，主要提供宏观上的资金支持和指导；代村村委会扮演“代言人”角色，代表代村村民利益，是村民意愿的体现者、村庄资源的收集者和开发者，拥有土地所有权和经营建议权，并负责协调村民与其他参与主体的意愿；村民扮演“参与和监督者”角色，是代村发展的主体，是产业发展意向的提供者、土地使用权与劳动力资源的拥有者，同时也是监督代村村委会管理、代村企业经营的监察者[①]。

从项目或产业发展来看，代村坚持围绕中心联动共建共享，由国家农业公园、田园新城向四周拓展，辐射周边村庄，实施抱团发展，融合一二三产业，打造乡村“共同体”。同时，代村村“两委”一班人始终坚持村里每个产业的发展、每个项目的实施，都让村民最大限度参与，发动村民融资入股、就业创业，多方征求群众意见建议，竭尽全力获得村民的最大支持。长期以来，代村始终立足自身，医疗、教育等基础保障日益完善，农业产业基础不断夯实，农村各领域建设不断优化，“代村品牌”的影响力与号召力不断提升，已逐渐形成了对周边村庄的带动和引领。

① 彭景美：《山东代村产业振兴模式研究》，南京农业大学，2020年，第35—36页。

第九章 生态保护与经济发展协同共生共同富裕实践

第一节　蓑衣樊村模式："慢主义"融合"黄河情"打造理想生活地

蓑衣樊村位于淄博市高青县东部，全村 178 户、621 人，党员 31 名。该村三面环水，紧邻天鹅湖慢城、黄河安澜湾景区，是"引黄济淄工程"必经之地。全村环境优美，交通便利，气候宜人，享有"万里黄河第一水乡"的美誉。近年来，蓑衣樊村坚持党建赋能高质量发展，实现了由"省级贫困村"到"五面红旗村"的蜕变，坚持农旅融合助推乡村振兴，自 2014 年开始探索"农文旅"融合发展以来，村集体收入逐年增加，先后被评为"国家级美丽乡村""全国乡村旅游重点村""全国文明村""山东省先进基层党组织"。2021 年度村集体经济收入为 54.6 万元。作为黄河边上的代表性乡村，蓑衣樊村依托良好的自然生态环境，践行"绿水青山就是金山银山"的发展理念，在生态保护与经济发展协同共生的共同富裕方面进行了一系列的实践，走出了自己独有的共同富裕模式，实现了人们的"安居富裕梦"。

一、“两山”理念入人心，农旅融合谋发展

（一）理念更新，生态赋能经济发展

历史上的蓑衣樊村，曾多次遭受黄河水的侵袭，产生了大片盐碱地。为澄清黄河水，蓑衣樊村 2/3 的土地成了沉沙池，耕地骤减。再加上黄河水的浸渍，粮食收成寥寥，多数村民靠种稻打鱼为生，产业结构单一，基础设施薄弱，增收途径有限。2011 年前后，村民人均年收入仅 2000 元左右，村集体经济收入几乎为零。

蓑衣樊村地处大芦湖湿地自然保护区中心位置，且距黄河直线距离不足 5 公里，位于“引黄济淄”工程上游，村里的沉沙池经过 20 余年沉积，形成了天然的河塘、水池，可谓生态优美、区位优越。2014 年起，蓑衣樊村在新任村党支部书记司国营的带领下，及时转变发展理念，积极践行“绿水青山就是金山银山”的理念，依托三面环水的自然风光和湿地生态发展乡村旅游，以村民自愿报名的形式办起第一批民宿和农家乐。2019 年黄河流域生态保护和高质量发展国家战略提出后，蓑衣樊村紧跟国家战略需求，围绕“黄河风情、湿地风貌、生态庄园、慢城特色”，全力发展“产业为骨、生态为脉”的农旅融合产业。蓑衣樊村让生态变成“摇钱树”，让村庄成为“聚宝盆”，走出了一条以特色旅游产业为引领的乡村振兴之路。目前，常家镇以蓑衣樊村为中心村，成功创建山东省“两山”理论实践创新基地，正着力打造全国“两山”基地。

（二）优化环境，提升配套设施保障

良好的村容村貌、完善的基础设施是开展乡村旅游、吸引游客前来的必要基础。在发展乡村旅游前期，蓑衣樊村借力“改厨改厕”政策，在原先 30 余家农家乐的基础上，新发展农家客栈床位 100 余个。投资 500 多万元用于该村基础设施改进和管理水平提升，扶持打造“蓑衣客

栈”特色民宿30余间、养生木屋别墅17套，联合社会资本新建“人民公社食堂”和“东方红”会议室，实现上千余人同时接待与培训。村内巷路也全部实现硬化、美化、绿化。2019年，筹资180余万元，推进美丽乡村建设提升，先后开展实施路灯弱电工程、村庄绿化项目、村庄铺装项目、环境综合整治等。在村内12条主干道、进村路段及广场周围安装LED庭院灯95盏；建设环村污水管网523.59米，安装污水处理泵房，对蓑衣樊村175户全部实现旅游厕所改造；开展实施村内8条南北路两侧的绿化工程，嵌草砖铺装达3385.5平方米，有效提升了村居环境质量。2020年蓑衣樊村建成日处理污水100吨的污水处理站，铺设排水管网7000余米，实现对生活污水进行无害化处理，彻底摆脱了污水的困扰；对主干道进行重新绿化，营造一个多韵、多彩、多绿的道路景观环境；村周边铺设草坪3000余平方米，绿化率达85%以上，成为天然氧吧；铺设沥青路面1400余米；投资3万元进行墙体美化，为村庄增添艺术气息，彰显蓑衣樊村特色文化；安装新路灯90余盏，照亮游客们“穿蓑衣、赏美景、品美食”的旅游之路。积极开展生态环境保护，为鸟类提供了栖息和生存空间，从原来的无鸟影、无鸟鸣，转变为现在驿路花海、百鸟飞翔，吸引了震旦鸦雀、天鹅、中华秋沙鸭等100多种鸟类驻足慢城湿地，生动展现了人与生物的和谐共生。

为保障村庄生态环境的可持续发展，建设美丽宜居家园，目前，蓑衣樊村成立了一支以党员为主、群众参与的30人红色义工队，专门清理村内环境卫生重难点区域。积极开展网格化管理方式，将全村划分为15个微网格，网格长督促微网格内群众保持房前屋后环境卫生整洁有序。对村内主要道路、街巷分别划定成责任区，结合全村实际，设置了20个“巷长”，形成了党员监督巷长、巷长监督群众的工作体系。推行开展“周六奉献日”活动，动员群众对房前屋后“三大堆”、小广告及废弃杂物等进行全面清理，消除卫生死角。进一步完善村规民约，确保人居环境整治工作形成长效机制，全面提升村居环境。

此外，蓑衣樊村还建成了村民文化广场、留守儿童之家、村民阅览室、老年人活动室等，配备了文化体育娱乐设施，每周六“芦姑大戏台”成为常态，每年举办省市县各类大型活动及演出60余场次，为开展乡村旅游创建良好的人文环境。

（三）丰富业态，带动村民致富增收

协同天鹅湖国际慢城等周边景区实现共同发展。天鹅湖国际慢城位于高青县东北部，毗邻黄河，规划面积12平方公里，核心区湿地面积达1万余亩，是整合黄河、湿地、温泉、乡村等自然资源和人文资源，打造的一处集观光旅游、休闲度假、婚庆娱乐、研学科普、康体养生、研学拓展、生态宜居等多功能于一体的综合文化旅游产业园区。2018年，入选山东省新旧动能转换示范项目，获评国家AAA级旅游景区。2019年6月，被国际慢城联盟接受为正式成员，成为黄河流域第一个国际慢城。蓑衣樊村紧邻高青天鹅湖温泉慢城景区，借助“万亩荷塘，千里稻花香”的优势。自2017年以来蓑衣樊村开始打造休闲垂钓、湿地泛舟等项目，让游客来到村中不单单是品美食、住宿，更多的是休闲放松与享受体验，开启一段“慢生活”。

拓展乡村旅游项目和产品。为更好地满足消费者对乡村旅游的多元化、个性化需求，蓑衣樊村不断挖掘乡村特色，丰富乡村旅游项目与旅游产品，先后策划推出湿地观光、稻田钓蟹、水稻插播、研学拓展、果蔬采摘乡村旅游新业态，构建了乡村旅游产品体系。先后打造1500亩无公害大米种植基地、500亩稻田蟹养殖基地，为广大市民和中小学生观光游览、体验水稻插播提供了场所。此外，该村鼓励支持以农户家庭为基本经营单位、依托自有房屋发展乡村旅游，辐射带动周边苇蒲草编、粗布纺织、灯笼轧制等产业迅速发展。

不断创新文旅项目。蓑衣樊村瞄准黄河流域生态保护和高质量发展上升为国家战略的发展契机，依托特有的生态资源、文化资源，着眼

“大文旅”格局，深挖文化内涵，加大对农耕文明、田园风光、村落建筑等乡土元素的保护，不断强化经营乡愁、经营文化的理念，丰富乡村休闲旅游的概念，拓展农业多种功能。先后建起“农村大席”主题的食堂、家庭式个性化服务的养生小木屋和“农村大炕”风格的蓑衣客栈，开发了“浑水摸鱼”、假日渔夫、清水小龙虾等乡村体验游特色项目，将蓑衣樊村逐步打造成为网红打卡地。荷香码头游船观光、水稻插播、稻田虾蟹垂钓、时令果蔬采摘等，为游客送上独具一格的江北水乡游玩体验享受。

多业态融合发展。蓑衣樊村坚持走现代农业、生态渔业、观光旅游、度假养生等多业态融合发展之路，构建农文旅融合发展新格局，年均游客量达 10 余万人次，为村民提供了更多的就业机会，同时也为农副产品开辟了新的市场，扎实推动共同富裕的实现。经过 7 年的建设，蓑衣樊村有了蓑衣客栈、农事体验、稻田咖啡屋、体能拓展训练场、游船湿地观光、蓑衣编制、稻田钓蟹研学教育、陶艺制作、乡村美食品尝、游船体验等多种多样的旅游项目。同时，“大芦湖大米”“大芦湖稻田蟹”“蟹田米”“高青小米”“高青龙虾”“高青西红柿”“万亩生态荷花园”“大芦湖绿色果菜采摘园”“公社大食堂”“精品民宿”等已逐步形成产业，产业链、价值链不断延伸，全村 2/3 劳动力实现就近转移就业，联农带农机制完善，村民人均可支配收入从 2016 年 0.8 万元提高至 2021 年的 3 万元，增长了 275%，致富带动作用凸显。

二、支部领办促增收，乡村振兴谱新篇

（一）盘活村庄资产，因地制宜彰显特色

大力推进土地流转。2011 年，蓑衣樊村将 1570 亩土地全部流转，成立蓑衣水乡农业合作社，通过合理规划，开始发展稻田养蟹、藕池养虾。村集体还以土地形式入股，成立了大芦湖文化旅游有限公司，采取

“公司＋农户”的模式大力发展乡村旅游，带动农户持续增收。

打造特色产品品牌。蓑衣樊村立足自身的资源优势、产业优势，制定乡村品牌发展策略，推进特色产品品牌建设，努力打造“一村一品”，积极创建了“大芦湖大米”“大芦湖稻田蟹”等一批特色农产品品牌，并不断扩大品牌影响力和市场竞争力，逐步放大品牌溢价效应，带动村庄农业增效农民增收。

盘活空闲宅基地。蓑衣樊村积极探索宅基地“对外开放”制度，深入推进宅基地“三权分置”改革，通过自营、入股等多种方式盘活利用村内空闲宅基地和闲置农房，注重多重利益联结，为乡村发展提供土地保障。深入推进闲置宅基地改造升级工程，积极发展特色民宿，吸引游客前来观光、居住，并统一村内建筑风格，向游客展示出良好的村容村貌。

开发未利用地资源。蓑衣樊村结合乡村旅游的发展定位，积极开发闲置土地资源，将村内已空闲落荒的沉沙池进行就地转换，通过清淤、绿化、美化，塑造生态湿地景观，修建桥梁、凉亭和水车，打造一个休闲式公园，并衍生出观光自行车租赁行业，为游客提供了更多的观光体验项目选择，同时带动村民增收。

（二）坚持党建引领，增加村集体收入

群众致富与集体增收相统一，建立起经济利益共同体。为进一步挖掘村级旅游资源，增加村集体经济收入，2020 年 4 月，村党支部领办成立高青县蓑衣渔乡乡村旅游专业合作社，开始经营合作社的旅游项目，共吸收 34 名社员以每人 1 万元资金入股，占股 49%，村集体以村土地、池塘、房屋等旅游基础设施以及蓑衣樊国家级旅游乡村品牌等资源入股，占股 51%。当年合作社实现创收 14 万元，其中村集体增收 7 万元，入股社员每人分红 2000 元，全体村民每人分得一袋米、一桶油。2021 年，合作社进一步吸纳 15 名村民为入股社员，投资 20 余

万元建成特色餐饮1家，打造乡村记忆馆，成立合作社联社。2022年计划投资30万元打造高档民宿1家，投资20万元打造儿童世界、儿童乐园。合作社由村党支部书记、村委会主任司国营担任理事长，所有村民都是社员，通过建立健全村级党组织决策、党员群众监督机制，重大事项坚持“四议两公开”制度，每日收益情况通过微信群向全体社员公布，每年两次向全村党员、村民代表报告合作社预决算，促使集体经济的乡村旅游发展模式日趋规范，构筑起集体与群众风险共担、利益共享的利益联结机制，为村集体带来收益。2022年预计合作社收入达80万元，增加村集体收入30万元。

支部引领与群众主体相统一，把群众紧紧凝聚在党组织周围。从省级贫困村到旅游明星村，蓑衣樊村发展的每一步都是坚持支部引领、充分尊重群众意愿的结果，合作社和村庄发展的每一个重大决定、每一个关键的方向都严格经过村党员大会、股东大会、村民代表大会集体决议，充分发挥党支部凝心聚力、群众齐心合力的作用，实现村庄共建、共治、共享，让全体村民充分参与到村庄发展的浪潮中，共享发展红利。“新思路、新模式、新规划”也使得蓑衣樊村乡村振兴的发展道路愈加明晰，正展现出勃勃生机的新图景。

三、联村党建整资源，抱团发展共致富

为发挥好党建引领作用，进一步壮大农村集体经济，蓑衣樊村在全县率先探索“联村党建”新模式，以此带动联建村特色产业壮大，促进村民增收。

（一）打破组织体系壁垒，打造基层组织建设新格局

2020年6月，围绕“堡垒共建、资源共享、互联共助、抱团发展”的总体目标，蓑衣樊村及周边胡家堡村、刘春家村、三合店村、说约李

村、许管村、唐槐村7个村破除“村人治村”传统模式，打破村级行政区划和党组织管理界限，成立了全县首个联村党委，服务1800户共6300余人，其中党员215名。其中蓑衣樊村支部书记司国营被推选为联村党委书记，蓑衣樊为联村党委驻地村。

（二）理顺管理工作体制，规范打造联村党委党群服务中心

联村党委建立定期联席会议、民主议事决策、协调联动攻坚等制度，特别对涉及联建村环境卫生综合整治、产业项目布局等重大事项，建立议事决策机制，对广青路拆违治乱等重难点任务和棘手问题，成立联村专项攻坚小组合力突破，确保各项工作高效顺畅推进。

（三）统筹整合各村资源，打造特色产业经济带

充分发挥联村党委的统领作用，综合考虑各联建村的优势互补性，以实现“四个一”（一体化布局，一体化打造区域特色产业经济带，一体化实施基础设施公益项目和民生项目，一体化推进乡村治理工作）为发展目标，科学编制联村区域发展规划，统筹整合利用资金、土地、人才、信息等资源，把党组织、村集体、党员、群众等捏合成“利益共同体”。

依托天鹅湖国际温泉慢城、黄河安澜湾等生态资源优势，以党组织领办合作社为载体，打造总占地6000余亩小龙虾、白莲藕、水稻立体种养殖基地，2021年度党组织领办9个合作社实现村集体收入全面突破10万元。“稻乡水韵”乡村振兴精品示范片区、九道湾稻虾立体种养示范基地、黄河风情商业街等10余个产业项目顺利推进中，高青县“蓑衣水乡”联村党建示范片获批2020年度淄博市基层党建示范片。未来蓑衣樊会继续把组织优势转化为抱团发展振兴的实际成效，着力将联建区域打造成乡村振兴示范带、产业发展引领区和美丽乡村样板区。

第二节　垦利模式：黄河口大保护的“绿色生态实践”

东营市垦利区地处黄河入海口，辖5个镇、2个街道办事处和1个省级经济开发区、1个省级农业高新技术产业开发区、328个行政村，面积2331平方公里，常住人口25.7万。垦利滨河临海，海岸线长142公里，黄河流经126公里。油气资源丰富，是胜利油田的发祥地和主产区，自开发以来油气产量的43%、已探明地质储量的45%都出自垦利地下。盛产黄河口大闸蟹、大米、海参等优质农产品，形成了高端化工、现代农业等优势产业，培育了生物医药、新能源、新材料等新兴产业。

近年来，垦利区深入学习贯彻习近平总书记重要讲话精神和视察东营、亲临垦利重要指示要求，抢抓黄河流域生态保护和高质量发展重大国家战略机遇，积极主动作为，聚焦建设“产业强区、创新高地、生态之城、幸福家园”总体布局和“打造黄河流域生态保护和高质量发展示范区”的目标定位，为高水平现代化强区建设开创新局面。

一、聚焦规划引领，积极融入黄河流域国家战略

（一）高位谋划，搭建起落实黄河国家战略的“四梁八柱”

为推动黄河国家战略在垦利落实落地，成立了黄河三角洲生态保护和高质量发展工作领导小组、黄河流域生态保护和高质量发展工作专班。2021年12月31日，印发了《中共东营市垦利区委关于学习贯彻习近平总书记在深入推动黄河流域生态保护和高质量发展座谈会上的重要讲话精神和视察东营重要指示要求的意见》（垦发〔2021〕15号），明确生态环境保护治理、推动高质量发展、农业农村优先发展等6方面

37项重点任务，全部纳入台账化、清单式管理。

（二）高点落实，工作机制进一步健全完善

垦利区发展改革局印发《建立完善工作统筹推进机制的意见》，进一步完善了协同推进的工作机制，强化部门联动，与区委《落实习近平总书记在深入推动黄河流域生态保护和高质量发展座谈会上的重要讲话精神和视察东营、视察垦利重要指示要求的意见》、区纪委《专项监督工作方案》一体推进，确保各项工作精准高效落实。

（三）高效推动，助力黄河国家战略在垦利落实落地

锚定“生态优先、绿色发展”理念，在推进生态保护治理、构筑黄河安澜屏障、强化水资源节约集约利用、高质量发展等八大方面全面发力，制定印发了《防洪排涝体系建设工作方案》《落实企业全生命周期集成改革试点工作实施方案》《大豆优势产业集群实施方案》等各类文件、方案11项，实施沿黄生态修复提升项目（垦利段）、中心城河湖湿地连通及入海河流水质提升、永镇水库改造提升等各类工程、项目34个。在全省率先制定出台区级《开展深度节水控水行动　深入推进全区节水型社会建设的实施方案》，统筹推进水资源超载治理与县域节水型社会建设。

二、突出生态优先，大力推进生态文明建设

（一）加强黄河湿地保护修复

近年来，垦利区深入践行习近平生态文明思想，扎实开展海洋、湿地生态保护修复，着力解决湿地生态突出问题，推进黄河生态环境持续向好。一方面，建设湿地公园、保护黄河湿地生态。建设天宁湖国家湿地公园、兴隆省级湿地公园2处自然保护地，自然保护地面积

达 1497.97 公顷。其中，天宁湖国家湿地公园为全市唯一国家级湿地公园。以湿地公园为依托，开展黄河流域生态保护和修复，投资 1182 万元，进行兴隆湿地公园生态保护、湿地水体恢复、湿地和植被修复、生态补水，完成黄河三角洲湿地修复面积 42 公顷。投资 250 万元，对天宁湖湿地公园进行沟渠清淤及边坡修整等管护工作。另一方面，保护滨海湿地、系统改善河海生态环境。坚决拆除围海养殖池塘，进行潮沟疏通、盐地碱蓬种植，提高湿地生物多样性和固碳能力。近 3 年，累计拆除滩涂上的围海养殖堤坝恢复滩涂 549.57 公顷，恢复生态岸线 5.326 公里，通过潮沟疏通、微地形改造恢复潮沟 74.69 公里，通过基底改善、碱蓬种植等措施修复滨海湿地 2197 公顷，沿海重现“红地毯”景观。

（二）加快沿黄生态长廊建设

东营市于 2021 年启动实施沿黄生态长廊建设，致力于打造 108 公里的沿黄生态长廊，以改善提升沿黄区域生态面貌。垦利区作为黄河入海口的重要位置，积极落实实施相关政策。依据《东营市沿黄生态长廊规划（2021—2030 年）》，按照“三带三区多节点”的布局，以黄河两岸大堤和南展大堤为轴线，对规划区进行综合整治，建设 3 条以森林湿地为主体的生态长廊，串联沿线的重要生态片区，沿线打造多处以生态绿化提升为主的节点，形成沿黄生态综合体。规划区总面积为 15.35 万亩，估算总投资 13.57 元，申请地方政府专线债券资金 7 亿元，其余资金由垦利区出资解决。

在“绿水青山就是金山银山”理念的指引下，2021 年垦利区完成补植提升及造林 7223 亩，投资 1.04 亿元，主要实施南展大堤补植提升绿化工程、220 国道节点绿化工程、建林浮桥节点绿化工程、荣乌高速节点绿化工程、垦利林场补植提升绿化工程及陈家片区绿化工程等 17 个工程，使用债券资金 0.53 亿元。2022 年计划补植提升及造林 4200 亩，保护修复湿地 5300 亩，估算总投资 1.56 亿元，主要实施护林段黄河大堤绿化工程、义和段防浪林绿化工程、泰升农场片区综合治理工程、兴隆林场综合治理工程、垦利林场综合治理工程、天宁寺林场综合治理工程及杨庙社区综合治理工程等8个工程。相关工程项目的实施，有效保护了沿黄生态，加快推动了沿黄生态长廊建设。

（三）推进绿色低碳发展

垦利区扛牢“黄河入海口”城市责任，自觉推动城市绿色发展、低碳发展。制定出台《关于加强“两高”行业和项目管理的实施意见》，坚持“四个区分”，严控“两高”项目盲目上马。加快能源结构、产业结构调整，推进工业园区绿色循环改造，落实能耗“双控”措施，实施清洁能源替代、燃煤机组节能改造工程，加快推进华润财金800MW光伏发电项目建设，瞄准“零碳”园区方向，创建“源网荷储”一体化示范区。

坚决落实“四水四定”原则，从全产业链条、全行业领域、全生命周期的角度，深度推进节水控水行动，持续压减水稻、莲藕等耗水作物种植面积，在全省率先探索黄河地表水“水权交易”改革，提前一年创建为国家节水型社会达标县区。

三、打造重点项目，奋力建设高质量发展新格局

垦利区坚持项目牵引思维，把落实黄河国家战略落脚到具体项目上，扎实开展沿黄重点地区工业园区和项目工作，成功组织垦利经济开发区和胜坨化工产业园通过省级审核，列入山东省第一批合规园区，为全区“工业强区”战略打造了主战场。稳妥推进“两高”项目管理。狠抓新能源、新材料、生物医药等绿色产业链条建设，加快推动发展质量、效率、动力变革。坚持把项目建设作为推动高质量发展的“头号工程”，落实“要素跟着项目走”“3+N”重点项目会商等机制，全面加速

项目建设，全面梳理沿黄重点地区工业项目 186 个，顺利通过省现场核查。重点实施总投资 498.8 亿元的 146 个重点项目，16 个省重点项目、45 个市重点项目开工率分别为 90.9%、90.7%，投资完成率分别为 77%、56%，省市重点项目投资完成率均居各县区前列。全力争取专项债券，抢抓国家政策机遇，2022 年争取债券资金 14.77 亿元，发债项目 13 个，发债金额 13.08 亿元，开工率、投资完成率分别达到 92.3%、46.5%。持续强化项目储备，储备了总投资 620.2 亿元的 78 个债券项目，债券需求 291.7 亿元，动态储备产业类项目 45 个，计划投资 204.9 亿元，持续增强经济发展后劲。

（一）黄河人家乡村振兴示范片区七村样板项目

垦利街道七村共有 114 户、278 人，2021 年村集体经济收入 30 余万元。近年来，七村加快推进乡村振兴，先后荣获“先进基层党组织”“市级文明村”等荣誉。为办好惠民实事，垦利投资 60 万元建设乡村博物馆，打造乡愁记忆馆，建成果米市场一条街，打造生态源头大米市场，开办“人民大食堂”，为 23 名 75 岁以上老年人提供免费就餐服务。夯牢产业基础，投资 196 万元，建设“优质高效水稻科技生态示范园”，建成大米加工厂，成立生金水稻种植专业合作社，打响“入海口”牌有机富硒水稻品牌，村民年人均增收 2000 余元，努力打造乡村振兴示范片区七村样板。

（二）新发药业全品类维生素一体化生产基地

新发药业有限公司是国家级重点高新技术企业、国家知识产权优势企业、省“十强”产业集群领军企业，是全球维生素 B 族种类最全、D—泛酸钙产能最大的生产企业，年均销售收入 15 亿元以上，拥有省级创新平台 5 个，专业研发团队 400 余人，先后攻克“维生素工业结晶”“菌株代谢”等“卡脖子”技术 15 项，拥有发明专利 156 项，PCT

国际专利13项，自主发明专利数量居东营市民营企业首位。新发药业有限公司是一家集生产饲料添加剂、食品添加剂、医药原料药于一体的高新技术企业，现有员工3000余人，占地面积2200余亩。主要生产维生素B_1、维生素B_2、维生素B_5（D—泛酸钙）、维生素B_6、维生素B_9（叶酸）、维生素D_3、维生素A、D—泛醇等5大类10款产品。其中维生素B_5（D—泛酸钙）、维生素B_9（叶酸）产销量占全球份额的40%，产品60%以上出口，远销70余个国家和地区。

近年来，公司以建设全品类维生素一体化生产基地为目标，瞄准维生素产业缺失环节，实施总投资28亿元的新柠、新甾醇、新戊系列项目二期等8个维生素系列项目，目前各项目进展顺利，已完成投资18亿元，预计2022年下半年陆续投产。项目全部投产后，可实现年销售收入30亿元，利税8.7亿元，该基地也将成为全球维生素种类最全、规模最大的生产基地，为当地的就业和经济发展作出重要贡献。

（三）石大胜华电解液项目

该项目由石大胜华化工集团投资建设，规划用地面积为138068.4平方米，建筑密度为35.4%，绿地率为9.6%，计划投资16亿元，主要建设30万吨/年生产装置及配套设施，形成年产30万吨电解液的生产能力。山东石大胜华化工集团股份有限公司是中国石油大学（华东）的校办企业，主要生产碳酸二甲酯、六氟磷酸锂、电解液特种添加剂等20余种精细化工产品，是国内唯一能够提供全种类溶剂、溶质和添加剂的企业，其中碳酸二甲酯装置产能规模位居亚洲同类产品之首。石大胜华是锂电池电解液溶剂领域龙头企业，主要产品的市场占有率高达40%，是国内外多家锂离子电池生产厂家的原料供应商。目前公司以碳酸酯类溶剂系列产品为核心，以锂电池材料为主业，未来将延伸产业链结构，进入电池原料供应领域，持续强化公司的核心竞争优势，提高公司盈利能力，为公司未来长远发展、高质量发展奠定更加坚实的基础。

每年30万吨电解液项目使用高精度质量流量计、全自动清洗运输系统、智能立体仓库储存等国内先进的自动化设备，采用同行业领先的半连续生产工艺，设备工艺在同行业领先。该项目于2022年4月开工建设，预计2023年11月建成投产。预计年新增销售收入95.5亿元，利税6.4亿元。

（四）润松高效循环农业生态经济示范项目

润松农业是国家林业重点龙头企业和国家级林下经济示范基地，主要在生态修复、产业发展、模式探索等方面开展集成创新，现有生态林场4座、无公害养殖基地4个，占地1万余亩，致力于建设集盐碱地综合利用、森林健康生态农产品生产、林业碳汇开发、科普教育、观光旅游于一体的综合性公司。与中科院联合设立“润松博士工作站”，因地制宜开展微型改良，改良后土壤盐度由8.8g/kg下降到1.3g/kg，形成了“种、养、加”配套，一二三产融合的盐碱地立体循环的绿色产业体系。开发“小欢猪”猪肉、肉酱等系列产品，开发游客观光游、中小学生研学游等项目，“板蓝根鸡”“板蓝根鸡蛋”等成为热销产品，林下赤松茸基地成为采摘热点，每年接待游客5万余人。

（五）黄河滩区种植业绿色发展试点项目

为深入落实黄河流域生态保护和高质量发展重大国家战略，全面推动黄河滩区种植业生产方式绿色转型，垦利区在黄河滩区开展种植业绿色发展试点工作，建设试验示范基地6000亩。其中区级试验示范基地5000亩、镇级试验示范基地1000亩。

实施有机肥替代。垦利区组织新型农业经营主体施用商品有机肥，探索完善有机肥替代化肥技术模式和社会化运行机制，逐步形成可复制、可推广的有机肥替代化肥的新技术与新模式。进行土样采集，跟踪记录土壤养分变化的同时配合市农科院完成有机肥替代试验。

打造滩区绿色有机农产品品牌。垦利区积极推进农业标准化建设，积极推广黄河口优质专用小麦、黄河口大米等特色产业生产技术标准。多次组织召开绿色发展调度会，鼓励新型经营主体注册自有品牌和申请绿色、有机产品认证，展开相关业务指导，确保符合条件的农产品完成认证目标。

搞好病虫害统防统治。围绕滩区作物重大病虫害，垦利区对试验示范基地的小麦、玉米、大豆，由社会化服务组织开展统防统治，提升病虫害防治组织化程度，减少病虫危害。

加强技术指导服务。结合全区“科技壮苗”专项行动，先后深入田间地头进行技术指导100余人次，印发《垦利区黄河滩区种植业绿色发展试点小麦春季管理技术意见》《垦利区黄河滩区种植业绿色发展试点小麦秋种技术意见》，组织专项培训6期次，促进弱苗转壮、保蘖成穗，达到丰产丰收的目的。

四、做好安居富民，扎实推进共同富裕

（一）积极开展乡村产业提质增效

近年来，垦利区认真贯彻落实党的十九大及十九届历次全会和中央一号文件精神，积极抢抓黄河流域生态保护和高质量发展国家战略重大机遇，以实施乡村振兴战略为统领，围绕农民增收这条主线，突出抓好基础设施配套、结构调整、新型经营主体培育、惠农政策落实等工作，种植业实现提质增效，为农民持续增收奠定了坚实基础。2021年全区农林牧渔业总产值62.95亿元，同比增长10.2%，增速列全市第一。2022年农村居民人均可支配收入达到23252元，同比增长11.5%。

1. 做好农业产业转型升级

优化农业产业结构。以加快农村经济发展、增加农民收入为中心，垦利区按照高产、高效、生态、品牌的目标，进一步搞好农业产业结构

调整，促进农业增效、农民增收。全区黄河口大米、海参、莲藕种养基地分别达到20万亩、8万亩、4万亩，黄河口大闸蟹标准化养殖面积达到3万亩，粮食总产量稳定在45万吨，全区粮经比例日趋优化，农民增收渠道日趋合理。

实施农产品品牌提升。垦利区委托北京蓝狮智邦公司编制全区农产品品牌规划，对大米、大闸蟹、海参等优势农产品统一策划打造。全区认定“三品一标”农产品159个，“黄河口大闸蟹”“黄河口大米”入选山东省知名农产品区域公用品牌、省级农产品优势区，“黄河口莲藕”成为上合组织青岛峰会指定食材，“黄河口大闸蟹”取得新加坡、马来西亚、中国香港、中国澳门4个国家和地区出口资质。依托品牌提升，提高了垦利区农产品品质，拓展了黄河口农产品品牌内涵，提升了品牌的附加值，间接带动了农民增收。

深化农业一二三产融合。垦利区依托企业技术优势、产业设施优势，通过开展技术指导、“订单式”农业等，促进龙头企业与农户间建立了稳定的利益联结机制。如水稻产业，现有农业龙头企业4家，专业合作社17家，其中党组织领办合作社5家，带动周边农户900余户。打造“龙头企业+基地+合作社+家庭农场+农户”的利益共同体，开展水稻生产社会化服务，建立起的“统一育供秧、统一技术标准管理、统一回购、统一加工、统一品牌化销售”五统一社会化服务模式，发展“订单农业”，先后与500余户农户建立起了“订单式”合作，能为农户亩均增加收入150—200元。连续多年聘请高水平团队精心策划制作多彩稻田画，建成黄河口大闸蟹产业技术研究院，将创意农业与休闲旅游相结合延伸农业产业链，带动了农民增收。

2. 推动文旅融合发展

挖掘黄河文化资源，创作四德吕剧电影《乡医老牛》《桃花源记》等文艺精品20余部，多次在全国、省、市获奖；以天宁寺文化旅游区、红滩湿地旅游度假区等重点旅游景区，七村、美丽渔村等旅游特色村为支点，推动黄河旅游资源与红色文化、海洋文化等深度融合，利用田之源农旅项目、稻田画风景区等项目，培育自驾游、研学游等旅游业态，推出一批主题鲜明、布局合理的黄河精品旅游线路。

（二）大力推进惠民工程

千方百计稳定和扩大就业。开展城乡公益性岗位扩容提质工作，开发城乡公益性岗位 1666 个，超额完成市定任务。完善就业服务驿站功能，对接全市 460 多家企业，帮助 700 多名群众在企业就业，1000 多人零工式就业，确保有劳动能力的都有工资性收入。开展就业创业技能培训，发放创业担保贷款 1406 万元，落实创业担保贷款贴息资金 665.97 万元，组织开展公岗扩容提质、助企稳岗、非遗传承、乡村人才振兴等技能培训 62 期，惠及 2302 余人次。立足农旅融合，天宁湖国家湿地公园等 17 个项目入选全市"旅游富民"项目库，可解决就业 2200 余人，惠及群众 2.1 万余人。

稳步推进黄河南展区房台村老房台搬迁改造工作，制定《南展区房台村老房台土坯房常住群众转移安置办法》，对 17 个村 647 户老房台土坯房常住群众进行转移安置。努力办好人民满意教育，近年来新建、改扩建中小学、幼儿园 7 所，增加学位 5000 个，实施教育振兴计划，与优质学校联合办学、深度合作，实现教育质量"一年有起色、三年大变样、五年攀高峰"。

深化健康垦利建设。垦利区中医院、胜利油田中心医院西郊康复医院投入使用，基层卫生院硬件条件全部达到省级标准化要求，成功创建为全国健康促进区。健全完善七重全民医疗保障体系，保障层次、种类和范围全省最多。连续提高基本医疗保险筹资标准，2022 年个人缴纳提高至 400 元，财政补助每人每年提高至 580 元。职工和居民参保人数达到 24 万人，参保率达到 99% 以上，基本实现应保尽保。

聚焦"牢记嘱托、感恩奋进，致力先行示范、共建幸福家园"，加快推进杨庙社区综合提升。全力实施总投资8930万元的27个重点项目；新建社区党委，进一步充实人员力量，成立综合服务、产业项目等8个功能党支部，社区运转更加规范、有序、高效；新建为民服务中心，设置智慧公章、自助服务终端；新建幸福食堂标准化厨房、幸福乐园，提高服务标准，让社区群众享受“城里人”一样的服务。努力把杨庙社区建设成为落实总书记嘱托的新型农村社区典型样板，形成可复制、可推广的杨庙实践。

（三）规范提升党支部领办合作社

近年来，垦利区突出党建引领，积极探索推进党支部领办合作社发展新模式，把党支部的组织优势与合作社的产业优势充分结合，通过支部领办、产业带动、搭建平台三点发力，绘制强村富民新蓝图。目前，垦利全区共有168个村领办创办合作社，占比51.2%，实现经营收入2632.63万元，增加集体经济收入339.59万元、村均2万元。

加强文件学习与落实。先后出台实施《村党支部领办合作社实施方案》《全域推进村党支部领办合作社高质量发展实施意见》等文件，并对合作社负责人开展培训，在严把领办标准、规范管理运行、提升发展质量、搭建服务平台、强化政策扶持、加强组织领导等多个方面提出了更高要求。

积极探索多元化入股形式。如垦利农高区确定“村集体＋自然人”的形式资金入股，村集体股份经济合作社作为合作社集体成员资金入股占比保障村集体的主导经营和收益；杨庙社区探索“国有公司＋金融机构＋股份经济合作社＋专业运营公司”合作模式，引导集体和村民以“三资”等入股，共享制度改革红利。

因地制宜提升质量。制定“一社一策”规范化建设和质量提升措施，探索组建合作社联盟推动抱团发展，进一步规范提升党支部领办合作社的质量。2022年内由村党组织领办合作社的村将达到行政村总数的 75% 以上，村集体经济收入达到 10 万元的占 90% 以上，达到 50 万元的占 35% 以上。

做好合作社人才引进。实施农村在外人才回引行动，逐村建立在外优秀人才台账，回引在外人才和优秀大学生 95 人。2022 年全市首个农村“优秀在外人才工作室”在黄河口镇于林村揭牌成立，该平台方便了在外优秀人才了解家乡、回报家乡，以乡情连接人情，以人才推动发展。

第十章

党建引领文化赋能的共同富裕实践

第一节　莱西经验：村级党组织建设引领乡村振兴

早在 1990 年，山东省莱西市就举行过一场著名的“莱西会议”，这次会议是中国农村基层组织建设和农村改革发展的里程碑，会议所总结的“莱西经验”，为全国基层党组织建设模式和如何有效发挥作用提供了典例，经过 30 多年的经验探索，走出了一条农村基层组织建设的新路子。首先，以组织振兴为统领，推动乡村全面振兴是青岛实践出来的真知，本节将从莱西经验的基层党组织体系入手，深入剖析组织体系的配套建设、村级干部能力的培养以及激励机制的形成；其次，乡村振兴的主体是农民，本节还将探讨莱西农民民主观念的形成过程和有效的实践方式；最后，探讨关于如何通过基层党组织领办合作社壮大集体经济，增加农民收入以及新乡贤的重要作用。

一、强化村级党支部核心地位，推进村级组织配套建设

（一）健全村级党支部组织体系

2013 年 11 月 28 日，习近平总书记在山东考察时的重要讲话中

指出："发端于莱西的村级组织配套建设，在全国起到了很好的示范引领作用。"1990 年的"莱西会议"，为党领导农村改革不畏艰难、勇探新路、实事求是、开拓创新的精神实质作出了基础性贡献，最重要的是有力推动了以党支部为核心的村级基层组织建设工作模式的构建。基层党组织是乡村振兴的"主心骨"，以组织振兴为统领推动乡村全面振兴，是莱西党和政府以及人民经过长时间的摸索和实践共同总结出来的经验。

这些年，莱西市按照新时代农村发展需要的规律要求，把农村基层党组织作为乡村振兴的"主心骨"，构建以基层党组织统领发展融合、治理融合、服务融合的"一统领三融合"工作体系，[①] 首先，使党组织明确一段时间的乡村振兴工作目标，并带领全体人民为之奋斗。这种工作思路的具体实施方法是：通过农村基层党组织的引领作用，整合农村分散的资源，把农民的土地运用大机械生产进行规模化经营，目前，莱西市土地规模供应面积达到 70.4 万亩。另外还进行村级组织优化调整、土地资源整理、美丽宜居村庄建设、田园综合体建设与乡村"五个振兴"统筹推进机制，推进乡村发展融合、治理融合、服务融合，实现共同富裕、规范有序、精准高效。

其次，莱西市根据农村产业类型多样、村与村联系紧密以及劳动力队伍构成多元化等特点，深刻认识到城镇化加快的背景下现存的村庄结构以及村庄与村庄间的关系已经不适用于集约化、规模化生产的需要。重构农村基层新型组织机制、领导机制和工作运行机制，将村庄单位整合重组，扩大乡村规模，形成规模经济效应，就成为一段时间以来的工作重点，最终形成上下联动、条块融合的农村基层党组织体系。在健全组织架构方面，打破传统以行政区划为单元设置党组织的方式，因地制宜设置产业、治理等专业型党支部、网格党支部 699 个，根据农村党员

① 纪玉水：《从"三配套"到"一统领三融合"——农村基层党组织统领乡村振兴的"莱西经验"》，《中国领导科学》2021 年第 1 期。

不同特点，精细化分类管理，精准确定党员中心户4200个，构建“镇党委—新村党组织—网格党组织—党员中心户”的组织链条，实现镇党委对村级的扁平化管理，推动党建网格与社会治理网格“多网融合”，实现乡村治理、产业发展、社会服务直接到户、一抓到底。[①]

莱西市充分发挥基层党组织在产业结构调整中的作用，按照“一村一品、一镇一业、多镇一业”的发展思路，引导各镇街、新村至少确定一个优势特色主导产业，重点培育提升。[②]鼓励村级集体经济合作组织采取统一经营、股份合作等形式，联合周边村庄抱团发展，逐步形成规模效应。在基层党组织的坚强领导下，莱西市规划了产芝新村、院上镇、河头店镇、沽河街道、开发区、红马村等乡村振兴六大示范片区，以“全域整治”高质量深化农村改革，以“党建引领”实现强村富民目标和以“莱西经验”探索未来乡村有效治理。[③]分别以旅游、产业、数字农业等作为特色发力点全面实施乡村振兴优惠政策。

为此，莱西基层党支部顶格协调谋划，着手建立推进机制。把乡镇当作工作的重要发力点，明确60项“属地管理”事项责任，把市直部门17项管理权限下放到镇街一级，建立“镇呼市应、上下联动”响应平台，以这种方式把权力下放给镇街、把责任压给镇街，让镇街更好统筹资源、搞活乡村。统筹编制资源，为12个镇街新增345个事业编制，大大提升了镇街的统筹功能和领导力。[④]

最后，推进村级组织优化调整，以党组织融合推动全域村级组织优

① 中共莱西市委组织部：《深化拓展“莱西经验” 全面推进“一统领三融合”》，2022年7月28日，https://www.163.com/dy/article/GA5I0MHI0550IK9C.html。

② 莱西市农业农村局：《深化“一统领三融合”赋能乡村全面振兴》，2022年7月20日，https://baijiahao.baidu.com/s?id=1697476578436881883&wfr=spider&for=pc。

③ 莱西市农业农村局：《六大片区——优化稿》，2022年5月20日，https://baijiahao.baidu.com/s?id=1730667287833860611&wfr=spider&for=pc。

④ 纪玉水：《从“三配套”到“一统领三融合”——农村基层党组织统领乡村振兴的“莱西经验”》，《中国领导科学》2021年第1期。

化调整，使其在村民中具有广泛的组织力。

（二）提升村级干部综合能力

近年来，莱西市采取选人方面不断拓宽渠道、教育培训方面持续进行跟踪、考核方面保持适度管理等措施，以提升村级领导团队的全方面素质为目标，以发挥村党组织带头人的“头雁效应”为途径，致力于打造一支充满激情、勇于担当、富于创造的村级党组织领导队伍。[①]

1. 拓宽干部选拔的渠道

由于莱西市在较短的时间内进行了较多的村庄合并，全市行政村由861个减少到111个，因此必须打破原有的就村谈村的干部任免方式，需要把村党组织属地的人员选拔范围扩大。为此，莱西市出台加强新村党组织书记专业化建设的意见，拓宽选人渠道，大幅提高非公务员、事业编制身份新村党组织书记待遇，对于党政群机关和事业单位干部、退役军人、离职退休和返乡创业等人员公开选拔村党支部书记，共选拔了1732名党员干部充实农村基层党组织班子，公开遴选30名村党组织书记、选派55名专业党建工作者到村任职[②]，通过村党组织原有成员传授经验，深化搭建并拓展适合本地优势的乡村振兴平台，充分运用本土人才熟悉本地情况的优势，发挥具有丰富农村工作经验和农业方面特长干部的作用，打造专业党建工作者队伍。变“矬子里面拔将军”为“将军里面挑统帅”，促进了党基层组织向纵向方向的不断延伸。

2. 丰富教育培训的内容

莱西市基层政府定期举办村党组织书记培训班，集中学习有关乡村

① 中共莱西市委组织部：《莱西市“选、培、管、用”四位一体锻造乡村党组织带头人队伍》，2020年8月7日，https://baijiahao.baidu.com/s?id=1674324263677367732&wfr=spider&for=pc&searchword。

② 中共莱西市委组织部：《深化拓展“莱西经验” 全面推进“一统领三融合”》，2022年7月28日，https://www.163.com/dy/article/GA5I0MHI0550IK9C.html。

振兴的政策理论，着力提高各村第一书记的思想高度和理论水平。并组织各村党支部书记到烟台、临沂、东营等地学习村党组织领办合作社、当地乡村振兴先进案例、村党组织建设经验，并督促其将学习经验落实到实践当中。在日庄镇沟东新村，村党支部建立了“三同”教育培训基地，党员干部与农民同吃住，实现深入交流，以便给农民提供更优质的服务。采取与村民面对面沟通交流的方式做到把思想灌输和产业启发相结合，把理论落实到实践中去。另外，针对工作中难以解决的日常性问题，要经常邀请市委常委到村讲课，采取线上线下相结合的方式对村党组织书记进行培训，并建立了考试、问答等测试机制确保培训效果。通过这些培训方式和培训内容，大大增强了基层党员干部的内心归属感和工作目标感，并能把在培训中所学的理论知识结合到工作实践中去，真正为群众办实事、办好事。

3. 实施严格的考核制度

实行“三考一问”，即市对镇、镇对村、村对“两委”成员，三级联动，采取专项述职、查看档案、民主评议等方法进行考核，该考核主要针对的是镇村等基层干部培养机制不健全、形式主义严重等问题，后续对没有达到标准的党组织进行问责。上级党组织将逐级约谈考核不合格的党组织的具体责任人，这种考核制度标志着村级基层干部培养过程和使用过程的可持续性、长效性机制的建立。[1] 为了激活党组织书记带领镇各党支部甚至全村进行乡村产业振兴实践的激情和活力，根据不同村庄面临的实际情况分别设置重点突破目标和每年的年度目标，将目标完成数量和质量情况的评估纳入考核体系中。通过以上种种方式，在莱西的基层党组织当中，形成了一股干实事的紧迫感，各级党组织干部也能在不断的学习和自我激励中将老百姓的利益始终放在第一位，创新自

① 方晨:《莱西市探索完善“三位一体”机制加强村级后备干部队伍建设》，2017 年 9 月 14 日，https://3g.163.com/local/article/CU9R0KJV04378KA1.html。

己的工作思维和工作方法。

（三）构建村级干部激励机制

总体上来说，莱西市在近几年大力鼓励村党组织领办合作社，把村党组织书记作为合作社的第一负责人，并且赋予其引领乡村集体经济发展方向的职责。这种职责并不是让基层党组织负责人滥用权力或实现一己私利，恰恰相反，配合有效的激励措施，村党组织书记需要不断地学习考察，并结合本村情况提出未来的发展规划，因此就需要强化激励措施，建立健全激励措施。

莱西市龙水社区服务中心中周格庄自然村党组织在过去明显缺乏凝聚力，信访矛盾问题尤为突出，一度被列为软弱涣散村。为解决以上问题，龙水新村党组织针对村干部、党员、群众 3 个不同群体，分门别类实施“三级考评”管理办法。以中周格庄自然村为试点，按照个人建立动态积分管理台账，激发党员干部做实事的积极性，为了提升该村基层党组织的组织能力，村党支部积极开展“干部联片、党员包户”工作，构建以村干部带头、广大党员积极参与的工作联动体系。[①] 此外，中周格庄党支部在龙水社区服务中心党委和龙水新村党委的指导下，创造性地对党员实行了积分管理，进一步完善了党员先锋指数考核评价体系，设置了组织星、模范星、义务星、和谐星、荣誉星、智多星等，通过指标来衡量党员所做实事、衡量党员态度、评定党员等级。自从积分制度实施以后，群众评价党员就有了具体的标准，积分多少直接和工作实绩挂钩，在党组织内部形成了一种“你追我赶”的激励机制。尤其是新冠肺炎疫情防控期间，党员干部基本都坚守一线，主动承担相应义务，摸

① 谢浩军：《“党建 + 积分”，激发乡村治理活力！莱西市龙水社区服务中心探索发展村级“三级考评”管理》，2021 年 3 月 31 日，https://baijiahao.baidu.com/s?id=1695738158431027023&wfr=spider&for=pc&searchword=%E8%8E%B1%E8%A5%BF%E5%B8%82%E6%9D%91%E7%BA%A7%E5%B9%B2%E9%83%A8%E6%BF%80%E5%8A%B1%E6%9C%BA%E5%88%B6。

排人员信息、宣传防控政策时，更是随处可见他们的身影，当村中某些家庭生活出现困难时，该村党支部的党员们也能够主动带头捐款，并且轮流照顾生活有困难的群众，充分体现了党员先锋积分制度的优越性和长效性。

另外，在政策性文件《莱西市新村党组织书记专业化管理实施办法》中明确提出了管理新村党组织书记的 4 条激励方法，按照平均每人每年不低于莱西市上一年度农村居民人均可支配收入 1 倍的标准，核增专业化管理专项补贴，从青岛市财政补助的村党组织书记待遇报酬中统筹解决的专属补贴激励；也包括对纳入专业化管理 5 年以上、贡献较为突出、岗位目标考核后 3 名不超过 2 次且正常离任的新村党组织书记，由镇党委组织荣休仪式，颁发荣誉证书。对纳入专业化管理 5 年以上的新村党组织书记，发放不少于 3 万元的一次性荣休奖金；最后还将未达到法定退休年龄的专业化新村党组织书记，纳入住房公积金缴存范围，以莱西市上一年度最低工资标准作为住房公积金缴存基数，按照市财政、个人各 5% 的比例进行缴纳，每年为专业化新村党组织书记统一办理人身意外伤害保险，统一组织到医院健康查体的专属福利待遇。通过这些激励手段，在全莱西形成一种各新村书记争先恐后、实干创新的良好风气。[①]

二、夯实村民自治基础，激发村民参与内生动力

（一）树立民主观念

民主观念的拓展与提升不仅仅要依靠相关民主制度的完善，更重要

① 中共莱西市委组织部：关于印发《莱西市新村党组织书记专业化管理实施办法（试行）》的通知，2022 年 6 月 14 日，http://www.laixi.gov.cn/zmgt_16/jyta_16/ztqk_16/202212/t20221201_6529788.shtml。

的是让民众在潜移默化中了解参与式民主的好处，并且知晓能够有效发声的渠道，懂得如何高效利用。“以村民自治为基础，搞好民主政治配套建设”，是“莱西经验”的重要创新[①]，“莱西经验”所塑造的良好干群关系不仅是党组织现代化的基本保障，更是使民主观念深入人心的重要基础，是在充分调动农民群众参与热情的基础上产生的。乡村振兴，主体在民。在全面实施“乡村振兴”的战略背景下，如何发挥“亿万农民的创造精神”，如何保障农民能够在这一战略的规划进程中起主导性作用，就必须树立坚定的民主观念。

在新时代，广大农村社会已经出现许多不同种类的利益诉求来满足日益丰富的物质和精神需求，实践表明，单纯的村民自治已经难以满足乡村治理的现实需要。针对此类问题，莱西市建立健全了党组织领导的“制度配套联动、党内民主带动、自治法治德治融合推动”的村级民主治理机制，“莱西经验”提出的以党支部为领导核心的村级组织建设，科学地回答了新的历史时期如何加强农村基层党组织建设的一系列重要问题，这是“莱西经验”最为突出的贡献，使民主化观念深入人心。

（二）实行民主决策制度化

莱西市创新开展的村民“民主日”活动，以“因村制宜、分类指导”为实施原则，避免“一刀切”，一开始，民主日活动内容主要集中在政务公开方面，但是随着村民诉求的日益多样化，其活动内容逐渐向经济发展、精神文明、道德建设等领域拓展；在活动程序和具体操作上，坚持“报告工作、分组讨论、提出意见或建议、答复意见或建议、村民议决村务、民主评议村干部、包村干部讲评”七步走，对市领导包镇、市直部门和镇办领导包村、活动前准备、村务财务公开、活动后续工作等

① 纪玉水：《从“三配套”到“一统领三融合”——农村基层党组织统领乡村振兴的“莱西经验”》，《中国领导科学》2021 年第 1 期。

各个环节都作了严格规定，并以制度形式固定下来。直接以“民主”二字命名的“民主日”活动，虽然早在十几年前就已经提出，但在全国实行乡村振兴战略的今天依然有十分重要的借鉴意义，因其基本保障了村庄中各个类别不同人群的发声权利，并且能够直接参与到与村民日常工作生活息息相关的从物质到精神的公共事务的定夺和实施，这与近几年提出的农民是参与乡村振兴主体的理念不谋而合，也是莱西民主决策制度现代化最有效的佐证。

2019 年以来，莱西市日庄镇沟东新村大力推进“三治融合”，为创新扩大村民参事议事渠道，保障民主决策制度化，该村建立了协商议事会制度，形成了“大事共办、民事民办、难事商办”的社区治理生动局面[①]，在具体实践方面，沟东新村在 2022 年前要修一个占地 9 亩的文化广场来丰富村民的公共生活，但规划用地中有很大一部分土地属于村民的自留地、场园地等，仅补偿一项就得花去 100 多万元，因此，修建广场的预算将大打折扣，广场质量也将得不到保障。为此，村里召开了协商议事会，会上有相关利益牵扯的村民在了解到修建广场的作用时纷纷表示，为了全村的利益和政府的规划能够顺利进行，主动放弃了补偿。村民利益无小事，沟东新村党员干部也在逐渐地将被动服务转变为主动服务，能够入户宣传政策，新冠肺炎疫情防控期间能够主动坚守一线，排查村民信息，这些都是协商议事制度传递给党员干部的巨大影响。

（三）实行民主监督常态化

青岛莱西市马连庄镇仲格庄自然村在过去几年间的发展严重滞后，究其原因就是没有一个坚强的领导班子带头。针对此类情况，马连庄镇通过按照区域化实施基层党组织重构，果断组建马连庄新村党委，于乐

① 姜晓梅、孙环宇：《山东省莱西市沟东新村：协商民主求出村民利益需求“最大公约数”》，《中国民政》2020 年第 19 期。

美担任党委书记，她从党员抓起，通过调动党员发挥先锋作用的积极性，强化建设党组织战斗堡垒，高效利用村规民约来提升农民的素质和思想道德水平，有效地解决了许多长期困扰该村村民的日常性难题。①针对头等容易出问题的财务问题，于乐美和党委其他同志坚持“四议两公开”制度，对村里的财务支出持续追踪，最终形成凡超过 300 元的开支，必须由“两委”成员集体签字确认的制度，这种机制保障了村民对村务执行的基本监督权，不仅多年来没有发生过财务问题，还提高了村民对这一任干部领导班子和政府的信任度。

另外，为进一步强化上级和村民对村务的监督，莱西市政府在全市各镇、街道办等设立了专门的监督员，用来监督各村村务、财务的实际状况，为不公开或假公开问题设立完善了监督处罚制度。李权庄镇某村党支部书记和另外一名村干部以权谋私，几年前私自将集体所有的 33.4 亩机动地分给 5 户村民承包。此事在村务公开活动中引起群众的强烈反应，廉政监督员迅速报告了镇党委，镇党委在得知后及时采取补救措施，对该村党支部书记和另外一名村干部给予严厉的党纪处分，并收回土地，重新面向社会公开承包，此事表明任何领导干部的行事必须时刻从追求人民群众利益的角度出发，这样才能将老百姓对政府的信任度最大化、各项工作才能有序开展。

民主监督作为“自下而上”的普遍性的、非权威性的监督，主要方式是人民群众通过一定的渠道合理向政府反映自己的建议，使自己合理表达的利益诉求纳入政府政策制定收缩考虑的范围当中，协助党和政府改进工作方式、提高工作效率、克服官僚主义。因为民主监督不具有法律的强制力和纪律的强制性，其意义和作用往往不容易被群众所理解，在实际工作中也往往被一些领导人和工作部门所不重视。但是，以上两

① 中共莱西市委宣传部：《青岛莱西：乡村治理向“多元共治”转变》，《经济日报》2020 年 10 月 15 日。

个例子表明莱西市的乡村振兴工作，已经将人民参与政治最直接的方式的民主监督根据各个村不同的情况制度化，从信息公开制度到财务审批公开监督制度，莱西市从人大会议到各个村庄的基层党支部，均高度重视民主监督的作用，为了让老百姓切实感受到党和政府的温暖，保障农民群众的合法权益，深化拓展民主监督的渠道也有利于将有限的资源最大化地用于促进农村经济发展上面，提高农民的生活水平和生活质量，加快提升新时代美丽乡村建设的速度。

三、壮大集体经济规模，增强集体凝聚力

（一）强化党组织领办合作社

党组织领办合作社是大力推行乡村振兴、实现加强基层党组织建设和引领农村经济发展的重要平台。自 2020 年起，莱西市为了发展壮大集体经济，将党支部的政治引领、合作社的抱团发展、群众的能动作用等有效融合，探索出了一条新时代党组织领办合作社促进乡村振兴发展的创新性路子。[①]

在水集街道，有一个村庄叫作产芝村，虽然该村靠近城区，但由于没有能够带动全村发展起来的特色产业，几年前的村集体年收入还不足 3 万元，相比本街道乃至整个莱西市的其他村庄，经济相对薄弱，农民的人均收入更是不高，但随后在街道党工委的介入指导下，该村党支部成立了乡村旅游专业合作社，该旅游合作社与传统意义上的合作社发展思路不同，并不基于开发自然旅游路线进行铺天盖地的宣传，而是采取一种村集体和村民共同入股的方式展开农场旅游等项目，具体方式是村集体出资金和固定资产、村民以劳动力和土地入股。这种方式将村集

① 王晓燕、马新明、刘华彬：《支部引领致富路—产业振兴惠民生——莱西市大力推行党组织领办合作社》，《中国农民合作社》2021 年第 12 期。

体和村民紧密结合起来，既能克服农民没有资金、集体缺乏土地的缺点，又能发挥村集体的组织动员能力和农民的劳动力等优势，二者相得益彰。这种多元化的旅游模式既能体现当地农村的特色，又能依据每户村民的家中资源不同合理开发，增加收益。自此，产芝村 110 套闲置房屋、500 多亩耕地成为村民眼中能够带来巨大收益和分红的“香饽饽”，村集体年收入也从每年不到 3 万元增长到每年 80 多万元。[①]

莱西市大力鼓励党组织领办合作社，是为了引导更多农户进行土地流转，鼓励支持真正为农民服务的懂技术、会管理的农业服务公司统一托管农民承包地，更是为了发挥莱西特有农业优势，产生单一农户生产所不具备的规模经济效益，实现农业产业发展和农民增收致富“双丰收”。2020 年，莱西市望城街道的后堤新村党委在莱西市农业农村部门引领下，成立了莱西兴堤农业专业合作社，首批入社村民 31 户、入社土地 200 多亩。在收益分配上，兴堤农业专业合作社在年底收益留存公益金后，剩余收益按照“七二一”原则进行分配，以 2021 年为例，在合作社收成不错的情况下，年底共收益 20 多万元，村集体增加收入 2.8 万元，村民直接收入更是达到 10 多万元。此举不但能增加农民的收入，还能使其在心里对党支部领办合作社的认同感更上一层楼。[②]

“政府主导 + 股份合作”模式使莱西市马连庄镇集体经济的发展在近几年有了质的提升。因为位于莱西与招远、莱阳的交界处，地理位置相对偏僻，几年前也与大部分贫困村一样，没有特色产业作为支撑，各村集体经济也比较落后，2018 年该镇政府将各村的荒山、荒沟、荒丘、荒滩等未利用的“四荒地”均划入村集体经济合作社，并以超出农户土地流转价几倍的价格、在农民自愿的基础上吸纳农户入股，然后村

① 青岛新闻网：《拓展“莱西经验”莱西持续推进乡村全面振兴》，2021 年 6 月 17 日，http://m.thepaper.cn/baijiahao_1319255。

② 陈志伟：《党支部领办合作社村民领到“新年红包”》，2022 年 1 月 18 日，https://baijiahao.baidu.com/s?id=1723149866587824213&wfr=spider&for=pc。

集体经济合作社以经营权入股成立马连庄农业发展有限公司，由镇农业发展有限公司针对土地情况统一对外招商，与需要特定土地的投资企业签订土地流转协议。这种模式适合土地面积比较大，但开发程度不高的镇村参考，土地利用程度高；在每年都有干股分红的情况下还能提高农民收入；最主要的一点是增加集体收入，马连庄特有的土地流转模式中，村集体收益不仅要占土地流转价的20%，而且还享有“四荒地”等土地租金及企业分红收益，走出了一条村集体稳步增收的新路子。最后，因为土地在2021年流转，不少村庄里的劳动力开始外出就业，留在村庄内的很大一部分老人也开始进入各农业园区工作，在劳动付出不增反减的情况下，一天还能增加百元左右的收入。这种模式有效克服了单一农户经营土地的成本过高，且土地流转容易出现的流转价格失真、土地资源浪费等问题，运用政府的力量进行干预，增加了村民和集体的收入。[①]

此外，莱西市为发展壮大村级集体，促进共同富裕步伐的加快，于2022年6月率先成立村级共富公司。依托姜山新村是新城建设核心区、重点工业区，村内有高合汽车、国轩电池、海诺生物等多家企业，学校5所、各类商铺200余家，姜山新村经济合作社全额出资成立共富公司——青岛莱西市姜山众合开发建设有限公司，由新村党委书记、新村经济合作社理事长担任公司的法定代表人，兼任公司执行董事。公司采取市场化运作模式，目前，在基础设施建设服务上，已依法承收今年计划实施的52个、预算692万元的各类村级工程，年内为集体增收70万元以上。盘活集体资产，将振兴街统一规划，打造成夜市一条街，发展市场经济，目前已成功举办美食节活动，吸引商户58户，吸引游客2万人次，带动消费50万元；已盘活原后庞村委办公室、姜山三村

① 中共莱西市委党校课题组：《乡村振兴视域下农村集体经济发展模式的比较分析——基于青岛莱西市的调研》，《青岛行政学院学报》2021年第4期。

集体宿舍楼等集体闲置房屋 200 余间，整修后整体租赁，年可增加集体收入 20 多万元。在党组织领办合作社的主要领导下，共富公司经验探索也标志着莱西在深化拓展“莱西经验”、探索共同富裕新路径方面迈出坚实一步。[①] 总体来说，莱西市作为山东省的农业大市，担负着相当一部分为国家产粮的责任，在近些年来通过党支部领办合作社大力开展土地流转，采取“合作社 + 农户”“公司 + 农户”等模式，共成立党组织领办合作社 158 家，新村党支部领办合作社覆盖率达到 100%。2021 年，累计经营收入 2 亿余元，带动村集体增收达 300 多万元。共有农民专业合作社 3879 家、联合社 55 家，辐射带动农户 10 余户，增加群众收入 8000 余万元。[②] 实现土地规模经营 70 多万亩，占全市农田的七成半，帮助 16 万多农户收入实现大幅度增长。

（二）培育新乡贤

新乡贤是指在当代乡村，一些曾为官在外而后重回家乡，或在外取得一定经济上的成就却具有家乡情怀并且愿意返回故乡的人。新乡贤既可以在道德上指引乡民、在生活中扶助乡民，同时还可以起到新文化、新观念、新思想、新技能传播者的作用。[③]

与传统乡贤概念不同的是，新乡贤不具有传统乡贤所表现出来的古板性和绝对权威性，他们所带来的并不是能使一方水土产生荣耀性自豪感的物质，而是能够通过自己的才能和品行，引领和带动某项基层产业的发展，并通过自己优秀的道德品行去改造思想观念普遍落后的农村地区，最为重要的是他们所具有的乡土情怀，出身本土使新乡贤能够在物

① 莱西市农业农村局：《共富公司企业——姜山众合开发建设有限公司简介》，2022 年 7 月 21 日，https://www.guanhai.com.cn/p/212976.html。

② 中共莱西市委宣传部：《莱西市积极发展农民合作社助力农民持续增收》，2022 年 7 月 20 日，http://www.qingdao.gov.cn/zwgk/xxgk/fgw/ywfl/cyfz/202212/t20221229_6584917.shtml。

③ 刘学智：《乡贤、新乡贤与社会主义核心价值观》，《西安晚报》2016 年 11 月 30 日。

质条件并不是十分丰富的情况下心甘情愿地运用自己的能量为家乡作出贡献，因此，吸引新乡贤回乡是目前乡村振兴的主体由政府变为村民，并且取得更加优异成效的成本最低且最有效的方法。

作为打造乡村振兴齐鲁样板的重要示范城市，莱西市共开放了 100 个村庄面向全国招募“乡村振兴合伙人”，分三批次进行。该招募计划不仅面向莱西本土在外创业的返乡乡贤，更是面向全国热爱“三农”工作，情系乡村故土，有志于在广阔乡村干出一番事业的企业家、创业者、规划师、种植大户、技术能手等，通过这些乡村振兴合伙人的资金优势、技术优势、资源优势等，不仅能够实现各个村庄的产业振兴，更能够扩大就业、吸引人才，实现人才振兴。对此，莱西为有志返乡创业的乡村振兴合伙人安排专门队伍提供“一对一”服务，在项目报批、土地流转、资金补助等方面给予优先安排。着力打造最优环境、开放场景、共享资源，为其解决发展中遇到的困难，做到有求必应、无事不扰。根据具体项目不同授予合伙人“招商大使”“名誉村主任”等称号，出台针对性的关爱措施，[①] 并且将 100 个村庄的首批 20 个村庄的具体发展情况和重要需求点向全社会翔实公开地进行介绍，大大增加了该计划的透明度和吸引力。

莱西市沽河街道前我乐村，在 2015 年之前还是一个没有特色产业的贫困村，村里的老龄化现象十分严重，小学数量从 2008 年的 8 所下降到后来的 0 所，村集体收入和村民的年人均收入常年维持在比较低的水平，后来因为国家产业扶贫项目的大规模开展落实以及受到邻村种瓜果和玫瑰花的启发，由村集体出面，找到从该村走出的在外承包冷库的张姓村民来对村庄的下一步发展出谋划策，在他的建议下，前我乐村成立了党组织领办的合作社，开始普及大棚葡萄的种植方法。能人回村，

① 路雯雯：《青岛莱西邀您共绘乡村振兴齐鲁样板新画卷——100 个村庄面向全国招募乡村振兴合伙人》，2022 年 5 月 15 日，https://baijiahao.baidu.com/s?id=1732842317655763903&wfr=spider&for=pc。

带领致富，一开始前我乐村的村民都不相信村里的现状能因为他的归来有所改变，但新乡贤秉持着为村庄办实事的想法，在明知道村民没有财力建造大棚的情况下，贷款为村民们建造一个成本近十几万元的葡萄大棚，并低价出租给农民。以合作社为平台，传授首先学习葡萄种植的村民种植经验。因为“乒乓球”葡萄的种植成本较低，大棚的维护费约为每亩每年1万元，且收益较高，最高每亩每年为9万元，不出几年，几乎所有的村民都种植起了葡萄，其基本均为自有大棚，截至2022年年初，全村1200户人家有2/3的户主都以种植葡萄为生。因为新乡贤回村引领和带动葡萄大棚这一基层产业的发展，前我乐村农民的人均年收益和村集体收入均有了质的提升。近几年，当地镇政府也看到了这一产业能够发挥的巨大作用，也承诺在一定区域内种植将补贴一个大棚5000元，自此，前我乐村的葡萄大棚种植产业彻底形成具有村特色的支柱产业，还吸引了不少城里人前来承包大棚，成为典型的乡村振兴中的产业振兴的范例，前我乐村村民的日子也将越来越红火。

同样的，身在莱西市姜山镇兴隆屯的王志涛也是新乡贤中的优秀代表之一。王志涛高中毕业后一直在上海从事物流工作，生意做得非常不错，但王志涛的抱负始终在家乡，一直有为家乡做些事情的梦想的他在2004年选择回到兴隆屯，一开始搞起奶牛养殖业，随着养殖规模不断发展壮大，王志涛前后共租赁了1200亩地，建立起家庭农场，并形成了环保高效的“绿色循环发展”模式。本着“自己富了不算富，关键让群众走上致富路”的理念，王志涛总结得出大量的家庭农场发展经验，并打算在日后用于推广。终于在2014年，王志涛与村级干部群众合力组织成立了隆硕丰小麦专业合作社和农机专业合作社。一开始王志涛利用自己的资源优势为合作社社员需求的农资实行购进的平价销售。后来因为该村小麦种植规模大、口碑好，2020年社员销售的小麦价格每斤就比市场价高出0.1—0.15元，合作社的社员由于进行集中销售获得了较大的规模利润。随后王志涛又将隆硕丰合作社运营产生的经济效益，全部以分红的形式发放给合作社成员，用这种方法凝聚社员，充分发挥其生产积极性。王志涛和兴隆屯党组织成员在多年的实践运营中也意识到无论是合作社经营还是村庄管理，都需要考虑不同村民的利益诉求，凡事大家商量着来才是最好的解决方式，为此，他创立了“三议”工作法，[①] 具体做法是村庄和合作社所面临的问题和待处理的事项，首先由相关负责的专业人员提出合理化建议，其次由村里党员、群众代表、合作社社员代表共同商议，最后在集思广益的基础上共同形成决议。这种方法在实践中效果显著，不仅保障了群众的权益，还保障了村务的高效办理，提高了村民的满意度。

新乡贤在新时代的乡村振兴中充当桥梁作用，他们是乡村公共事务的引领者和直接参与者，为调节乡村内的矛盾和实现乡村自治贡献出重要力量。在当今的社会发展背景下，新乡贤回乡的重要创业和带领村民致富的方式就是与村党组织共同开展合作社的运营活动，根据本村的特色找到合作社发展的突破口和后续方向，结合新乡贤的资源优势创新村级管理模式，最终达到村民自我管理、自我服务、自我发展。通过新乡贤的个人魅力和实干经验带头促进群众的共同富裕，同时也能深化农民对政府的认同感，增加生活的幸福感。

第二节　诸城探索：党建全域化引领乡村振兴

改革开放以来，诸城市先后创造了贸工农一体化、农业产业化经营、农村社区化发展等一系列农业农村发展的经验。近年来，诸城市以习近平总书记肯定的“诸城模式”为动力，以乡村振兴“二十字”总要

① 程强：《能人领办合作社乡村振兴共致富》，2022 年 2 月 7 日，https://baijiahao.baidu.com/s?id=1724090469616688182&wfr=spider&for=pc。

求和“五个振兴”总目标为引领，全领域推进农业农村发展和产业化进程。基于此，本节将重点探讨“诸城模式”是如何统筹融合各类党建资源，以“党建区域化”推动治理水平和公共服务水平提升，以及诸城市“农业产业化”“农业融合化”发展路径和经验，最后分析诸城市“农村社区化”发展模式及成效。

一、构建党建全域化

党建全域化是在坚持全域统筹、一体发展的理念下，突破城乡、行业、体制等限制因素，全力推进县域党组织体系建设融合发展的一种党建新模式。区域化党建相比传统的“单位党建”或“社区党建”扩大了党建引领的边界，并在整合资源、搭建网络化治理结构方面具有明显优势；在实践层面，党建全域化不仅扩大了党组织自身的工作覆盖[①]范围，同时也提升了基层党建的社会化程度。党的十八大以来，诸城市委全面开展了对“三农”工作的领导与部署，积极开展党建全域化尝试与探索，并以农村社区党建、城乡党组织联建、农村“两新”组织党建和智慧党建四位一体的模式呈现。

（一）创新农村社区党建

2007 年开始，诸城市按照服务半径 2 公里左右，包含 5 个左右村庄、1500 户左右的标准，打造“多村一社区”的农村社区模式，把全市 1249 个村庄共规划组建成 208 个农村社区，把党建工作和农村治理转化成社区层面的工作，农村社区化是适应基层治理新形势、坚持治理重心下移的成果，并且诸城市积极探索推行党建引领“微治理”工作模式，构建“市委—镇街党（工）委—社区党委—网格党支部—街巷党小

① 谢方意：《区域化党建：内生逻辑、功效与路径》，《探索》2011 年第 4 期。

组—党员中心户”一贯到底的党建引领治理服务体系。并创设发展服务发展型、区域管理型党支部，加强农村社区自组织、社区集体经济组织、社区配套组织等建设。

1. 创设服务发展型功能党支部。根据社区群众的多样化需求，整合不同职业、兴趣、年龄段的党员，探索形成以功能服务为导向的党支部，开展具有针对性、精准化的服务。如在工商业较发达、个体工商户数量较多的社区设立个体工商党支部，工作内容主要围绕监督个体工商户的经营行为，以提升商户的依法、诚信经营程度，同时加强与从事个体工商业群众的联系，监督的同时注重帮助他们解决经营和生活中的困难，以调动他们参与社区建设的积极性。

2. 创设区域管理型网格党支部。党的十九大报告中提出，要加强农村基层基础工作，健全自治、法治、德治“三治合一”的乡村治理体系，在这一背景下网格党支部应运而生，网格党支部能够有效营造涵盖组织建设、资源同步、机制对接等功能在内的“三治合一”的社会治理格局。诸城市根据社区居民居住状态，按照“就近管理、就近活动、就近联系”原则，采取“1+N”模式，“1”是指充分发挥党委（党总支）的领导作用，“N”则是在每个农村社区内设置服务中心党支部和若干个网格党支部，发挥区域网格政治核心作用。

3. 加强社区自组织建设。诸城以单个农村社区为基本单位，经过一定的程序选举出各社区村（居）委会和小组长及代表，成立下属委员会和社区事务监督委员会，委员会的主要工作内容在于确保社区内的日常社会保障工作顺利进行，以及调解社区矛盾、维持社区生活稳定等。

4. 成立社区集体经济组织。为进一步加强对农村内集体资产的管理，提高资源利用程度，诸城市依照“稳步推进、分步实施”原则，以自然村为基本单位选举产生了1238个经济联合社，经济联合社以确保社内成员自身利益、满足成员基本利益诉求等为基本工作内容，并负责对社内集体资产进行日常管理和运营。

5. 完善社区配套组织。立足于社区，建立健全工会、青年、妇女等社区群团组织，并指导形成行业协会、中介组织、志愿者团体等新兴经济社会组织，给予相应的管理。

（二）推动城乡党组织联建

为进一步解决全市城乡之间“城乡经济、社会事业、城乡公共服务、城乡基层组织建设发展不平衡”等问题，诸城市自 2007 年开始探索以“城乡党组织联建”为重点的实践，以党组织间以城带乡作用促进城乡党组织共同发展，进而实现城乡各类资源要素的优化配置。至 2019 年，诸城市共引导成立 309 个跨区域、跨行业联合党组织，具体实施路径是发挥管理理念先进、综合实力较强的城市社区示范引领作用，带动发展速度迟缓、集体经济薄弱的农村社区党组织，提高城乡间一体化程度，主要做法有组织联建、经济联合、人才联动、文化联姻和生态联保。

1. 加强组织联建

诸城市推行的城乡党组织联建，以组织体制层面的创新加快了城乡融合步伐。具体措施有：一是精准联建“强组织”，将发展相对落后的农村党组织，引导其与至少一个城市党组织开展联建工作，根据市直部门单位、城市社区、企业等各自优势，共组建 309 个联建党组织，基本思路是政法部门与乱村联建，经济部门、企业等与穷村联建。二是通过建立健全相关制度，使联建的农村党组织积极落实“三会一课”、支部生活日、集中议事学习日等基本制度，以此督促党组织的规范化运行。

2. 坚持经济联合

一是为项目化建设实施任务制，即在每年年初制定出台本年度在集体经济发展、产业规划等方面的联建项目，建立工作台账，并向群众公示，2019 年年底共确定年度联建项目 1628 个。二是吸引城区资金、人才、产业等资源下乡，以先进技术盘活村庄内闲置资源，13 年来诸城市累计向农村投入资金 120 多亿元，共建立特色产业园区 132 个、入驻企业 1229 家。三是制定工商资本与村集体经济联合双赢策略，推行社区公司带动、美丽经济开发等 10 种村级集体经济增收方式。[①]

3. 坚持人才联动

一是引导城市人才下基层，诸城市市直部门先后选派 189 名联建人员，负责担任农村党组织书记和第一书记，所选派人员皆为优秀党员干部，并成立 175 支党员专业服务小分队，分管队内的金融顾问、发展顾问等人才资源负责为群众提供一对一精准化服务。二是推行“百名家庭农场主学历提升”“千名青年农民技术培训”“万名本土人才培养”计划，共培训农民近 2.5 万人次，有助于加快新农民的培育。三是引导在外人才返回乡村，相关人员建立在外人才互助交流群，2019 年春节期间各联建党支部先后与 500 多名在外人员实现对接，利用远走他乡的人才普遍存在的“乡情”“乡愁”情感契机，共激发 184 人的回乡意愿。

4. 坚持文化联姻

一是组建“五老”志愿者服务队，目前拥有志愿服务队 230 多支，成员 3000 余人，在自治、法治、德治“三治融合”的基础上，发挥老党员、老教师、离退休干部的力量，帮助宣扬红色文化和本村特色文化。二是培育良好文明家风，提升文明水平，深入挖掘模范榜样，指导开展最美家庭、身边好人等表彰评选，教育农村百姓形成良好家风。三是联建党组织依托原有村级活动场所，打造村级文化室、文化活动广场等集中的文化活动场所，积极开展文明示范街等创建活动，有效解决了乡村公共文化设施短缺问题，通过组建各类文艺团队，常态化举办各类文化活动，促进城乡文化交融。

5. 坚持生态联保

联建党总支在“绿水青山就是金山银山”理念的影响下，积极构建

① 资料来源：《诸城市乡村党建创新性案例材料：以城乡党组织联建推动城乡融合发展的探索实践》。

城乡绿色发展、人居环境综合整治的可持续生态格局，让良好生态环境成为村庄发展过程中的显著优势。首先从助力美丽乡村建设入手，联建党总支以美丽宜居范村为落脚点，投入了大量人力、物力等资源，积极推进“厕所革命”、城乡环卫一体化等进程。其次助力城乡环境整治，开展省级森林城市、森林乡镇、森林村居“三级联创活动”，杜绝城市污染流入田间地头，破坏乡村生态环境。最后联建党总支采取各项措施构建城乡融资机制吸引工商资本回乡，投入乡村大果园、大花园、大茶园等田园综合体建设，从而以生态振兴为支点撬动乡村全面振兴。

（三）优化“两新”组织党建

“两新”组织是对新经济组织和新社会组织的简称，诸城市作为中小企业产业制度改革的先行者，“两新”组织发展势头良好、后劲十足，为进一步引导和推进“两新”组织健康发展，带动农民增收、经济繁荣，诸城市坚持把基层党建与产业发展结合在一起，创新推行“三上”工作法，将基层党组织建设成为推动转方式调结构、加速新旧动能转换的“红色引擎”。

1. 推行“三上”工作法

（1）党支部建在班组上。诸城市遵循将党建阵地下沉到“第一线”，将党建资源下沉到车间、班组这一发展路径，能有效实现党组织渗透到企业生产经营、日常管理中心，并实现党建工作与生产经营的结构化整合，可以更好地凝结党员群众、推进生产经营。目前，诸城市共有 400 余家企业在车间、班组设置党支部或党小组，按照“三上”工作法建成诸城市两新组织党建示范点 22 家、潍坊市级“两新”组织党建示范点 8 家。

（2）活动开展在生产线上。诸城市坚持将党建工作搬进田间地头和生产车间，实现了党组织生活与生产经营齐头并进，让党组织活动更有成效、更具新意。以诸城市南湖区常山社区的果品经济发展为例，为解决当地果品更新较慢、技术指导落后等问题，社区副书记在引进农林科技孵化器项目、建设南湖万亩果品生态产业园的同时，成立了诸城市南湖万亩果品生态产业园党总支，最大限度整合资源，遵循“合作社里建支部，党员带着社员富”的基本思路，将党支部建在合作社和农场，组织党员深入农田开展技术指导、劳务输出、果苗销售等服务，做到了学理论与学技术、学管理、学经验相结合，以党建工作的开展促进农民节本增收。

（3）党员奉献在先锋岗位上。党员是产业党建中的重点，首先开展党员先锋岗评选活动，促使党员积极参与创先争优活动，可以使奋斗在一线的党员职工增强工作责任感，牢固树立“无责变有责、有责变有为”意识。[①] 其次注重发挥党员同志的引领作用，推行党员选岗、党员让岗、支部定岗的“三岗”管理模式，并成立党员攻坚队，排查攻克生产经营活动中的重难点问题，真正让党员发挥先锋模范作用，成为“挑大梁”的人才。

2. 实施“红色引擎”工程

（1）创建红旗支部。红旗支部通过高标准验收评估择优选拔出一部分经济效益突出、组织内部运行良好、党建工作基础扎实的“两新”组织进行重点培育，并实行党员计划单列，给予一定活动经费。

（2）认证红领党务。诸城市定期召开“两新”组织党员培训活动并进行高级、中级、低级资格认证，以切实提高党务工作者的业务能力与水平，加强了“两新”组织队伍建设。

（3）评选红星工匠。定期举行各类技能大赛，并分别评定一星、二星、三星、四星、五星级工匠，根据评定结果对表现优秀的党员人才进行物质奖励和精神奖励，以表彰形式激发一线党员职工的工作动力和热情。

① 中共党校党建教研部课题组：《诸城“三农六化”的创新实践》，北京，中共中央党校出版社2018年版，第257页。

（4）红色薪酬激励。为有效激发党员立足岗位创先争优热情，诸城市在进行教育引导的基础上，根据党员参与组织活动和发挥作用的情况，以每月100元为基数发放学习资料补贴，很大程度上克服了有些党员不愿意将组织关系转入企业、党员身份意识不强、混同于一般职工等问题。

（四）打造"智慧党建"新模式

通过"四个系统"打通互联互通渠道，打造"智慧党建"新模式。第一，安装视频会议直播系统。为了提高工作效率、精简业务流程，诸城市分别在诸城礼堂、市委党校、市委组织部等市直部门单位以及235个城市、农村社区设置主会场与分会场，并配备数字电视和高清摄像头，通过视频直播的方式开展教育培训课程，进行互动交流。第二，建设服务在线监督评估系统。诸城市在各大为民服务大厅和社区服务中心均统一安装了高清摄像头，可以全天候无死角对服务人员的工作进行监督与评估，及时对工作人员的办事态度、工作效率、服务能力等进行指导。第三，开通"四务"公开公示系统。"四务"包括"党务、事务、财务、服务"等按照要求需要公开的事项，党员群众不仅可以通过文字、图片、视频等方式上传平台数据库，还可以随时点击查看所在社区"四务"公开公示内容和相关政策，及时了解并监督社区运行状况。第四，优化党员教育培训系统。云平台线上党员教育板块的开设，改变了传统仅靠读报、读文件的学习方式，使广大党员和群众实现了在家也能自主学习，并且多样化的学习资源也增强了党员教育活动的活力和丰富度。

另外，诸城市还依托"区块链"技术，研发"红榜链"智慧积分管理系统，党员干部、先进分子可以通过手机微信小程序的方式开展活动，并对工作进行评价赋值，所获得的积分可以用于贷款、就医、物业等方面的抵扣。"红榜链"不仅激发了党员干部的工作积极性和主动性，还进一步对党员干部开展的日常社会治理工作进行量化，成为评先树优的重要参考依据。目前，共有2.6万余名党员干部每日使用"红榜链”，[1] 成了城乡治理的“红色标杆”。

二、推动农业融合化发展

（一）积极打造农业产业化优势

所谓农业产业化，主要是指农业经济在实际发展过程中，基于土地流转的现状开展规模化生产。[2] 农业产业化是一个涵盖农业生产、区域规划、产业布局等多维度要素在内的概念，它的受众应当是整个社会，它必须不断增强农业产业服务的整体效果，加强系统化管理，以应对农业市场发展过程中不断出现的矛盾与冲突，提高生产力和农民的生活水平。农业产业化发源于诸城，是“商品经济大合唱”“贸工农一体化发展”的接续发展，成为诸城市发展的优势之一，发挥着重要的作用。自党的十四大召开以来，诸城市开始意识到农村经济要想在快速发展的市场经济以及愈发激烈的竞争中实现持续健康发展，就必须进行自我改革和自我更新，必须在下一步农业发展战略规划中不断优化结构、增加品种、提高质量、扩大规模、培育主体、规范管理。[3] 山东省于 1994 年年初将实施农业产业化战略写入一号文件，农业产业化开始在全省范围内推广。2013 年 11 月，习近平总书记视察山东时，对诸城农业产业化探索给予了充分肯定和表扬。为更好落实农业产业化政策、发挥农业产业化效果，近年来诸城市委、市政府抢抓发展机遇，出台鼓励农业产业结构调整的相关政策，最终确立了“五化”发展战略。[4]

---

① 资料来源：《诸城市乡村党建创新性案例材料：走前一步走深一层创新提升党建引领城乡治理“诸城路径”》。

② 夏子团：《加快农业产业化促进农业经济发展的有效措施》，《农业科学》2019 年第 5 期。

③ 李芳：《把农业变成大有可为的天地——解读“三个模式”之“诸城模式”》，《走向世界》2021 年第 31 期。

④ 中共党校党建教研部课题组：《诸城“三农六化”的创新实践》，北京，中共中央党校出版社 2018 年版，第 15 页。

1. 品牌化引领，打造“诸城味道”品牌。农业品牌化是使农业走向市场化和产业化的重要路径，可最大限度提升农产品的附加值。近年来，诸城市开始制定农业品牌发展规划，其基本思路是引导区域公共品牌与企业自主品牌双线协同发展，形成品牌体系，选准和开发具有地方特色、市场前景好的苹果、樱桃、草莓、茶叶等主导产品和产业，做好名优新特品种的引进、培育工作。为搞好品牌创建，诸城市大力进行品牌推介，重点宣传区域性农业品牌，努力把诸城市主导产业和特色品种打造成叫得响的知名品牌，同时倾注大量财政资金，对品牌认证收费进行全额补助，全市创建“三品一标”228 个。在品牌创建过程中，诸城市涌现了“诸城花生”“诸城速冻食品”“诸城特菜”“诸城绿茶”等一系列区域特色优质农产品，极大促进了品牌化的发展进程。

2. 加快园区化布局，推进种植结构调整。截至 2019 年，诸城市共有耕地 154 万亩，农作物总播种面积稳定在 260 万亩左右。诸城实施的“三调两提”策略是推进农业产业结构调整的有力措施，“三调两提”即种植业大田调大棚、山地调林果、零散调规模，畜牧业提升标准质量、提升养殖效益，大力发展高端高质高效经济作物，全面加大种植业结构调整力度[①]，建设发展了一批果菜茶菌药等特色作物种植区，打造山东半岛果菜茶产业带和全国优质农产品生产基地，并且立足打造高端精品园区，坚持高起点规划设计，注重园区特色和风格，做好农业融合发展文章。诸城市还积极引导土地流转，致力于打造现代农业发展样本，2021 年累计流转土地 95.98 万亩，高效农业种植面积扩大到 68.7 万亩。

3. 注重融合化发展，培育壮大“新六产”。“六次产业化”理论认为农业发展应该不断扩大边界，发挥“第一产业 × 第二产业 × 第三产

① 张坤、崔海涛：《潍坊诸城市鼓励“三调两提”种植业结构调整稳步推进》，2018 年 11 月 8 日，https://weifang.dzwww.com/jrkd/201811/t20181108_16700086.htm。

业”的乘数效应，从而为农村发展提供更多价值可能性。诸城以“六次产业化”理论为依据，创造性提出并实践“新六产”，因地制宜，加强了产业链的横向拓展，开发农业多种功能，探索多种融合发展模式，围绕关联产业将种植业、养殖业连接在一起，构建“资源—产品—废弃物—再生资源”生物产业链，并推进养老、文化、旅游等产业与农业的融合，实现了一产的“接二连三”，带动群众增收致富。

4. 加强标准化生产，保障农产品质量安全。诸城市为加快农业标准化体系建设，建设了一批农业标准化示范园区，并不断加强宣传培训力度，制定完善各类农产品生产技术规程，每年举办生产基地、农资业户培训班 30 期以上，发放培训资料 5 万多份；在农产品质量安全方面，诸城坚持不断强化种植过程中各个环节的监管，形成结构严密、运行有序的农产品质量安全监管体系，并聘任农产品质量协管员、加强农药使用管理、加大农产品检测力度，做到了每年速测样品 6000 个以上，且检测合格率在 98.5% 以上。

5. 健全社会化服务，培育服务型农业企业。“十三五”时期，社会资本投入农业农村领域规模持续增大，投资领域逐步拓展，社会资本投入农业农村的组织模式和利益分享机制逐步多样化。[①] 诸城市在推进农业产业化的进程中注重积累利用社会资本，鼓励和引导社会资本投资涉农领域；鼓励和支持各类经营主体开展多种形式的社会化服务，并着重发展 4 种模式：一是以龙头企业为依托的经营性服务；二是以合作社为基础的互助性服务；三是以农资企业为支撑的链条延伸型服务；四是以供销社为龙头的托管式服务。龙头企业与专业大户、家庭农场、农民合作社之间有机结合，形成开展土地托管服务利益共同体，有效提升了诸城市农业社会化服务水平。

① 冯兴元、鲍曙光、孙同全：《社会资本参与乡村振兴和农业农村现代化——基于扩展的威廉姆森经济治理分析框架》，《财经问题研究》2022 年第 1 期。

（二）探索创新发展农业“新六产”

“六次产业化”指“第一产业 × 第二产业 × 第三产业＝六次产业”，该理论认为农业的边界不应该仅限于第一产业，应该扩大到第二产业和第三产业，以农村居民为主体，通过对初级农产品进行加工、运输和销售等环节增加初级农产品的附加值，从而将农业全产业链创造出的新价值留在农村。“新六产”是对农业产业化的更新和升级，指以农业作为基础，将农民增收节本作为目标，实现全环节升级、全链条升值，通过第一产业单向向第二、第三产业延伸，第二产业双向向第一、第三产业延伸，第三产业单向向第一、第二产业延伸，使农业发展效率达到最优。与农业产业化相比，“新六产”是全方位、多维度的，包括但不仅限于农业这一单一概念，而是融合文化创意、产品加工、农业生产等概念，塑造内涵层次更丰富、包容性更强、综合效益更高的一二三产跨界融合崭新业态。

1. 重点培育“四型”农业“新六产”发展模式

（1）发展“接二连三”终端型农业。“接二连三”模式是通过第一产业向后延展产业链条并串联第二、第三产业，实现三链重构。诸城市通过出台相关扶持政策引导当地农业龙头企业转型升级，探索形成“生产基地＋加工企业＋商超销售”的业态模式。[①]得利斯集团作为“新六产”发展模式的率先践行者，以优质产品供应作为基本遵循，构建了以二产加工为核心，向一产、三产双向延伸的终端农业体系；中康公司是省级农业产业化重点龙头企业，主要从事蔬菜种植、收购、出口等业务，该公司在原料生产和大市场之间起到了牵桥搭线的作用，打造了市场带龙头、龙头带基地、基地连农户的“龙型”产业模式。

① 中共党校党建教研部课题组：《诸城“三农六化”的创新实践》，北京，中共中央党校出版社2018年版，第21页。

（2）做大线上线下智慧型农业。诸城市顺应时代发展潮流，先后引进阿里巴巴、京东等电商龙头，通过农村淘宝等平台进行诸城绿茶、花卉苗木等农产品线上交易，交易占到总销售量的 30% 以上。[①] 线下智慧产业主要体现在建立各类农林科技孵化器，总占地面积达到 1608 亩，是山东省最大的矮化果树组培育苗基地，组培育苗技术、果树品种处于国内领先水平，带动发展优质果园 10 万余亩。将信息技术引入农业生产、加工、营销各环节进行全过程分析控制的创新模式，是“新六产”的创新实践，带动农民增收 20 亿元。

（3）培育生态旅游体验型农业。诸城市遵循“绿水青山就是金山银山”的“两山”理论，大力推行“现代农业 + 旅游”产业模式，促进了第一、第二、第三产业相融合，经济与文化相融合、发展与和谐相融合。依托诸城当地特色历史文化资源和名胜古迹，开拓了大舜苑、刘墉板栗园、马耳山、恐龙文化旅游区等大批 A 级以上旅游景点。蔡家沟艺术试验场项目的开展，促进乡村传统文化与现代文化结合，实现了乡村文化产业和文化经济的可持续发展，改善了当地村民的精神面貌，搭建诸城南部山区农民增收致富平台，进一步提升了全市乡村旅游业的可持续发展能力和竞争力。

（4）推行种养结合循环型农业。诸城市以绿色、有机、无害农业为发展思路，以“农牧结合，资源循环”为重点，构建“资源—产品—废弃物—再生资源”产业链，在高新农业技术的加持下打造生态循环农业的发展样板。诸城市先后投资 2 亿多元推广“植沼畜”等种养一体化循环模式，在 494 家养殖场试点畜禽体内除臭产品，建成生态循环养殖基地 260 个，畜禽粪污资源化利用率达到 85%以上。[②] 泰田农业公司的生

① 中共党校党建教研部课题组：《诸城“三农六化”的创新实践》，北京，中共中央党校出版社 2018 年版，第 24 页。

② 中共党校党建教研部课题组：《诸城“三农六化”的创新实践》，北京，中共中央党校出版社 2018 年版，第 32 页。

态循环温室在生产绿色农产品的同时也达到了保护生态环境的目的，目前其“七位一体”模式已获得国家级专利，该类生态循环温室也已被诸城市列入下一步生产计划。

2. 培育多元化农村产业融合主体

龙头企业作为诸城农村产业融合发展的主力军，起步早、基础好，在产业链向产前产后延伸中扮演着重要的角色，截至 2021 年，诸城市农业产业化省级以上重点龙头企业达到 18 家，其中 3 家入围全国百强。农业产业化联合体是由龙头企业牵头、多个农民合作社和家庭农场参与、服务和收益有机相连的产业新形态形式。[①] 润竹山农业产业化联合体以山东润竹山农业科技有限公司为核心，该联合体充分发挥各方优势，其中龙头企业负责农产品收购、储存、加工和销售业务，合作社、家庭农场、种植大户负责苹果的种植、管理，不仅实现了龙头企业与农户的利益相联结，更实现了农业提效、农民节本增收、农村增动力活力。

龙头企业发挥引领作用，骨干企业起带头作用，帮助引导产业链上、下游中小企业组成战略联盟，以资源优势为起点，带动形成产业发展优势，最终构建产业链式集群。如得利斯集团从最初的肉食加工，发展成为向两端产业延伸，实现了全产业链经营，打造集生猪屠宰、兽药防疫、饲料生产、标准化养殖、良种猪繁育于一体的绿色食品产业，年产值过百亿元，带动 1 万多名劳动者就业、23 万余户农民增收。

产业融合所需的大量投入单靠农业累计难以得到保障，因此必须引进工商资本参与。诸城市积极引导工商资本进入产业融合进程，在“龙头企业 + 基地 + 农户”以及“龙头企业 + 家庭农场”等模式的引领下，2018 年以来全市共吸引 140 余家工商企业下乡办园区建基地，新投资培育 30 个田园综合体，总占地面积 5.1 万亩，是产业融合的持久动力来源。

① 腾讯网：《乡村振兴｜山东诸城：农业产业化有了最新升级版》，2021 年 11 月 22 日，https://new.qq.com/omn/20211122/20211122A0BLCT00.html。

三、推进农村社区化

随着农业产业化和社会化大生产步伐的加快，行政意义上的自然村已经越来越不适应生产力发展的需求，出现了空心化、老龄化、留守多等弊端，一定程度上阻碍了乡村的有序发展和有效治理。2007 年，民政部下发了《全国农村社区建设实验县（市、区）工作实验方案》，在全国确定了 304 个实验县（市、区），启动农村社区建设工作，农村社区化成为中国现代化和城镇化发展进程中的必然产物。[①] 诸城市作为计划内县（市、区）根据上级精神和自身实际情况，于 2007 年正式开始了农村社区化建设，诸城市委、市政府于 2011 年正式完成了从 1249 个“行政村”到 208 个“农村社区”的建制变革，形成“多村一社区”的发展模式，被民政部确定为第二批“全国农村社区建设实验县”，荣获“2013 年中国人居环境范例奖”[②]，自此农村社区成为释放农村生产力和活力、推动城乡一体化发展、实现农村治理现代化的有力抓手。

（一）推进基层组织融合

2007 年，诸城市在山东省范围内首先推行了农村社区化，将全市村庄全部规划建设为农村社区，农村建制向社区建制的过渡实现了由传统社会治理向现代社会治理的转变。

1. 在社区党组织设置方面，依法选举产生 208 个社区党委，明确党委是社区的领导核心，社区党委下以居住地为单位设立 1265 个农村网格党支部，使党的组织和工作能够有效覆盖全社区。并进一步突破城市与乡村互不相容的基层组织组建模式，引导城市党组织与农村党支部跨

① 农华山：《加快推进农村社区化步伐》，《当代广西》2016 年第 11 期。

② 中共诸城市委组织部：《坚持党建引领推动融合发展为乡村振兴提供坚强组织保障》。

区域建立798个城乡联建党组织，以党建为引领，推动城乡各类要素资源互补互促，实现共建共享，成功打造一支“永不走的乡村服务队”。

2. 在社区自治组织和群团组织建设方面，依法选举产生社区村（居）民委员会及下属委员会，推举产生社区事务监督委员会，建立工会、团委和妇联，协同做好社区治理服务工作；在社区经济社会服务组织建设方面，根据各社区产业发展情况，组织成立各类农民专业合作社、行业协会等新型经济组织，除此之外还引导群众成立中介机构、老年协会、红白理事会等新型社会服务组织，满足了群众的多样化需求，并提高了社区居民参与管理社区事务和社会事务的热情。

（二）推进城乡社区公共服务均等化

社区化推动农村社会现代化的一个重要路径就是依靠现代化的社区服务中心，促进城乡社区公共服务均等化的实现。诸城市在推进农村社区化的进程中，基本实现了农村地区的基础设施、公共服务的全覆盖，城市资源进入乡村使公共服务资源在城乡之间实现双向流动。具体做法有：

1. 推动服务资源和力量下沉。诸城市农村社区打造“两公里服务圈”，进一步推动了城乡居民社会保障、医疗卫生服务、教育等资源的均等化，每年依托农村社区，开展为民服务事项5万余次，为300多人次实施农村法律援助；举办农业技术、普法宣传等各类培训班120余期，培训农民近2.5万人次，农村社区的建立有效推动了城市公共服务资源和力量的下沉。

2. 持续拓展服务内容。农村社区除了纵向上促进了公共服务资源的下沉，横向上也在不断拓展服务的内容。如社区卫生室严格执行24小时值班制度，为患病村民的及时就诊提供了保障；社区警务服务在全市统一规划下建设了208个农村社区警务室，实行“1民警+2辅警+6警务助理”的警力配备模式等。为村民打造的全方位多样化的公共服务供给体现了农村社区服务平台的不断拓展和完善。

3. 推进服务转型升级。诸城市农村社区为了承担起服务群众的“最后一公里”的角色，结合群众实际需求，转变服务方式方法，即由坐等式服务转向主动型服务，变被动应付为主动出击，按照社区为民服务“三个清单”中的内容，做好及时办理、代为办理、指导办理工作。在智慧社区建设方面，在社区公共服务发展中加快信息化、智能化发展速度。

4. 建立服务保障机制。服务保障机制的建立主要包含加强制度建设、落实督查制度和完善社区工作事项准入机制。在制度建设方面，诸城市指导各农村社区建立健全全程服务代理、公开承诺、首问责任、限时办结、责任追究等制度；在督查制度方面，主要依靠信息技术嵌入，采取实时视频督查的方式，以推动农村社区工作人员作风转变和服务水平的提升；在社区工作事项准入机制方面，需要社区协同办理的事项，一律按照“权随责走，费随事转”的原则，严格履行相关准入程序，充分体现权责利的一致性。

（三）推进农民选择就地城镇化

随着城市化进程的不断推进，越来越多的农民想要移居城市，但由于高昂的房价、城乡户籍壁垒等客观因素的存在，显然制约了大量农民涌入城市的步伐。考虑到城市城镇发展实际，国家开始倡导由“城市化”逐渐转变为“城镇化”这样一条适合中国国情的发展道路。诸城市积极响应国家号召，伴随当地一二三产业园区的崛起与发展，诸城中心城区在东西南北四面扩展，一个主城区、两个副中心逐渐形成规模，农村社区纳入新型城镇化体系，就地城镇化也成为农民的最优选择。

1. 进行科学规划，强化顶层设计。自 2007 年开始，诸城市开始以小城镇的标准建设农村社区。2013 年，在全域一体的思想指导下，从新建的 208 个农村社区中选出了 51 个社区，作为规划农村新型社区，进一步完善规划布局、提升建设层次，搭建1个中心城区、16个镇街驻地、51个农村新型社区“三位一体”的新型城镇化格局。[①]

2. 创建特色品牌，提高质量标准。诸城市坚持以点带面，注重培育独具特色、亮点鲜明的品牌社区，2019年潍坊市城镇化办将全市70个社区评选为年度农村新型示范社区，诸城市共有18个社区入选，排潍坊市首位。除此之外，诸城市还结合山东省有关建设特色小镇的要求，深挖当地历史文化资源和人文资源，规划建设了一批特色鲜明的小镇，其中昌城镇“健康食品小镇”已入选第一批省级创建名单。

3. 注重聚集融合，提高建设效率。诸城市以聚集融合为落脚点，利用城乡建设用地增减挂钩政策和商业开发政策建设社区聚合区，不断推进农村新型社区的建设进程。建设过程中注重突出地方特色，将当地习俗、风土人情、生产生活的元素融合起来，在建筑样式上尽量进行多样化户型设计，并配备便捷的配套设施，以此来吸引周边生活条件较差、居住分散且规模较小的农户向社区聚合区集聚融合。

4. 配套基础设施，提升承载能力。在建设农村社区的同时，诸城市以新建、扩建、置换等方式，按照现代城镇化的标准，投资20余亿元建设完善了社区服务设施和相关基础设施。以停车场、公交站点、残疾人康复、社区养老托幼为主的生活服务设施满足了农户的日常生活需求，以农资供应、农机维修、金融通信、邮政储蓄等功能为主的商业服务设施适应了农户的农业发展需求。

5. 发展特色产业，促进增收致富。按照“产城一体、以产兴城”的理念，诸城市在处于规划中的农村新型社区之中加快建设了一批高标准、示范带动能力强的特色产业园区。目前共规划建设了24处特色产业园区和18处中小企业创业服务基地，培育起社区特色产业园区300

① 中共党校党建教研部课题组：《诸城“三农六化”的创新实践》，北京，中共中央党校出版社2018年版，第69页。

多处，农民在家门口转变为产业工人，有效提升了农民的收入。

（四）构建农村现代社会生活

党的十九大报告中指出，中国特色社会主义进入新时代，物质生活水平不断提升，在此基础上应满足人民群众在经济、政治、文化、社会、生态等方面日益增长的需要。诸城市立足实际，根据我国主要矛盾的变化，着力通过社区化来构建农村现代社会生活，经过 10 余年的成长与发展，社区服务功能日益拓展完善，不断丰富着农村现代生产生活的方方面面，可以从生产服务和生活服务两个方面看到取得的成效。

在生产服务上，一是依托社会服务中心创建用工需求信息库，实现了农村劳动力和企业之间供给与需求的互联互通，为劳动力就业提供指导服务。二是成立社区土地流转服务中心，在供需双方之间搭建沟通的桥梁和纽带，提供土地流转信息发布、合同管理项目推介、政策咨询等服务，双方协商同意后，统一进行合同的签订、鉴证、归档管理等工作，为土地流转提供了组织保障。三是建立农民专业合作组织服务中心、农业科技服务中心，专门为农民和合作社提供农业技术方面的咨询和培训、帮助良种种苗繁育、测土配方施肥，并逐渐开拓市场营销、资金信贷等服务，日益健全服务生产的科技信息、生产资料、市场营销等技术服务体系。

在生活服务上，诸城市立足以人为本的基本理念，不断完善民生服务，致力于满足村民多样化的生活需求，提升服务设施市场化。一是大力实施“双进工程”，将与居民生活息息相关的购物、餐饮、休闲娱乐、婚丧嫁娶等有关的企业以连锁经营方式进入社区，并严格规范商户经营行为，引导商户以更低的成本提供更优质的服务，形成快捷的社区生活服务圈；二是建立社区管理和物业管理联动机制，工作内容主要包括推进社区整体环境的绿化、美化、量化，加强对社区噪声、污水、垃圾等的防治，营造宜居环境和绿色、便捷的生活秩序；三是建设以社区老年人日间照料中心为重点的社区养老服务机构，目前乡村的人口构成以留守老人居多，老龄化严重，如何加强对老年人的照料和服务成为社区管理中的重点任务，诸城市积极吸引社会资本融入健全社区养老服务网络的项目中去，不仅照顾到了高龄空巢、失能失智老人的养老需求，为老年人提供日间照料、短期托养等养老服务，也通过社区养老的方式在一定程度上缓解了儿女赡养老人的压力。

开拓篇

PIONEERING

纵深推进新旧动能转换成为事关山东省全局发展的长远大计和推动山东省高质量发展走深走实的关键之举。自 2018 年 1 月山东新旧动能转换综合试验区获批以来，建设成效强势突破，产业结构提档升级，创新动力蓬勃迸发。锚定“走在前、开新局”，山东应持续坚持“腾笼换鸟、凤凰涅槃”，全面提升传统产业，强力突破新兴产业，集中做强先进制造业，培育壮大数字动能，久久为功，方能塑成山东省高质量发展的持久动力。

协同推进城镇化战略和乡村振兴战略，实现区域协调发展是共同富裕的必由之路。未来，山东省应坚持以黄河战略为引领，不断优化提升“一群两心三圈”区域经济布局，持续增强山东半岛城市群综合竞争力和龙头带动作用。围绕济南、青岛两个中心城市，规划建设济南、青岛都市圈，着力推进三大经济圈一体化联动发展，构建中心城市带动都市圈、都市圈引领经济圈、经济圈支撑城市群的区域空间动力机制。深入打造乡村振兴齐鲁样板，扎实稳妥推进乡村建设，建设农业全面升级、农村全面进步、农民富裕富足的“齐鲁画卷”。

绿色发展是共同富裕的前提，共同富裕是绿色发展的目的。山东省要坚定不移地坚持生态优先，推进生态环境持续改善，以更高标准深入打好蓝天碧水净土攻坚战，统筹推进山水林田湖草沙一体化保护修复，持续开展国土绿化攻坚行动。围绕农村生活污水、黑臭水体治理和生活垃圾收集处置，全面改善农村人居环境。全面深入地推动绿色发展，统筹推动“三大主体功能区”空间格局优化，统筹落实黄河流域生态保护和高质量发展战略。持续推进重点行业绿色转型和能源清洁高效利用。积极开展生态环保全民行动，加快构建绿色生活方式。

突出为民导向，在更高水平上保障和改善民生，在高质量发展中促进精神生活富裕，是实现共同富裕的重要内容。山东省要采取更加有力的民生举措，积极创新社会政策，充分发挥社会再分配的“削峰填谷”作用，让发展成果更多更公平惠及全体人民。加强普惠性、基础性、兜底性民生建设，构建优质均衡的公共服务体系，着力提升社会治理效能。山东是中华文明的重要发祥地之一、儒家思想发源地，以沂蒙精神为代表的红色基因薪火相传。要站在赓续中华文脉的高度传承创新，加强“山东文脉”工程建设，打造传统文化“两创”的山东样板，做好做实公共文化服务。

本篇共分为 6 章，分别从加快新旧动能转换、推进区域协调城乡融合、巩固脱贫攻坚成果、全面推进乡村振兴、坚持生态优先推动绿色发展、加强民生改善创新、坚定文化自信推动文化强省建设等方面为山东扎实推进共同富裕进程提供路径引导，探索具有山东特色的共同富裕实践样本。

第十一章 加快新旧动能转换　推动山东经济高质量发展

从山东省的经济发展现实来看，如何加速培育新动能，健全山东省经济高质量发展的体制机制是促进山东经济高质量发展的重要支柱。自 2018 年国务院批复《山东新旧动能转换综合试验区建设总体方案》之后，山东省一直将新旧动能转换作为促进经济高质量发展的重要战略。特别地，加快新旧动能转换在促进实体经济高质量发展过程中发挥着积极、有效的重要作用，且综合实验区建设也在一定程度上取得了显著的优异成绩。为了更加有效地发挥新旧动能转换的重要作用，还需要新旧动能转换与经济发展的不同阶段、不同特征相适配，由此更大限度地促进实体经济高质量发展。

第一节　积极推动产业结构提档跃升

一、对高污染与高能耗行业与企业进行精准识别

（一）高污染与高能耗行业与企业的标准划分

推动产业结构转型升级的关键基础在于对高污染、高耗能行业与企业进行精准识别。从这一角度而言，如何对高污染与高能耗行业进行精准识别是有效促进新旧动能转换并促进山东经济高质量发

展的重要基础。具体而言，在对高污染与高能耗行业进行精准识别过程中，需要对两个维度的属性进行重点比较：第一，在行业维度上，与国家“双碳”目标的内在要求相比较，特别是依据行业的属性和特征，对国家制定的“双碳”发展战略要求进行比较，由此对高污染与高能耗行业进行精准识别与有效划分。第二，在企业维度上，依据企业所在行业进行有效划分，在充分对标行业属性和特征的基础上，进一步对企业的高能耗状态进行精准识别与有效划分，由此能为决策部门进一步采取有效政策对高污染与高能耗行业和企业进行有效处置。

（二）高污染与高能耗行业与企业的精准识别

需要注意的是，在对高污染与高能耗的标准进行划分以及对高污染与高能耗行业与企业进行精准识别后，还应构建“静态与动态相结合”的实时监测与预警体系。但应提及的是，对高污染与高能耗行业体系进行监测时，应从两个维度进行有效甄别。

第一，决策部门应构建科学的评估体系，特别是包括细分至企业个体维度的指标进行监测，当然，这里的指标需要包括“静态测度”与“动态跟踪”以及“主观与客观”相结合的形式，只有从不同维度综合考虑才能为科学评估高污染与高能耗行业与企业提供参照标准。

第二，在构建科学的动态跟踪和预警体系后，还应采取科学且有效的方法对指标体系进行评价。需要特别指出的是，在对高污染与高能耗行业进行精准识别和有效划分时，是采取较高维度的评价体系作为依据，因此在进行识别和划分时，还应对指标体系进行降维以构建复合型指数。然而，由于不同的降维方法侧重点有所差异，为了防止单一的降维方法可能对结果带来失真的不利后果，决策部门应综合考虑多种方法联合对高维指标体系进行数据分析提取。特别是考虑到指标体系中的指标既有动态又有静态，兼具主观与客观的属性，因此决策部门可考虑采取主观与客观相结合的降维方法，并以此对高污染与高能耗行业与企业的特征进行综合评价，从而实现对高污染与高能耗行业与企业的精确识别及科学评价。

（三）高污染与高能耗行业与企业的有效处置

既能有效降低高污染与高能耗行业及企业对实体经济高质量发展的负面冲击，又能有效促进经济与金融系统的稳定，同时能维持企业健康及有序发展，是供给侧结构性改革以及新旧动能转换的前提。因此，如何对高能耗与高污染行业及企业的有效处置是促进实体经济高质量发展的关键。结合本章前文对山东省行业、企业以及战略的实践调研，决策部门可从以下 4 个方面对高污染与高能耗行业与企业进行有效处置：

第一，为高污染与高能耗行业及企业提供技术和金融支持，通过对落后的设备和技术进行更新，提高此类行业和企业的生产效率和产能效率，有效降低高污染与高能耗行业与企业的再排放。

第二，为高污染与高能耗企业的转型升级提供信贷激励与融资约束缓解的双重作用机制。特别地，决策部门可考虑为高污染与高能耗行业提供产业转型升级的必要支持，驱动企业主动进行节能减排、推进低碳经济，从而为有效降低高污染与高能耗企业与行业对经济高质量发展的负面影响。

第三，加强培养企业管理层的环保意识，推动形成发展绿色战略的广泛共识，保证企业在充分理解政策的前提下更好地参与环境治理。需要指出的是，降低高污染与高能耗行业与企业的主要目的是通过推动微观企业来达到减少排放、改善环境的政策目的，其中企业管理层的行为发挥着重要的作用，其环保社会责任的高低直接关乎企业是否推行绿色战略的决定。

第四，如果在经过上述 3 个维度的方案进行控制后，高污染与高能耗行业及企业依然无法得到有效改善，此时决策部门可考虑对其做出“退出市场”的处理。

二、传统旧动能的改进与升级

在第一节中，本章对高污染与高能耗行业与企业的精准识别、动态监测以及有效处置进行了不同维度的探讨。然而，在促进经济高质量发展的进程中，仅仅对以高污染与高能耗为代表的传统旧动能进行处置尚不足以发挥促进经济高质量发展的作用。特别是为有效促进经济高质量发展，如何实现传统旧动能向新动能的有效转换，不仅是提高产能利用效率的重要条件与支撑，而且是促进经济高质量发展的重要保证。因此，本部分结合山东省的经济发展实际，建议决策部门可考虑从以下 3 个方面实现对旧动能的改进与升级。

（一）产业链的有效整合

产业链的分工决定着企业在资源整合、再加工等方面所发挥的角色和地位，尤其是对产业链的上游企业而言，其在较大程度上决定着行业与产业的发展方向。举例而言，对产业链的最上游企业而言，如果其在原材料的挖掘和生产过程中具有高污染与高能耗的旧动能属性，其自身不仅会对经济高质量发展产生负面冲击，而且还会影响中下游企业的生产，由此会对整个产业链产生负向影响。从这一角度而言，在对旧动能进行改进与升级时，有必要对产业链进行有效整合。鉴于此，在对产业链进行整合时，可考虑从如下 3 个方面展开。

1. 对产业链上游企业做出必要的“属性条件”要求。特别地，对于以高污染和高能耗为代表的旧动能上游企业而言，决策部门应设置动态标准条件为上游企业提供市场准入机制性门槛，当超过门槛的标准条件时，以高污染和高能耗为代表的旧动能上游企业不应进入产业的生产，该举措将会对产业转型升级产生重要的基础性支撑作用。

2. 为处于产业链不同位置的企业构建科学的动态“准入”和“退

出”机制。产业的发展需要从“动量”视角予以审视，因此，在不同的时期和不同阶段的生产过程中，企业自身的全要素生产率也有可能会发生变化，特别是受到行业竞争的影响，企业自身的生产行为可能会发生变化，此时决策部门应为产业链不同位置的企业构建动态的“进入”和“退出”机制，由此确保产业链的有效整合，并为经济高质量发展提供有效的支撑。

3. 对同一产业链上下游企业进行垂直并购。从山东省的经济发展现实来看，对同一产业链上不同位置的产品而言，由于企业的生产范围包含不同位次的产品，因而从全局福利的视角来看，对同一行业上下游企业进行有效的垂直并购，不仅能够降低产业链中产品的生产成本，还能提高生产效率，更能够降低潜在的能耗，对于实现经济高质量发展具有重要的作用。

（二）产业绿色转型

在经济高质量发展过程中，一个重要的标准是“绿色”“低碳”，这意味着产业绿色转型能够为实体经济可持续发展提供重要的基础性支撑。因此，如何实现产业绿色转型是促进产业升级进而促进经济高质量发展的关键性操作。结合山东省经济与产业的发展现实以及团队对产业发展特征的调研总结，决策部门可考虑从以下 3 个方面为产业绿色转型提供实践性指导启示。

1. 提高产业链内部生产的高端化。在产业绿色转型过程中，提高企业在生产链中的位置，是促进企业转型的重要支撑。然而，企业在产业链中的转型，其中的关键性基础体现在生产技术水平的提升。特别是在以传统生产方式为代表的低端生产过程中，很难实现产业的高端化，而且传统生产方式的生产效率普遍较低，且在生产过程中，极易形成“高投入—低产出—高排放—高投入”的不良循环困境，由此会造成潜在的福利损失。因此，企业应提高生产技术，从产业链低端向产业链高端转型，进而提升产业链高端化，有助于为产业绿色转型提供基础。

2. 健全产业链中同一维度产品的市场竞争机制。在实现产业绿色转型进而促进实体经济高质量发展的过程中，市场竞争机制的健全与运行是有效保证企业在既有的约束条件下实现产能和产品最优化的重要支撑。一方面，决策部门可考虑允许产业链向符合要求的企业进行开放，打破固有的产业链“垄断”特征，实现产业链对同行业的开放。另一方面，在产业链中的“数量”和“价格”上实现市场化转型，特别是既有“数量”的市场化，又兼顾“价格”的市场化，而且对市场势力较小且生产技术较高的企业而言，决策部门应给予充分的制度保障，并据此实现产业链层面的绿色转型。

3. 促进产业链整体的转型升级。本章前文重点探讨了对于产业链内部不同位次的企业应如何实现绿色转型，这是促进产业链整体转型升级的重要基础。然而，如果要实现对产业链整体层面进行转型升级，需要从“需求”和“供给”两个维度进行阐释。一方面，从“需求侧”而言，产业链整体转型升级是促进产业绿色转型进而维持经济高质量发展的重要支柱，因此，产业链应以“需求”为发展契机，实现产业链中“产品”层面的绿色转型。另一方面，从“供给侧”而言，不同产业链之间的交叉耦合又会彼此关联，甚至形成网络化体现形式，来自“供给”维度的产业链在行业整体绿色转型中发挥着重要的溢出效应。

（三）传统产业的数字化转型

为提高实体经济的运行效率，完善实体经济健康发展的运行机制，传统产业的数字化转型尤为必要。一方面，数字化能够为企业及产业的有序运营与健康发展提供信息维度的支撑与保障。另一方面，数字化能够为企业节约相应的成本，有助于企业将有限的资本配送至更具发展的创新型兼具价值型业务之中，这对于提高全要素生产率并为经济高质量发展提供必要的支撑。因此，在对传统旧动能进行改进与升级过程中，数字化将是转型过程中需要关注的重点内容之一。为促进传统产业的数字化转型，结合山东省的发展现实，决策部门可考虑从以下维度进行分解。

1. 企业数字化转型是产业数字化转型的重要基础。一方面，识别企业的数字化转型动机对有序助推企业数字化转型尤为关键。具体而言，当企业所在行业具有较高的数字化程度时，企业自身会受到行业的影响，其会主动进行数字化转型。然而，这里的数字化转型有“被动转型”的成分，其有可能会蕴含着潜在的投资风险，此时投资者和政策制定者要能够有效识别其数字化转型的动机，进而有助于提高投资效率、降低潜在风险并促进“企业—投资者—市场—政府”等不同部门的有序运营与健康发展。另一方面，在企业数字化转型过程中，企业应主动提高信息披露的质量，降低投资者与企业以及金融机构与企业之间的信息不对称性，由此会在更大程度上提高投资者的“锚定效应”，这对于缓解企业融资约束、提高投资效率进而为产业中的数字化转型提供重要的资本支持。

2. 提高制度质量是促进产业数字化转型的重要支撑条件。在促进产业数字化转型进而促进经济高质量发展过程中，较高的制度质量能够为企业产业数字化转型提供重要的条件支撑。一方面，健全的制度基础不仅能够为投资者提供重要的基础保障，吸引投资者关注，进而为企业数字化转型提供必要的资本支持。另一方面，健全的制度质量有助于弱化投资者与企业之间以及金融机构与企业之间的信息不对称程度，特别是制度质量较高的地区有助于提高企业的信息披露质量，这有利于为企业进行数字化转型提供重要的支持。

3. 健全的风险防控机制是产业数字化转型的重要保障。企业乃至产业在数字化转型过程中，其在为促进实体经济运行效率上无疑发挥着重要的作用。然而，数字化转型也面临潜在的风险，特别是在数字化转型过程中，存在资本的期限错配以及技术与业务的不匹配等多种潜在风险，而这些风险的存在不仅会对企业和行业自身产生不利冲击，而且会通过产业链渠道使得风险在跨行业和跨部门之间进行交叉传染，由此会进一步扩大风险的形成网络，并威胁实体经济与金融市场的稳定与健康发展，这对于实体经济的高质量发展具有负面影响。从这一角度而言，健全风险防控机制对于促进产业数字转型进而促进经济高质量发展至关重要。尤其是在健全风险防控机制的过程中，不仅需要准确识别产业数字化转型过程中的风险冲击源，更要识别其传导路径，这对于制定合适的政策以有效防范与化解潜在风险至关重要，进而对促进产业数字化转型以及旧动能转换具有重要的作用。

三、产业结构与“双循环”的有效匹配

产业结构升级并提档转型对于促进经济高质量发展至关重要。然而，最优的产业结构需要与经济发展模式、发展特征、发展阶段以及目前国家的“双循环”发展战略的内在要求保持一致。需要特别提及的是，产业结构的比例及形式并非静态一成不变，而是在不同的发展背景以及经济发展阶段中呈现动态变化的异质性特征。一方面，最优的产业结构在为服务实体经济的发展过程中发挥着重要的“助推器”作用；另一方面，产业结构并非实体经济的“外生变量”，其自身的演化特征也受经济发展状态的变化。特别是从山东省乃至我国发展的现实特征可以发现，我国实体经济发展正面临百年未有之大变局，并逐步形成以国内大循环为主体、国内与国际双循环相互促进的新发展格局这一新的发展战略应运而生。因此，要想促进实体经济高质量发展，旧动能的转型升级，特别是产业结构的转型升级应与“双循环”战略相匹配，而这又为产业结构的转型升级指明了方向。为此，本部分将围绕“产业结构转型的方向”“产业结构转型的可行性”“产业结构转型的路径”3 个维度展开分析。

（一）产业结构转型的方向

从山东省乃至全国的发展现实和特征可以发现，在外部不确定性不断增加的情形下，如何实现经济的平稳健康及有序发展，是产业结构转型的重要立足点。受新冠肺炎疫情、俄乌冲突等非预期外部冲击的影响，全球经济面临不同程度的冲击，而这又会从两个方面对山东省的经济发展产生影响。一方面，从直接影响效应来看，经济发展的疲软会直接影响贸易往来，这会对山东省的进出口贸易乃至经常账户产生直接影响。另一方面，当经济发展呈现不同程度的低迷时，美联储等西方发达国家倾向于通过实施缩表行为予以调控，而这又会通过“溢出效应”对山东省经济发展产生负面冲击，需要指出的是，这一影响主要通过“金融账户”产生冲击。因此，在非预期外部冲击下，如何有效抵御非预期外部不利冲击进而促进实体经济有序运营与健康发展，产业结构转型升级在其中发挥着重要作用。尤其在非预期外部冲击以及全球市场竞争不断加剧的大环境下，产业结构转型升级需要向技术型与信息型进行转变。一方面，技术型且生产率较高的产业占据产业链的较高端，不易被低端产业所替代，能够在市场中占据较大的份额且具有较强的垄断势力，因而在非预期冲击下，拥有较高技术型的企业在应对非预期外部冲击时具有较强的能力。另一方面，技术型行业通常拥有较高的全要素生产率，在非预期外部冲击下，由于生产率相对较高，能够在较大程度上抵消非预期外部冲击事件对其主营业务的负向影响，因而在相同条件下，技术生产率相对较高的企业或行业通常会具有较高的竞争力，这对在非预期外部冲击下促进实体经济高质量发展具有重要作用。就这一角度而言，产业结构的转型应向具有较高技术水平的行业进行转型。

（二）产业结构转型的可行性

从山东省的发展现实来看，其产业向信息技术行业的转型具有多重维度的可行性。一方面，近年来，山东省从顶层设计上为促进企业信息技术的发展提供了制度性保障。特别是山东省近年来推出了“新旧动能转换”“十强产业”“八大发展战略”，通过积极为战略新兴技术产业的快速发展提供了诸多制度层面的支持。需要重点提及的是，近年来，山东省聚焦新一代信息技术、高端装备等 9 大产业领域的 43 条重点产业链，通过领航龙头企业、重点配套企业、主要特色优势、亟须突破短板、协同攻关技术、区域布局优化等多方面为产业的结构转型升级以及实体经济的有序发展提供支撑。另一方面，从产业布局的典型特征事实来看，山东省数字产业化加速发展，新一代信息技术产业正在全面崛起，成为新旧动能转换的重要引擎。特别地，“专精特新”已经成为山东省产业发展的特征，而且在新兴产业的创新驱动下，企业自身的创新精神也不断提高，这对于促进企业的创新型发展具有重要的推动作用。此外，从近年来山东产业的发展特征还可以看出，“电子制造业”及“信息产业”均呈现较显著的发展态势。就这一角度而言，在全面践行信息发展的重大战略部署下，山东产业向信息技术型进行转变极具可行性。

（三）产业结构转型的路径

如何切实为促进产业结构转型升级提供实践方式，是新旧动能转换并进而促进经济高质量发展的重要助推器。特别地，在金融供给侧结构性改革与“双循环”战略的共同驱动下，实现产业结构转型升级需要如下 3 个维度的支撑。

1. 提高金融服务实体经济的结构性调节功能。金融作为现代经济的血脉，其在经济发展中发挥着重要的中介和枢纽作用，在连接金融和产业转型升级过程中起着不可替代的作用。绿色信贷作为绿色金融的重要组成部分，在促进企业主动进行节能减排、推进低碳经济等方面至关重要。而在促进产业结构转型升级的过程中，增加企业绿色投资是实现上述目标最为重要的途径。其潜在逻辑可概述为，首先，完善绿色信贷激励与约束双重机制，鼓励非国有企业积极响应绿色信贷政策号召。非国有企业作为市场中最具创造力和活力的群体之一，在驱动绿色创新、实现节能减排中扮演着重要的角色，政府应该进一步健全针对性的绿色信贷激励机制以提高非国有企业进行绿色投资的意愿，并行推进国有企业与非国有企业节能减排与绿色创新。其次，加强培养企业管理层的环保意识，推动形成发展绿色金融的广泛共识，保证企业在充分理解政策的前提下更好地参与环境治理。绿色信贷政策最终是通过推动微观企业来达到减少排放、改善环境的政策目的，其中企业管理层的行为发挥着重要的作用，其环保社会责任的高低直接关乎企业是否推行绿色战略的决定。最后，加快构建绿色金融法律体系，完善绿色信贷的监督机制。需要特别提及的是，绿色信贷促进限制类企业增加绿色投资受到监督力度的调节，但无论是企业内部的监督、政府的监督还是公众的监督，背后都需要明确的法律条款作为支撑。除了资本市场“用钱投票”的“市场惩罚”之外，法律作为有效补充手段之一，可以惩罚违规贷款的银行或者虚报环境信息的企业，同时也对出于趋利目的进行“漂绿”的企业形成硬约束，保障绿色信贷政策的有效实施。

2. 不同政策部门应出好“组合拳”以促进产业结构转型升级。诚如本章前文所言，当产业处于转型升级时，不仅仅是货币政策予以关注的重要问题，财政政策更是责无旁贷，而且宏观审慎政策也需要被纳入调控体系之内。一方面，在面对不同政策的调控时，如何避免不同政策之间的潜在冲突，最大限度地发挥不同政策之间的协同效应，是有效促进产业结构转型升级的重要条件和基础性保障。另一方面，政府可考虑采取结构性专项货币政策或专项财政政策为产业结构转型升级提供重要支撑。当然，在采取专项货币政策或财政政策时，应对政策的“锚”予以区分，进而最大限度地为促进产业结构转型升级提供重要支撑。此外，还需要指出的是，由于在不同的经济发展阶段，政策调控的效果可能并不一致，政府应尽可能地识别出导致扰动演化的外生冲击源，然后依据外生冲击源实施有效的单一政策或者采用不同政策组合进行调控。而且还有一点更为重要，在采取有效的政策进行调控时，政府还应对不同冲击源情形下的政策锚定目标、调控方向以及调控程度进行有效甄别。特别地，政府部门应实时监测上游企业的指标体系变动，进而能够及时做出预警和反应。同时，综合运用结构性政策工具，在行业层面调控时需要平衡总量和结构之间的关系，进而实现政策调控效果的最大化以促进产业结构转型升级，由此为维持实体经济高质量发展提供重要政策支持。

3. 促进企业家精神，从主观能动性视角为促进产业转型升级提供依据。产业转型升级离不开企业管理层的行为决策。如何避免实体企业短视化行为，特别是避免企业为了追逐短期利益，而将有限的资本投向收益率较高但风险也相对较高的金融业务（即“脱实向虚”）。政府应着力培育企业家精神，提高管理层的长远发展价值观，引导管理层将资本投向具有长期发展价值的创新型业务之中。与此同时，还应健全管理层与投资者的“利益共享”与“风险分散”机制。一方面，“利益共享”能够形成对管理层和投资者的有效激励，避免管理层和投资者之间的潜在利益冲突，从而有助于提高企业的治理水平，这对于促进企业的转型升级进而促进经济高质量发展具有重要作用。另一方面，“风险分散”有助于降低投资者的潜在损失，这对于提高投资者的锚定效应，特别是吸引长期资本的投入具有重要作用，因此，企业自身应避免短期利润追逐，将有限的资本投向具有长远发展价值的创新型业务，提高自身的创新能力及综合竞争力，如此才能有效促进产业结构转型升级。

第二节　有效引导创新能力蓬勃进发

创新绩效的提升不仅能够提高微观经济主体抵御非预期外部冲击的

不利影响，而且还能加速新旧动能转换，进而促进实体经济高质量发展。由此可见，在加速新旧动能转换并促进山东经济高质量发展的过程中，有效引导微观经济主体的创新能力蓬勃迸发是关键的一环。那么，如何引导企业创新、提高企业的创新能力，进而促进实体经济高质量发展呢？接下来，本部分将从以下 3 个方面展开分析。

一、优化人力资本配置

从山东省的经济发展现实可以发现，尽管经济发展在近年来实现了快速增长态势，但有必要认识一点，高速经济增长发展过程中也带来了凸显的结构性问题。特别地，虽然经济规模呈现不断增长趋势，但经济增速在近年来呈现明显的下降态势。出现这一现象的潜在原因之一在于资本积累的速度下降、人口红利消失和“干中学”技术进步效应消减“三重因素”的叠加，而制度结构对效率改进的阻碍和人力资本配置的扭曲是导致经济缺乏内生增长动力的根源所在。为矫正经济增长“新常态”阶段的结构失衡和要素配置扭曲，需要优化投资结构、产权结构、产品结构及消费结构等手段提高供给结构对需求变化的适应性和灵活性。特别地，在中国经济由要素驱动型高速发展转向高质量发展的过程中，如何实现创新驱动增长模式成为首要任务。作为研发创新活动的基本生产要素，人力资本的经济增长效应包括规模和结构两个维度，分别特指人力资本水平提高和人力资本在不同部门间的配置对经济增长的影响。然而，中国人力资本在现阶段依旧处于低下水平。尽管人力资本积累可以通过教育实现，但这一过程通常需要较长时期。由此可见，优化人力资本配置对于加速新旧动能转换和转变经济增长模式至关重要。为通过优化人力资本配置并进而促进经济高质量发展，决策部门可考虑如下 3 种实践操作方式予以调控：

1. 积极引导高层次人才投入实体行业之中。目前，高层次人力资本较多分布在金融行业之中，而且这也是导致金融行业“热”的一个重要因素。相对而言，实体经济呈现“冷”的发展态势，由此形成了我国经济发展的结构性突出矛盾。为解决经济发展的结构性矛盾，决策部门应积极引导较高的人力资本投入至具有长期发展价值的实体行业之中，并最大限度地发挥人力资本促进实体经济高质量发展的作用。

2. 发挥金融高端人才在促进实体经济高质量发展中的积极作用。目前，尽管较高的人力资本主要分布在金融行业，而由于服务实体经济发展是金融行业的天职，因此，分配在金融行业的高层次人力资本应避免过度追逐短期金融行业的高收益，而应注重发挥人力资本在金融服务实体经济中的积极作用，由此能为加速新旧动能转换并促进实体经济高质量发展提供重要的推动作用。

3. 健全高层次人才的协调分配机制。目前，从经济的发展结构性特征可以看出，人力资本整体呈现“区域”与“行业”分配不平衡的特征。正如前文所言，构建完善的要素（以人力资本为典型表征）竞争分配机制，实现人力资本在“区域维度”与“行业维度”的均衡分配，不仅能助推新旧动能转换并促进实体经济高质量发展，而且对于实现“共同富裕”具有极其重要的作用。

二、健全市场竞争机制

目前，人力资本分配不均的一个主要前提在于存在行业垄断和市场进入壁垒。因此，如何打破传统的垄断模式，并以此促进人力资本的均衡分配、健全市场竞争机制尤为必要。正如前文所言，当前我国较高程度的人力资本主要分布在金融行业，因此有序引导人力资本流向实体行业的一个重要动因是实现金融行业与实体行业收益率的均等化。换言之，人力资本之所以流向金融行业，是因为金融行业的收益率普遍高于实体行业，由此导致人力资本在实体行业与金融行业之间的分配不均。

从这一角度而言，打破金融行业的垄断，促进金融市场竞争，对于引导人力资本投入实体行业之中。具体而言，决策部门可考虑从如下 3 个维度健全市场竞争机制。

第一，完善银行业竞争机制，引导人力资本有序流向实体经济。一方面，根据“结构绩效假说”和“市场力量假说”可知，银行竞争程度的不断提高能够在较大程度上削弱银行业的垄断势力，降低要素价格及其收益率，特别是银行竞争程度的提升，不仅有助于降低金融行业收益率，而且有助于提高银行对信贷的筛选能力以及优化资源配置，这对于具有成长潜力的实体行业长期发展具有重要的正向促进作用。需要提及的是，伴随着银行竞争程度的增加，商业银行主动搜集和挖掘企业信息的能力也会提高，这不仅有利于提高信息环境的透明度，还能提高信贷资源供需的“搜寻—匹配”效率，这对于提高实体行业的收益率以及降低金融行业收益率，进而降低金融行业收益率与实体行业之间的收益率差距具有重要作用。另一方面，还需指出的是，在竞争性环境下，银行和企业的财务信息披露更加透明化，银行会将信贷资金投入生产潜力较高以及成长性较高的企业，而传统依靠政府作为隐性担保的国有企业通过较低价格获得信贷的现象则会得到抑制。因此，基于“成本—收益”视角的综合考虑，金融机构通过涉足高收益的金融产品动机将会受到抑制，这也会在较大程度上弱化金融行业与实体行业之间的收益率差距，从而为健全市场机制提供基础性条件支撑。

第二，降低人力资本的跨行业流动摩擦成本。受工资黏性和行业壁垒的影响，劳动力市场存在一定程度的错配，且该错配在行业与产业中存在明显的异质性特征。特别对在行业壁垒程度较高以及工资黏性较大的行业而言，人力资本很难在行业内部以及行业之间形成自由流动，这无疑会在较大程度上降低人力资本的边际产出，因而不利于最大化地发挥人力资本促进经济发展的作用，由此会导致社会总福利的潜在损失。因此，为促进人力资本的有序流动，进而形成劳动力市场的竞争机制，对于优化人力资本在行业与区域之间的有效配置、加速新旧动能转换并进而促进经济高质量发展具有重要作用。

第三，培育企业家精神，促进企业创新能力提升。由行为经济学理论可知，企业投融资决策在较大程度上受企业管理层的影响。当企业业绩下滑时，由于管理层和投资者之间存在潜在的利益冲突，此时管理层很有可能会从事短期收益率较高但其风险也相对较高的非主营业务，然而，实体企业的主要职责在于物质资料的生产，而其将有限的资本投入收益率较高的非主营业务之后，势必会引起实体产业“空心化”现象，这会加剧企业的风险累积，并对实体经济的发展产生极其不利的影响。因此，如何避免管理层的“短视化”现象，一个重要的实践路径是培育企业家精神。特别地，在大众创业、万众创新的战略指导下，培育企业家精神，不仅有利于提高企业、行业以及区域的整体性创新产出，而且对于促进新动能的形成以及促进经济高质量发展具有重要作用。

三、培育创新产出的“孵化器”

创新能力的提升，不仅仅体现在创新专利的申请与授权量的增加，更体现出创新成果的转化。如何促进创新成果的落地，培育创新产出的“孵化器”至关重要。一方面，“孵化器”的培育，不仅能为企业创新产出提供科学的发展平台，还能为引导创新产出以及再转化提供重要的支撑。另一方面，“孵化器”的培育还能带动产业集群效应，产业集群不仅能为企业以及人力资本升级提供重要的组织形式，还能通过降低生产成本形成规模优势，这对于优化资源配置进而促进实体经济的发展效率具有重要作用。此外，在培育创新产出“孵化器”的过程中，还有利于推动重点区域集中布局，进而促使优势企业与产业发挥“领航”作用。培育创新产出的孵化器能够为企业与行业的创新性产出提供完整的链条，该链条不仅有利于打造先进行业的集群，而且有利于新兴产业的有效崛起，这对于实现新旧动能转换并进而促进实体经济高质量发展具有重要的作用。

此外，还需要指出的是，在培育创新产出的“孵化器”并以此加速新旧动能转换以及维持经济高质量发展的过程中，还应积极攀升全球价值链。尤其在攀升价值链过程中，应积极形成区域的雁阵模式，努力向价值链的中高端迁移。具体而言，对于已经处在价值链中低端位置的创新孵化器而言，应积极鼓励和支持建立具有高端创新孵化器的价值链。对于尚未有成熟条件形成高端技术的创新孵化器，可选择通过积极承接产业转移，形成创新产业的雁阵模式，由此形成以高端技术与转移加工组装为主导的两条培育创新孵化器渠道。

第三节　强化开放引领核心增长极

在加速新旧动能转换并以此促进实体经济高质量发展的过程中，山东省应积极强化其与国外经济体之间的合作。依据山东省的经济发展现实与演化特征，山东省相关企业可深化与“一带一路”沿线国家在能源资源、农业、文化旅游等领域的深度合作，同时也需强化青岛、烟台等城市在海上合作战略支点中所发挥的作用，推进与海上丝绸之路国家港口城市的互联互通。为此，本节将从如下 3 个维度对如何通过强化开放引领核心增长极，进而加速新旧动能转换并维持实体经济高质量发展。

一、深化双向开放，提高资源利用效率

目前，从山东省经济与金融发展的特征事实来看，其开放程度已经实现较大的发展态势。然而，在加速新旧动能转换以促进实体经济高质量发展的过程中，深化山东省与其主要贸易经济体之间的互联互通，不

仅能够提高创新资源的整合效率，实现创新动能的共振，同时也能提高产业分工的协作能力，降低潜在的成本，这对于提高资源的利用效率以助推实体经济高质量发展具有重要的带动作用。为此，决策部门可考虑从如下 3 个方面提高开放程度，通过深化双向开放，提高市场资源的整合效率。

1. 深化双向开放，着重引入价值型外部投资者。在通过深化双向开放加速新旧动能转化的过程中，山东省产业发展要着重引入价值型外部投资者。因为相对于短期的国内投资者而言，价值型外部投资者具有较好的管理能力，能够更有效地履行监督和管理职能，有利于最大限度地发挥资本的边际产出动能，这对于优化投资者结构以及促进企业与产业的整体发展具有重要作用。同时，外部价值型投资者的引入，还能够通过“鲇鱼效应”反过来进一步促进山东省经济与产业的开放，这对于加速新旧动能转换、促进实体经济高质量发展具有重要的作用。

2. 深化双向开放，强化区域合作机制。最大限度地发挥双向开放对经济发展带来的“红利”效应，需要强化区域合作机制。对于不同的区域而言，其产业结构、产业特征以及产业布局都存在不同程度的分异，因此，为最大限度地实现双向开放的“红利”效应，就需要强化不同区域之间的合作机制。而在对区域合作机制进行强化的基础上，又需要对不同产业、行业以及资源和技术比较优势进行合作，通过加速新旧动能转换以实现促进经济高质量发展的功能性效果。

3. 深化双向开放，协调区域利益共享机制。正如本章前文所言，在深化经济双向开放时，由于不同区域的发展模式和结构特征存在差异，因而需要对不同区域之间的利益共享机制进行协调与强化。决策部门可通过第三方市场构建互动中心联通机制，然后再经第三方互联互通对利益进行分配，这对于实现社会全局性福利最大化具有重要的作用。

二、推动载体升级，强化产业链不同层次的互动

在深化双向开放、促进经济高质量发展过程中，需要加快产业载体的升级。具体而言，该载体的升级主要包括两方面的内容：第一，硬实力实物层面的载体，主要包括核心产业集聚区的构建，能够为获得开放情形下的产业升级提供硬件支持。第二，软实力制度层面的载体。在通过双向开放实现新旧动能转换并促进经济高质量发展过程中，有必要对配套的制度质量进行提升。为此，决策部门可考虑从如下 3 个方面推动载体升级，强化产业链不同层次之间的互动。

1. 深化双向开放，依据产业集群化特征打造新兴产业基地。为实现规模优势，在深化双向开放的基础上，区域应着力打造具有特色的产业集群，依据产业集群所呈现的规模优势进一步建立新兴产业基地，不仅有利于最大限度地获得双向开放形成的“红利”效应，而且对于产业集群的进一步演化和新兴产业的缔造具有重要的推动作用。特别是在打造新兴产业基地后，不仅有助于淘汰相对落后的旧生产动能，而且对于加速新旧动能转换并维持经济高质量发展具有重要作用。

2. 深化双向开放，锚定核心技术研发。如本章前文所言，在打造新兴产业基地之后，不同的地区应立足产业基础和发展优势，将核心技术研发作为进一步发展的重要方式。一方面，对于产业链中不同位置的企业而言，可通过垂直并购的方式获取先进的生产技术，这对于提高行业的整体创新能力以及核心技术的研发具有重要作用。另一方面，在推动双向开放的基础上，依据新兴产业基地的比较优势，从具有先进技术的经济体中汲取较高的技术与经验，并通过提高核心技术的研发能力以提高创新水平，这对于加速新旧动能转换并促进实体经济高质量发展具有重要作用。

3. 深化双向开放，构建产业分工协作网络。在构建新兴产业基地并

锚定核心技术研发的基础上，决策部门在致力于构建区域协调发展机制，特别是通过构建产业分工合作网络、提高产业链的运行效率，使得处于产业链中不同位置的企业与行业最大限度地获得双向开放所形成的“红利”。特别地，对于产品创新与设计、组装加工制造等处于产业链中的不同环节，应建立稳定且有效的产业协作网络，强化不同产业链层次之间的协作互动，这对于在双向开放的条件下加速新旧动能转换，并以此促进实体经济高质量发展具有重要作用。

三、加快试验区建设，打造核心增长极

在面对经济双向开放的过程中，发挥中心城市地区在引领区域经济转型升级、高质量发展的积极作用，特别是通过打造核心增长极，对于加速新旧动能转换并促进实体经济高质量发展具有重要作用。有鉴于此，在促进双向开放的基础上，决策部门可考虑通过如下两个层面加快试验区建设，在打造核心增长极的基础上加速新旧动能转换，以此实现经济高质量发展。具体阐述如下：

1. 构建城市群，形成区域竞争新优势。为打造核心增长极，决策部门应着力打造城市群建设。特别地，在打造城市群建设的过程中，可考虑将重点城市打造成国家级中心城市，在中心城市的基础上积极辐射带动不同区域的经济发展，这对于发挥中心城市引领区域经济结构转型升级以及技术创新扩散等方面具有重要的积极作用。同时，决策部门在城市群的建设过程中，注重推动统一大市场的构建，在确保相关基础设施高效一体化的同时，实现公共服务的共享，这对于构建特色鲜明、协作有效的城市群以加快新旧动能转换，并进而促进经济高质量发展具有重要作用。

2. 打造试验区建设，培育现代化经济体系。打造国家级试验区，并将其列为高质量发展的标杆，是构建核心增长极以加速新旧动能转换并

促进经济高质量发展的重要方式。一方面，试验区的建设不仅能为政策试点，特别能为科学评估相关政策以培育现代化经济体系提供较好的准自然实验环境，由此能为进一步制定和执行更为科学的政策以服务经济高质量发展提供启示。另一方面，试验区的建设，其本身具有较高的制度“红利”优势，能为加快新旧动能转换特别是引领新兴产业体系建设提供较为有效的条件支撑。还需要特别指出的是，在打造试验区建设并培育现代化经济体系的过程中，为了最大限度地获得双向开放的“红利”，决策部门还应注重不同产业之间的特色化、优质化与品牌化，这对于将现代化产业体系深度融合至新旧动能转换并促进实体经济高质量发展具有极其重要的作用。

第十二章

塑强发展新优势　推进区域协调城乡融合

我国经济发展的空间结构正在发生深刻变化，中心城市和城市群正在成为承载发展要素的主要空间形式。[①] 山东省仍需深度挖掘海陆两类资源、两个市场、两种优势，提升半岛城市群及核心城市能级构建具有重要影响的省域发展新格局，持续实施以人为核心的新型城镇化战略走稳城乡高质量融合道路，畅通区域经济循环塑强发展新优势、创新区域协同机制谋求区域新发展。深层次释放山东省增长潜力、推动经济实现质的有效提升和量的合理增长对于推动实现区域共同繁荣、服务国家战略和大局具有十分重要的意义。

第一节　构造新格局塑强新优势

随着越来越多的城市群落成，中国正逐步形成以城市群为主体的健康生态系统和经济发展格局，城市群作为城市密集区的先进形态已成为产业和经济竞争的重要平台。[②] 山东半岛城市群是国家“两

① 《推动形成优势互补高质量发展的区域经济布局发挥优势提升产业基础能力和产业链水平》，《人民日报》2019 年 8 月 27 日。

② 姚士谋、陈振光、朱英明等：《中国城市群》，合肥，中国科学技术大学出版社 2006 年，第 3—5 页。

纵三横”城镇化战略布局的重点城市群之一，位于由南向北扩大开放、由东向西梯次发展节点，具有诸多优势和条件，但与京津冀、长三角、珠三角等一线城市群相比，整体能级水平、区域辐射和区域内一体化水平仍有很大的提升空间。

一、提升半岛城市群整体位势

（一）经济社会发展绿色转型

自山东半岛城市群发展规划实施以来，经济发展取得了巨大成就，城市群范围逐步扩大，但也引发了不可持续问题，整体绿色发展呈现先升后降的趋势，城市之间尤其是沿海与内陆城市之间没有趋同[①②③]。不同类型绿色发展效率区的演变特征反映了山东省绿色发展仍处于低质量发展阶段，提质之路任重道远。[④] 考虑到绿色效率变化形势下技术效率与生产技术的关系，本文将从人口集聚、产业结构调整、技术创新、对外开放等方面进行阐述。

适度的人口集中会通过规模效应改善区域环境质量，但偏大的人口集聚度会使经济发展产生拥挤的外部效应[⑤]，抑制绿色发展水平提升，妨碍绿色发展与经济增长脱钩[⑥]。正处于新旧动能转换阶段的山东半岛

① 谌溢泉、李洪琳、赵长亮：《山东半岛城市群高质量发展测度研究》，《统计理论与实践》2022年第1期。

② 李勋来、张梦琦、李泓霖：《山东省城市绿色创新效率评价与影响因素研究》，《青岛科技大学学报（社会科学版）》2019年第4期。

③ 陈明华、刘文斐、王山等：《山东半岛城市群绿色经济增长绩效评价及动力源泉》，《宏观经济研究》2020年第6期。

④ 郭付友、陈才、刘志刚：《城市绿色发展效率的空间分异及影响因素——基于山东省17地市面板数据》，《世界地理研究》2020年第5期。

⑤ 肖周燕：《中国人口空间聚集对生产和生活污染的影响差异》，《中国人口·资源与环境》2015年第3期。

⑥ 唐松林、张欠、李梦洁：《山东半岛城市群绿色发展与经济增长的动态关系及驱动因素研究》，《生态经济》2022年第7期。

城市群，不应过分追求整体城镇化的高量指标，而应通过完善相关公共服务设施建设、人才支持计划等政策手段合理引导人口流动，维持差别化的人口聚集水平，促进生产生活方式转变，加快实现绿色发展，提高绿色城镇化水平。在调控过程中，要特别注意高素质人才的引进。先进地区的成功经验证明，人力资本积累有利于绿色经济的发展。

产业结构水平高低、合理与否会影响要素资源的配置[①]，大比例的传统高消耗型产业，势必加剧环境污染。山东半岛城市群应摆脱对“三高”产业的路径依赖，将现代化服务业和高新技术产业等环保且附加值高的部门作为资源配置的主要方向，持续推动产业部门绿色发展，为提高绿色创新效率并促进城市绿色发展提供全面的支持。技术创新和进步是绿色发展的有力支撑，它不仅提高了部门的生产率和竞争力，而且减少了污染物的排放，促进经济增长和绿色发展向更好的方向发展。创新既要理念创新还要技术创新，不仅要让绿色发展理念深入人心，鼓励公众绿色消费、企业绿色生产，动员全社会积极参与生态文明建设，更要积极地吸收域外先进技术和管理模式，提高自我创新尤其是绿色创新能力，构建以市场为导向的绿色技术创新体系，推进绿色低碳可循环生产体系建设，实现经济效益与环境效益共赢，加速绿色发展进程。

环境规制在有效降低环境污染和提高绿色创新效率方面发挥积极作用。[②]在继续加大节能环保投入的同时，各级政府还需进一步健全环保政策法规、强化环境监管与引导，全面实行经济激励政策和信息披露政策，并将实施情况纳入省生态环境保护督察；合理制定节能减排考核制度，完善从顶层设计到落地实施的措施体系，引导生产生活各部门主动担负绿色环保的主体责任，有效激励各级各类主体响应污染减排政策、

① 张明斗、王亚男：《低碳政策试点、区域非均衡与城市财富增长》，《山西财经大学学报》2022年第8期。

② 郭进：《环境规制对绿色技术创新的影响——“波特效应”的中国证据》，《财贸经济》2019年第3期。

落实整改措施。

外商直接投资会产生知识溢出和技术溢出效应，从而增加城市的内在价值和外部价值。各区域在进一步扩大招商规模的同时，还应着重对战略性新兴产业、高附加值产业等领域的投资，扶持城市绿色产业的发展，强化对外开放促进绿色发展的带动作用，追求高质量的对外合作。在保证先进技术的生产前沿外移的同时，政府还需优化协调各种资源要素配置，最大限度释放生产技术潜力，通过高新技术产业和绿色环保产业发展实现城市绿色创新效率的全面提高。

（二）城市群智慧化转型

“智慧城市群”源于现代城市群对绿色低碳经济、健康社会、环境可持续发展的追求，是近年来“智慧城市”概念在空间组织上的扩散延伸，也是社会创新转型环境下城市群建设的高级阶段，正逐渐成为全球经济的新动能和增长极[①②]。

在《“十三五”国家信息化规划》中开始首次使用“智慧城市群”这一概念之后，中央及各省出台了多项关于（智慧）城市群相关政策[③]。借鉴国际智慧城市群建设经验，契合现阶段技术条件与发展需求，编写组认为可以从“动态虚拟”与“互补联合”这两个层面来设计具有综合性和可行性山东半岛城市群智慧化架构。

以城市治理和服务需求为导向，打破时空局限实现城市空间跨域协同的动态虚拟。“动态”是指群内城市主要功能以需求为导向的伺机调整，“虚拟”则指成员是基于智能设施的逻辑统一在线联盟，空间上既

① 中国发展研究基金会：《中国城市群一体化报告》，北京，中国发展研究基金会，2019。

② Huang Hai-Jun, Xia Tian, Tian Qiong, et al, “Transportation issues in developing China's urban agglomerations”, Transport Policy, Vol.85, January 2020.

③ 李磊、马韶君、代亚轩：《从数据融合走向智慧协同：城市群公共服务治理困境与回应》，《上海行政学院学报》2020 年第 4 期。

可临域统一也可跨域联合。全面改革区域治理系统的基础设施，按照“平台上移、应用下沉”的原则建设大数据协调与服务中心，促进数据资源共享和集约管理，推动数据中心“提质增量”，打造跨层级、跨部门、跨业务的“多租户”服务体系[①]；优化升级通用型一体化综合应用系统并向基层延伸，推动新时代政务服务、信息发布纵深化发展，提升矩阵式业务运行支撑能力，增强辖区社会治理的公众参与度和社会监督能力。

充分调动群内城市的建设积极性和主动性，着眼于智慧城市群整体运营的互补联合，推动更高层次的城市聚集和空间重组。“互补”是指集群内各城市优势互补、功能互补；“联合”是指各领域发展中的城市间分工协作。基于“开放、联通、协调、融合”的理念，在要素配置、基础建设、产业协同、公共服务、环境防治等方面[②]，开展广泛的跨区协合作；打造面向城市群微观主体的多领域“数据 +”智慧应用，形成智慧市政、智慧农业、智慧社区等的智慧管理与服务实体[③④]，促进产业经济高质量发展，提升城市群治理和城市功能。

总结当前智慧城市与城市群建设的经验与不足，构建“权责明晰、运行顺畅、衔接有序、持续改进”的保障体系。根据智慧城市群建设需求规范管理体系，做到城市群治理和服务过程法治化、规范化，执行标准统一化；梳理智慧城市群运行模式和运行规范，推进运行流程再造，

---

① 山东省人民政府：《山东省人民政府关于印发山东省“十四五”数字强省建设规划的通知》（鲁政字〔2021〕128 号），2021 年 7 月 17 日，http://www.shandong.gov.cn/art/2021/7/22/art_267492_10670.html。

②《中华人民共和国国民经济和社会发展第十四个五年规划和 2035 年远景目标纲要》，《人民日报》2021 年 3 月 13 日。

③ 山东省人民政府：《山东省人民政府关于印发山东省国民经济和社会发展第十四个五年规划和 2035 年远景目标纲要的通知》（鲁政发〔2021〕5 号），2021 年 4 月 6 日，http://www.shandong.gov.cn/art/2021/4/25/art_267492_10579.html。

④ 山东省人民政府：《山东省人民政府关于印发〈山东省新型城镇化规划（2021—2035 年）〉的通知》（鲁政发〔2022〕1 号），2022 年 1 月 14 日，http://www.shandong.gov.cn/art/2022/1/21/art_267492_10830.html。

制定指导群内城市协同运行的规范体系，确保综合投资的社会经济效益[①]；建立健全符合智慧城市群业务要求的数据格式、技术研发、项目管理等标准规范体系，构建数据全生命周期质量管理体系、完善问题数据反馈校验机制[②]，增强智慧城市群网络安全防护能力，完善网络安全综合监测、预测、预警、预防和应急响应联动机制，提高网络安全保障水平[③]。

二、增强中心城市发展能级

（一）强省会示范引领建设

省会强则省域强，强省会建设要在提高集聚力、承载力的基础上继续增强辐射带动力，把济南市打造成连接京津冀协同发展和长三角一体化发展的核心节点、引领黄河流域生态保护和高质量发展的核心增长极。[④]

坚持工业强市战略，加快先进制造业高质量发展，推动现代服务业提质增效，促进经济社会数字化转型。[⑤]在起步区构建以战略性新兴产业为主体、以现代服务业为支撑的“3+1”产业体系，深度推进动能转换，逐步淘汰去除落后产能，提升产业量级和质级，推进济南新旧动能

① 郭先登：《大国区域经济发展空间新格局下城市群基本发展样态与趋势研究》，《经济与管理评论》2017 年第 5 期。

② 山东省人民政府：《山东省人民政府关于印发山东省“十四五”数字强省建设规划的通知》（鲁政字［2021］128 号），2021 年 7 月 17 日，http://www.shandong.gov.cn/art/2021/7/22/art_267492_10670.html。

③ 山东省人民政府办公厅：《山东省人民政府办公厅关于加快推进新型智慧城市建设的指导意见》（鲁政办字［2020］136 号），2020 年 10 月 11 日，http://www.shandong.gov.cn/art/2020/10/21/art_107851_109058.html。

④《“六个现代化强省会”勾勒美好蓝图》，《济南日报》2022 年 4 月 10 日。

⑤《为开创新时代社会主义现代化强省会建设新局面而不懈奋斗中国共产党济南市第十二次代表大会闭幕》，《济南日报》2022 年 4 月 13 日。

转换起步区建设。抓住产业链和价值链的关键节点，完善区域产业的链接和联动机制。不仅要注重上下游产业重点配套企业的整合，也要关注“创新链、产业链、价值链”的相互融合，整体提升区域产业联系的密度、强度、频度，提升整体产业竞争力。

实施新型城镇化行动，以“一纵一横两核五组团”功能布局为核心，调整区块发展方向和路径、优化城市发展格局，构建更加顺畅的全方位立体交通网，不断拓展战略空间；统筹实施以“泉城文化”为载体的“山、泉、湖、河、城”特色文化廊道，增强公共文化供给凝聚力，重构城市文化格局，加快释放战略潜能、讲好济南故事，以区域协调发展增强城市综合承载能力，提升城市功能品质。统筹兼顾经济发展与民生改善，把社会治理、基础设施建设作为补齐民生短板的重要内容，以“宜居”“宜业”“宜学”“宜游”衍生城市品牌和格调全面提升城市软实力。创新政府、市场、社会的合力工作机制，不断提高城乡居民可支配收入水平、增加基层公共服务供给、完善多层次社会保障体系；实现基本公共服务便捷化、普惠化与优质化，让发展成果更均衡地惠及人民；多渠道增加公众财产性收入，拓宽重点群体就业渠道，促进实现更充分、更高质量的就业。

围绕重点领域和关键环节加大改革力度，坚定不移推进全面深化改革增强社会活力。深化“放管服”改革，从优化流程、“互联网＋”应用、降低成本、改进服务等方面，充分发挥企业服务中心作用。推进要素市场化改革，突出产业项目引领高质量发展作用，制定差别化政策，探索市场化交易渠道，不断完善“要素跟着项目走”机制。完善社会信用体系，健全投资促进、保护和服务体系，提高贸易便利化和投资自由化水平，[①] 做大做强总部经济，提高整体发展能级。

①《牢记嘱托　砥砺奋进　勇当“三个走在前”排头兵　奋力开创新时代社会主义现代化强省会建设新局面》，《济南日报》2022 年 4 月 10 日。

坚持生态优先绿色发展，以高水平生态环境保护推进经济高质量发展。经济社会发展中有计划分步骤实施碳达峰行动，持续紧抓水资源节约集约利用，稳步推进生态廊道与节点建设；强化森林、河湖、滩区、湿地等生态资源综合管护和生态系统整治修复，建立生态产品价值实现机制，完善重点生态功能区生态补偿机制，不断提高生态系统质量，夯实生态稳定性，厚植高质量发展的生态底色，筑牢高质量发展绿色屏障。

（二）凸显青岛市功能导向

围绕创建现代化国际大都市的目标，青岛市需要继续增强综合发展实力，不断提高城市资源集聚、整合和辐射能力，加快推动国际经济、金融、贸易、航运、创新、文化和对外交流等升级。

深度优化创新创业环境，形成尊重知识、尊重人才的社会氛围，抓住海外人才回国潮初现的战略机遇，参与全球高端人才流通，制定海外人才引进专项政策，精准化招才引智；推进开放、卓越、共享、包容的人才体系和科技创新体系，加快形成一批具有国家影响力的重点学科，提升高等教育培养和聚集国际化人才的能力。从全球视角规划和推进青岛科技创新，加快建设国际化科技创新载体，持续推进人才集聚与科技创新融合，增强自主创新能力。依托国家实验室主动布局、积极融入全球创新网络，建设协同创新中心、拓展伙伴关系、提高合作层次和水平。充分发挥企业在国际科技合作中的引领作用，鼓励有条件的企业建设海外研发中心和孵化基地，直接利用境外创新资源开展研发创新活动，健全科技成果转移转化机制，深度嫁接优质技术资源。

整合空间布局，强化国土空间规划引领，建设胶州国际空港与上合园区、黄岛董家口港、即墨蓝色硅谷等组团，奠定青岛国际化大都市发展的基本架构，形成集团化布局、生态间隔的网络化大都市。紧抓产业升级和城市更新两个关键点提升组团功能，明确各区块重点发展领域，以提质增效升级为核心统筹产业链布局，推动产业集聚、错位发展，避免同质竞争。引导主导产业竞争力和企业核心竞争力提升，加快构建战略性新兴产业引领与传统产业数字化转型相互促进、先进制造业与现代服务业深度融合的现代产业体系[①]，打造高量级产业集群、培育具有国际影响力的制造业品牌，推动实体经济高质量发展。

加强公共设施建设，发展科教文体卫等公共事业，为公众参与社会经济、政治、文化活动等提供保障；在充分整合、挖掘、利用信息技术与信息资源的基础上，赋予物以智能，实现对城市活动的精准管理和城市资源的集约利用。开展丰富多彩的群体性文化活动，繁荣发展优秀传统文化，加大文化自然遗产和非物质文化遗产保护力度。争取更多有影响力的国际组织落户青岛，推动国际组织资源转化为青岛城市发展的强大动力，通过资源整合构建政府主导、多方参与、资源共享、共促发展的国际组织地区代表机构运行模式。

开展交通基础设施建设重点行动，发挥“陆海空铁地”资源优势，拓展多式联运应用，通过“四港联动”加快构建“立体、交叉、综合”的现代物流体系，不遗余力地建设综合型国家物流枢纽城市和全国主要的国际物流中心城市。增强航运集疏运能力，提升港口物流服务、产业集聚和开放服务功能，着力打造“一带一路”国际合作新平台，充分发挥海内外航运枢纽的辐射作用，推进航运信息化交易平台建设。依托RCEP和中国—上海合作组织地方经贸合作示范区、山东自贸区青岛片区，重点发展围绕航运的金融、信息、物流、旅游等服务业体系，建设华北地区转口贸易中心，实现内外贸一体化的突破，使区域性国内国际双循环更加畅通。

① 陆治原：《高举旗帜　勇担使命　奋力谱写青岛建设新时代社会主义现代化国际大都市新篇章》，《青岛日报》2022年4月18日。

三、推动经济圈一体化发展

无论是大城市还是小城市，它们都不是一个孤立封闭的个体，而是与周边城市紧密相连的。山东半岛城市群内部绿色经济增长绩效差异显著，各地区需立足自身优势实现错位协同发展，构建优势互补、高质量发展的区域经济布局[①]。

（一）做强省会经济圈

省会城市有其特殊的定位和功能，这就内在规定了现代化省会城市应在全省形成专属特殊优势，通过“扩散—虹吸效应”机制与周边城市错位发展。

加强综合性交通枢纽建设，促进城际互联互通。统筹重大交通基础设施建设，加快推进覆盖 7 市的全域轨道交通线网前期研究及规划设计，推动形成由高铁、城铁、轻轨等构建的轨道交通体系。加强跨界道路衔接，突破公路“瓶颈”，健全完善圈内公路网络，切实抓好市与市之间的道路连接。推进一批重点交通项目的规划和建设，畅通济南与周边城市联络，形成覆盖面更广的“一小时生活区”，加速城市间人力与资本交流，为科技文化创新提供更好的外部环境。

推动产业协同融合发展，培育优势产业集群。一是创新招商引资体制机制，主动承接北京非首都功能疏解，引进和培育一批先进制造业、现代服务业等领域的企业总部[②]，以总部基地的规模效应加快经济发展。二是加大创新力度，开展学科之间、领域之间科技创新合作攻关，

① 陈明华、刘文斐、王山、岳海珺：《山东半岛城市群绿色经济增长绩效评价及动力源泉》，《宏观经济研究》2020 年第 6 期。

② 常颖：《省会经济圈一体化发展中济南中心城市地位及优化路径》，《中共济南市委党校学报》2021 年第 5 期。

着力推出一批适合城市特色、适应城市产业发展水平的强实用性科研成果，进而打造成为产业、产业链、产业集群。三是推进科创资源的共享共用，在其他城市可以探索设立分支机构，支撑各自城市的产业发展。同时，要努力优化产业生态，加大统筹协调力度，以“飞地经济”等合作方式整合圈内项目资源和土地资源优势，鼓励和引导圈内城市错位竞争、协作发展。

促进优质公共资源的共享，加速同城化进程。积极推进经济圈内城市在社会事业、公共服务等方面合作，切实提高公共服务水平。大力推进人力资本市场建设，实行统一规范的劳动用工、职业资格认证等制度，建设经济圈教育合作联盟，开展异地就业创业培训，以代管和集团化办学模式实现优质教育资源共享。强化经济圈公共卫生协作与交流机制，促成新农合一体化管理，依托山东大学齐鲁医学院等知名单位，在试点基础上推进建立医疗单位部分重点专科院际合作联盟，实现市民医疗待遇等高对接。

（二）提升胶东经济圈

胶东经济圈要不断强化青岛的龙头作用，深入推动产业创新协同，努力实现融合发展，形成真正意义上的都市圈，并引领都市圈成为具有全球影响力的海上创新中心、对外枢纽和黄河流域开放门户。

开放性是胶东五市的共同基因，着力通过交通结构的内部优化和更大层面的整合，优化基础设施网络，形成重要交通走廊、产业走廊、城镇化走廊合一的胶东经济圈成长走廊。依托中国（山东）自由贸易区，复制推广改革试点经验，推进通关一体化和便利化，打造“一带一路”国际合作新平台。构建分工明确、协同高效的现代航运交通体系，聚力打造高速铁路“半岛环”和补齐高等级公路“一张网”，实现重大交通设施的跨行政区域共建共管和共用共享；健全口岸联络协调机制，加强口岸跨城合作，建立以胶东经济圈为核心的多式联运服务体系，建设东西贯通、海陆联动的开放大走廊。

共同制定发布胶东经济圈一体化发展规划，优化产业功能布局，强核聚群、抱团发展，打造全球领先的海洋科教核心区和现代海洋产业集聚区。[①] 抓紧建成经济圈一体化重点项目库，共建国家级科技成果孵化基地，做大做强特色主导产业，错位协同发展产业，培育壮大龙头骨干企业；促进各类要素合理流动、高效集聚，提高重点园区集聚集约水平；完善产业合作、利益分配、风险分担和激励机制，探索共创产业园区、共建投融资服务等跨区域合作平台，通过市场化方式推动开发区整合或托管，协议分享税收、土地等收益。因海而兴的胶东经济圈需格外重视海洋生态环境保护，统筹全域海岸线、海湾、海港、海岛等生态环境保护，加强整治围填海问题，共保联治生态环境，构建和谐多元的海洋空间。实施陆海污染一体化治理，严格控制入海污染物总量、落实近岸海域水质目标考核，构建以胶东半岛中部生态脊为基点向南北两侧延展的生态网络格局[②]。

提升公共服务标准化，推进公共资源共享化。联合制定基本公共服务标准，建立标准动态调整机制，推进区域基本公共服务规范化；创新服务跨区域机制，提升区域通办的协同性，优化户籍、医保、社保及住房公积金等信息转移接续流程，落实公共服务便利化。深化名校长和名教师交流合作机制，依托优质教育资源，鼓励学校跨区域牵手帮扶。贯彻国家卫健委“联盟发展”和“全域医疗”发展战略，加快优质医疗资源扩容和区域均衡布局，建立区域专科联盟和远程诊疗合作体系，推动医学检验检查结果和病历的跨地区、跨机构互通互认，实现联网挂号、会诊与救治等远程医疗服务。

---

① 山东省人民政府：《山东省人民政府关于加快胶东经济圈一体化发展的指导意见》（鲁政发〔2020〕2号），2020年1月9日，http://www.shandong.gov.cn/art/2020/1/14/art_267492_10146.html。

② 《胶东经济圈一体化发展》，《齐鲁晚报》2020年1月15日。

（三）振兴鲁南经济圈

鲁南经济圈并无实质性的核心城市，迫切需要开展区域深度协作的制度创新和实践探索，破解区位相似、实力相近、结构相仿的城市一体化发展难题，探索出一条“多市协同”经济圈发展的新道路。

深入实施“藏粮于地、藏粮于技”战略，切实承担粮食安全政治责任，落实重要农产品保障战略与耕地保护制度，加快高标准农田建设，推动粮食生产良种化、机械化和服务全程社会化，共同保障农产品粮食供给安全，共同推动农业提质增效。联合开展粮食生产功能区、重要农产品生产保护区、特色农产品优势区和现代畜牧园区建设，共同做大做强一批区域性农业服务企业，构建全程覆盖、区域集成的新型农业社会化服务体系，协同发展优质特色农业产业集群。共同探索新产业新业态成长机制，培育发展鲁南地区农商产业联盟、农业产业化联合体等新型产业链主体，形成产地与销地、生产者与消费者良性互动圈。打造一批产加销一体的全产业链企业集群，健全农产品原产地营销体系，拓展定制化消费模式，错位匹配各市特色农产品，协同提升鲁南农产品品牌影响力。

完善环境污染管控与治理标准，建立区域环境准入清单制度，推广“两山”理论蒙阴实践经验，创新生态价值实现路径。[①] 分工协作打造现代优势产业集群，加快完善革命老区基础设施，依托“三孔两孟”等历史文化资源以及沂蒙革命老区等红色资源，唱响文化旅游品牌，打造优质全域旅游目的地，树立文旅融合发展高地，激活革命老区发展内生动力。大力发展陆港型特色枢纽经济，着力构筑综合立体现代交通大通道、大走廊、大框架，建设大宗商品和重要原材料物流集散基地。充分利用现有的技术产权交易中心与交易市场等多个平台，加强关键共性技

① 吴光炜：《加快鲁南经济圈一体化发展对策研究》，《菏泽学院学报》2022 年第 1 期。

术跨区域联合攻关、转化和应用，改造提升传统产业；加大产业链与创新链跨区域协同力度，联合开展招商引资和补齐拉长产业链条等，推动布局分工合理和优化；积极培育一批“独角兽”企业，围绕龙头企业组建产业联盟，做大生物医药、高端装备和现代金融等新兴产业。

围绕公共卫生、教育等重点领域，谋划实施一批重大项目，实施“手拉手”跨区帮扶计划，全面对接区域公共服务体系。加强卫生人才联合培养与专科人员对口交流，为基层培养更多优秀卫生人才，支持中小学实施名校联新校、联弱校、联乡村学校行动，加快补齐公共服务短板。依托圈内丰富的职业教育资源，组建职业教育集团、共建高水平职业院校，促进优质教育资源共建共享；建设一批产教融合实训基地、智能（仿真）实习实训基地，深化产教融合、校企合作，将四地高职院校学生信息引入鲁南人才服务平台，互认共享专项技能型人才资源，建立解决重点企业技能型人才用工需求的长效机制。建立联动惩戒机制，共享拖欠农民工工资“黑名单”，协同处理劳动人事争议案件。

第二节　做实城乡高质量融合发展

以国家级城乡融合综合试验区为抓手，合理确定城市规模和空间结构，促进各级城市与城镇协调发展，围绕智慧化、绿色化、均衡化、双向化，增强城市发展包容性和综合承载力，推动城镇化高质量发展。

一、节点强化联动发展

（一）优化城镇化空间格局

充分发挥山东省在国家城镇化战略中陆桥通道与沿海纵轴交汇的区位优势，深化与省界相邻城市、黄河中上游城市群的密切联系，创新管理与协同机制，引导区域人口、产业、资金、技术等要素向城镇集聚，提高城镇密集区综合竞争力，全面提升城镇化载体功能。

遵循整体协调、结构优化、集约高效的原则，加快提升济南辐射带动作用和青岛开放创新功能，打造错位互补发展的双引擎。围绕“一群两心三圈”，建设与城镇密集区空间结构相耦合的城际交通体系，构造以两市为中心，城镇密度高、经济联系密切的 H 形城镇高质量发展带，形成多中心、多层级、多节点的网络型城镇化空间格局。

（二）提升大中城市功能品质

支持各市依托特色资源和产业基础优化功能区设置，提升城市品质和服务能力，加速人口和产业集聚，发展为承接济青核心城市辐射、带动周边区县协同发展的重要节点。

强化城市设施支撑能力，完善重大市政设施体系、疏通老城区市政循环堵点，以现代化基础设施支撑体系促进人流、物流、信息流经济高效便捷流动。提高城市设施配套能力，增加文化体育资源供给，推进文博馆、民俗馆等文化设施建设，开展城市公共开放空间、小微公园等增绿工程建设，打造特色鲜明、环境优质的“城市微客厅”，优化大中城市三级医院和高等院校布局，完善老城功能，提升人居环境品质。

（三）突出县城重要载体作用

把县域作为城乡融合发展的重要切入点[①]，充分发挥其在城乡融合发展中的纽带作用，赋予县级更多资源整合使用自主权，促进县城补短板、强弱项。优化空间结构和功能布局，统筹安排生产、生活和生态空间，推动基本公共服务设施提级扩能并向乡村延伸覆盖，提高县城综合

① 中共中央办公厅、国务院办公厅：《关于推进以县城为重要载体的城镇化建设的意见》，《中华人民共和国国务院公报》2022 年第 14 期。

服务供给能力与承载力，增强对乡村的辐射带动能力。

强化县城与邻近城市发展的衔接配合，大力发展县域经济，调整产业规模与产业链条，主动承接人口、产业、功能等资源疏解转移，融入邻近大城市建设发展，成为与邻近大城市通勤便捷、功能互补、产业配套的卫星县城。发挥专业特长，培育发展特色经济和支柱产业，依托产业园区、特色小镇等产业集聚区，鼓励发展“专精特新”中小企业，引导域内特色经济、劳动密集型产业和农村二三产业实现规模经济，配套完善标准生产、研发转化、检验检测、物流运输等便企服务体系，努力形成“小企业、大群体”“小商品、大市场”“小产品、大产业”的产业发展格局。

（四）分类引导小城镇发展

聚力建设综合性小城镇。小城镇在促进农村人口转移、统筹城乡发展等方面具有重要作用，也是连接城市与乡村的重要桥梁，要遴选有条件的小城镇积极对接城市需求，在承接城市发展溢出红利的同时加大对“三农”领域的服务，把乡镇驻地打造成为服务农民的区域中心。

劳动力转移和流动越充分、流动范围越大，越能有效缩小城乡收入差距和地区工资差距。[①] 小城镇具有低成本吸纳农村人口的先天性优势，应积极完善城市远端城镇基础设施和公共服务，合理引导村（居）人口向县城、小城镇周边集聚，统筹城镇和村庄建设规划、搬迁安置点与附近小城镇建设规划，进一步优化村镇经济社会发展和生态文明建设总体布局。根据区位条件、资源禀赋和发展基础，因地制宜发展专业功能镇，强化政策保障、提升市场运营能力，促进特色小镇规范健康发展，稳妥有序推动乡镇常住人口 20 万以上的特大城镇建设。

① 师博：《在高质量发展中推进共同富裕的理论逻辑、实践基础与路径选择》，《社会科学辑刊》2022 年第 4 期。

二、城乡人居互动发展

（一）提高转移人口市民化质量

进一步推进户籍制度改革，优化完善居住证制度，实现高频户籍事项全省通办以及无纸化、免填化，适度放宽人口迁移门槛，缩小户籍城镇化率与常住人口城镇化率的差距。将保障性住房（含公租房）、医保纳入居住证基本公共服务范畴，提高居住证服务的实际享有水平，并逐步实现基本公共服务供给由户籍地向常住工作地的转变[①]，不断提高城市基本公共服务均等化水平。加强对转移人口的人文关怀，依托社区党组织、基层群众自治组织、群团组织等主体，对社区中的农民工、随迁人群针对性地提供便民服务，引导转移人口积极参与社区建设、参与社区治理，提高新入人口尤其是农业转移人口的市民身份认同感和归属感。

进一步落实“人地钱挂钩”机制，依法依规开展教医养托、就业创业、住房保障等领域财政专项资金和用地供给，深层次推进公共资源按常住人口规模配置。以公办学校为主体强化随迁子女教育保障、促进教育公平，根据人口流动实际调整流入地各阶段学业教育的学位供给，确保适龄转移人口全部纳入当地学业教育范围，鼓励有条件的地区将教育保障范围扩大至托育服务。[②]巩固提升基本医疗保险覆盖率，将农民工及随迁孕产妇健康管理纳入医疗卫生保障范围，确保随迁子女享受及时、全程接种疫苗；提高社会保险参保率，扩大养老保险覆盖面，落实

---

① 燕继荣、王禹澔：《保障济贫与发展脱贫的主题变奏——中国反贫困发展与展望》，《南京农业大学学报（社会科学版）》2020 年第 4 期。

② 国家发展改革委：《国家发展改革委关于印发“十四五”新型城镇化实施方案的通知》（发改规划〔2022〕960 号），2022 年 6 月 21 日，http://www.gov.cn/zhengce/zhengceku/2022-07/12/content_5700632.htm。

城乡居民基本养老保险待遇确定和基础养老金调整机制，构建线上线下融合、上下层级贯通的社会保障体系。通过多主体供给、多渠道保障的住房政策缓解新市民及年轻群体的住房压力，统筹地方可负担的实物保障和租赁补贴，有效增加公租房、保障性住房和共有产权住房供给，完善长期租赁政策，逐步使租购住房具有同等的公共服务享受权利。

坚持需求导向完善乡村人才培养制度，统筹发挥企业、职业院校（含技工院校）及公共实训基地作用，建立城区医生、教师、科技和文化人才服务乡村的常态化制度，多元主体发挥优势共同参与乡村人才培养，不断提高重点就业群体职业技能培训和职业教育质量。持续优化就业环境，扩大转移人口城镇就业规模，实现城镇化率与就业率同向提升。推广农民工技能储备培养，不断优化二三产业“劳动者（企业）提单、政府列单、劳动者选单、机构接单、政府买单”五单式培训模式[①]，面向农村转移人口梯次实施大规模职业技能培训，引导转移人口持续提升技能等级。健全人才向薄弱地区和基层一线流动的激励制度，加快培养农业生产经营、农业农村科技等各类人才，扩大人力资本开发总量、提高质量、优化结构。

（二）拓展城乡居民就业创业增收空间

深化收入分配改革，优化政府、企业和居民之间的分配格局，健全城乡居民稳定增收机制。落实城乡劳动者平等就业制度，完善由市场评价贡献、按贡献决定报酬的制度体系，健全工资合理增长机制、各类生产要素参与分配机制，合理提高劳动报酬在初次分配中的比重。健全再分配机制，加大税收、社会保障、转移支付、公益慈善等调节力度与精准度，努力增加低收入者收入、扩大中等收入群体，同时合理调节城

① 山东省人民政府办公厅：《山东省人民政府办公厅关于印发山东省职业技能提升行动实施方案（2019—2021 年）的通知》（鲁政办发〔2019〕24 号），2019 年 8 月 2 日，http://www.shandong.gov.cn/art/2019/8/26/art_100623_27732.html。

乡、区域及不同群体间的分配关系，确保居民收入增速高于地方生产总值增速、农村居民可支配收入增速优于城镇，构建“中间大、两端小”的橄榄型社会结构。

创新粮食生产激励机制，完善粮食主产区利益补偿机制，提高农民种粮积极性。健全农产品价格保护制度，完善主要农产品价格形成机制和市场调控机制。在稳定粮食播种面积的基础上，加快调整农业种植结构，适当增加经济作物种植比重；推进畜禽水产品标准化规模养殖，积极发展现代畜牧业，围绕水产健康养殖和生态养殖加快建设“海上粮仓”。拓展农民增收渠道，探索通过土地、资本等要素使用权与收益权增加要素收入，保障进城落户农民土地承包权、宅基地使用权、集体收益分配权，探索农村宅基地所有权、资格权、使用权分置实现形式，以及股权流转、抵押和跨社参股等农村集体资产股份权能实现形式，增加农民财产性收入。[①] 推广“订单收购＋分红”“土地流转＋优先雇用＋社会保障”“农民入股＋保底收益＋按股分红”等多种利益联结方式，鼓励行业协会或龙头联合农民专业合作社、村股份经济合作社、家庭农场等开展营销，充分利用网络直播等新媒体平台开展品牌推介和农产品销售，线上线下相结合推动农产品零售收入持续增长，让农民分享加工、销售环节收益。借鉴农村经济“抱团飞地”发展模式，将村级资源整合，做大做强产业，实现农村集体经济的联合发展，为高质量发展注入新动力。[②]

充分发挥社会服务组织作用，开展生产托管、农技指导、资信评价等多项服务，为农民参与产业融合创造有利条件。2021 年，中央一号文件特别强调了县城在统筹城乡发展中的重要纽带作用，要以县城为龙头，把县域作为促进城乡融合发展的重要切入点，统筹县域产业、基础

① 李迎生：《完善推动全体人民共同富裕的社会政策体系》，《光明日报》2021 年 9 月 28 日。

② 唐敏、刘盛：《农村集体经济“抱团飞地”发展新模式研究——关于黄石市王英镇的实践探索及启示》，《湖北师范大学学报（哲学社会科学版）》2020 年第 5 期。

设施、公共服务等空间布局，实现县乡村功能衔接互补，强化县城综合商业服务能力、乡镇区域服务能力、村庄便民服务能力[①②]。加强困难群体就业兜底帮扶，遴选一批农业企业、合作社和物流园区等基地，为农民就业创业提供良好服务；重点扶持一批吸纳就业能力强的行业和企业，积极支持农民就地、就近转移就业；通过财政补贴、政府购买服务等优惠政策，鼓励支持返乡、下乡人员创新创业。把“一乡一品、一村一品”扶植好，将符合乡镇定位的工业类项目、文化类项目和生态类项目嵌入重点乡镇年度发展计划，推动巩固拓展脱贫攻坚成果同乡村振兴有效衔接，健全防止返贫动态监测和常态化帮扶机制，持续推进脱贫地区发展。

（三）城乡公共资源均衡配置

建立健全城乡基本公共服务均等化的体制机制，推动基础设施向农村延伸、公共服务向农村拓展、社会事业向农村覆盖，“城—镇—村”三级共推城乡基本公共服务均等化，提升城乡尤其是接合部的规划、建设和管理水平，开创城乡公共资源均衡配置新局面，高效治理乡村空心化问题。

打造以人为核心的新型城镇化，科学编制县域村庄布局规划，统筹考虑村庄特色塑造与传承、产业融合发展、基础设施建设和公共服务配套，村庄建成区范围内，坚持先规划后建设，高质量编制“多规合一”的实用型村庄规划，分类推进村庄建设，以兼顾“公平效率”的空间战略布局推动城乡基本公共服务标准统一、制度并轨。统筹城乡基础设施，合理布局区域性、功能性的重大公共服务设施，加大以城带乡力度，推动水、气、暖三大市政公用设施覆盖基层乡镇，并逐步向自然村

① 吴重庆：《以县为方法》，《中国社会科学报》2022 年 6 月 29 日。

② 王凯霞：《县域城镇化促进城乡公共服务融合发展的路径研究》，《经济问题》2022 年第 4 期。

延伸。推动公共服务设施和基础设施建成落地，不断提高乡镇驻地的产业驱动力和人口承载力；强化小城镇的服务功能，建设乡镇商贸中心和社区综合性服务网点，构建服务农民多元化、多层级、全覆盖的生活圈体系，吸引当地就业人口；引导周边地区逐步向引领示范村庄集聚发展。通过农村人口向社区集中、产业向园区集中、土地向规模化集中，实现城市延伸至乡、乡中集聚有城。

统一规划、统一建设、统一管理，共建共享基础设施，持续提升县域基本公共服务设施在城乡之间的整体配置水平。完善农村公路网络，构建以新型城镇为中心、覆盖乡镇和农村新型社区的公路网络，推动乡镇对外公路实施三级及以上公路建设改造，推进较大人口规模自然村（组）通硬化路建设，加快建设产业路、旅游路、资源路。① 规范农村交通基础设施建设标准和管理制度，提升农村公路养护质量水平与公路运输服务能力，加强农村道路安全隐患排查整治，加大农村多级公路网络通达度，打通绿色农产品入超、优质工业品下乡最先和“最后一公里”。理顺城乡公交经营机制，巩固“镇镇通公交、村村通农客”成果，引导城市公共交通向乡村地区延伸，以资源共享、客货兼顾、运邮结合为原则优化多种交通工具间的接驳，“一车多运、一站多能、一网多用”共享站场运力资源、共建运输服务网络，适度发展镇村公交，开行定时班、赶集班与微型定制公交，统筹解决农民群众幸福出行、物流配送、邮政寄递等问题。

开展农村人居环境整治提升，推动水、电、气等基础设施城乡联网、共建共享，因地制宜采取集中供水和城镇供水管网下乡等方式，解决农村饮用水安全问题，运用管道燃气、可再生能源等代煤燃料以及空气能、地热能等新技术改善远端农村采暖条件与采暖安全。开展村庄清

① 中共中央办公厅、国务院办公厅：《乡村建设行动实施方案》，2022 年 5 月 23 日，http://www.gov.cn/zhengce/2022-05/23/content_5691881.htm。

洁绿色行动，推动村内畜禽养殖场外迁，规范养殖行为；推进村庄系统内废弃资源循环利用，构建“户集、村收、镇（乡）运、县（市）处理”城乡环卫一体化模式，实现生活垃圾就地分类和资源化利用；以中心村为重点向行政村、自然村梯次完善农村污水管网与废水集中处理设施，避免生态处理“简单化”，稳步推进农村生活污水与黑臭水体治理工程。[①]

构建动态均衡、双向沟通、良性互动的教育体系和机制，建立城乡教育发展共同体，致力于提高农村各学段教育质量，有效消除因地域和经济等导致的教育不公平。[②]积极发展农村学前教育，推进重点地区寄宿制学校建设，推进欠发达地区、山区学校标准化建设，扩大薄弱地区标准化学校的覆盖面。统筹城乡教育资源加强对涉农人才的培养，建立健全新型职业化农民教育培训体系，促进农村职业教育与产业发展深度融合。完善医联（共）体运行机制，推进乡镇卫生院和村级卫生室标准化、规范化建设，提高农村卫生服务能力和健康管理水平[③]，向农民提供安全、实惠、可靠的基本医疗和公共卫生服务；持续优化乡镇卫生院、村（社区）卫生室等基层医疗卫生服务网络，建立与二级、三级医院协作转诊服务机制，提高医疗卫生服务的公平性与可及性。完善农村最低生活保障制度，“织密兜牢”困难群众基本生活的安全网，坚决守住不发生规模性返贫底线。[④]建立多层次、广覆盖、城乡互补的农村留守儿童、妇女、老人可持续关爱服务体系，健全残疾人权益保障和困境儿童分级保障制度，加快建设以收养长期患病、失能半失能以及大病

① 王波、车璐璐、戴超等：《农村生活污水治理：从理论、实践到决策》，《环境保护》2022 年第 5 期。

② 王淑莲：《城乡学校协同共进：区域深度混合学习的策略实践》，《教育科学研究》2022 年第 8 期。

③ 蒋国河、刘莉：《从脱贫攻坚到乡村振兴：乡村治理的经验传承与衔接转变》，《福建师范大学学报（哲学社会科学版）》2022 年第 4 期。

④ 郑有贵：《着力解决“三农”问题推动乡村振兴》，《红旗文稿》2022 年第 10 期。

术后康复期老年人为主的综合性日间照料型老年养护设施，[①] 确保弱有所扶。

复归乡土，以乡土特色融入公共文化服务治理实践，不仅推动乡镇综合文化站和村居文化大院、农家书屋、文体小广场以及城乡基层数字文化服务等硬件全覆盖，更要通过小微型、多样化公共文化活动以及乡村文化能人建设提高乡村公共文化服务自主治理与自我服务水平；[②] 实施精准化文化下乡，促进城市文明元素向农村渗透，适农化处理先进文化因子、现代文明成果，以供需精准对接及本土化精准适应提高乡村文化产品和服务的有效供给能力。

三、城乡产业协同发展

（一）建设城乡统一要素市场

建设城乡统一、开放、竞争有序的要素产权市场体系，促进城乡人口、土地、资金双向流动，切实保障城乡发展权利公平，确保农民平等享受土地增值收益。

推进农村集体建设用地使用权市场化改革，逐步建立城乡统一的用地市场，根据国家统一部署，在保留集体土地所有制并符合规划和用途管制的前提下，赋予集体土地与国有土地同等权能[③]。允许农村集体经营性建设用地出让、租赁、入股，完善城乡建设用地增减挂钩政策，探索节余指标省内有偿调剂使用。强化农村土地流转中介服务，建立高效、公正、规范的农村土地流转交易市场，弱化村委会的民事主体地

① 李长远：《我国医养结合养老服务政策推进的基本经验与未来设想》，《宁夏社会科学》2022年第3期。

② 陈建：《“中心—边缘”：城乡公共文化服务治理模式及其优化》，《图书馆》2022年第3期。

③ 熊柴、蔡继明、刘媛：《城乡融合发展与土地制度改革》，《政治经济学评论》2021年第5期。

位、中化其管理主体地位、强化其服务主体地位[①]；开展农用地经营权在城乡全域人口间的流转试点，探索土地流转价格从固定额向浮动额转变，由约定每亩年价格转向约定每亩主要粮食产量，根据当地新粮食收购价格计算当年流转价格。

当前仍然存在劳动力跨地区流动障碍，不利于城乡间和地区间的收入差距收敛。[②] 健全就业公共服务体系，建立城乡统一的人力资源市场，健全以就业准入、登记管理、就业服务、技能培训为主的城乡劳动者平等就业制度，统筹内部劳动力市场、一级劳动力市场等正规市场和外部劳动力市场、次级劳动力市场等非正规市场，保障城乡劳动力就业机会、劳动保障、社会福利均等[③]。

关注农业转移劳动力返乡就业和创业、大学生回乡创业、新乡贤的城乡纽带作用，通过技能教育和培训等多种形式提升农村本土的人力资源综合素质建立[④]，健全农技下乡、农技成果转化、农业先进技术推广的激励机制和利益分享机制，鼓励企业和行业协会开办职工学校、农民工学校，深入实施现代农民培育、培养与在岗职业培训；完善职业农民培训制度，以大型企业为依托，培育扶持一批农村劳动力骨干培训基地，通过教育培训提升农民的实用技术水平和致富能力，实施劳务输出计划、打造劳务输出品牌[⑤]。

“三农”因其所具有的弱质性问题被传统金融机构所排斥，数量庞大的“三农”群体长期处于金融抑制状态。政府通过建立和完善以风险

① 贺林波、李甜：《农地流转中村委会的角色冲突及整合》，《农村经济》2021 年第 8 期。

② 高培勇、樊丽明、洪银兴等：《深入学习贯彻习近平总书记重要讲话精神加快构建中国特色经济学体系》，《管理世界》2022 年第 6 期。

③ 张克俊、唐新：《我国城乡要素市场的二元性再分析与统一建设取向》，《中州学刊》2019 年第 11 期。

④ 王向阳、谭静、申学锋：《城乡资源要素双向流动的理论框架与政策思考》，《农业经济问题》2020 年第 10 期。

⑤ 文丰安：《全面实施乡村振兴战略：重要性、动力及促进机制》，《东岳论丛》2022 年第 3 期。

分散补偿基金为主体，以创新的普惠金融产品为桥梁，将适合于普惠金融的组织体系与“三农”这一长尾市场相连接。[①] 创新面向“三农”的金融服务，统筹发挥政策性金融、商业性金融和合作性金融的作用，支持具备条件的民间资本设立面向“三农”的金融机构，逐步培育城乡统一的资本市场，确保农村金融机构存贷款主要用于农业和农村。通过“互联网保险 +‘三农’”等模式加快农业保险产品创新和经营组织形式创新，健全农业巨灾风险分担机制和风险准备金制度；应该鼓励开放发展多种形式的“三农”众筹[②]，规范农民合作社内部开展资金互助合作，不断提高农村投资和技术需求项目的质量和招标竞价能力，为乡村长期持续发展提供动力。

（二）农业高质量发展

深化农业供给侧结构性改革，推动农业前沿技术进步、优化基层农业生产条件，不断提高农业创新力、竞争力和全要素生产率，实现农村经济多元化和农业全产业链发展，拓宽城乡居民就业、创业和增收空间。

粮食主产区在经济发展、财政收入和居民收入等方面明显落后[③]，需进一步控制和降低粮食生产资料成本，积极发展现代农业、加快农业生产结构战略性调整，引导农业适度规模化发展，只有将土地集中到新型经营主体手中才能实现农地流转的综合效益[④]。加大种粮补贴力度，特别是在补偿手段、范围和方式等方面完善农产品主产区利益补偿机

① 韦颜秋、王树春：《服务“三农”商业银行普惠金融的供给策略研究》，《贵州社会科学》2019 年第 8 期。

② 冯兴元：《“三农”互联网金融创新、风险与监管》，《社会科学战线》2018 年第 1 期。

③ 陈璐、胡月、韩学平、郭翔宇：《国家粮食安全中主产区粮食生产及其贡献的量化对比分析》，《中国土地科学》2017 年第 9 期。

④ 李姗姗、龙方：《粮农增产增收协调效应异质性测算——基于农地流转视角》，《干旱区资源与环境》2022 年第 9 期。

制，在掌握农业生态环境承载力基础上优化农业空间布局，加强粮食生产功能区、重要农产品生产保护区和特色农产品优势区建设，以农田集中区为重点优化粮食主产区布局，围绕海洋渔业集中发展区优化海洋渔业布局，以农业生产标准化规模化提升生产能力、质量效益与综合竞争力，提高粮食安全和重要农产品供给保障能力。

发挥农田生态系统的复合功能，整体研判耕地利用系统运行态势，探索多要素、多结构、多过程、多功能的数量、质量与生态"三位一体"的耕地利用系统调控机制，[①] 确保粮食稳定增产和农产品质量安全，严守耕地红线和永久基本农田控制线，坚决遏制耕地"非农化"，防止"非粮化"。实施高标准农田建设工程，推进农业灌溉体系现代化改造，引导科技成果入乡转化，降低粮食生产全链条的价值损失。开展粮食节约行动破解粮食损失和浪费、粮食生产损失和产后损失双重困扰[②]，提高良种自主可控能力，重点推广新品种使用、耕地保护与节约利用、减灾增效、动植物重大病虫害防控等关键农业技术，有效减少生产环节粮食损失，改进储存设施和技术，增加农村产品流通渠道，显著降低粮食产后减损。

坚持家庭经营在农业中的基础性地位。[③] 壮大农村新型经营主体，以适度规模、专业化从事农业的家庭农场作为核心，发挥农民合作社在家庭农场建设、农技服务推广中的纽带作用，支持更多有条件的小农户改善生产设施条件，促进农业技术集成化、劳动过程机械化、生产经营信息化水平提高，增强自主发展能力。规模经营核心在于生产方式的转化，关键在于依靠科技进步和制度创新来改善农业物质生产条件，并提

① 杜国明、柴璐佳、李玉恒：《耕地利用系统的理论解析与研究框架》，《地理科学进展》2022年第7期。

② 焦点、吴薇、刘博：《合作促节粮减损助安全——国际粮食减损大会会议综述》，《世界农业》2021年第10期。

③ 董志勇、赵晨晓：《乡村振兴背景下我国农业农村高质量发展的路径选择》，《中共中央党校（国家行政学院）学报》2022年第2期。

高农业综合生产能力和水平。[①] 引导城市资本、社会资本发展适合企业化经营的现代种养业，将现代生产要素和商业模式植入农业、农村，推进智慧农业发展，加快建成以农业物联网和精准装备为重点的农业全程信息化和机械化技术体系，鼓励土地承包经营权向专业大户、家庭农场、农民合作社、农业企业流转，推进大宗经济作物机械化生产。

产业链条完整程度决定了产业发展的稳定性，产业链节点组织联系与协调紧密程度则是产业链运行效率的保障，农业产业链整合能够进一步深化产业各环节分工，促进各环节专业化发展，进而推动农业现代化，加快实现大向强转变。[②] 加大农业领域“山东标准”建设，加强绿色食品、有机农产品和地理标志农产品认证管理，积极推动“种子研发—育苗—种植—物流—销售”农业产业链条的纵向融合，培育有影响力的农产品品牌。引入现代工业理念，依托乡村特色优势资源，用工业生产经营方式组织农业生产，以“粮头食尾”“农头工尾”为抓手发展现代农产品加工业，用工业加工制造技术延长农业产业链，用工业营销手段拓展农产品市场，实现价值链增值与延伸。[③] 在产业链上游，搭建研发平台，推进“育繁推”一体化，努力实现由产品端向研发端的转变，在产业链下游，健全检验检测认证等平台，建立产销衔接服务平台，鼓励农业龙头企业与互联网企业合作，推进农村电子商务发展；完善农产品加工流通体系，加强农产品仓储保鲜和冷链物流建设，创新农批对接、农超对接、农社对接等农产品短链流通方式，使具备条件的建制村实现物流服务全覆盖。

把特色小镇作为城乡要素融合的重要载体，按照宜农、生态、绿

① 杜志雄、陈文胜、陆福兴等：《全面推进乡村振兴：解读中央一号文件（笔谈）》，《湖南师范大学社会科学学报》2022 年第 3 期。

② 陈超、徐磊：《流通型龙头企业主导下果品产业链的整合与培育——基于桃产业的理论与实践》，《农业经济问题》2020 年第 8 期。

③ 中国宏观经济研究院课题组，马晓河、马建蕾等：《迈向高收入国家行列进程中农业现代化的思路与任务》，《宏观经济研究》2022 年第 6 期。

色、低碳的原则，以特色农业为基础，运用田园综合体的理念，盘活用好乡村资源资产，积极发展文化休闲、旅游度假，推动产业的横向融合，创建一批国家级现代农业产业园、产业集群、产业强镇。大力发展农村非农产业，通过融合乡村康养 + 旅游 + 休闲 + 研发等现代化产业链条，推动农村一二三产融合联动发展，积极培育新型经济业态，丰富乡村经济业态，拓展农民增收空间，培育乡村农业发展新动能。[①]

基于经济基础、土地利用、基础设施、社会发展等方面，探索创新美丽乡村特色化、差异化发展模式[②]。深挖市域农村资源，统筹考虑系统内的用地发展、空间结构、乡村建设、产业发展、设施布局等，将现代农业、智慧农业、创意农业与会展旅游、住宿餐饮等行业联系起来，优化提升各类农业园区。打造集聚特色产业的创新创业生态圈、三产融合的产业体系，促进以文化创意产业和特色农产品为要素的其他产业的发展，带动当地农产品的销售与农产品的研发创新，促进传统流通网点向现代农资综合服务商转型，发展各具特色的现代乡村富民产业。

第三节　创新区域协同发展机制

充分利用山东半岛城市群海陆两类资源、两个市场、两种优势，实现陆海两条“丝绸之路”齐头并进、相互支持，把山东打造成为内陆地区走向海洋、海外地区深入内陆腹地的陆海新通道，成为“一带一路”沿线扩大双向开放的重要枢纽。

① 陈超、徐磊：《流通型龙头企业主导下果品产业链的整合与培育——基于桃产业的理论与实践》，《农业经济问题》2020 年第 8 期。

② 武前波、叶佳钰、陈玉娟：《乡村振兴背景下东部沿海发达地区乡村性空间格局——以浙江省为例》，《地理科学》2022 年第 3 期。

一、拓展陆海联动新空间

正确处理海洋经济与海洋产业之间、海洋经济与其他经济之间的关系问题，坚持把海洋作为高质量发展的战略要地，统筹布局陆海产业、资源配置、基础设施、生态环保，建立陆海协作发展利益共同体，着力促进内陆腹地开发开放，构建陆海联动新格局。

（一）加快海洋产业发展

充分发挥海洋科技领先优势，以进军深远海为主攻方向，打造出海上“新航母”，以重大工程项目为支撑，以海洋为导向深化沿海与内陆合作，促进科技研发、孕育新产业，在战略层面上引领经济活动要“向海上转移”，实现更高水平、更深层次的陆海联动。

资源和环境是经济社会发展最基本的物质基础，在陆地资源紧缺、人口膨胀和环境压力增大的情况下，海洋资源的深度综合利用可以创造出更多的新产品，满足人们在更深、更广领域的需求。利用本地的丰富资源发展海洋经济是许多地方的首要选择，但对海洋资源的开发利用需要比陆域经济发展更高的技术水平。① 与陆地环境相比，海洋资源未知领域多、开发利用难度大，海洋产业具有高技术密集、竞争激烈的特征，技术、产品也多呈现产业生命周期早期的特点，对技术创新、模式创新有较强的内部需求。技术进步是产业更迭的驱动力，在创新领域推动陆海统筹，引领创新要素向海洋领域聚集，开展原创性引领性科技攻关，加快海洋产业创新进程，依托技术更新、产品创新、产业链衍生，推动海洋渔业与食品、海洋化工等以海洋资源开发利用为主的传统海洋

① 唐红祥、张祥祯、王立新：《中国海陆经济一体化时空演化及影响机理研究》，《中国软科学》2020 年第 12 期。

产业技术创新、转型升级和提质增效，重塑新时期的海洋产业发展格局，再造海洋产业新优势、塑造形成新的核心竞争力。

海洋经济是培育新产业、引领新发展的重要领域，积极拓展与国际海洋产业、海洋科创合作，培育海洋领域新产业、新业态、新技术、新模式，激发新需求、形成新的增长点，促进海洋产业链不断向高附加值、高效益的高端产业延伸，[①] 构建与陆域经济兼容并济的海洋经济可持续发展格局。面向全球拓展蓝色经济产业发展空间，抓住远洋渔业、深海大洋和极地矿产资源勘探开发的战略机遇，加强关键技术装备的研发与转化，重点发展海洋高端装备制造、海洋生物医药、海洋新能源与新材料等新兴产业，抢占海洋战略新兴产业的高端地位。只有真正实现海洋战略性新兴产业发展，才能推进海洋战略性新兴产业集聚集约发展，才能真正实现增创海洋经济发展新优势以及打造海洋经济发展新亮点。[②] 围绕海上交通运输业、海洋文化与旅游产业、海洋科研教育管理服务业、涉海金融保险服务业等进一步创新体制机制，积极发展现代海洋服务业，大力拓展产业发展链条，促进海洋制造业与生产性服务深度跨界融合发展[③]，促进现代海洋服务业规模与内涵的同步提升，优化海洋经济结构。

海洋文化是基于海洋物质文化和精神文化而创造出来的文明形态，是沿海地区语言、习俗以及生产生活方式技巧等文化要素的集合。[④] 充分发挥山东海洋文化历史悠久和资源富集的优势，全面提升居民海洋科学文化素养，营造认识海洋、关心海洋、经略海洋的浓厚氛围。打造海

① 许雪芳、王旦：《向海经济：从理论到实践》，《人民论坛 · 学术前沿》2020 年第 18 期。

② 林昆勇：《从"关心海洋、认识海洋到经略海洋"的发展逻辑看中国海洋强国战略》，《北部湾大学学报》2019 年第 12 期。

③ 唐红祥、张祥祯、王立新：《中国海陆经济一体化时空演化及影响机理研究》，《中国软科学》2020 年第 12 期。

④ 郭瑾：《我国海洋文化产业内涵意蕴与发展方略》，《山东社会科学》2020 年第 4 期。

洋文化产业高地，传承、发展、弘扬海洋文化精神，推动海洋元素在传统文化产业中的充分渗透与创造性转化、创新性发展，多方位提升海洋文化软实力。海洋文化产业发展自然也要依托海洋文化资源，要促进海洋文化资源、自然资源和人文风貌的有效传承、传播、共享以及生产性转化和持续利用。平衡好海洋生态文明保护与产业发展之间的关系，重点保护海洋的自然生态，实施海岸建筑及水产养殖退缩线制度，充分整合和合理利用海湾、沙滩等岸线资源[①]；注重保护古渔村、沿海古建筑、海上灯塔等历史、民俗、景观等海洋文化资源，结合海洋公园、滨海湿地公园建设，完善公共配套设施，打造魅力休闲滨海空间，突出文化创意在资源转化中的功能。围绕“山、海、湖、岸、滩、礁、湾”资源组合优势，系统完善海岛文化旅游、科技旅游、养生旅游模式，推进“海洋—海岛—海岸”旅游立体化发展，提升海洋公共服务价值，创建生态海岛、阳光沙滩、滨海湿地、河口生态等滨海旅游品牌。

（二）推进陆海产业集成发展

统筹安排海洋与陆域的资源开发、科技驱动、产业发展和空间拓展，做到优势互补，形成合力，构建集资源环境、技术、产业和区位发展于一体的融合布局[②]，实现陆海联动、东西并举、携手共赢。

海陆两大产业系统基本处于相互独立运行的状态，但是海陆经济系统不是绝对孤立存在的，而是彼此之间具有各种紧密的技术经济联系。[③]科学区分产业发展的不同阶段，构建沿海与陆域腹地产业链，推进高关联度陆海产业融合发展。合作建设一批产业园区，推动重大基础

① 张文国、毕京鹏、马万栋等：《海岸线生态空间挤占及对策建议》，《环境保护》2022 年第 10 期。

② 李加林、田鹏、李昌达等：《基于陆海统筹的陆海经济关系及国土空间利用：现状、问题及发展方向》，《自然资源学报》2022 年第 4 期。

③ 黄英明、支大林：《南海地区海洋产业高质量发展研究——基于海陆经济一体化视角》，《当代经济研究》2018 年第 9 期。

设施和产业项目落地，围绕其发展前、后向关联的陆域产业，努力拉长产业链，实现海陆资金、技术、资源双向流动，有效地带动沿海地区与腹地的产业优化和融合，推动陆海产业集群向陆海产业链转变，形成立体性、蛛网状海陆产业系统结构，完善海陆产业一体化。

在发展海洋经济、推进产业集群的整体发展时设计好海洋经济跨越发展的建设模式，构建以高端技术、产品、产业为主体的现代蓝色产业体系，深度融入“一带一路”倡议，坚定不移地追求全球链接，建链、补链、强链，加速“走出去”，提升产业在全球价值链中的地位，努力走出“微笑曲线”的底部，奋力打造“中高端”。

湾区在开放和经济发展中发挥了重要作用[①]。纽约湾区、旧金山湾区和东京湾区的发展均呈现出湾区经济发展优于全国、带动全国，人口集聚快于全国的特征，湾区经济是高度国际化、快速工业化、科学城镇化、迅速信息化的区域经济的高级形式。[②]结合省域海湾的自然属性和湾区经济特征，打破产业边界发展湾区产业，加强陆海产业的有效对接，构建湾区引领的沿海经济带。把海洋资源的开发利用与陆地空间的结构调整、产业布局及基础设施建设相结合，在空间布局上形成前向关联、后向关联和旁侧关联的集群发展态势，加强共生和融合发展，以此衍生出的经济影响和溢出效应推动地区间陆海合作“衔接共享”。

政府和市场的协同是促进湾区要素积累的保障，高效的市场经济体制是湾区经济效率的基本保障，而政府是湾区经济发展中的主动性因素。[③]突出海洋环境治理、海洋科技创新、海洋产业发展、海洋港口

---

① 林贡钦、徐广林：《国外著名湾区发展经验及对我国的启示》，《深圳大学学报（人文社会科学版）》2017 年第 5 期。

② 杜昕然：《湾区经济发展的历史逻辑与未来趋势》，《国际贸易》2020 年第 12 期。

③ 张昱、眭文娟、谌俊坤：《世界典型湾区的经济表征与发展模式研究》，《国际经贸探索》2018 年第 10 期。

分工等重点领域，加强毗邻地区的战略协作与共同行动[①]，形成泛湾区的海岸生态经济带。根据海湾规模确定海湾经济承载力与环境承载力，立足周边城镇发展及要素集聚等优势，以湾区为开发保护单元形成湾区空间，并以此为核心沿岸线向两侧延伸辐射，布局特色鲜明、功能互补、优势集聚的滨海发展空间，形成湾区经济引领的新的对外开放和经济发展格局[②]。

（三）统筹陆海生态保护和修复

完善海洋环境监测系统，明确周边海域海洋生态环境特征污染物本底值，强化滨海、涉海建设项目监管，探索形成陆海统筹、河海兼顾、上下联动、协同共治的海洋生态环境治理新模式。

水环境治理是陆海生态环境治理的重头戏，这不仅涉及跨界河流治理，还关系近岸海域治理。[③]海洋环境问题的表象在海里，根源在陆地，建立陆海环境统筹机制、环境法治的兼容机制，全面推动流域水环境治理和环境卫生综合整治，推进陆地、流域和近海环境共管共治，以恢复或维持生态系统整体性、可持续性为目标，实现生态系统的陆海统筹管理。

入海排污口是连接水体和岸上的关键节点，其监督管理水平直接关系到近岸海域环境质量和海洋生态安全状况[④]，实施陆海污染一体化治理，规范所有入海排污口管理，推进污水纳管，实施雨污分流，提高截污治污能力和水平，逐步减少散排口数量和雨污混排情况。入海排污口

① 徐文洁、徐永臣：《新时代背景下陆海统筹路径探索——以山东省为例》，《城乡规划》2021年第4期。

② 马忠新、申勇：《发展湾区经济的制度——文化供给》，《社会科学研究》2018年第4期。

③ 李晓熙、闫楠、杜雯翠等：《湾区生态环境保护工作要加强顶层设计及路径探讨》，《环境保护》2018年第18期。

④ 曹立平、林忠胜、王锷一等：《长江流域和渤海地区入河（海）排污口整治试点经验汇编》，中国环境出版集团2022年版。

整治不仅是排放口门的整治，更重要的是源头治理、系统治理。[①]全面开展入海排污口溯源排查，加强对生产、生活污水及集中处理设施等直排海污染源的管理；建立健全入海污染物总量控制制度和近岸海域水质目标考核制度，落实“流域—河口—海湾”污染防治联动与惩戒机制，强化陆源污染入海管控。

海岸线是重要的生态空间，也是陆海交界的环境敏感区和生态屏障，因地制宜推动退化、受损的岸线生态圈，恢复自然岸线属性及生态功能。[②]统筹陆地和海洋两大生态系统保护和修复，坚持区域联动，强化湾区生态环境系统管理，纵向上注重河流水系的陆海联通作用[③]，横向上关注浅海湿地和滨海自然景观的陆海连接作用，建成“林屏—水廊—斑块”一体的生态网络[④]。建立陆海一体的自然资源评价体系，划定陆海衔接的生态保护红线，把具有重要生态功能和生态极为敏感脆弱的陆地和海洋衔接区域纳入红线管控[⑤]，统一确定囊括陆地与海洋的主体功能定位，改变陆海分头划定的管理模式。针对海岸带资源的开发与用途管制方面，调整海岸带两侧各级政府和部门设定的功能冲突，避免陆地优化开发区与海上生态保护区的邻域冲突，形成陆海统筹一张图；完善海岸线“两清单”制度与海岸线整治修复治理体系，依法清理生态红线内的违规项目，“退围还海”“退渔还滩”“沙滩养护”恢复和提高海岸带生态功能。

---

① 张哲、于丽敏、王立军、林忠胜：《入海排污口排查整治进展与分类分级整治策略研析》，《环境保护》2022 年第 12 期。

② 张文国、毕京鹏、马万栋等：《海岸线生态空间挤占及对策建议》，《环境保护》2022 年第 10 期。

③ 李孝娟、傅文辰、缪迪优等：《陆海统筹指导下的深圳海岸带规划探索》，《规划师》2019 年第 7 期。

④ 徐永臣、牟秀娟、刘晓东等：《新时代国土空间规划中陆海统筹的重点内容和实现路径》，《海洋开发与管理》2021 年第 4 期。

⑤ 李彦平、刘大海：《基于生态文明价值导向的海岸带空间用途管制的思考》，《环境保护》2020 年第 21 期。

二、完善中心节点与战略链接

牢牢把握交通“先行官”定位，强化交通轴辐射带动作用，以高铁、高速公路等通道为支撑，加快构建以综合运输通道为骨干、多层次网络为依托、综合交通枢纽为支点的交通网，发挥内接外联作用，促进各类资源要素集聚，推动沿线联动。

（一）优化交通枢纽布局

发挥物流城市网络的作用，就必须把握节点城市异质性，构建分工协作、功能衔接、优势互补的城市网络格局①，从而促进物流畅通，推动区域经济运行效率的提高，带动区域农业、制造、商贸等产业集聚发展。

随着港口和城市集聚的要素日益增多，临港城市框架越来越大，对区域的辐射带动能力越来越强。②促进各交通枢纽之间的合理分工，引导国家、省域和城镇密集区运输功能在不同层级枢纽的合理组织，培育交通枢纽城市结构差异化发展，强化枢纽城市之间功能互补、设施联通、协同运行，形成互补优势。拓展海陆空多元化交通网络，增强枢纽门户功能，提高全球资源配置能力。加快推进青岛以外贸为特色发展高附加值的物流产业发展，尤其是海运物流，推动国际性综合交通枢纽城市建设；促进济南以内贸为特色重点发展陆运物流，努力培育为国际性综合交通枢纽城市，推动资源要素、政策要素向省域腹地渗透。积极建设区域性综合交通枢纽城市，建设和培育烟台、潍坊、临沂、菏泽等市发展成为全国性交通枢纽城市，建设规模较大的批发零售与农优特产等特色物流园区，增强区域发展活力和动力。其他城市可作为依附前两级

① 黄林、黄伟新：《西部陆海新通道沿线城市功能分工与区域经济增长——基于产业创新管理视角》，《科技管理研究》2022 年第 4 期。

② 杜昕然：《湾区经济发展的历史逻辑与未来趋势》，《国际贸易》2020 年第 12 期。

物流节点发展的物流供应地，并且通过物流中心节点城市与其他省的物流区域相连接，全面提高区域的整体经济实力。

枢纽经济是以交通枢纽作为经济要素资源的主要集疏平台，枢纽与产业相互作用、互动反馈而形成的特色经济，枢纽与经济具有内在的联动、匹配与迭代关系。[①] 基础设施领域的投资决策往往对城市建成环境产生强大而深远的影响。引导交通资源分级分类、差异化配置，依托青岛港、烟台港、胶东机场、遥墙机场等枢纽港站，加快建设一批与现代国际物流中心相适应的综合交通枢纽设施，构建多层次、一体化的综合交通枢纽体系。设施只是发展枢纽经济的基础平台，枢纽型产业才是枢纽经济的核心。发挥枢纽城市商贸服务功能，并对相关产业制定发展规划，科学谋划产业功能区分布。融合交通与商业、商务、会展、休闲等功能，推动枢纽地上、地下、周边空间综合利用，突出规模优势、效率优势与集疏优势，推进枢纽设施与城市经济联动发展。带动关联产业集群发展壮大，打造依托综合交通枢纽的城市综合体，推动临港经济、临空经济、高铁经济等产业集聚区发展，发展多种要素大聚集、大流通、大交易的枢纽经济，实现“交通运输通道 + 物流枢纽 + 产能合作”的有机融合[②]。

（二）陆海联通动脉建设

优化发展布局、强化衔接融合，着力形成陆海空统筹的综合运输网络，加强供需对接和运力协调，推进内外通道互联互通，提升国家物流供应链保障能力和国际物流供应链安全[③]，形成东西双向互济、陆海内

① 宫银峰：《关于我国枢纽经济发展的多维思考》，《中州学刊》2020 年第 5 期。

② 陆华、王晓平、王鑫宇：《“一带一路”沿线物流枢纽网络体系建设研究》，《宏观经济研究》2018 年第 11 期。

③ 汪鸣、向爱兵、杨宜佳：《“十四五”我国交通运输发展思路》，《北京交通大学学报（社会科学版）》2022 年第 2 期。

外联动的开放格局。

建设面向“一带一路”的国际物流中心和多式联运中心，统筹现代流通体系硬件、渠道和平台建设，构建适应新发展格局的融合化、标准化、智慧化物流网，强化陆海、公铁、空地联运，打造陆海空联通的交通支撑体系。优化山东半岛港口群功能和布局，推进海港岸线资源统一规划、高效开发。充分发挥海港的内外辐射作用，构建紧密协作的现代海港体系。

加快港口资源整合步伐，全力推进以青岛港为龙头的枢纽型大港口经济发展，使之成为“圈群”经济发展的“第一纽带”力。借由政府合作平台，持续推进港口一体化发展和多港共建方案，明确各港口布局和分工，实现现代化综合性港口群建设的实质性进展。

以临港大型产业为支撑，完善海陆基础设施的衔接配套，提高运输组织和服务现代化水平。建设完善配套产业区与空港、海港、铁路中心综合功能及口岸服务体系[①]，促进海港、河港、陆港、空港联动发展。加快建设交通快速道路网，完善机场、码头与地面交通网络的有效衔接，构建通达、高效的快速综合交通运输体系，不断提高新常态化下现代服务业发展新水平。加快构建现代化网络型生态城市，出台港产城融合发展规划，实现港、产、城、人融合交互发展。完善城市服务功能，充分发挥枢纽对城市群（带）、城镇密集区的辐射带动作用，形成越来越多的物流、商流等发展新业态，带动节点城市及其所在区域的经济发展，成为开放型经济发展的重要支撑。

全面融入国家综合立体交通布局，构建山东半岛城市群综合交通网络，推动经济圈一体化交通网建设，积极拓展外向交通通道。济青陆路通道是山东省轴辐式海陆物流网络的核心部分，作为干线通道具有物流

① 候勃、岳文泽、马仁锋等：《国土空间规划视角下海陆统筹的挑战与路径》，《自然资源学报》2022 年第 4 期。

的规模效益、线路的密度经济和范围广泛等特点，应持续推进济青陆路走廊扩容和优化，建设“陆港集疏＋空港快运”“岸上集疏＋国际海运”“区域集疏＋国际班列”的国际综合枢纽港、“物流中心＋数据中心”的现代物流体系。推动建设网状次级交通干线建设，既为济青陆路走廊的有效运转提供支持和保障，也增强其对南北两侧的辐射带动作用，需进一步构筑山东半岛城市群开放、网络、多层次的综合交通体系，通过优化配置线路来提供完全覆盖腹地、成本合理、效率公平的物流服务，促进连接内陆、海铁联运的国际交通走廊建设。

强化经济圈节点城市连接，加速高速（城际）铁路环射组网、城郊轨道交通和城市地铁融合发展，加快高速公路扩容加密、国道省道升级改造，提升外部路网与城市道路的通畅度，推动交通基础设施互联互通和共建共享，提高经济圈城际通达时效。依托烟台港，以德龙烟威铁路、滨德和荣乌高速为支撑，构建联系京津冀南部和鲁北地区的鲁北交通走廊；依托日照港，以新菏兖日铁路、山西中南部铁路、菏泽—日照城际铁路、日兰和岚菏高速为支撑，构建联系中西部地区的鲁南交通走廊；提升青烟威荣城际铁路、青连铁路运营能力，促进沿海地区对接长三角城市群。

三、探索跨市域协同发展路径

区域协同联动是一种打破行政分割，促进区域市场、产业、基础设施高效互动，实现资源共享、统筹协作，缩小区域差距、提升区域整体竞争力的区域发展策略。[1] 在具备基础优势的区域，选择跨市毗邻县（市、区）探索联动发展路径，加快实现设施共联、产业共兴、市场共

① 尹来盛：《同城化的效应评价与提升政策研究——以广佛同城为例》，《城市观察》2016年第3期。

建、生态共保、社会共治，打造一批区域一体化发展战略支点，达到优势互补、拓展融合与资源整合、共塑优势等目的。

（一）公共基础设施共建共享

基础设施一体化是跨市协同发展的基础，探索设立面向一体化基础设施项目的综合性协同发展基金，共建区域基础设施网络，以设施互联为要素流动和优化配置提供条件，带动产业发展与公共服务优化。完善区际公路交通网络，加快主干道规划与改扩建工程，推动道路跨市域无缝衔接，开通公交方式运营的城际客运，打通“城—城”边界处的快速通勤走廊；突破园区间交通“瓶颈”，逐步取消除高速公路外的政府还贷国、省道收费站，提升园区间通达能力，为创新、产业等资源的快速集散奠定基础；推动跨行政区水、热、气、污管网的共建与衔接，加快探索实施分布式电力开发建设与用电产业项目就近联网。

通过信息基础设施的一体化，共建工业互联网公共服务平台，汇聚政府、企业、科研院所等各方资源，形成布局合理、高效协同的一体化服务能力。重点推进新基建互联互通、平台资源合作互补共享，促进协同发展区产业、科技、人才、数据等资源要素汇聚互补，促使教育布局与产业结构良性互动，通过搭建学术交流、科研合作的“产学研”平台，组建工业互联网创新联盟，加快推进工业互联网技术标准化和应用，打造工业互联网生态体系，服务和支撑相关产业发展和生活应用。

（二）跨区域市场一体化建设

打破地域歧视与地方偏见，建设一体化要素市场，提高城市开放性和包容性。统一协同发展区域建设用地市场，健全城乡建设用地增减挂钩政策，优先保障跨区域重大基础设施、生态环境工程等项目所需新增建设用地。建立完善的人才“引育用留”机制与发展保障机制，引导创新人才集聚、人力资本富集；创新人才市场评定、跨区互认、自由流动等体制机制，加强面向高层次人才的协同管理，促进人力资源市场和社会保障一体化。深度推动技术市场一体化，清理专利技术类研究成果应用转化的体制机制弊病，实现知识产权信息共享互动、技术成果交易和金融服务高质量对接。加强金融基础设施、信息网络、服务平台一体化建设，提高中小微企业和“三农”融资可得性，建立金融风险联合化解机制，强化金融监管合作和风险联防联控。

完善公共资源交易市场，推动公共资源交易平台互联共享，建立统一的信息发布和披露制度，加快推进公共资源交易“应进必进”，创新地区间、行业间、用户间公共资源交易模式。将能源消费、煤炭消费、排污权等指标纳入公共资源交易平台市场化流转，完善用电、用气市场化定价机制，培育和规范发展水权交易市场，健全投行、咨询、法律、金融、信贷等交易配套服务体系。

建立有利于市场主体利益协同、共建共享的政策体系和体制机制，并维护好各市场主体的正当利益，打造凸显公平正义的营商环境，为市场主体发展保驾护航。[①] 深化国资国企改革，积极稳妥推进国有企业混合所有制改革，调整一体化地区国有资本布局结构，加强国资运营平台跨区合作，提高国有资本配置效率和整体功能。优化民营经济发展环境，减轻民营企业负担、为企业能够轻装上阵服务[②]，同时鼓励民营经济跨区域并购、重组和参与重大基础设施建设，促进民营经济高质量发展。个人也是重要的市场主体，个人的权益也应得到更好的保障。加强各市场主体间的区际合作，鼓励行业协会、产学研联盟等开展跨区交流与合作，在前沿技术、核心技术创新方面实现突破，破解“卡脖子”问题，形成推进一体化发展合力。

① 陈健：《新发展阶段共同富裕目标下区域协调发展研究》，《云南民族大学学报（哲学社会科学版）》2022 年第 4 期。

② 陈健：《我国民营经济促进共同富裕的难点及其化解》，《云南师范大学学报（哲学社会科学版）》2022 年第 4 期。

（三）跨区域产业联动机制

根据城市要素禀赋与比较优势形成专业、细化的分工体系，在错位发展中寻求市场融合进而实现高级化的产业梯度转移，培育产业集群促使各城市产业转型升级。[①]结合产业布局导向、资源禀赋、生态容量和发展基础，统一编制联动区总体发展规划，优化区域功能定位，梳理产业图谱，明确各地块主导产业，推动差异化发展，加快形成协调互动发展新格局。创新产业协作机制，围绕关联性强、契合度高的数字经济、装备制造、新能源新材料、文化旅游、智慧物流、商务会展等产业，促进产业链上下游企业协作配套，共同打造功能互补的特色产业集群，实现产业链、供应链互补，促进传统产业优势、整合带动周边发展。

共建跨行政区的功能性合作平台，通过产业、平台、项目等的合作与空间的对接，重构产业空间功能，形成利益共享的产业园、产业带等发展平台和廊道，实现各方在重点领域的合作与共赢。[②]实施产业集群共育工程，建立产业转移、重大基础设施建设、园区合作的成本分担和利益共享机制，探索“双向飞地”“异地孵化”“共管园区”等跨区产业合作新模式。强化与高校、科研院所在技术、项目、平台、人才等方面的有效对接、深度合作，提升发展能级，协同推进优势产业合作。创新企业协作联动机制，探索搭建服务中小微企业的平台载体，推动民营企业协同发展。促进各级开发区（功能区）和产业集聚区政策叠加、服务体系共建，共建共享生活服务、商务交流集聚区，增强生产性服务业和生活性服务业配套能力。

① 王丽艳、戴毓辰、宋顺锋：《区域协调发展战略下推进环渤海大湾区建设的逻辑与时序探讨》，《城市发展研究》2020 年第 8 期。

② 胡观景、阮野：《国内县域协同联动发展实践及对广东的启示》，《广东经济》2022 年第 2 期，第 52—57 页。

（四）跨区域生态联保与社会共治

跨区域发展的目的就在于打破行政壁垒，实现政策和制度的协同。统一规划管理，共编共研共推共议联动区发展规划、空间规划，推进各类规划的信息共享与实施衔接。逐级落实划定生态保护红线、永久基本农田保护线、城镇开发边界和文化保护控制线，建立覆盖全域的“四线”管控体系。统筹生态环境功能格局，推动生态保护与产业发展有机融合，培育创新链与产业链共进的产业生态，大力发展生态友好型创新产业集群。

建立重大项目联审联办机制，共同制定产业及行业发展指导目录与项目准入清单，制定统一的企业投资项目核准目录，探索建立跨域投资项目一体化服务管理机制。统一产业准入标准，制定统一产业发展指导目录，明确新引进工业项目、研发总部项目标准，从产业契合度、环境优化度等方面确保项目招引质量。探索建立投资项目“一网通办”平台，建立覆盖企业注册、业务开展、资本运作、清算退出等全生命周期的便利化服务监管制度。加快生态环境联保共治，共同建立生态环境标准、环境监测监控体系、环境监管执法“三统一”制度，强化区域生态环境联合监管与污染源头协同治理；建立区域重大项目环评会商制度，健全区域内污染应急联动机制，共同治理区域性、流域性环境污染问题。

深度挖掘、传承及创新发展“地域文化”，提升城市软实力，持续推进“文化+”融合发展；以改善民生为突破口，强化公共空间连续性和网络化，结合居民实际需要植入新的活动功能，释放城市公共空间活力；从提高不可贸易品数量、多样性和质量，推动教育、医疗卫生、社会保障等基本公共服务水平差距的缩小及均等化，不断提升地方品质。①

① 王丽艳、戴毓辰、宋顺锋：《区域协调发展战略下推进环渤海大湾区建设的逻辑与时序探讨》，《城市发展研究》2020 年第 8 期。

第十三章

巩固脱贫攻坚成果 全面推进乡村振兴

治国之道，富民为始。当前，低收入群体仍主要在农村，现代化的短板也在农村。以农村为重心全面推进乡村振兴战略，是新时代持续开展“三农”工作的总抓手，是实现共同富裕的必由之路。乡村振兴，包括产业振兴、人才振兴、文化振兴、生态振兴和组织振兴等多重内容，是一项内涵丰富的系统工程，应因地制宜、明确目标、稳步推进。2021 年，中央农村工作会议指出，“乡村振兴的前提是巩固脱贫攻坚成果，要持续抓紧抓好，让脱贫群众生活更上一层楼。脱贫攻坚胜利后不能掉头就走，要持续推动同乡村振兴战略有机衔接，加大对乡村振兴重点帮扶县倾斜支持力度，抓紧完善和落实监测帮扶机制，确保不发生规模性返贫”[①]，为山东省乡村振兴战略的全面推进提供行动指南。“十三五”期间，山东省脱贫攻坚战取得全面胜利，乡村振兴战略初见成效，“诸城模式”“潍坊模式”“寿光模式”等经验深化拓展，为实现共同富裕奠定了坚实基础。目前，山东省“三农”工作的重心正处于向全面推进乡村振兴转移的过渡期，需将巩固脱贫成果与全面推动乡村振兴有效衔接，着力打造具有山东特色、山东经验和山东智慧的乡村振兴齐鲁样

① 程世勇：《脱贫攻坚与乡村振兴有机衔接 扎实推动城乡共同富裕》，《光明日报》2022 年 1 月 10 日。

板，在共同富裕的探索中走在前、开新局。

第一节　持续巩固拓展脱贫攻坚成果

乡村振兴，以巩固好脱贫攻坚成果、让脱贫群众的生活迈上更高台阶为落脚点。“十三五”期间，山东省农村居民的收入水平和生活水平有了显著改善，决战脱贫攻坚取得全面胜利，正向共同富裕新征程迈进。与此同时，也要清晰认识到，部分脱贫地区的产业基础仍然薄弱，乡村振兴的内在动能和发展潜能亟待提升，防止返贫的任务依旧艰巨。在共同富裕的征程中保证一个群众也不掉队，以脱贫人口的富裕为关键条件。新时代，在不断开创“三农”工作新局面，加快建设农业强省进程中，巩固拓展脱贫攻坚成果处于更加突出的位置。紧盯“黄河滩”、聚焦“沂蒙山”、锁定“老病残”，以增加脱贫群众的收入水平为基本点，山东省应积极凝聚各界力量，防范化解潜在的返贫致贫风险，精准做好帮扶工作，带领包括脱贫群众在内的全体人民走向现代化、实现共同富裕。

一、健全防止返贫动态监测机制

（一）加强动态监测预警机制的部门联动

巩固拓展脱贫攻坚成果，要牢牢守住不发生规模性返贫致贫这一底线。为能从源头上杜绝规模性返贫致贫问题的产生，山东省要紧盯“黄河滩”、聚焦“沂蒙山”、锁定“老病残”等重点群体，持续完善常态监测。根据各地《关于常态化开展农村人口防止返贫动态监测数据预警工作的意见》，完善分工负责、相互衔接、运作规范的监测预警体系和运行机制，推动各项政策的衔接落实，优化巩固脱贫攻坚成果的评估机制。部门联合开展信息监测预警，是筑牢防止返贫保护网的基本保障和重要手段。要持续发挥民政、医保、卫健、残联、教育、公安和信访等部门的协同联动效应，优化部门内部的纵向协作，对各领域返贫致贫的风险开展常态性的系统筛查。及时将符合条件的困难群众纳入社会救助的范围；根据地方经济发展情况，引领社会资源配置由集中支持脱贫攻坚向全面推进乡村振兴平稳过渡，稳步提高保障标准，确保应纳尽纳、应保尽保、应救尽救，一人不落，无人返贫。

提高现代化监测技术和工具的使用率，创新监测方式，精准甄别筛查因灾、因病、因意外等突发事件致生活困难的群众，及时发现返贫致贫的潜在风险，实现返贫致贫风险筛查工作的常态化、智能化和数字化。依托监测帮扶系统和相关数据平台，多渠道拓宽信息来源。在确保信息安全的基础上，有序推进相关政务数据和社会数据在防止返贫工作中的开放共享。利用大数据资源和新一代信息技术手段，精准识别脱贫不稳定户和边缘易致贫户，有效克服传统基层排查不彻底、不到位等难题，建立健全“农户自主申请＋基层干部排查＋部门筛查预警＋信访信息处置”的监测对象发现与预警机制，提升监测的精准性和时效性。

（二）推动动态监测排查与基层党建网络的深度融合

基层党组织是带领农民群众脱贫致富、走向共同富裕的坚强战斗堡垒。山东省要进一步强化党建引领，增强乡村振兴的组织性。抓实乡村基层党建，充分利用线上和线下资源，推动动态监测排查与基层党建“红色网格”的深度融合。基层党员干部入户排查工作是发现返贫致贫风险的重要途径。充分发挥村“两委”、驻村第一书记等基层党员干部在动态监测排查系统构建中的先锋模范带头作用，与综治网格员、扶贫专干等紧密合作，赋予基层党建网格员在密切联系群众、推动风险监测全覆盖等工作中的重要职责。以党建带群建，在各行政村组建由民政、人社、住建、乡村振兴和医保等部门业务骨干构成的基层工作队伍，凝聚网格员、综治网格员、扶贫专干等基层工作人员的合力，激发新活力。

加强动态管理，建立健全包括主要负责人包片、驻村干部包村、村干部包组、村民小组长包户在内的“四位一体”网格体系，优化网格分片包干、网格员日常巡查等常态化监测排查机制。将每年定期开展返贫动态监测转变为动态监测常态化，及时摸清实情，做到心中有数，确保返贫致贫风险及时发现、及时上报、快速响应、精准解决。综合入户走访、电话咨询、大数据分析等方式，持续跟踪监测对象的收入支出、“两不愁三保障”和饮水安全、家庭成员、帮扶政策落实以及返贫致贫风险等具体情况。现场更新特殊户的台账，对全体农户的收入水平和生活状况进行常态化网格监测。加大对基层工作人员“防贫技能”业务的培训力度，帮助困难群众完成提出帮扶申请、完成低保办理和参与监测系统等手续，积极营造农民群众求助有门、存疑有解、受助有效的良好局面。

二、完善重点帮扶机制

脱贫攻坚向全面推动乡村振兴的转移过渡，以防止返贫动态监测帮扶机制与乡村振兴重点帮扶机制的同步构建与有效衔接为条件。发挥政府的主导作用建立健全帮扶机制，是推进城乡共同富裕的重要战略举措，也是未来山东省的重点工作之一。

（一）健全完善防返贫动态帮扶机制

基于“四个不摘”的基本要求，保持现有帮扶政策、资金支持和帮扶力量的总体稳定，巩固好对脱贫摘帽地区的政策倾斜和资金支持，上下联动、统一协调，让脱贫群众致富的产业基础、政策基础更加扎实。压实各级政府的帮扶责任，加大政府对精准帮扶的政策、机制、资源和力量的统筹力度，在全省范围内凝聚帮扶合力，引导资源有效集聚。简化工作流程，针对性开展帮扶工作，积极构建数字化的服务型政府，继续对脱贫县“搭把手、拉一把”。加大对农村生态保护、基础设施、基本公共服务等领域的建设投资力度，持续提升“两不愁三保障”水平。积极利用信息化、数字化和智能化的工具手段，提升对帮扶对象进行风险类别、发展需求、帮扶效果监测的科学性。强化监测帮扶责任落实，及时发现因灾、因病、因疫致贫返贫的苗头，并及时落实社会救助、医疗保障等帮扶政策。确实做到对脱贫地区的帮扶在政策上不留空白，落实上不留空当。

（二）精准落实乡村振兴重点帮扶政策

乡村振兴重点帮扶是巩固拓展脱贫攻坚成果的重要举措，也是打造乡村振兴“齐鲁样板”的有效法宝。依据《中共中央、国务院关于做好2022年全面推进乡村振兴重点工作的意见》和中央农村工作领导小组引发的《关于健全防止返贫动态监测和帮扶机制的指导意见》（中农组发〔2021〕7号），山东省委、省政府印发的《关于做好2022年全面推进乡村振兴重点工作的实施意见》和山东省扶贫开发领导小组公布的《关于进一步健全防止返贫动态监测和帮扶机制的工作方案》（鲁扶贫组发〔2021〕7号）等系列文件政策，按照“缺什么、补什么”的原则，加快推动山东省制度创新，完善帮扶机制，为实现巩固拓展脱贫攻坚成果同乡村振兴有效衔接、全面推动乡村振兴提供有力的法律保障。

强化统筹协调，大力帮扶重点县的发展。建立健全省级领导同志联系指导省乡村振兴重点帮扶县（以下简称“重点县”）的制度体系，畅通帮扶渠道。在重点县实施一批补短板、促发展项目。利用好中央和省财政衔接资金，对重点县的发展予以倾斜支持，组织引导民营企业投资兴业、合作发展，帮助培育具有地方特色的优势产业。开展衔接乡村振兴集中推进区建设，细化落实帮扶重点县的政策措施。利用好科技特派团选派等行动，落实重点县产业振兴技术顾问的帮扶制度；积极推动对重点县进行教育、医疗和技术等人才组团帮扶的行动计划，增强对乡村产业振兴的技术支持。除破解技术制约难题外，资金短缺也是重点县高质量发展所面临的主要障碍短板。因此，在技术帮扶的同时，要进一步加大产业发展保险保障和信贷资金的支持力度。设立指数保险、“保险＋期货”等试点，创新保险产品供给，鼓励优势特色农产品保险奖补等金融扶持适度向重点县倾斜。继续巩固农村金融的扶贫政策，在贷款额度、利率、期限等方面，为低收入和低保人群边缘户、扶贫产业提供金融帮扶。完善配套设施和公共服务，有效落实搬迁群众的户籍管理、合法权益保障和社会融合等举措，多措并举推动安置社区治理的现代化，确保搬迁群众稳得住、能融入、共致富。建立健全乡村振兴重点帮扶效果的监测评价机制，动态开展对帮扶政策落实社会效应的评估工作，促使各项帮扶政策落到实处。

三、实现脱贫人口持续稳定增收

（一）以就业促致富

脱贫摘帽不是终点，而是新生活、新奋斗的起点。就业作为民生之本，是增加农民收入、改善人民生活水平的主要经济来源。保就业、稳就业作为“六保”“六稳”之首，亦是实现脱贫攻坚与乡村振兴有效衔接必须完成的首要任务。以切实提高脱贫人口的收入和生活水平为落脚点，山东省要逐步提高省级以上衔接资金用于产业发展的比重，大力支持脱贫地区发展壮大特色产业，加强扶贫项目资产运营管护，确保项目运行良好，保障脱贫群众稳定受益。强化龙头企业带动作用，促进脱贫地区产业结构的优化升级。扎实推进黄河滩区居民迁建和易地扶贫搬迁的后续扶持工作，加大对安置区的产业培育力度。开展搬迁群众就业帮扶专项行动，通过扶贫车间等方式为就业能力较弱的农村劳动力提供公益性就业岗位。以产业发展牵引创业就业，理顺产业发展联农带农的内外机制，帮助脱贫人口在家门口获得稳定就业，切实提高脱贫人口的家庭经营性收入和工资收入，更多依靠经济发展来致富。

（二）健全就业服务体系

在促进脱贫人口持续稳步增收的改革实践中，山东省应加大摸清居民的就业能力、就业需求和就业意愿，加大职业技能培训的力度，提高效率。持续实施“雨露计划”，通过以工代赈、开发公益岗位、发展就业帮扶车间和残疾人辅助性就业等，来帮助脱贫人口实现就地、就近就业及灵活就业。鼓励支持经营性人力资源服务机构和社会组织的发展，培育劳动力市场主体，为农村劳动力尤其是脱贫人口提供专项就业服务，增强脱贫人口转移就业的组织性和效率。

第二节　加快提高农业发展的质量效益和竞争力

“悠悠万事，吃饭为大。”农业是保民生、稳民心、安天下的基础产业。实现共同富裕，农民增收是关键；而农民增收，以农业发展质量和效益的提升为基础。作为人口大省、经济大省和农业大省，在今后及未来较长的一段时期内，山东省需立足于人民吃饭的问题，始终绷紧粮食安全这根弦，大力发展特色优势产品，促进农村一二三产融合发展，稳定粮食和重要农产品有效供给。将保障粮食等重要农产品供给安全作为头等大事来抓，以有力的举措形成强大合力，提升农业发展的质量效益和竞争力，筑牢粮食安全底线。

一、全力保障粮食和重要农产品供给

（一）严守耕地红线

民以食为天，食以土为本。粮食安全是国家安全的重要基础；而耕

地是粮食安全之本，是最宝贵的自然资源。在全面推进乡村振兴、实现共同富裕的进程中，山东省作为农业大省，要持续落实最严格的耕地保护制度，坚守耕地保护红线和粮食安全底线。加快实行耕地保护党政同责，开展耕地保护专项行动，落实“长牙齿”耕地保护硬措施，用“硬举措”破解粮食生产的土地要素“硬制约”。

根据《全国国土空间规划纲要》，做好耕地保护“定线、定位、定责”工作。依据耕地和永久基本农田、生态保护红线、城镇开发边界的优先序，依托国土空间基础信息平台和自然资源“一张网”，统筹划定落实好山东省“三条控制线”。各地依据行政管辖，将耕地保护的任务逐级分解下达，严格明确各级政府的保护职责，并签订目标责任书，将耕地保护任务作为常规考核指标。指导各区域有序建立“田长制”，实现耕地保护“横向到边、纵向到底”的责任全覆盖，保障全省耕地和永久基本农田数量不减少、质量有提升。强化底线意识，分类明确耕地用途，加强耕地用途管制。确保耕地主要用于粮食和棉、油、蔬菜等农产品及饲草饲料生产，永久基本农田基本用于粮食生产，高标准农田原则上全部用于粮食生产，守好耕地保护红线和粮食安全底线。鼓励对“四荒”资源进行开发利用，引导新发展林果业上山上坡进滩，在不与粮争地的基础上，拓展农业生产。加大审核把关力度，完善日常监管机制，优化耕地占补平衡管理方式。大力建设耕地占补平衡动态监测系统，准确掌握补充耕地立项、实施、验收及管护全过程，确保新增耕地数量与质量双重到位，以有效补充可长期稳定利用耕地。加强落实工商资本流转农村土地审查审核和风险防范制度，依法依规妥善处理建设用地占用耕地、流转土地破坏耕地层、侵占永久基本农田等行为，坚决遏制耕地“非农化”，严格管控基本农田“非粮化”等趋势，筑牢土地基础，扛牢农业大省责任与担当。

“绿水青山就是金山银山。”坚持绿色发展理念，将“源头整治”与“安全利用”有效结合，推动农业绿色发展。逐步完善对农用地土壤污染状况的常态监管，重点监测企业周边的土壤和地下水质量；鼓励技术创新，以技术加持，对土壤和地下水污染进行源头防治。实行耕地环境质量分类管理制度，分类分区推进土壤污染管控和修复工作，稳步提高受污染耕地的安全利用占比和水平。构建县（市、区）级耕地保护工作奖励机制，扎实推进粮食生产功能区和重要农产品生产保护区建设，深入打好净土保卫战和农业农村污染防治攻坚战，重点推动盐碱地农业综合利用创新，稳步提升粮食产量和供给质量。

（二）加大高标准农田建设力度

“农田必须是良田。”农田质量，不仅决定着粮食的产量，还关系着农产品的质量。农田质量的提升是维护粮食安全的根基。以全面提升农田质量为目标，农业农村现代化需以补齐农业生产基础设施短板、提升农田防灾抗灾减灾能力为重点。近年来，山东省深入实施“藏粮于地、藏粮于技”战略，大力推进高标准农田建设并取得显著成效。为进一步巩固和提升粮食产能，实现旱涝保收、高产稳产，山东省须以永久基本农田保护区、粮食生产功能区和重要农产品生产保护区为重点，构建集规划、标准、建设、评价、监管、管护机制于一体的建设机制，加大对高标准农田的建设力度。

对标农业农村部牵头修订的首个农田建设领域国家标准《高标准农田建设通则》（GB/T 30600—2022）（以下简称《通则》），根据山东省农田质量具体情况，细化完善田、土、水、路、林、电、技、管等方面的地方标准，形成层次分明、结构合理、科学实用的农田建设标准体系。根据国家《通则》和地方标准，修订新一轮高标准农田建设规划，明确农业生产基础设施的建设重点，加快推进高标准农田全部上图入库且与国土空间规划“一张图”衔接等工作。以节水灌溉、绿色农田、数字农田建设模式的全面普及工作为抓手，稳步推动山东省粮食生产功能区、特色农产品优势区、现代农业园区和田园综合体的同步建设。重点加强对农业水利设施的投资，支持黄河流域高效节水灌溉工程。对已建成高标准农田的改造提升，在全省范围内实施大中型灌区续建配套和现代化改造，同步配套高效节水灌溉设施。在水土资源适宜的地区新建一批大型灌区，推行中型灌区节水配套的整体改造，实现“路相连、渠相通、涝能排、旱能灌”，助力农业高质量发展。

在有条件的县域集中连片建设高标准农田，加快推进高标准农田整县试点工作。以试点为引领，统筹运用秸秆还田、深松深耕、畜禽粪污资源化利用等措施，探索田块整治、土壤改良、灌排沟渠和田间道路配套等综合措施的推进模式和实施方案。分别以地市县灌溉区为单位，整区域集中力量打造集中连片、旱涝保收、节水高效、稳产高产、生态友好的高标准农田，到 2025 年建成高标准农田 7791 万亩，2030 年建成 8320 万亩，与现代农业经营方式相匹配，打好粮食丰收基础。

二、加快推动农业全产业链发展

乡村要振兴、农民要富裕，归根结底要靠发展。产业振兴是乡村振兴的首要内容和物质基础。利用好农村独特的资源禀赋，加快构建农业产业链，是发展壮大乡村经济、实现产业振兴的必由之路。以培育农业全产业链为重点，山东省需持续着力于培育优势特色产业，采用现代化的物质技术装备，促进品种培优、品种提升、品牌打造，逐步构建起规模化、集约化、标准化、数字化的现代农业产业体系，增强农业的质量效益和竞争力。

（一）实施种业振兴行动

科技兴农，良种先行。种业是农业生产的“芯片”。习近平总书记强调：“中国人的饭碗要牢牢端在自己手中，就必须把种子牢牢攥在自己手里。”振兴种业是农业产业链改造升级与乡村振兴全面推进的牛鼻子，也是山东省全面推进乡村振兴的重要内容。无论是粮食生产还是种业发展，都要依靠技术创新。在种业振兴行动实施方案的落实中，山东省要力争走在前列，加强育种核心技术创新，积极开展种源“卡脖子”技术攻关战，抓好种子高质量发展引擎。要积极推动科研院校与种业企业联合攻关，大力推进农业良种工程和现代种业提升工程，打造国家级种业创新平台，设立区域性种业创新基地，支持种业省重点实验室和技术创新中心的发展。种质资源，是种子的遗传基因；保护好种质资源，才能培育出好的种子。要从源头上保护好种子，需加大对种质资源的保护利用力度。扩建省级种质资源库，以种质资源中心库为载体，搭建全省种质资源共享利用和交易平台。实施种业创新攻关行动，加强育种基础性研究和重点项目的开展，引导鼓励具有一定产业经营实力的种业企业或行业龙头企业参与实施农业良种工程，推动生物育种的基础性研究以及共性新技术、新方法的研究与应用，强化技术支撑，着力打造国际有影响力、国内一流的“种子谷”。此外，加大市场净化行动的实施力度，加强对种业市场的监管，切实保护种业技术创新的知识产权，依法严厉打击无证经营、套牌侵权、制售假劣种子等违法行为，构建竞争有序的市场体系，培育优良品种，助推金种子研发。

（二）增强现代农业科技和农机装备支撑

现代农业生产体系是现代农业装备、现代农业技术和现代农业生产方式的综合体。根据国情省情农情，山东省乡村振兴的全面推进，应着力补齐农业生产经营缺乏先进技术与现代化物质装备的突出短板，加快推动农业发展方式向集约型转变。瞄准粮食安全、盐碱地综合利用、农业智慧化信息化、农业绿色发展等农业高质量发展的科技需求，聚焦生物育种、耕地质量、智慧农业等关键领域，开展关键核心技术攻关行动，创新研发一批关键核心技术及农业产品。重点推动乡村振兴科技创新提振行动，深入实施农业重大技术协同推广计划。探索建立链条式新型协同技术推广模式，以关键技术的集成创新与转化应用为驱动，助推农业全产业链条的创新发展。

近年来，随着适度规模经营的稳步提升，山东省农业生产已步入机械化主导的阶段。农业机械化，作为构建农业产业全链条的刚性需求，是加快农业农村现代化的基础支撑。近年来，山东省农业机械化和农机装备发展取得积极成效，但在大马力机械、高端智能农机、畜牧水产智能化装备等的供给应用方面仍存在短板弱项。坚持问题导向，着眼于山东省全产业链的装备短板，推广潍坊等地农机装备的发展成效，积极开展补短板行动。建立健全农机装备短板清单，明确重点攻关领域和方向；编制行动方案，推动任务落实。加大对农机装备从研发制造到推广应用的“一体化”政策倾斜，鼓励协同攻关和研发创新，攻克装备制造业卡脖子难关；调整优化农机购置与应用的补贴政策，重点加大对履带式作业、玉米大豆带状复合种植的补贴力度；创新农机设备共享方式，提升省内农村地区对大中型、智能化、复合型农业机械的应用能力。加强示范引领，着力打造一批“全程全面、高质高效”的农业机械化模板，带动山东省农作物耕种收综合机械化率的全面提升，推动农业生产全程机械化服务，提升农业现代化的经济效益和社会效益。

（三）完善县域商业体系

将县域商业体系的建设纳入全省乡村振兴发展战略，重点建设现代农业园区，制定并实施农业全产业链培育发展实施方案。着力“强龙头、补链条”，试行农业“链长制”，鼓励农业产业化龙头企业担任“链主”，培育一批年产值超百亿元的农业“链主”企业，将农业生产、加工、销售、休闲农业及其他服务业有机整合，深入推动农产品精深加工，促进农村一二三产的融合发展。着力建设一批产业特色鲜明、设施装备先进、生产方式绿色、链条协同完善、经济效益显著的现代农业园区，带动农民群众持续稳定增收。加快推动产业集聚发展，建设粮油、果菜、畜牧、水产等优势特色产业带，积极打造一批省级特色农产品优势区和千亿级产业集群。统筹农产品生产、加工、销售等环节，加快推进规模经营主体按标生产，推动产地环境、生产过程、产品质量、包装标识等农业生产全流程的标准化，提升农产品品牌影响力，构建全环节提升、全链条增值、全产业融合的农业发展格局。

根据地方资源禀赋与产业特征，深入实施乡村旅游精品工程，加大乡村旅游项目扶持力度。融合农文旅，集中建设乡村旅游重点村、旅游民宿集聚区和旅游休闲名镇。培育创意农业、休闲农业、康养农业、体验农业等新业态、新模式。因地制宜，做精做优具有齐鲁特色的乡土产业，大力发展特色种养、特色食品、特色手工和特色文化等产业。持续推动品牌提升行动，加大农产品区域公用品牌、企业品牌、农产品品牌建设，打造高品质、有口碑的农业“金字招牌”。促进线上线下深度融合，通过“农产品基地+直销”模式发展订单农业等新业态，拓宽名优特农产品的网络销售渠道，创响一批“乡字号”“土字号”等特色品牌。依托黄河干支流东平湖三河六岸、济南百里黄河遗产带、入海口盐业遗址群、蓝黄交汇奇观等独特资源，加强黄河文化遗产廊道建设，挖掘黄河文化，打造系列流域品牌。

融合产供销，率先在全国树立农产品等级规格、品质评价、产地初加工、农产品包装标识、冷链物流与农产品储藏等标准体系。突出抓好济南、青岛、日照等国家物流枢纽、国家骨干冷链物流基地及多式联运示范工程。加强济南市历下区、青岛市西海岸新区、滕州市、东营市东营区、莱阳市、青州市、济宁市任城区、临沂市兰山区、德州市齐河县、菏泽市曹县等省级现代流通强县的示范引领作用，支持大型流通企业以县城和中心镇为重点下沉供应链，在山东省内打造一批具有流通优势的产业集群。立足各地农业生产和流通的切实需要，推动冷链物流服务网络体系在农村的延伸和普及；因地制宜，在农村增设农产品产地仓储保鲜冷链等设施。深入实施“百园千镇万村”工程，以市场为导向，基层政府助推乡镇商贸中心的建设，从省级层面培育一批高质量的乡镇商贸中心建设引领县，引导商贸流通资源在农村地区积聚。注重物流体系在农村“毛细血管”的建设和维护，巩固提升“快递进村”工程的实施力度，支持各村设立寄递物流站点，指导村级快递物流站点服务能力和服务水平的提升，切实解决农业产业链在流通环节所面临的“最后一公里”困境，全面增强山东省农产品商品化处理、错峰销售和产地集散分销的流通能力。在积极发展乡村产业的同时，让更多农民在家门口就业，助力农民勤劳致富。

第三节　扎实推进美丽乡村建设行动

乡村振兴的总要求是“产业兴旺、生态宜居、乡风文明、治理有效、生活富裕”。良好的人居环境是广大人民群众的殷切期盼，也是各级政府全面推进乡村振兴与实现共同富裕奋斗目标义不容辞的责任。加快推动美丽乡村建设，持续改善村容村貌，方能留住“乡愁”、增添“新意”，让农村成为人们安居乐业的家园。

一、强化乡村建设的规划引领

实施乡村振兴战略是一项长期而艰巨的任务，不可“一刀切”“一蹴而就”。乡村建设规划，为乡村振兴的有序推进绘制了蓝图、指明了方向。坚持规划先行、依规建设，是顺利开展“三农”工作、推动农业农村现代化的重要法宝。长久以来，乡村建设规划一直是山东省新农村建设的短板，后期治理成本和难度较高，部分村庄因缺乏合理的规划而没有发展的后劲。当前，在更高起点、更高标准上推动乡村振兴，须以科学合理的规划为引领，在规划上下功夫，推动美丽乡村扩面提质。

科学规划的形成，以遵循乡村发展客观规律为基本原则，以满足需求、解决问题为导向，旨在强化城乡布局的内在功能。综合山东省土地利用、产业发展、居民点建设、人居环境整治、生态保护、防灾减灾和历史文化传承等各方面因素，加大规划编制与顶层设计的结合度，统筹县域城镇和村庄建设布局，重点抓好“一村两区、一面四线”建设，引导村庄建设良序开展。县域乡村振兴的有序推进，以县域村庄布局规划为蓝图，要从总体上优化城镇和村庄的布局，提升农村发展规划的综合性、适用性和可行性。以县域为单位，逐渐明确乡村建设项目的产权归属，组织编制村庄公共基础设施管护责任清单，规范开展全域土地综合整治和全域美化建设。根据农村发展水平、生态环境、人文景观及生产生活实际需要，整合原村庄规划、村庄建设规划、土地利用规划、土地整治规划等内容，鼓励有条件、有需求的地区编制“多规合一”的村庄规划。合理设计各村生产空间和生态空间，优化生活空间布局，提升农村居民的生活品质。注重建筑风貌传承，突出地方特色、文化特色，加大对传统村落、古民宅和乡村风貌的保护力度，鼓励传承保护村落风貌和农耕文化，对农民房型设计予以整体指导，扮靓乡村底色。

二、提升农村人居环境

（一）深化农村人居环境的整治提升

改善农村人居环境，是实施乡村振兴战略必须攻克的一场硬仗。以人民群众满意为宗旨，以建设生态宜居美丽乡村为导向，要发挥好各级政府的主导作用。加强统筹协调，整合社会资源，连片推进农村基础设施的改善升级；制定各地人居环境整治指导性目录，重点解决农村在饮水、用电、燃料和交通等方面的困难，落实好整治提升行动方案。抓好各地农村“厕所革命”、垃圾治理与污水治理等重点专项行动，切实改善农村的人居环境。一是在农村“厕所革命”的推进中，切忌一刀切，要宜水则水、宜旱则旱，协同“厕所革命”与生态循环农业，根据各村地理环境和农民需要，科学选择合适的技术模式；探索推广以奖代补，激发农民参与改革的积极性，扩大农村改厕服务站点的覆盖范围；加强对改厕全程的质量管控，严把厕具产品和施工环节质量关，建立健全维修服务体系，形成完善的管护长效机制，稳步提高卫生厕所的普及率，实现厕改不落一村、不落一户，全面消除农村厕所“脏、乱、差”的局面。二是在农村垃圾的治理中，在加快实现农村生活垃圾收运处置全覆盖的基础上，与城市对标，推动“户集—村收—镇运—县处理”的城乡生活垃圾收运一体化，将覆盖范围内的村庄逐步纳入城乡一体化处置体系；推动各地村庄清洁行动的常态化，加大对绿色消费的宣传力度，掀起垃圾分类“新风尚”，开展农村生活垃圾分类处理星级评定，从源头上减量，力争实现农村生活垃圾总量零增长；完善农村垃圾回收站点布局，支持引导山东省可再生回收资源企业的发展壮大，提高资源再生利用水平和生活垃圾无害化处理率。三是在农村污水治理方面，要分区分类、梯度推进农村污水治理，优先治理人口集中村庄的生活污水和黑臭水。在不适宜集中处理的村庄，推进小型化生态化治理和污水资源化利用。在居住分散的地区探索推广人工湿地、土壤渗滤等生态处理技术，鼓励优先采用符合农村实际、生态环保、费用较低、管护简便的污水治理技术创新。推进农村生活污水资源化利用，稳步实现农村生活污水无害化处理全覆盖，改善农村环境卫生。

人居环境改善是农民的共同期盼；美丽乡村的建设，以广大农民群众为主体。各级干部要积极引导，强化“幸福是奋斗出来的”价值理念，优化奖补方式，激发村民建设美丽家园的主体意识，彻底扭转“干部干、群众看”的局面。将村庄整治和庭院整治相结合，定期参与村庄清洁行动，鼓励村民自觉参与对私搭乱建、乱堆乱放的集体整治行动，通过农村“四旁”植树绿化村庄，扩大村庄公共空间、改善公共环境。利用栽植果蔬、花木等开展庭院绿化，持之以恒美化环境；培养村民良好的卫生习惯，养成绿色环保的生活方式，将清洁行动制度化、常态化与长效化，助力美丽乡村和美丽庭院建设。培育一批省级美丽乡村示范模板，引领村容村貌的提升，将美丽乡村打造成为“绿水青山、悠悠乡愁”的好地方。

（二）夯实农村基础设施建设

基本公共服务是具有普惠性、基础性和兜底性的民生工程，是改善农村人居环境、实现共同富裕奋斗目标的基础保障。农村基本公共服务的供给，须主动顺应农村人口迁移的客观趋势，并将其置于县域经济发展和新型城镇化建设的大局之中，坚持城乡一体、县级统管的基本思路，统筹推进。基于为民而建的基本原则，山东省城乡公共服务供给均等化和一体化的深入推进，需抓住服务好农村迁移人口和常住人口“一老一小”等重点群体。一要加快构建城乡统筹的户籍体系。重点关注农民工群体的社会融合需求，以户籍制度改革为契机，健全城乡基本公共供给统一规划、统一建设、统一服务的长效机制，促进城市公共服务设施向郊区乡村和中心镇拓展延伸，增强县城综合服务能力和乡镇服务农民功能，实现基本公共服务供给由覆盖户籍人口向服务全体常住人口转变。二要加快推动城乡教育水平的一体化建设。高度关注农村学生的教育问题，通过教育强镇筑基行动和强校扩优行动，在乡镇开展“城乡学校共同体”建设试点，提升乡镇办学条件。实施“十四五”学前教育发展提升行动计划，培育壮大农村普惠性学前教育服务能力。重点关注农村拟保留学校办学条件和师资力量的建设，引导优秀教育资源向乡村转移，稳步提升乡村学校的基础设施水平和办学质量，推动城乡教育资源的一体化。三要深化城乡医疗体系改革。积极构建紧密型县域“城乡医疗卫生服务共同体”，普及城乡医保按总额付费，实现结余留用、合理超支分担，切实降低农民的医疗负担。加大对乡村基层医疗卫生体系的建设力度，推动村卫生室标准和健康管理水平的提档升级，稳步增加省提升标准和国家推荐标准的比例。充分利用现代信息技术，提高乡村医保智能监控系统的使用率和普及率，推动数字技术赋能农村卫生服务供给能力的提升。鼓励社会力量兴办农村公益事业，多元化农村社会救助资金来源，完善低保标准动态调整机制，稳步提升对农村困难群众基本生活的救助保障水平。四要着重提升农村养老服务能力。针对农村常住人口以老年人口为主的基本情况，各地区积极完善"县—乡—村—家庭"的四级养老服务体系，充分发挥各级敬老院的社会服务功能，为失能特困老年人提供温暖的专业照护。加大财政资金对社区老年人的日间照料、家庭养老床位等服务设施的投入力度；吸纳社会资本，完善农村养老服务组织体系，针对特殊群体居家养老的医疗需求提供专业化的上门指导服务。

当前，山东省农村地区基础设施建设仍面临数量不足、质量不高、资金不够等难题，是全体农民群众实现共同富裕的短板。为破解农村基础设施建设薄弱困境，山东省需以"城乡统筹、均衡服务、经济适用、安全可靠、科学高效"为目标，构建新时代社会主义现代化强省所匹配的农村基础设施网，强统筹、抓重点、补短板。按照 2022 年山东省人民政府印发的《农村基础设施网建设行动计划》，积极推进各项重点建设项目，系统推动农村基础设施供给的提档升级。一是立足农村居民生产和生活的切实需要，深入实施农村公路"五年提质增效专项行动"。普遍推动各行政村双车道公路、过窄公路拓宽改造等建设项目，全面消除农村路网的"断头路""瓶颈路"等问题，打通村庄之间及其内部微循环，系统破解农村生产和生活的"最后一公里"障碍。结合农村人居环境整治规划，统筹推进农村公路建设与配套管网建设，提升路域环境治理水平，以高标准"路路通"助推美丽乡村建设，打造"四好农村路"齐鲁样板。二是建设改造农村供水工程，全面提升农村生活用水和生产用水供给。按照"城乡一体"的原则，加强农村供水设施和管网更新改造，推动各地农村供水系统在源、网、质、服务、监管 5 个维度向城市看齐，依托农村集中规模化供水工程建设，全面提升农村地区的规模化供水率、自来水普及率和集中供水率。在保障生活用水的同时，根据农业生产需要持续推进骨干灌排工程，进一步增强农业生产的供水能力。三是重点推进新型电力系统建设，推动农村供电系统的现代化。根据生产力发展对新增负荷用电及分布式光伏的并网需求，逐步设置新型电力系统，推动农村能源生产的清洁化与能源消费的电气化，提升省域供电质量和服务水平。四是抓好试点项目，推进数字乡村建设行动。加大对农村信息基础设施的建设力度，加快完善 5G 网络在各行政村的布局，进一步提高千兆光纤网络在重点村的覆盖率，缩小城乡数字基础设施鸿沟，助推农村生产生活和公共服务的数字化、智能化。在增强农村数字基础设施供给的同时，还要以配套服务的建设为条件。为全面提升数字基础设施的利用率和社会效应，要进一步加大对信息进村入户工程的运营力度；设立改革示范项目，完善对农民数字技能的培训服务，加强健康网络文化引导，推动“互联网 +”进农村社区、进校园，树立齐鲁乡村文化振兴新风尚。

第四节　着力构建完善的乡村治理体系

治国安邦，重在基层。治理有效，是乡村振兴的题中应有之义。乡村治理，须将顶层设计与地方特色相结合，统筹发挥社会各界力量的协同作用，打造以基层党组织的领导为核心、基层政府为主导、群众自治组织为参与主体的“一核多元”治理体系。新时代，乡村治理的主客体及条件手段正发生着深刻变化。根据乡村治理的新条件、新变化、新问题，始终将制度创新贯穿其中，积极凝聚社会合力，探索完善乡村治理体系、创新乡村治理方式、提高乡村善治水平的有效途径，是山东省现代化建设亟待破解的历史命题。

一、构建“一核多元”的基层治理体系

（一）加强党建引领

坚持党的领导，是中国特色社会主义制度的根本优势，也是将制度优势转化为治理效能的根本动力。乡村基层党组织是带领广大农民群众化解风险、共克时艰坚强有力的战斗堡垒，是确保乡村振兴战略有效推进的基础保障。乡村振兴战略在山东省的全面推进，要紧紧牵住基层组织振兴这个“牛鼻子”，深化拓展“莱西会议”的经验模式，坚持“党建引领＋乡村治理”这一法宝。更加突出政治引领，强化党组织在乡村治理中的领导核心作用，确保村民委员会、村级集体经济组织、农民合作组织等各类组织在党组织的领导下开展工作。建立健全农村重要事项、重大问题的讨论机制，将党建引领落到乡村治理的各领域、各环节，把党的政治优势、组织优势转化为农业农村现代化的产业优势。优化基层党组织设置，进一步加强以党组织为核心的村级组织建设，统一构建县领导联系、乡镇领导包联、第一书记驻点、部门单位结对帮带的运行范式，整体提升山东省基层党组织的建设标准和质量，提高乡村治理效能。加强对各基层党组织人才队伍的建设，以优秀党员为示范引领，优化落实带头人“头雁领航”工程，选优配强领导班子、村“两委”成员，常态化加强村党组织书记的专业化培训和动态管理。加大农村基层干部素质能力提升工程投入力度，扩大村“两委”成员参与学历教育和技能培训的比重，优化培训方式，切实提升基层党组织的治理能力，确保党的方针政策和乡村治理决策高效落实。

（二）创新多主体参与机制

从构成主体来看，“一核多元”基层治理体系的构建需要基层党组织、自治组织、社会组织和广大农民群众等多元主体参与。在基层党组

织的引领带动下，积极创新村（居）委会、社会组织、志愿者等多元主体参与乡村治理的方式，动员社会力量广泛参与，筑牢乡村治理现代化的命运共同体。完善“县—乡镇—村—组”多层网格体系，推动党员进网格，实施网格化乡村治理工程。加快普及法治建设进网格，加大对法治的宣传教育力度，提升乡村法治意识。通过网格员疏导一批、村“两委”干部化解一批、村党组织调处一批，及时化解风险和矛盾。积极探索党建网格管理、直联制度等多元联结机制，发挥各主体的功能职责，完善基层民主协商制度，强化共识理念，携手共建党委领导、政府负责、社会协同、公众参与的现代化乡村社会治理体系。

（三）夯实乡村治理的群众基础

乡村治理，是在党的领导下多主体协同参与的合作治理，以村民自治为核心。推动山东省各地实现乡村治理现代化，需持续强化“民事民管”的理念，激发人民参与乡村治理的活力，维护农民的合法权益。其具体路径包括：一是健全党组织领导的村民自治机制，创新“党员联户”工作方式。积极顺应互联网新媒体蓬勃发展及网民参政议政的新趋势，在党员和群众之间架起连心桥，帮助群众出点子、谋增收、解难题。二是结合线上线下渠道，拓宽人民群众参与乡村治理的途径与渠道。公开征集民意，鼓励群众充分表达利益诉求和意见建议，为农民群众参与乡村治理提供多元渠道。三是从思想引导入手，实施农民综合素质提升行动。在自治、法治的同时，强化德治。充分挖掘山东“礼仪之邦”中优秀传统文化的当代价值，发挥村规民约在乡村治理中不可替代的积极作用，积极营造向上向善、尊老爱幼、勤俭持家、重义守信的社会氛围，培育文明乡风、淳朴民风、和谐家风。重点聚集民智、尊重民意、集思广益、群策群力，发挥人民群众参与乡村治理、建设美丽家园的积极性、主动性和创造性。山东省乡村治理体系的现代化，要始终坚持以民生为出发点和落脚点，打造充满活力、和谐有序的善治乡村，让广大人民群众在乡村振兴中拥有更多的获得感、幸福感和安全感。

二、深化农业农村现代化改革

改革是发展的根本动力。当前，农业农村改革的深化，在广度、深度和难度上并不亚于脱贫攻坚战。乡村振兴的全面推进，要强化系统思维，全面深化农村改革，以乡村体制机制创新为牵引，提升改革的整体性、系统性和协同性，以改革促发展，统筹推进“五个振兴”。

（一）完善农村基本经营制度

农村基本经营制度是农村发展的政策基石。山东省农村基本经营制度改革的系统深化，既要落实好集体产权、稳定好承包权，又要放活经营权，稳慎推进农村承包地、宅基地制度等重点领域的改革任务。基于现已完成的农村承包地确权登记颁证工作成效，稳步开展第二轮土地承包再延长 30 年试点工作，从制度上保障土地承包关系长久稳定，给农民吃上“定心丸”。推动宅基地制度改革试点工作，力争在农户资格权保障、宅基地使用权流转等方面取得一批实质性成果，在菏泽、长清、商河等土地交易经验的基础上，持续探索宅基地所有权、资格权、使用权有效分置，收益合理分配的实践模式。盘活乡村建设用地，持续深化农村集体产权制度改革。依托山东农村产权交易中心，培育农村产权交易市场，创新农村产权抵押、质押金融服务，规范开展城乡建设用地增减挂钩，稳慎推动集体经营性建设用地入市。通过制度创新，鼓励有条件的地方探索通过自愿有偿方式开展农村闲散建设用地置换腾挪和复垦整治，加大闲散土地盘活利用的整治力度，助推农村集体经济的发展壮大。

（二）创新现代农业经营方式

农为邦本，本固邦宁。数字经济时代，推动农业现代化是农业经营方式转型的主要方向。山东省作为农业大省，肩负着维护粮食安全的重大责任。要在高起点上维护粮食安全、推动农业现代化转型，要发挥好政府和市场两种手段，牢牢抓住新型农业经营主体这一关键，做大、做强、做优集体经济，为“大国粮仓”贡献山东力量。

一要持续加强制度创新，立足山东省农业供给侧转型升级的需求，加强农业经营基础制度的创新与完善，建立健全现代化农业经营机制，构建完善的农业产业化带农惠农运行机制。在制度创新的基础上，坚定改革步伐，重点落实好对家庭农场和农民合作社等新型农业经营主体的培育和发展，加快培育现代农业“领头雁”，发挥新型农业经营主体的创新力、竞争力和示范性，引领全省农业的高质量发展。二要着力培育高质量服务主体，发展壮大农业社会化服务组织，创建一批高质量的服务中心，稳步提升新型农业经营主体的发展质量和效益。深化对接服务，为适度规模经营方式的多元化提供更加多层次、低成本、专业化的社会服务，助力小农户顺利踏上现代农业发展轨道，完善小农户与现代农业发展有机衔接的指导体系。三要深入实施家庭农场培育、农民合作社规范提升行动，培育一批富有竞争力的龙头企业，形成农业产业化联合体，带头创新分工协作、集约高效的现代农业经营模式。以家庭经营为基础，新型农业经营主体为主力，社会化服务为支撑，着力推动家庭经营与集体经营、合作经营、企业经营的共同发展，有序完善“农户家庭经营为基础＋合作与联合为纽带＋社会化服务为支撑”的立体式、复合型、现代化农业经营体系，打造农业现代化经营的“齐鲁样板”。四要发展壮大新型农村集体经济。持续深化农村集体产权制度改革，充分发挥村党组织领办合作社的“头雁”作用，着力培育组建乡村振兴联合社，通过党支部抱团、合作社联盟，优化农民与合作社的利益联结机制，强化组织、凝聚合力，破解耕地无人种、集体增收无资源、组织群众缺资金的难题，创新党支部引领农民增收致富的实践模式。

第十四章

坚持生态优先　推动绿色发展

绿色发展是高质量发展的核心内涵之一，实现全体人民共同富裕必定是包含生态要素在内的共同富裕。绿色发展是共同富裕的前提，共同富裕是绿色发展的目的。山东省要坚定不移地坚持生态优先，推进生态环境的持续改善，以更高标准深入打好蓝天、碧水、净土三大领域治污攻坚战，统筹推进山水林田湖草沙一体化保护修复，持续开展国土绿化攻坚行动，实施生物多样性保护工程。围绕农村生活污水、黑臭水体治理和生活垃圾收集处置全面改善农村人居环境，激发乡村振兴和共同富裕的内生动力。山东省要全面深入地推动绿色发展，统筹推动“三大主体功能区”空间格局优化，统筹建立“三线一单”生态环境分区管控体系，统筹落实黄河流域生态保护和高质量发展战略。持续推进重点行业绿色转型和能源清洁高效利用。积极开展生态环保全民行动，践行简约绿色低碳生活，加快构建绿色生活方式。构建完善的碳达峰碳中和政策体系，开展重点地区、行业、企业的碳达峰行动，实施多种形式的低碳、零碳、负碳试点示范，推进碳排放权交易、碳汇补偿等市场化机制和碳普惠体系建设。

第一节 推进生态环境持续改善

一、深入打好污染防治攻坚战

（一）持续实施蓝天、碧水、净土三大保卫战

以《中共中央、国务院关于深入打好污染防治攻坚战的意见》为指导，以更高标准深入打好蓝天、碧水、净土三大领域治污攻坚[①]。蓝天保卫战以改善环境空气质量为核心，聚焦重污染天气消除、臭氧污染防治和柴油货车污染治理三方面。通过强化细颗粒物（PM2.5）和臭氧（O_3）协同控制，全省 PM2.5 浓度持续降低，O_3 浓度保持稳定，空气优良天数比例达到 72.5%；加强大气面源和噪声污染控制，强化道路扬尘综合治理，实施噪声污染防治行动，设区市全面实现功能区声环境质量自动监测。组织开展清洁柴油车、清洁柴油机械、清洁油品等行动，进一步降低移动源污染排放。碧水保卫战围绕“两个清零（即城市建成区雨污合流管网清零、城市建成区黑臭水体清零），一个提标（即城市污水处理厂提标改造）”，重点推进总氮污染防治引领陆海协同治理、湖区面源污染治理和饮用水水源保护区规范化建设，提升饮用水水质保障。净土保卫战重点围绕建设用地安全利用、农村人居环境质量改善和农业面源污染管控，开展典型在产企业（园区）用地及周边土壤污染状况调查和污染风险源头防控，选择青岛、淄博、泰安 3 市建设土壤污染防治先行区。强化农业面源污染治理，选取产粮（油）、畜牧和果蔬大县，开展农业面源污染防治示范县试点，实施农用地土壤镉等重金属污染源头防治行动。

① 山东省人民政府：《关于印发山东省“十四五”生态环境保护规划的通知》（鲁政发〔2021〕12 号），2021 年 8 月 26 日，http://www.shandong.gov.cn/art/2021/8/26/art_107861_113979.html。

（二）深入推进固体废物污染环境防治

山东省应坚持固体废物污染防治“减量化、资源化、无害化”的工作原则，提高资源化利用水平。首先，以推进农牧循环、绿色发展为目标，制定秸秆还田、离田、能力建设等具体政策措施，推进畜禽养殖粪污治理及农业废弃物的全量利用。其次，以回收环节为重点，针对各领域废弃物，搭建“互联网＋回收”应用平台。最后，深入推进生活垃圾分类投放、收集、运输、处理系统建设，规范有害垃圾收集转运体系。突出全链条理念，加强塑料污染防治，增加可循环降解和回收的绿色产品供给；选择河湖、岸线、滩地等重点区域开展常态化塑料垃圾清理，建立塑料垃圾“零填埋”示范区，同时逐步推行塑料包装收费制度。以《山东省“无废城市”建设工作方案》为指导，全域推进“无废城市”建设，全省 16 个设区市已全部启动“无废城市”建设，到 2025 年，将建成“威海市引领带动、沿黄 9 市重点推进、其他城市梯次发展”的“无废城市”集群。做好各类无废领域的辐射带动和示范引领作用，由点及面，使“无废”理念融入生产生活的全过程，让“全域无废”成为共同富裕的“必备品”。

二、统筹推动生态保护修复

（一）推进山水林田湖草沙一体化保护修复

坚持山水林田湖生命共同体理念，综合考虑山上山下、地上地下、岸上岸下、流域上下游等自然生态各要素，科学确定山水林田湖草沙空间布局。重点推进泰山区域、沂蒙山区域山水林田湖草沙生态修复工程以及鲁东低山丘陵区、黄河流域、大运河沿线、南四湖、东平湖等生态保护修复工程。围绕黄河、大运河、海岸线等重要生态廊道，加强生态保护、绿化种植、运动休闲等功能建设。推进绿色矿山建设，制订实施露天矿山生态修复计划，促进矿山资源开发与生态环境相协调，以实现黑色经济向绿色经济转型。山水林田湖草沙一体化保护修复与脱贫攻坚、乡村振兴与城市提升等紧密相连，将有力地促进全省生态系统服务和人类福祉的协调发展。

（二）陆海协同改善海洋生态环境

以美丽海湾保护与建设为统领，建立陆海统筹机制，强化陆岸海协同治理，实施重点河口海湾等典型生态系统修复，促进“河—陆—滩—海”生态系统良性循环，提高生物多样性，提升海洋生态系统稳定性，建设绿色可持续的海洋生态环境。突出陆源入海污染控制、重点海域联防共治和陆海一体化生态环境监管，构建入海污染防控、海洋污染治理、海洋生态恢复、风险防范应急联动等联防共治机制[①]。大力推动以潍坊市等地为代表的柽柳林修复工程、莱州湾及威海市等地的海藻场养护培育工程为代表的河口海湾典型区域生态系统修复。实施黄河口、环渤海区域退围还滩、退养还湿工程。深入开展重点海湾综合治理攻坚行动，加强重点海湾环境综合整治，落实《渤海湾（山东部分）、莱州湾、丁字湾“一湾一策”污染整治指导意见》，编制实施“一湾一策”污染整治方案，陆海协同改善海湾生态环境质量。

（三）持续开展国土绿化攻坚行动

依据国家林业和草原局关于科学开展国土绿化工作的通知，摸清适宜绿化空间，坚持国土绿化落地上图，推进试点示范项目建设，从而提升国土绿化惠民成效。在此基础上，深入贯彻山东省《关于加快推进大规模国土绿化行动方案》，开展荒山绿化、通道绿化、水系绿化、平原绿

① 山东省人民政府：《关于印发山东省“十四五”生态环境保护规划的通知》（鲁政发〔2021〕12号），2021年8月26日，http://www.shandong.gov.cn/art/2021/8/26/art_107861_113979.html。

化、城市增绿、乡村绿化美化、沿海绿化修复七大绿化攻坚行动。实施全省宜林荒山摸底调查，科学制订荒山绿化方案，严把“苗木关、栽植关、管护关”，创新造林模式和手段，提升荒山造林成活率。通道绿化重点围绕公路和铁路两侧绿化进行，丰富绿化树种和植被类型多样性，打造绿色生态走廊。水系绿化指大型河道两岸、水库和湖泊周边以及黄河绿色生态廊道建设，到2025年，流域面积50平方公里以上的1049条河道管理范围内宜绿化地绿化率不低于95%。平原绿化重点是结合高标准农田建设完善农田林网，营造高标准农田防护林体系，为进一步推动平原彩化和美化工作提供基础和保障。城市绿化则侧重城市增绿，通过建设城市绿道，打造森林城市和生态园林城市，同时明确政府行政主管部门对城市绿地的养护和监管责任。乡村绿化是指依托国家森林乡村、山东省森林乡镇和森林村居创建，充分利用村庄闲置土地、宅基地、废弃土地开展植树绿化，增加乡村绿量，打造各具特色的美丽乡村。沿海绿化以“尊重自然、顺应自然、保护自然”为原则，宜林则林、宜灌则灌、宜草则草、宜湿则湿，侧重于自然生态系统的自我修复能力，促进植被恢复。通过七大绿化攻坚行动，实现山区、平原、城乡、通道、水系、沿海等重点区域绿化水平的全面提升，省域生态状况显著改善。

（四）实施生物多样性保护工程

以《山东省生物多样性保护战略与行动计划（2021—2030年）》为指导，加大生物多样性保护工作力度，提高生物多样性保护水平，重点构建一个复杂的、丰富多彩的、生物多样的生态系统，继续以实际行动共同守护美丽家园。一是开展生物多样性调查，系统掌握30个陆地和海洋生物多样性保护优先区域的生物多样性底数，包括国家级保护动物、濒危极危物种、稀有鸟类等。二是形成生物多样性保护空间网络，加强外来物种管控，完善生物多样性就地迁地保护体系。持续开展“绿盾”自然保护地强化监督工作，严格执法整治违规问题，沉重打击非法捕猎、交易野生动物等犯罪行为。三是构建完备的生物多样性保护监测体系和信息平台。统筹衔接各类资源调查监测工作，整合各相关部门生物多样性数据，形成数据翔实准确的全省生物多样性数据库；探索人工智能和大数据应用，推动生物多样性监测现代化、动态化，在保障生物遗传资源信息安全的前提下实现数据共享。四是建立健全生物多样性保护和监管制度，并将生物多样性保护工作纳入各地区、各领域中长期规划。五是全面推动公众参与生物多样性保护。结合国际生物多样性日、世界湿地日、爱鸟周等开展系列主题活动，加强生物多样性保护教育，鼓励年轻一代加深认识并承担更多责任，同时面向公民开展宣传教育、信息公开、违法举报等制度，从而提升全社会生物多样性保护意识。

三、全面改善农村生态环境

农村生态环境治理是促进全面乡村振兴和乡村共同富裕的重要基础。一方面，围绕农村生活污水、黑臭水体治理和生活垃圾收集处置开展农村人居环境整治提升行动；另一方面，推进种植业、畜禽养殖业等面源污染防治。从而提高全省农村环境质量和水平，激活乡村振兴和共同富裕的内生动力。

（一）推进农村生活污水和黑臭水体治理

围绕提升农村人居环境治理，积极推进农村生活污水和黑臭水体治理。坚持“因地制宜”，依据农村地区实际情况确定治理思路和模式，避免简单套用“城市模式”。以乡镇政府驻地、中心村、城乡接合部和农村黑臭水体集中区域为重点，因地制宜选择污水处理或资源化利用模式。对有条件的地区推进城镇污水处理设施和服务向城镇近郊的农村延伸，而对人口密集且离城镇生活污水管网较远的村庄，则可建设污水集中处理设施实现达标排放。摸清各地区黑臭水体底数和污染来源差异，合理选择治理技术模式，推进农村黑臭水体治理及水系综合整治。通过设立相应的建设标准和配套管理制度，规范黑臭水体治理流程，通过建立完善的技术和修复体系，防止已整治黑臭水体出现反弹。实施清单管理，建立并动态调整农村黑臭水体监管清单，实行“拉条挂账、逐一销号、动态管理”。

（二）推动农村生活垃圾有效治理

加强农村生活垃圾治理，持续改善村容村貌。大力推进“三清一改”村庄清洁行动，按照相关标准规范和法律法规做好收集、贮存及处理工作。推进农村生活垃圾分类和资源化利用，构建“政府推动、全民参与、城乡统筹、因地制宜、简便易行”的垃圾分类体系，实现源头减量，并鼓励有条件的地方制定和实施地方农村生活垃圾分类管理办法。进一步扩大农村生活垃圾收运处置体系覆盖和服务范围，到2025年，全省农村生活垃圾无害化处理水平明显提升。以乡镇或行政村为单位，推进全省农村生活垃圾、厕所粪污、农业生产废弃物的资源化处理，建设一批农村有机废弃物综合处置利用设施。

（三）强化畜禽养殖业污染治理

科学划定畜禽养殖禁养区，禁止私设禁养区，加强畜禽养殖环境准入管理，优化畜禽养殖布局。依托畜牧大县和规模养殖场，重点实施规模化生物天然气工程和大中型沼气工程建设，健全政府主导、企业为主体、市场化运作的有效治理体系，推动畜禽养殖产业高质量、可持续发展。到2025年年底，全省规模畜禽养殖场全部配套粪污处理设施，畜禽粪污综合利用率达到90%以上[①]。加强对水产养殖内部环境的检测和

① 山东省人民政府：《关于印发山东省“十四五”生态环境保护规划的通知》（鲁政发〔2021〕12号），2021年8月26日，http://www.shandong.gov.cn/art/2021/8/26/art_107861_113979.html。

外部环境的监督工作，改善水产养殖技术，根据环境状况和需求等适时调整养殖结构，并利用生物、化学等知识手段提高水体净化能力。

（四）加强农村种植业污染防治

持续推进化肥农药减量增效，提高农药化肥利用率。构建农作物病虫害监测预警体系，制定农作物病虫害防治方案，注重农作物病虫害绿色防控与统防统治相结合，构建专业化防控体系。推进秸秆综合利用，建设秸秆收储运体系，实行秸秆资源化利用模式。进一步推进废旧农膜回收工作，在农用塑料薄膜使用量较多的地区设立集中存放站，严格落实农膜管理制度，健全农膜生产、销售、使用、回收和再利用全链条管理体系，开展塑料污染治理联合专项行动。开展农田地膜残留污染监测，对应开展监督和指导工作，全面推进农用薄膜污染治理。到 2025 年实现农膜回收率达到 92%，农作物秸秆综合利用率在 95% 以上。

第二节　推动绿色低碳发展转型

一、统筹推进区域绿色发展

（一）统筹推动“三大主体功能区”空间格局优化与绿色发展

立足资源环境承载能力和国土空间开发适宜性评价，山东全省国土空间划分为城市化发展区、农产品主产区和重点生态功能区三类省级主体基本功能区[①]，优化细化主体功能治理单元，统筹推进区域绿色发展。城市化发展区积极转变开发建设方式，合理确定城市规模和空间结

① 山东省人民政府：《关于印发山东省“十四五”自然资源保护和利用规划的通知》（鲁政字〔2021〕168 号），2021 年 9 月 24 日，http://www.shandong.gov.cn/art/2021/9/24/art_107861_114396.html。

构，严守城镇开发边界，积极推进新型城镇化，增强创新能力。发挥山东半岛城市群的龙头带动作用，提升济南、青岛两大中心城市能级，做强省会经济圈、提升胶东经济圈、振兴鲁南经济圈，统筹推进三大经济圈内部生态共建、环境共治。农产品主产区强化耕地保护，严守永久基本农田红线，推进农业生产规模化、产业化、集约化，保障粮食安全和重要农产品供给。大力发展生态农业，优化农业生产布局和种植结构，保障粮食供给和农产品安全。严格控制土壤污染，深入实施农药化肥减量增效行动。以鲁北、鲁西北、鲁西南、汶泗、湖东、沂沭、鲁东南、胶莱、淄潍九大农田集中区和莱州湾海域、威海海域、日照南部海域三大海洋渔业集中发展区为重点，引导优化农业和海洋渔业空间布局。重点生态功能区以生态保护与修复为重点，不断提高生态产品供给和生态系统服务功能，构建“两屏三带七廊八心”的网络化生态保护格局①，保育永续利用的生态空间。保护鲁中南山地丘陵、鲁东低山丘陵两大战略性生态屏障，保育海岸线、黄河、京杭运河三条生态带，构建马颊河、徒骇河、沂河、沭河、潍河、弥河、大沽河—胶莱河七条生态廊道，涵养泰山、沂蒙山、昆嵛山、黄河三角洲、南四湖、东平湖、莱州湾、胶州湾八大生态绿心。重点建设黄河口、长岛两大国家公园，形成以自然保护区为基础、各类自然公园为补充的自然保护地体系。科学划定泰山、沂蒙山等陆域生态保护红线和黄河三角洲—莱州湾海域、胶东半岛滨海、庙岛群岛海域等海域生态保护红线，构筑生态安全屏障。

（二）统筹建立“三线一单”生态环境分区管控体系

深入践行习近平生态文明思想，落实主体功能区战略，以改善环境质量和维护生态环境系统功能为目标，构建以生态保护红线、环境

① 山东省自然资源厅：《山东省国土空间规划（2021—2035 年）》，《全国一体化在线政务服务平台》2021 年 7 月 9 日。

质量底线、资源利用上线和生态环境准入清单为核心的“三线一单”生态环境分区管控体系[①]，按优先保护、重点管控、一般管控3类划分全省陆域和海域环境管控单元，实施分类管控。全省在陆域建立“1+3+16+2358”四级生态环境准入清单体系（“1”为省级清单；“3”为省会经济圈、胶东经济圈、鲁南经济圈区域清单；“16”为市级清单；“2358”为管控单元清单），建设全省统一的“三线一单”数据应用平台，实现各类环境要素功能区划、资源现状、环境风险源、保护地等信息的共建共享。严格落实“三线一单”确定的空间布局约束、污染物排放管控、环境风险防控、资源利用效率等管控要求，加强“三线一单”与国土空间规划的衔接。

（三）统筹落实黄河流域生态保护和高质量发展战略

全面贯彻落实习近平总书记关于黄河流域生态保护和高质量发展的重要指示要求，以保护修复黄河三角洲湿地为牵引，实施生态系统保护和修复重大工程，打造具有山东特色的黄河下游绿色生态走廊，统筹推进黄河流域生态保护和高质量发展[②]。持续强化黄河入海口湿地生态修复与水系连通、近海水环境与水修复、种质资源保护和生物栖息地建设，推进河湖湿地生态连通、河海交流平衡，维护湿地、河流生态系统健康。加强黄河三角洲农田林网、海防林建设。以黄河三角洲国家自然保护区为主体，优化整合黄河三角洲自然保护区周边的自然保护地，打造以黄河入海生态系统为特色的黄河口国家公园。实施黄河三角洲生物多样性保护工程，建设珍稀濒危鸟类栖息地、海洋生物综合保育区和特色植被保育区，联合共申中国黄（渤）海候鸟栖息地世界自然遗产。统

① 山东省人民政府：《关于实施“三线一单”生态环境分区管控的意见》（鲁政字〔2020〕269号），2020年1月1日，http://www.shandong.gov.cn/art/2021/1/1/art_107851_110041.html。

② 中共山东省委、山东省人民政府：《山东省黄河流域生态保护和高质量发展规划》，2022年2月15日，http://www.shandong.gov.cn/art/2022/2/15/art_107851_117497.html。

筹加强黄河沿线生态廊道建设，实施泰沂山区、大汶河—东平湖生态区、小清河、南四湖、大运河以及沿黄防护林、农田防护林、城乡绿网等生态修复工程。统筹黄河滩区生态空间和农业空间建设，实施黄河下游沿岸及滩区土地综合整治与生态保护修复工程。

二、加快产业绿色转型升级

（一）推进重点行业绿色转型

加快钢铁、建材、有色金属、石油化工等原材料产业结构调整优化，淘汰退出落后低效产能，坚决遏制“两高”项目的盲目发展，完善低碳化产业体系。继续加快化工、印染等传统产业的绿色化改造进度，实施工业技改提级行动，创建国家级传统产业转型升级的试点示范区。围绕钢铁、石油开采和焦化等行业，严格实施全流程清洁化、循环化、低碳化改造。大力发展生态环保产业，做大做强环保制造业、做新做优环境服务业、做精做专资源综合利用业、探索发展生态产业、培育发展清洁生产产业，推进济南、青岛、淄博三大生态环保产业集群建设，培育1—2个引领型的省级生态环保集团，重点扶持100家左右具有较强国内外竞争力的环保龙头骨干企业[①]。

（二）推动能源清洁高效利用

加快进行能源结构调整，不断提高可再生能源的利用比例，构建清洁低碳安全高效能源体系。大力发展地热能，加快开发氢能源，稳步推动太阳能多元化利用，合理促进生物质能利用。依靠推动煤炭等化石能源清洁高效利用，减少化石能源使用量及其碳排放。推进风电、光伏、

① 山东省生态环境厅等：《关于印发山东省“十四五”生态环保产业发展规划的通知》（鲁环发〔2021〕15号），2021年12月30日，http://xxgk.sdein.gov.cn/zfwj/lhf/202201/t20220121_3845661.html。

生物质等可再生能源发展，建设渤中、半岛北、半岛南三大海上风电片区、鲁北盐碱滩涂地风光储一体化基地。积极有序发展核电，安全稳妥推进海阳、荣成等核电基地建设。构建以天然气为主要气源的燃气输配体系，推进建设燃气场站、LNG 储配站，统筹布局石化能源、充电、加氢一体化加能站。

（三）推进农业投入调整优化

全面落实山东省“四减四增”行动方案，聚焦农药化肥减量增效，着力减少化肥使用量和农药使用量，增加有机肥使用量，深入推进农业投入结构调整。全省统筹开展缓控释肥等新型肥料试验示范，大力推广生物肥、缓控释肥等新型肥料，以及水肥一体化、机械深耕和种肥同播等施肥技术[①]，以改良土壤和提高肥力。持续推进节水增粮增效项目实施，推广水肥一体化，确保完成每年新增 50 万亩的目标任务[②]。推进化肥减量增效示范县建设，在全省粮食主产区和苹果、蔬菜等优势产区大力推广应用有机肥，继续落实有机肥替代化肥专项行动。

三、加快构建绿色生活方式

（一）开展生态环保全民行动

着力构建“绿色创建”“生态环境志愿服务”“公众参与”三大生态环境治理体系，推动生态环保全民行动。继续完善企业环境治理责任制度建设，创新建立绿色企业、绿色工厂、绿色园区。充分发挥党政机关

① 山东省人民政府：《关于印发山东省“十四五”生态环境保护规划的通知》（鲁政发〔2021〕12号），2021年8月23日，http://www.shandong.gov.cn/art/2021/8/26/art_107861_113976.html。

② 山东省农业农村厅：《关于持续推进化肥农药减量增效工作的意见》（鲁农种植字〔2022〕16号），2022年4月13日，http://www.shandong.gov.cn/art/2022/4/13/art_100038_10312819.html。

作用，积极探索推广绿色办公和绿色采购模式，打造节约型机关。推行可操作、可计量、可持续的环保激励举措，充分调动多元社会主体参与生态环境保护行动。广泛发展生态环保志愿服务项目，扩大生态环保志愿者队伍，鼓励社会公益慈善基金会参与生态环保公益建设。

（二）践行简约绿色低碳生活

倡导简约适度、绿色低碳的生活方式，拒绝奢华和浪费，形成绿色低碳文明健康的消费模式。引导居民从日常生活中的细微和小事中行动，积极践行“光盘行动”，坚决制止餐饮浪费行为。引导机关、学校、商场等场所全面推广使用节能节水等绿色产品，推进绿色生活设施建设。依据国家绿色生活创建行动的总体部署，引导城市社区基础设施绿色化、生态化，开展绿色生活创建活动，健全绿色生活创建的相关制度政策。积极参与绿色公益计划，体验和倡导文明健康、绿色环保的生活方式。健全完善绿色交通体系，倡导居民绿色出行。

（三）完善绿色交通出行体系

通过济南、青岛等城市航空枢纽、高铁站等实施便捷换乘体系建设，形成多种运输方式无缝换乘的客运出行系统。深入实施“公交+”优先发展战略，推进济南、青岛等城市绿色出行创建行动。加强城市公共交通、出租车等领域新能源车辆推广应用，刺激鼓励车船优先使用新能源和清洁能源，探索开展零碳（近零碳）服务区示范建设。强化交通资源集约利用，加强土地、海域、岸线、空域等交通基础设施空间资源高效利用。深入推动交通美化和交旅融合，健全绿色交通标准规范体系，制定具有山东特色的绿色公路、港口、航道、机场、铁路及轨道交通建设标准。

第三节　积极开展碳排放达峰行动

一、制定碳达峰碳中和系列政策与行动方案

（一）构建碳达峰碳中和政策体系

山东省是二氧化碳排放大省，排放总量约占全国的10%，总体上产业结构偏重工、交通运输结构偏公路、能源结构偏煤炭、农业投入和用地结构不合理等问题依然突出。围绕山东省二氧化碳排放2030年前达到峰值的工作目标，必须将碳达峰和碳中和纳入全省经济社会发展以及生态文明建设的整体布局中，统筹推进。坚持聚焦高质量发展和减污降碳协同增效，处理好发展和减排的关系，将应对气候变化作为实现山东发展方式转变的重大机遇，把减污降碳工作落实到生态环境保护工作各方面，开展二氧化碳排放达峰行动，加快实现绿色低碳技术突破创新，逐步实现经济增长与碳排放强度“脱钩”。

锚定2030年前，山东省全域碳达峰目标，加强碳达峰碳中和政策顶层设计，出台全省碳达峰碳中和的实施意见，并科学编制全年碳达峰行动方案及年度工作要点，加快编制全省工业、能源、城乡建设和交通运输等分领域分行业碳达峰的具体实施方案，构建全省碳达峰碳中和“1+1+N”政策体系。指导各市加快制定碳达峰工作方案。

（二）开展重点行业领域碳达峰行动

推动重点区域碳达峰。分批推进各地区实现二氧化碳排放达峰，加快济南、青岛、烟台、潍坊4个国家低碳试点城市碳达峰进程，支持日照、滨州2市开展重点领域降碳示范。鼓励全省国家级开发区、省级开发区等重点产业平台制定碳达峰行动方案。鼓励国家低碳工业园区率先

开展二氧化碳排放达峰行动。

推进重点行业企业碳达峰。按照国家碳达峰行动方案总体部署，制定全省钢铁、石化、化工、建材、有色和煤炭等重点行业进一步明确碳达峰目标并制定达峰行动方案，引导大型企业制定二氧化碳达峰行动方案，鼓励支持企业低碳技术创新。

（三）持续开展重点行业低碳化改造

重点聚焦电力、水泥、石化、钢铁、煤炭化工等行业，通过能效提高、用能结构调整、优化工艺流程等措施，实施低碳化改造工程。积极采用先进低碳技术，从根本上降低行业的碳排放水平。实施清洁能源发展示范工程，在潍坊、东营、滨州等市沿海滩涂盐碱地，济宁、枣庄等市采煤塌陷区谋划建设（风）光储一体化基地。

二、实施低碳／零碳／负碳试点示范

（一）广泛开展多种形式的低碳试点

遴选一批成熟可推广的先进低碳技术试点，培育一批碳绩效领先的低碳领跑者企业和公共机构试点，建设一批特色鲜明具有典型示范意义的低碳区域试点，积累经验，以点带面，构建符合山东省情的低碳生产、生活和消费方式。继续支持济南、青岛、烟台、潍坊 4 个国家低碳城市试点，形成可推广、可复制的经验。基于试点建设取得的成效，对标对表国际先进水平，因地制宜，研究提出碳达峰路径，制定支持绿色低碳发展的配套政策。

（二）积极开展近零碳排放试点

在青岛、烟台、威海等市及其他基础条件较好、有建设意愿的地区，率先开展近零碳排放试点建设，推动绿色低碳发展和技术创新，推进产业、能源、交通、建筑、消费、生态等领域碳中和技术产品的综合集成应用。优先支持条件成熟的近零碳排放试点，打造碳中和先行区。开展大型活动碳中和建设，研究制定大型活动碳中和推广方案，鼓励开展“碳中和”会议、演出、赛事、论坛、展览等大型活动。鼓励各市结合实际情况制定配套性措施，积极探索绿色信贷、绿色债券、绿色基金等绿色金融和气候投融资手段支持试点建设的创新模式。

（三）实施重点领域近零碳排放示范

开展全氢冶炼、氧气高炉、光储直柔等低碳技术的研发和低成本应用。加大超低能耗建筑、低碳建筑技术的开发和应用，逐步提升可再生能源在建筑中的应用比例，加大建筑施工全过程低碳化管理。开展电动汽车、燃料电池汽车等零碳排放车辆示范应用工程，拓展中重型、中远途商用车应用场景。优化充换电站布局，开展加氢站规划布局建设。实施新能源汽车基础技术提升工程和智能网联技术创新工程，聚焦突破氢能储运、加氢站、车载储氢、氢燃料电池汽车应用等核心关键支撑技术。

三、推进碳排放市场化机制建设

（一）健全碳排放权交易机制

碳排放权交易是利用市场机制控制和减少温室气体排放、推动绿色低碳发展的重要手段和政策工具。国际上众多国家和地区的实践充分证明，碳排放权交易具有优越的节能减碳成效。在国家碳排放权交易市场建设过程中，山东省积极参与其中，已顺利完成全国碳排放权交易市场第一个履约周期的碳排放配额清缴任务。建立全省碳排放配额分配管理机制，引导企业参与全国碳排放权交易，健全碳排放配额市场调节和抵消机制，指导全省企业做好配额履约和清缴。特别要积极支持省内重点企业参与全国碳排放交易，将其碳排放权纳入抵质押融资担保品范围。持续完善用能权有偿使用和交易制度，加强电力交易、用能权交易和碳排放权交易的统筹衔接。

（二）建立健全碳汇补偿机制

加强生态系统碳汇监测和评估，建立健全碳汇补偿机制。依托自然资源调查监测，建立健全生态系统碳汇监测核算体系。完善林业碳汇计量监测体系、价值评价体系和经营开发体系，完善森林碳库现状及动态数据库，开展林业碳汇评估。逐步开展湿地、海洋、土壤等的碳汇本底调查、碳储量评估工作。充分发挥市场机制作用，建立健全能够体现碳汇价值的生态保护补偿机制和交易机制，探索将碳汇纳入生态保护补偿范畴。以碳汇交易机制为依据，完善林业碳汇交易制度建设。

四、探索开展碳普惠体系建设

碳普惠制是指通过财政支持、商业激励等方式，为公众和小微企业节能降碳等绿色行为产生的减碳量予以量化并以碳普惠形式进行奖励的制度。该制度有利于促进低碳行为的全民参与性，从绿色出行、绿色消费、线上业务办理、绿色社区、普惠公益等场景出发，提高整个社会低碳发展的水平，最终推动低碳经济和生态文明建设。坚持“政府引导、市场运作、全民参与”原则，搭建开发碳普惠平台，建立个人碳账户，探索建立多层次碳普惠核证减排量消纳渠道，构建可持续发展的碳普惠体系，倡导简约适度、文明健康的生活方式，弘扬绿色低碳理念，助力实现碳达峰碳中和。

（一）构建碳普惠制度体系，搭建碳普惠体系架构

制定出台山东省碳普惠管理办法等政策文件，建立碳普惠体系的相

关制度、技术标准、业务流程和操作规范等配套措施，明确各参与主体的权利和责任，为碳普惠体系的建设运营和监督管理提供政策保障。依托相关专业机构承担全省碳普惠机制的管理和运营职能，在济南、青岛、烟台、潍坊、威海等低碳发展基础较好的城市设立区域运营分中心，实现省、市上下衔接和一体联动，扎实高效推进碳普惠工作有序开展。

（二）建立山东碳普惠平台，开发碳普惠应用程序

建立具备碳普惠核证减排量核算、备案、签发、转移登记和消纳以及政策发布、信息披露、监督管理等功能的山东碳普惠平台，将绿色出行、绿色消费、低碳生活等具有广泛公众基础和数据支撑的“通用型”场景和彰显地域特点的“特色型”项目纳入碳普惠平台。探索开发基于绿色出行、绿色消费、低碳生活等场景的碳普惠应用程序，建立个人碳账户体系，并与碳普惠平台实现互联互通，及时向平台用户展示低碳行为数据，探索通过积分兑换商业优惠券或服务等方式激励社会公众参与减排。积极拓展多元消纳渠道，鼓励通过碳普惠积分换权益等方式消纳碳普惠核证减排量，不断提升积分使用价值，持续刺激消费活力，真正实现公众和商家双重受益，进一步推动全社会节能减排。

第十五章 加强民生改善创新 扎实推进社会建设

共同富裕是社会主义的本质要求，是人民群众对未来美好生活的共同向往。不断改善人民生活质量、促进全省共同富裕，是习近平总书记对山东经济社会发展提出的明确要求。面对这一美好愿景，山东省要采取更有力的民生举措，积极创新社会政策，充分发挥社会再分配的“削峰填谷”作用，致力于改善民生和社会建设，争取全省社会福利提质增量，让社会发展和改革红利惠及全省人民。

第一节 发挥社会政策再分配功能

一、筑牢民生兜底保障

完善的社会保障是系统民生工程的安全网，是经济社会高质量发展的助推器，更是国家长治久安的基础性制度安排。作为经济大省和人口大省，山东省要在高质量发展中推进共同富裕，其中的一个关键环节就是要继续在民生方面持续发力，聚焦百姓急难愁盼问题，扎实办好民生实事，在人民群众关心的教育、医疗、养老等基本需要上做好兜底保障。

持续加大民生支出，坚持民生支出只增不减的政策取向。受新冠肺炎疫情冲击及经济增速放缓双重影响，山东省经济社会面临财政收支矛盾突出的“紧运行”发展态势。为提高社会抗压能力、增强经济社会发展韧性，需要进一步增强民生工程的兜底保障作用，通过持续增加民生领域的财政支出，坚持民生支出只做加法、减税降费适当做减法的财政策略，借助“一增一减”的政策合力作用，为民生改善创新行动筑牢资金基础，最大限度发挥财政支出在兜底民生方面的经济效益和社会效益。

完善社会救助体系，织密扎牢社会救助保障网。要充分发挥省民生工作领导小组的机制作用，各级职能部门要持续加强突破部门壁垒的力度，完善组织协调，按职责分工推进，形成部门联动和工作合力。扎实做好疫情防控常态化时期的困难群众兜底保障工作，持续开展农村低保专项治理和漠视侵害群众利益问题专项整治行动。要依据《民生改善创新2022年行动计划》，对政策规定的重点人群开展社会保障提升行动。要特别关注老年人和儿童等特殊困难人群的基础民生保障，切实保护特殊困难群体合法权益，确保共同富裕“不少一人”。要按照全覆盖、无死角、零遗漏的要求，对全省特殊困难群体进行常态化的走访排查，并运用大数据手段进行综合评估，做好分类建档、精准施策。进一步提高特殊困难群众的救助补贴标准，防止低收入人口再次返贫。建设覆盖全省人群的普惠性综合服务平台，为城乡有康复照料需要的人口就近提供服务，便利群众基本生活需要和基本医疗需要。按照政策规划进度，适时提高部分优抚对象的各项待遇，做好退役士兵安置工作。

社会保障政策是改善民生、维护社会公平、增进人民福祉的基本制度安排。修补社会保障体系短板，建立覆盖全民的社会保障安全网，要强化系统观念，在社会保障领域坚持尽力而为、量力而行的原则，完善山东省社会保障体系补短板、强弱项的工作方案，加快建立覆盖城乡全民的、多层次的、均衡化的社会保障制度，提升全省的制度化保障水平。优先扩大企业职工基本养老保险覆盖范围，做到参保不漏一人，放宽保险普惠范围。进一步推动完善失业保险省级层面的统筹，对山东全省范围内的保险政策进行统一管理。健全快递、外卖等高工伤频率基层行业工伤保险政策，简化工伤保险业务的办理手续。[1]

优化民生兜底工程，还应扎实做好脱贫攻坚与乡村振兴的有效衔接工作，建立健全防止返贫致贫相关机制，坚决守牢防返贫底线，为实现共同富裕奠定基础。要重点做好以下 3 个方面的工作。

一是进一步巩固提升脱贫攻坚成果。贯彻落实中央对脱贫攻坚和乡村振兴有效衔接的各项要求，继续对脱贫享受政策人口进行帮扶，及时发现潜在返贫致贫人口，按照“缺什么补什么”原则，采取针对性帮扶措施，坚决防止返贫和新致贫。

二是推进帮扶地区乡村的全面振兴。根据国家规定的绝对和相对贫困标准，合理划定部分区县作为全省开展乡村建设行动的试点帮扶对象，在扶持政策、帮扶资金、审批项目等各个方面给予一定的倾斜；按照乡村产业振兴的要求，给予帮扶乡村的特色产业发展提供必要的支持，努力扩展乡村地区脱贫人口的就业渠道，增加乡村低收入人口的经济收入，全面落实乡村建设行动，持续推动乡村全面振兴。

三是继续优化对农村地区低收入群体的常态化帮扶政策，丰富政策工具箱。在现有社会保障措施的基础上，科学合理地综合运用现代化技术手段做好农村低收入群体的信息采集工作，对低收入群体的基本生活支出做好常态化、动态性的监测；对低收入群体、有劳动能力的人口、无劳动能力的人口做好分类登记、精准施策，有针对性地落实基本生活保障和就业扶持，进一步提升兜底保障的强度和硬度，确保兜底保障的精准覆盖。

① 山东省人民政府办公厅：《山东省人民政府办公厅关于印发“十大创新”“十强产业”“十大扩需求”2022 年行动计划的通知》（鲁政办字［2022］28 号），2022 年 3 月 27 日，http://www.shandong.gov.cn/art/2022/4/6/art_267492_10932.html。

二、完善基础民生保障

基础民生是民生系统工程的骨架，必须兜牢兜实。社会政策要托底民生保障，需要切实保障人民群众的基本生活，不断满足人民群众在就业、教育、医疗、养老、住房等方面的各项基本需求，促进民生供给和民生需求有效对接。可以说，以创新之举扎牢基本民生保障网是今后一个时期山东省民生工作的基本任务。要按照《民生改善创新 2022 年行动计划》的各项要求，从以下几个方面细化各项基础民生保障举措。

就业是最大的民生，要积极开展并落实保就业、稳就业专项行动。着力实施居民就业增收提升行动，聚焦重点人群就业创业，组织实施公益性岗位扩容提质行动、大学生就业创业推进行动、企业用工服务保障行动、职业技能治理提升行动、创业服务提质增效行动等专项行动，努力拓展群众增收新渠道。此外，要强化新生育政策背景下对女性的就业支持，保障女性在劳动力市场中的合法权益。积极开发老龄人力资源，促进低龄老年人就业，打造更加优良的创业生态、更加公平的就业氛围。

着力深化教育改革，不断提升人民群众对教育服务的获得感和满意度。要继续深化教育领域改革，聚焦优质教育资源，努力让各类教育有新气象、新体验。积极落实“双减”政策，减少教育焦虑。提升教育公平度，继续优化均衡配置城乡各类教育资源。推动学前教育向公益普惠方向发展，根据区域人口数量合理调适城乡幼儿园容量，大力提升农村地区的幼儿园教学质量，加大对普惠性民办幼儿园的扶持力度。健全优化中小学课后服务保障机制。进一步完善各类各级学校教师的激励政策。推动全省职业教育改革，促进山东省新时代产业工人队伍建设长期向好发展。

健全住房保障体系，加快实现人民群众住有所居。坚持“房住不炒”的政策定位，进一步完善住房市场体系，坚决不把房地产作为刺激经济增长的手段。加快构建多层次住房保障体系，以公租房、保障性住房和共有产权住房为主，解决不同群体的住房需求。尽快落实“租售同权”，保障租房群体和购房群体享受同等市民待遇。积极推动老旧小区改造，实施城市更新行动，不断提升居民生活环境。提升物业服务管理水平，在全省推进“齐鲁红色物业”建设，保障百姓居住质量。深入开展住房公积金改革，通过精简办理要件、充分利用信息化手段等方式持续提升服务水平。创新住房保障政策，因地制宜、因城施策，努力推动群众从住有所居向住有宜居迈进。

医疗保障是实现人民群众病有所医、解除疾病后顾之忧的基本制度保障，也是维护社会公平、推动共同富裕的重要制度保障。把保障人民健康放在优先发展的战略位置，出台更多利民惠民举措，不断优化医疗资源、增加优质服务供给，让群众就医有更舒适的体验。继续优化异地就医备案、联网结算，切实解决参保人员异地就医难题。深化城乡居民医保整合改革，持续扩大居民基本医疗保险覆盖范围，提高基本医疗保险参保率。健全重特大疾病医疗保险和救助制度，防止因病致贫、因病返贫。探索推进“医养结合”养老服务新路径，改善老年人口就医环境和就医方式，积极发展“互联网＋医疗服务”向全省居民提供远程化、电子化的医疗健康照料服务。推动优质医疗资源下沉，进一步优化医疗资源配置，全面夯实基层医疗卫生健康服务。探索“医疗联合体”运行模式，实现全省医疗保障治理体系和治理能力现代化。

不断完善老龄化政策体系，推动老龄事业高质量发展。山东省是全国老年人口最多的省份，深化养老保障体系改革，直接关系着老年群体的获得感、幸福感和安全感。要积极贯彻落实《山东省养老服务条例》《关于积极应对人口老龄化的实施意义》等法规、措施，以政策合力推动老龄事业发展。要构建覆盖全民、城乡统筹、权责清晰、保障适度、可持续的多层次养老保险制度，实现养老保险全覆盖。加快健全养老服务设施，优化养老服务的供给体系，不断优化养老服务模式。健全养老服务体系，提升养老服务质量，推动发展以社区为基础的整合式医养照料服务。重视老年人口的精神慰藉需要，全力打造老年友好型社会和老年友好型社区。

山东省要坚持尽力而为、量力而行，扎实推动民生改善，在人民群众关心的基础民生领域，立足基础优势，补齐短板，提升保障水平，展示发展的速度和温度，在高质量发展中探索持续改善民生的山东路径。

三、拓展普惠民生福利

社会保障作为民生之基，关系社会稳定和人民幸福，在实现共同富裕中发挥的重要作用。为了提高社会保障促进共同富裕的政策作用，山东省在做好兜底性、基础性的民生工程之外，还应在经济社会可承受的范围内，继续深化社会福利制度改革，促进社会保障升级转型，适度拓展普惠性民生福利。

让利于民，稳步提高社会保障待遇水平。兜牢民生底线，适度提高困难群众救助保障标准。不断扩大职工养老、居民养老、失业、工伤保险参保范围，继续提高退休人员、居民养老支付标准。动态调整社会保障财政投入，降低广大居民各类生活成本。在做好促增收“加法”的同时，做好降低群众就医等方面负担的“减法”。及时将核酸检测、新冠肺炎疫苗采购及接种费用纳入医疗保障；常态化、制度化推进药品和医用耗材集中采购，积极推动国家和省集采结果落地，减轻全省群众医药负担。

持续增加教育投入，发展普惠性教育服务，促进山东由教育大省向教育强省迈进。扩大省级财政教育投入比例，扩建农村地区、贫困地区教育基础设施，促进教育资源的公平、协调配置。制定省级托育服务普惠标准，规范普惠性托育服务发展。支持形式灵活、收费合理的托育服务机构建设，鼓励、支持和引导社会力量积极参与普惠性公共服务的供给，降低准入门槛，制定监管标准，落实全过程评估，保障服务供给的质量，不断丰富公共服务的供给内容和供给方式，为全省人民群众打造更好的公共服务供给场景，提供质优价廉的公共服务享受体验。

完善文化基础设施和服务体系建设，使公共文化资源能够更加有效地服务群众。要推进城乡公共文化服务体系一体建设，提高图书馆、博物馆、文化馆等设施覆盖率、利用率，满足人民群众日益多样的精神文化生活需要。支持基本公共服务文化体系建设，提升群众文化生活的获得感和满意度。推进新时代文明实践中心建设，筑牢城乡基层思想文化阵地，建设新时代美德山东。实施文化惠民工程，开展“送戏下乡”活动，提供文体场馆免费开放服务，建设“书香山东”。

第二节　促进公共服务高质量发展

一、落实基本公共服务标准

基本公共服务标准是确保人民群众享有均等公共服务的保障性指标，是进一步矫正收入分配不均、缩小贫富差距的有力举措，有利于扎实推进共同富裕。为响应“十四五”规划，山东省推动标准水平城乡区域间衔接平衡，按照常住人口规模和辖区范围统筹基本公共服务设施布局和共建共享，促进基本公共服务资源向基层延伸、向农村覆盖、向边远地区和生活困难群众倾斜[①]。城市和农村之间、省市之间以及国家与省之间，在贯彻统筹标准的同时要因地制宜地制定有利于当地居民的政

① 李实、杨一心：《面向共同富裕的基本公共服务均等化：行动逻辑与路径选择》，《中国工业经济》2022 年第 2 期。

策、制度，使发展成果更好地惠及全体人民。因此，面向扎实推动共同富裕这一新时代背景，贯彻落实基本公共服务标准成为推动基本公共服务提质增效和高质量发展的必要前提。

公共服务关乎民生，连接民心。制定出台基本公共服务标准，是落实以人民为中心的发展思想的重要举措，是推进基本公共服务均等化、改善群众生活品质的重要抓手。2021 年，国家发展改革委等部门联合印发了《“十四五”公共服务规划》（以下简称《规划》）。作为“十四五”时期促进公共服务发展的综合性、基础性、指导性文件，系统谋划了“十四五”时期落实国家基本公共服务标准的基本目标，明确了基本公共服务标准化的优化方向。山东省各级人民政府积极响应《规划》要求，发布了《山东省“十四五”公共服务规划》，山东省发改委等 23 个部门联合印发了《山东省基本公共服务标准（2021 年版）》。《山东省“十四五”公共服务规划》作为“十四五”以及更长时期促进山东省公共服务发展的综合性、基础性、指导性文件，而《山东省基本公共服务标准（2021 年版）》，明确了幼有所育、学有所教、劳有所得、病有所医、老有所养、住有所居、弱有所扶等“七有”，以及优军服务、文体服务、公共安全“三保障”等 10 个方面、23 个大类、88 个服务项目，为政府履行公共服务职责和人民享有相应权利提供了依据。据此，山东省要以规划和标准的出台为契机，稳步提高公共服务的供给标准和供给能力，打造公共服务标准化践行示范省，不断丰富共同富裕的山东实践。

制定公共服务市级标准。为贯彻落实国家基本公共服务标准，山东省政府要求各市级政府结合实际制定市级基本公共服务实施标准，根据本市人民群众的实际需要和财力可负担水平，既要尽力而为，也要量力而行，认真查缺补漏，进一步细化充实本市的相关服务标准和服务流程，合理规划建设各类基本公共服务设施，确保内容无缺项、人群全覆盖、标准不降低、财力有保障、服务可持续。进一步明确基本公共服务的短板和弱项，提高基本公共服务的覆盖面，提升全省群众享有基本公共权益的可及和便捷性。严格按照基本公共服务的服务清单和服务流程，因地制宜，聚焦人民群众的急难愁盼的事项，确保省市级统筹落实，促进公共服务的高质量发展。各地级市要依据《山东省“十四五”公共服务规划》《山东省基本公共服务标准（2021 年版）》的规范要求，尽快制定并出台基本公共服务市级标准和县级标准，完成基本公共服务标准化建设的各项规定。

建立公共服务标准化发展试运行网点。建设全国乡村教育振兴先行区，促进教育高质量发展。统筹全省企业职工基本养老保险，持续推进并完成对基本医疗保险的省内统筹。实施公共卫生服务能力提升行动，加快疾控中心标准化建设，开展医防融合慢性病管理试点，提升卫生健康水平[①]。保证社区养老服务设施配建达标率，推动养老服务高质量发展。提高九类困难群众救助保障标准，扎实推动共同富裕。

细化公共服务实施标准。要依据规划和标准要求，继续细化 23 个大类、88 个服务项目的实施标准，严格界定服务范围，明确服务项目清单，确保公共服务的供给不低于标准底线，供给范围不小于标准规定，全面提升公共服务水平。

强化公共服务事前评估。要充分考虑经济发展状况和财力负担能力，加强公共服务的事前论证和风险评估，科学依托第三方的专业意见，最大限度降低政策的不确定性，精准提供基本公共服务。

实施公共服务评估督导。要建立公共服务质量评估体系，通过量化公共服务考核指标，加强实施监测预警，建立重大事项报告制度，确保公共服务质量达标。

① 郑秉文：《职工基本养老保险全国统筹的实现路径与制度目标》，《社会科学文摘》2022 年第 7 期。

二、补齐基本公共服务短板

基本公共服务的高质量发展是提高人民生活品质、促进社会公平的有力举措。山东省虽然近年来在推动基本公共服务高质量发展方面的投入逐年加大，但省内公共服务仍存在发展不均衡、不充分的问题；优质公共服务资源仍停留在兜底线、保基本的水平上；公共服务资源配置和布局结构不尽合理，区域、城乡、群体间公共服务差距仍然存在；公共服务均等化水平和便利共享程度较低，区域协同发展水平亟待提升。为此，需要在以下方面作出改善。

优化公共服务资源配置，降低公共服务运行成本。要持续做好城乡、区域和人群间的制度整合、衔接和管理服务的一体化工作，促进区域之间、城乡之间和人群之间基本公共服务的均等化发展。统筹用好规划、土地、投资、税收、金融等配套支持政策，降低服务成本，提升服务整体质量。进一步降低公共服务使用成本，理顺公共服务购买价格，提高公共服务运行成本透明度，扩大公共服务受益范围。

完善公共服务供给方式，提高公共服务供给质量。逐步扩大政府购买公共服务的范围和规模，推动供给主体和供给方式多元化。规范公共服务购买流程，完善政府购买公共服务绩效管理。深化“放管服”改革，积极鼓励、支持和引导社会力量参与公共服务供给，放开放宽准入门槛，同步提高公共服务供给的精准性和专业化。

探索公共服务共建共享，提高公共服务配置效益。落实济南、青岛、鲁南三大区域协调发展战略，积极支持具备条件的地区优先开展公共服务共建共享。依托现有公共服务平台搭建议事协调机制，协调公共服务标准，共享教育、医疗、养老等优质公共服务资源，健全全省几大城市群之间的公共资源共享机制，促进公共服务资源在区域间的合理流动，提升公共服务资源配置的效率。促进全省公共服务高质量发展，让发展成果更好地惠及全省人民。

三、推动公共服务提质增效

公共服务的高质量发展，不仅在于全面、平衡，更在于服务质量和成效。要使公共服务提质增效，相应的配套措施也是不容忽视的重要内容。

推动公共服务资源下沉，提升基层群众服务满意度。加大对基层公共服务的人力、物力和财力投入，优化服务产品供给机制，提高服务供给能力，推动资源下沉，拓展城乡社区公共服务管理职能。加强乡镇、街道公共服务平台建设，制定服务清单，确保公共服务供给渠道畅通。

加快公共服务品质升级。做大做强生活服务，扩大服务供给，促进服务创新，提升全省人民群众生活质量和生活品质。开展公共服务品牌建设行动，秉持保护传承老字号、开发打造特字号、培育壮大新字号的建设方针，以公共服务品牌建设推动公共服务效能提升。

加快公共服务智能化建设，提升公共服务便捷化水平。充分运用大数据、云计算、人工智能、物联网、区块链等新技术手段，促进传统服务与智能化服务融合发展，推动公共服务供给方式的转型升级，为人民群众提供更加智能、更为便利、更加优质的公共服务。

第三节　着力提升社会治理效能

一、实施数字赋能增效行动

互联网信息技术的快速发展使社会迈入了数字化时代，数字化成为 21 世纪社会政治经济发展的宏大图式。实现共同富裕需要解决普遍增长和发展不平衡不充分的问题，推进共同富裕必须坚持均衡共享的发展方式，而数字经济因其高渗透性和分享性的特征，既为经济快速增长提供了动力源泉，也为均衡发展提供了共享机制，因此发展数字经济与共同富裕目标高度契合。在新发展背景下，我国重点推动共同富裕的实现，数字经济的嵌入就成为推进共同富裕高质量发展的重要动力。

党的十九届五中全会提出，要“加强数字社会、数字政府建设，提升公共服务、社会治理等数字化智能化水平”。数字化建设能够有效提高政府治理水平，在线服务、电信基础设施建设和电子参与均能对政府治理水平产生积极影响。[①] 建设数字政府已经成为推动我国治理能力提升和治理体系现代化的必然选择。山东省为助推高质量共同富裕，不断推进“九大改革攻坚”，努力在重点领域实现新的突破。目前，山东省经济社会发展成效显著，其下一步的重点内容是着力开展数字赋能增效行动，力争在加强数字赋能增效方面取得突破性进展。

积极进行数字政府建设，开展“数字政府强基工程”。推进数字机关建设，打造“山东通”协同办公平台；推进“数源”“数治”和“数用”融合发展，推动大数据创新应用；开展数字城市试点示范工作，推动智慧城市常态化运行。全面提升电子政务服务能力和服务水平，建设省级政务信息共享中心。强化应急管理和突发事件处置能力，加强网络信息安全保障能力。深化数据赋能，努力打造“无证明之省”，全面推行“免证办事”，不断拓展政务综合服务平台的功能。加快落实“一码通行”，全面实施电子证件、电子印章、“居民码”“企业码”等电子化证件制度。建设“一网统揽”综合智慧平台；加快数字政府、数字社会、数字经济的构建，加快数字机关的创建，加快工业互联网的突破创新，加快数字治理步伐，加快数字基建的布局，用数字化转型全面带动

① 万相昱、蔡跃洲、张晨：《数字化建设能够提高政府治理水平吗》，《学术研究》2021 年第 10 期。

生产方式、生活方式和治理方式的升级换代。

数字化建设一方面可以为社会“善治”予以技术赋能、科学赋能及效果赋能，数字化的建设无疑为社会治理的社会化、智能化和专业化提供了有力保障，有利于形成人民安居乐业、社会安定有序的良好社会治理局面。但另一方面，数字化的发展难免带来数字鸿沟，这需要政府采取必要的人文关怀政策逐渐加以消除，做好数字化发展规划，通过数字技术更好地为人民服务，让每一位群众都能享受到数字化发展带来的数字红利。

二、完善网格化管理服务体系

网格化管理作为城市基层社会管理的重要运作模式，改掉被动应对问题的管理模式，发展主动发现问题和解决问题的治理模式，在管理对象、手段、过程中实现管理数字化，打造敏捷、精准和高效的管理服务体系。此外，网格化管理作为一种科学封闭管理机制，既拥有一套标准统一的管理标准与程序，又有发现、立案、派出、结案 4 个环节构成的闭环，能切实提高管理能力与水平[①]。

2004 年从北京市东城区首次开展城市网格化管理实践探索至今，网格化管理在全国范围内得以较快推广。而在 2020 年新冠肺炎疫情发生后，网格化管理在巨大社会危机挑战中发挥巨大作用，以“超级网格”模式，汇聚了包括党政机关干部下沉力量、社区自治组织力量、志愿者等多元力量汇合的“超级配置”[②]，积极应对疫情，形成网格化管理的升级版。在疫情严重，社区走向封闭化、人员流动受限的情况下，社区网格服务承担起向网格内困难群体提供服务的职责，极大地提高了抗

① 管丽婷：《城市网格化管理新模式探索》，上海，华东政法大学出版社 2016 年版。

② 田毅鹏：《网格化管理的形态转换与基层治理升级》，《学术月刊》2021 年第 3 期。

击疫情的力度和效能。

社会治理的重心和难点在基层，网格化管理的实施为基层治理模式创新提供了良好契机，也为落实以人民为中心的发展思想，压实党委和政府为民服务提供了组织载体。山东省要积极回应这一治理趋势，在网格化管理服务提升方面作出更多努力。山东省将网格作为社会治理的基本单元，将全省按照城乡划分基础网格，实现了人群全覆盖。使综治中心实体化，建立了吹哨报到、一站式矛盾纠纷解决机制。这些都为网格化的实施创造了条件。网格化管理的职能正在逐渐转换，这是当前基层治理理念变化的结果，更是对新时代社会主要矛盾历史性转化的积极调整。党的十八大以来，在服务型政府理念不断深化拓展的背景下，基层治理愈加重视“服务性”，减少“管控性”，新时期基层治理愈加突出“以人为本”发展思想，网格管理服务体系使人民群众的美好生活需要得到更有效地满足。[①] 未来可在以下几个方面进行优化。

加强网格化管理保障机制建设。建立全指挥调度机制，强化镇、街综合治理中心的一线指挥调度功能，加强对全域基础信息的动态监测，把多部门工作纳入一张网，实现应急处置快速动员和响应。制定标准化工作流程，推行“网格 +”工作模式，落实网格服务清单。设置专职网格员，明确网格员职责，同时吸纳综合执法人员、社区志愿者等多方社会力量积极参与，建设共建共治共享的网格治理共同体。

推进智慧化网格综合管理平台建设，提升网格服务效能。全面开展“智慧城市 + 网格化”建设，以智慧社会、智慧城市建设为契机，综合运用智慧化平台，嵌入网格管理理念，推动实现社会管理的信息化、网格化、互联化，努力实现网格管理服务的零距离、一体化、精细化和人群全覆盖。

打造上下贯通、左右协调的网格化治理体系。探索网格化新路径，

① 唐皇凤：《新时代网格化管理的核心逻辑》，《人民论坛》2020 年第 20 期。

采用平台联动机制，打造形成党委政府主导推进、社会组织紧密配合、辖区单位大力支持、社区居民广泛参与的“一核多元”网格治理新格局，构建上下贯通的网格化服务共同体。这有助于提高基层治理的信息化程度，提升社会治理的精细化水平，有效推动社会服务重心下移，从而有利于打造人人有责、人人尽责、人人共享的基层社会治理共同体。

三、充分发挥社会组织作用

社会组织作为独立于政府组织和市场组织的“第三方”，它在改善“政社”关系、促进经济社会协调发展、提升基层社会活力等方面发挥着不可或缺的作用，应当成为中国社会治理的重要参与者。但是，由于我国目前处于社会转型时期，与发达国家和地区相比，经济发展水平尤其是人均经济指标仍较低，政府对农村地区人民群众的基本公共服务需要还存在一定的忽视，对乡村人口的基本公共服务供给总量还有一定的欠缺。因此，社会组织扎根基层并将社会弱势群体或者边缘性群体作为服务对象能够较好地实现不同人群之间公共服务的高质量共享。①

2020 年年底，民政部办公厅发布《培育发展社区社会组织专项行动方案（2021—2023 年）的通知》（以下简称《通知》）。《通知》明确提出，“培育和发展社区社会组织对强化和创新社会治理，构建人人有责、人人尽责、人人共享的社会治理共同体至关重要”。最近几年，山东省社会组织得到快速发展，涌现出一批党的建设突出、自身建设过硬、发挥作用显著的优秀社会组织。到 2021 年年底已达到 63687 家，这些社会组织在促进山东经济发展、繁荣社会事业、创新社会治理、决战决胜脱贫攻坚、新冠肺炎疫情防控等方面发挥了积极作用。

① 沈永东：《社会组织推动城乡区域协调的体制机制与政策支撑》，《探索与争鸣》2021 年第 11 期。

历史经验和开展的实践已经表明，政府、市场和社会三者关系的协调发展，是现代国家的重要指标，而政府部门、市场组织和社会组织的协同发展，能够更好地促进城乡区域协调发展，自身高质量发展才能同力推进实现共同富裕。因此，要坚持和发展新时代“枫桥经验”，完善网格化管理和服务体系，在推动共同富裕的进程中，从顶层设计、平台搭建、培育社会组织等各个方面，系统谋划、整体布局、平稳推进、有序进行，构建一套社会组织助推共同富裕的政策支持体系。

四、创新基层社会治理机制

社区是基层社会治理的基本单元，现阶段居民公共服务需求不断增加并趋于多样化，社区治理也衍生出诸多新问题，表现为社区参与缺位、共同体创建困难和社区“碎片化”，特别是治理主体和社区居民之间沟通协调不畅等，造成自下而上反馈渠道受阻和公众参与度低，使得政府很难及时获知民意和响应社区居民诉求。[①] 而党的十九大以来，国家治理体系和治理能力现代化进程的重要任务就是要“打造共建共治共享的社会治理格局”；党的二十大提出，“要完善社会治理体系，健全共建共治共享的社会治理制度”，这不仅需要畅通群众主动参与基层社会治理制度化渠道，更需要社会治理本着服务群众、主动听取群众心声、回应群众期盼的原则。

深化社会治理体制机制改革。创新社会治理协调机制，整合调动各方资源；打造权责清晰、高效联动、上下贯通、运转灵活的工作机制；形成问题联治、工作联动、平安联创的良好治理格局。

鼓励支持社会治理模式创新。克服传统的管理理念和路径依赖，积

① 金炜玲、李熠、李佳：《数字化社区治理：应用政务热线大数据创新物业管理》，《电子政务》2021 年第 2 期。

极探索政治、自治、德治、法治、智治“五治融合”的基层社会治理模式，多措并举、因地制宜、综合施策，鼓励各地根据自身实际开展基层治理创新的社会试验，打造一批具有山东风格、地方特色的基层社会治理示范点，进而提炼出一套可复制、可推广的社会治理山东模式。

积极推动社会治理重心下移。不断提升市域社会治理水平，做好市域社会治理现代化试点工作，形成一批可复制、可推广的市域社会治理模式。努力把基层社会治理的重心落到城乡社区，按照“放管服”的改革要求，给基层放权、赋能、减负，提高镇、街等一线行政部门的服务水平，为基层群众提供更为精准、更为细化的社区服务。

第十六章 坚定文化自信 推动文化强省建设

共同富裕是全体人民的富裕，是人民群众物质生活和精神生活的双向富裕，二者缺一不可。物质富裕和精神富裕两者互为条件、互为依存、互为补充、互相促进，坚持物质富裕和精神富裕的辩证统一，是实现全体人民共同富裕的题中应有之义，是中国式现代化的主要特征之一，需要齐抓共进、协同发展。单一的物质生活富裕无法满足人民日常生活各个方面的需求，在高质量发展中促进精神生活富裕，是推进实现共同富裕的重要内容。

第一节 打造传统文化“两创”山东样板

2013 年 12 月，习近平总书记在山东视察时强调：“一个国家、一个民族的强盛，总是以文化兴盛为支撑的，中华民族伟大复兴需要以中华文化发展繁荣为条件。”党的十九大也提出了“推动中华优秀传统文化创造性转化、创新性发展”的“两创”要求。“十四五”时期，山东省要以习近平总书记重要指示为理论指导和政策遵循，稳步推进“两创”工作，坚定文化自信，加强文化宣传创新，推动山东省文化强省建设。一方面，在推动文化“两创”工作上下更大功夫，打造文明交流互鉴新高地，探索文旅融合发展新路径，擦亮“好客山东好品山东”品牌；另一方面，加强宣传引导创新，把各方面力量凝聚起来，打造传统文化“两创”的山东样板。

一、挖掘传统文化素材

中华优秀传统文化为民族复兴提供了精神支撑，包含了治国理政的丰富经验，是社会主义核心价值观的源头活水，蕴藏着应对人类共同难题的重要启示，中华优秀传统文化是坚定文化自信的力量源泉。[①] 作为历史文化大省，山东文化底蕴深厚、博大精深，人文资源荟萃。打造传统文化“两创”“山东样板”，要深深扎根于山东优秀传统文化之中，发挥其特有的文化资源优势，用坚定的文化自信，加快建设文化强省，用灿烂的文化之光装点文化转型发展的前行路。

一是深入挖掘和整理儒家文化代表性文化典籍，做好经典传统文化的保护和传承工作。山东传统文化包罗万象，拥有儒家文化、鲁文化、齐文化、泰山文化、运河文化等众多优秀文化资源，包括民间传说、寓言故事、地方曲艺、传统艺术、民间刺绣、民族戏剧、京剧脸谱、传统武术、文学著作、民间音乐、民间舞蹈等具体文化形式。山东省作为儒学研究圣地、孔孟思想文化发源地，儒学典籍浩如烟海，深入挖掘儒家文化传统典籍时应去芜存菁，深化以墨子、庄子、孙子、曾子等思想学说为代表的孔孟思想的研究；加强东夷文化、齐文化、鲁文化、莒文化以及泰山文化、黄河文化、海洋文化、运河文化等特色区域文化研究。确保山东在儒家文化圈中始终处于领先位置，在世界儒学传播中始终保持充分的话语权。

二是加强非物质文化遗产的挖掘和保护。非物质文化遗产包括民间

① 赵信彦、周向军：《习近平关于中华优秀传统文化“两创”重要论述的内在逻辑》，《当代世界社会主义问题》2021 年第 3 期。

文学、传统音乐舞蹈戏剧、曲艺、传统体育与竞技等众多名目，是传承历史文化的“活化石”，加强对非物质文化遗产的保护利用是增强民众对传统文化的认同感和提升民众生活幸福指数的重要举措。现阶段山东省文艺创作要加强对非物质文化遗产的普查和挖掘，创造性转化现有文化资源，创作具有齐鲁文化底色和文化特质的文艺作品，实现传统文化与现代审美的有效衔接。

二、推进研究阐发体系建设

加强对传统文化的系统学习和创新阐发，是贯彻落实习近平总书记关于弘扬中华优秀传统文化重要论述、推动“两创”实现的基础性工作。为此，山东省要立足传统文化资源优势，紧紧围绕“四个讲清楚”，加大中华优秀传统文化研究的阐释力度，要对齐鲁优秀传统文化探源溯流，推动山东传统文化革故鼎新、蕴含时代精神、具备现代形式，持续提升优秀传统文化生命力与影响力，创造山东文化新的辉煌。

加强对传统文化的全方位研究。优秀传统文化作为推动“两创”实现的宝贵思想资源，儒家文化、红色文化、齐鲁文化理应成为培育山东传统文化焕发新生的深厚文化土壤，应该不断地诠释并丰富其价值理念。进一步强化东夷文化、齐文化、鲁文化、莒文化和泰山文化、黄河文化、海洋文化、运河文化等特色文化研究和红色文化、民俗文化研究，最终形成具有山东特色、山东风格、山东气派的优秀传统文化研究范式。

构建传统文化研究阐发平台。统筹整合省内外高校和研究机构资源，打造一批可以在国内外具有较高影响力的学术研究平台，扩大山东省优秀传统文化的知名度和影响力。要充分发挥新型智库与文化研究基地平台作用，紧紧围绕习近平总书记对中华优秀传统文化重要论述和习近平总书记考察山东重要批示进行深入解读，确定一批重大课题，产出一系列重大成果，进而在国内形成引领作用和示范效应。

开展优秀传统文化优势学科建设。以全国及全省“双一流”高校和学科建设为契机，扶持易学、稷下学、东夷学等学科发展。借助山东省文化资源丰富、文化底蕴深厚、文化特色明显等文化优势，推陈出新，壮大一批新兴学科和交叉学科，打造一个集学术研究、学科建设、人才培养等多功能于一体的优秀传统文化研究阐发学术高地。

培养和引进优秀传统文化研究阐释人才。要不断完善研究阐释人才保障机制，大力实施“儒学大家”计划，完善“孔子文化奖”“孔子教育奖”评选活动机制，设立国际性的“儒学传播奖”和省级层面的“儒学创新奖”。通过“引进来”和“走出去”两种方式，培养和吸引一批具备较高理论造诣、较大话语权的传统文化研究阐发人才队伍。

创新传统优秀文化阐发方式。坚持兼容并蓄、整合创新，对中华优秀传统文化继承中要将传统文化交叉重叠的部分进行整合分离、去粗取精，在对传统文化进行现代化改造的同时融入新时代内涵精神予以创新性阐释。借鉴扬弃，批判继承。在推进研究阐发体系建设时需要对中华传统文化加以鉴别，批判继承。根据山东自身文化特点，因地制宜保存更多地方文化特色，赋予传统文化新的内涵阐释和新的时代精神。

三、加强传统文化普及教育

习近平总书记多次强调，要“让文物说话，把历史智慧告诉人们，激发我们的民族自豪感和自信心”。对于传统文化的传承弘扬而言，需要深度挖掘传统文化素材，在此基础上接续开展传统文化普及和宣传，使传统文化的各种要素在不同场景充分涌流。

创新文化教育方式，把传统文化贯穿全教育周期。围绕立德树人根本任务，将传统文化贯穿到各个教育时期和教育领域。研发优秀传统文化课程和教材，使优秀传统文化课成为每个学生的必修课，推进优秀传统文化进校园、进头脑。新的时代发展形势下，党员领导干部面临的任务和要求也发生了重大变化，要将优秀传统文化纳入各级党政干部教育培训规划，制定简明优秀的传统文化教育读本，将传统文化教育作为思想政德建设和对广大党员教育培训的基本教学内容。盘活闲置资源，升级改造公共基础设施，强调纸媒和新媒体的双重宣传责任，扩大传统文化的宣传和推广。

探索传统文化介入新时代社会生活的可行方式。传统文化要以融入人民群众的日常生产和生活为目标，坚持问题导向，强化品牌引领，通过多种多样的新型文化实践活动，促进优秀传统文化与广大群众生产生活相融合，把社会主义核心价值观内化为人们心中所想，真正使群众成为文化传承的主体，避免少数人的孤芳自赏、单打独斗。

强化传统文化的实践养成。以创建文明城市、文明村镇、文明单位、文明家庭、文明校园等为载体，深入开展中华传统美德教育和节俭养德等全民行动。[①] 通过开展文化实践活动，将传统文化的内涵融入各类有形和无形的规章制度、政策文件中，将优秀传统文化内化于心、外化于行，使其真正成为塑造现代健康人格的无形力量。

利用新媒体的力量，打造“互联网 +”。新媒体的传播方式是双向的、动态的、灵活的，每个受众都是信息参与者和传播者，这一传播方式具有互动性和参与性，传播效果非常明显。随着互联网技术和数字移动终端的不断发展，以智能手机为代表的新媒体已经成为人们获取信息、沟通交流、娱乐休闲的主要方式之一。新媒体多以微信、微博、抖音等为代表[②]。开展山东传统文化的宣传、教育等各类活动时，要借助好新媒体的强大力量，建设全方位、多维度、宽领域的文化传播体系，以达到弘扬与普及传统文化的教育目的。

① 涂可国：《推动山东优秀传统文化创造性转化创新性发展》，《人文天下》2020 年第 22 期。
② 杨晨晨：《新媒体新业态下山东传统文化发展思路探讨》，《传媒论坛》2020 年第 17 期。

四、开展传统文化对外交流

习近平总书记指出："文明因交流而多彩，文明因互鉴而丰富。"[①]中华优秀传统文化不仅是各族人民共同创造的古老文化精华，也是对外文化交流沟通的根脉。习近平总书记曾指出，要"弘扬跨越时空、打破国界、富有恒久魅力、具有当代价值的文化精神，传播符合时代精神、立足本国又面向世界的当代中国文化创新成果"[②]。因此，我们必须要坚定文化自信，打造文化强省，坚持"引进来"与"走出去"相结合的原则。加强传统文化的对外交流，促进中华优秀传统文化转化为实现中华民族伟大复兴的精神力量，为构建人类命运共同体贡献大国力量。

"一带一路"背景下，创新文化传播途径。世界一体化形势下，"一带一路"顺应了时代的需求和发展，自实施以来取得了显著效果。因此，"一带一路"自然成为中国与周边国家文化交流的重要桥梁。山东省要推动传统文化的对外交流就必须坚定不移地落实好国家的政策方针，利用好"一带一路"这个对外交流的重要平台。通过传承优秀传统文化，创作更多优秀作品，贴近海外市场提高文化输出的影响力，利用新媒体、新平台，不断完善传播方式，来讲述好山东故事，传播好山东声音。

打造山东品牌项目，促进人文交流。山东省要稳步推进传统文化"走出去"战略，打造富有山东特色的品牌项目，例如"孔子学院"等。新形势下还要以山东传统文化为文脉，保护传承好传统文化的同时融入当下社会发展的潮流，发挥好互联网企业优势，运用现代智能化打破各国文化交流壁垒，搭建互联网交流平台。借助旅游产业与传统文化的有

① 习近平：《在纪念孔子诞辰 2565 周年国际学术研讨会暨国际儒学联合会第五届会员大会开幕会上的讲话》，《人民日报》2014 年 9 月 25 日。

② 习近平：《建设社会主义文化强国　着力提高国家文化软实力》，《人民日报》2014 年 1 月 1 日。

效融合，加强山东传统文化影响力。举办形式多样的对外经济文化交流活动，突出山东品牌特色，以文载道，推动蕴藏山东文化特色的优秀文化艺术作品“走出去”，打造山东优秀传统文化双创地标，拓宽文化输出渠道，打破“小圈子”，建立山东传统文化对外交流的“伙伴群”，开创传统文化对外交流新格局。

依托政府力量推动山东传统文化走向世界。举办综合性文化交流活动，组织文化艺术团访问演出，成立海外文化中心，在海外办展览，兴办文化论坛，建设对外贸易基地，是助力山东传统文化向世界传播的重要途径。所以，山东省要重视传统文化对外交流，制定完善的对外交流政策和活动计划。由省政府主导推进，促进地方政府与主办地政府的合作，调动山东省的优势文化资源，吸引各界人士参与其中，推动山东传统文化走出国门、走向国际舞台。

加快非政府组织的发展。虽然山东省政府应在山东传统文化走向世界的过程中发挥主导作用，但是非政府组织因其灵活性以及非营利性、群众性等特点，开展活动时更具亲和力，也更容易融入民众中去。从发达国家和我国近几年的实践经验来看，非政府组织在促进文化认同方面发挥着不可替代的作用。因此，山东省要积极推动社会团体、社会组织等非政府组织的蓬勃发展，提升非政府组织的专业性，整合非政府组织的力量，通过民间组织的交流推动山东文化走出去，加强不同文化之间的交流和理解。

加强文化企业的中坚力量。文化企业层面向国外进行文化输出，从本质上丰富并拓展了中国文化走出去的内容与方式。我国文化企业通过向海外输出文化商品、对外文化服务、成立跨国公司等为主要方式引导文化走向世界。文化企业已经成为我国文化走向世界的重要力量。山东省要推动省内文化企业的发展，发挥文化企业对文化产品和文化服务的消费和交流功能，不仅可以推动山东省文化产业的发展，也加速了文化产业走出去的进程。

第二节　加强红色文化保护与传承

一、严格落实保护传承条例

为加强红色文化保护传承力度，充分运用红色文化资源、赓续红色文化血脉、弘扬伟大革命精神、激发中华民族伟大复兴的精神力量，山东省结合实际制定了《山东省红色文化保护传承条例》。该条例是山东省落实红色文化保护的制度性保障，各地党政机关要遵照保护条例各项规定，严格落实红色文化资源的保护和利用。

在立法层面，要进一步完善保护条例执行细则，强化法规刚性。作为“沂蒙精神”的发源地，山东省有着丰富的红色文化资源。目前，山东省针对红色文化进行了一系列的立法保护，但总体来看，与政治、经济和社会领域的红色文化保护相比，山东省红色文化有关立法并不完善。为促进山东省红色文化立法保护的可持续发展，应当在立法上进一步完善《山东省红色文化保护传承条例》的相关内容，与上位法合理衔接，通过地方立法确立红色文化损害评估机制，落实各责任主体存在的问题，加强红色文化遗存保护管理，明确细化相关违法行为应负的法律责任，强化红色文化立法保护的刚性和威慑力，构建系统、周密、立体的山东省红色文化立法保护体系。只有进一步完善红色文化的地方立法工作，才能保护好、管理好、利用好以及传承好红色文化。制定专门的保护条例是保障山东省红色文化遗存有效保护的重要举措，也是落实党委主体责任的具体体现。立法部门应尽快制定有关红色文化保护的法律文件，明确非物质红色文化行为主体的构成要件及其法律责任，推动对非物质红色文化保护的立法工作。借鉴《英雄烈士保护法》和其他上位法的规定，对恶意诽谤、侮辱、亵渎红色文化和红色精神以及侵犯社会公共利益等行为予以法律规制，并追究犯罪者相应法律责任。[①]

在体制机制层面，要进一步完善红色文化保护传承工作协调机制。该协调机制由省委、省政府分管同志担任主要领导，由分管组织、宣传、网信、党史、文化和旅游、退役军人等部门联合组成，并设立协调机制办公室，承担协调机制日常管理工作。该协调机制要定期召开工作会议，研究红色文化保护和传承工作重点。建立联络员联系机制，不定期举行工作会议，研究、讨论和部署红色文化保护传承工作任务，实现各地区和各部门在红色文化保护理念、谋划、机制上同向发力、同频共振，有效整合多方资源，形成文化保护传承工作的新合力。

二、推进革命文化遗产保护

以革命遗址为代表的文化遗产记载着的一段段抗战岁月、一大批革命事迹与英雄事迹为人所颂扬，革命斗争奠定了现阶段社会发展的基础，在中华民族伟大复兴进程中起到了举足轻重的作用。新时期有必要对红色革命文化所蕴含的革命精神进行深入发掘，凝聚各族人民的力量，不断地为中国梦的实现而不懈努力，从而更好地实现共同富裕。[②]作为革命老区，山东省有着丰富的革命文化遗存，革命文物所蕴含的革命精神与信仰彰显着历久弥新的时代奋进力量，是加强精神文明建设的生动教材。山东省各地多年来越发重视革命文物的保护和传承工作，在文物管理中投入更多的资金、人员加以保障，打造红色基因传承基地，确保红色精神世代相传。党的十八大以来，习近平总书记曾多次就文化遗产保护和文化遗产利用问题发表重要讲话，并提出很多新思想和新理

① 安婧婧、陈伟建、罗建磊:《山东省红色文化立法现状及完善建议》,《山东理工大学学报(社会科学版)》2022 年第 1 期。

② 王刚:《浅析非物质文化遗产中红色革命文化基因的保护与传承》,《今古文创》2021 年第 39 期。

念，正确把握文化遗产对国家安全、民族复兴、经济发展和文化繁荣等方面的影响。近年来，为了实现中华民族的伟大复兴，习近平总书记提出“不忘初心、牢记使命”，始终铭记着当今幸福的生活是无数革命先烈血与火的结晶，这给革命文化遗产在宣传革命知识、宣传红色文化、开展爱国主义教育、社会主义教育等方面都赋予了全新的历史使命。① 山东省高度重视并采取一系列措施推动本省红色革命文化遗产的保护工作。

推动地方依法保护。山东省各地市积极探索通过政府规章和地方性法规等形式，开展红色文化遗产保护的立法工作，其先后出台一系列地方性法规，使革命文化遗产保护工作更加规范有序，做到有章可循。

继续加大资金投入。为切实加强革命文物保护利用，传承红色基因，山东各级财政部门深入贯彻全省革命文物工作会议精神。开展革命文物保护领域的财务事权与费用权责分类改革，实现地方各级政府财政部门分级负担革命文物保护支出。同时，积极推动建设革命文物片区、革命旧址保护展示等示范项目，以促进革命文物事业的高质量发展。山东省越发重视革命文物的保护利用工作，财政部门投入大量资金推进实施革命文物修复项目。2021 年 4 月底，山东省为安排部署文物保护利用工作，通过召开全省文物工作会议，印发《关于进一步加强文物保护利用工作的若干措施》，从构建省级革命文物工作协调机制，强化革命文物保护与利用的法治建设、科技支撑、经费保障等方面进行了更深一步的谋划与部署。

加强文化遗产保护与认定工作。为了贯彻习近平总书记对文物保护的重要批示精神，落实党中央、国务院对文化遗产保护和利用的各项部署，坚定“保护文物亦是政绩”的观念，把文物保护和经济社会发展有机结合起来，推动山东省成为文物保护和利用的先行者，山东省人民政府办公厅于 2021 年下发了《关于进一步加强文物保护和利用若干措施

① 段小燕：《发挥革命博物馆社会教育自身优势传承红色文化精神》，《戏剧之家》2020 年第 18 期。

的通知》(以下简称《通知》)。2022 年山东省民政厅已经认定并公布大明湖、芙蓉厅、天福山等 18 个省级地名文化遗产。

加强对红色文化资源的保护。红色旅游资源是山东传承红色基因、弘扬革命精神的重要载体。[①]《山东省红色文化保护传承条例》同时创设名录管理制度与保护责任人制度两大保护制度，山东省县(市)级以上人民政府正加大红色文化遗存普查、采集、建档、鉴定力度，并根据红色文化遗存产权归属情况明确保护责任人。

三、开展红色文化宣传教育

组织红色文化主题月专项活动。在《山东省红色文化保护传承条例》中，确定每年 7 月为山东省红色文化主题月。各级各部门要充分认识加强红色文化保护传承工作的重大意义。各级人民政府应当加强对红色文化宣传的领导，任何组织或者个人都有义务对红色文化进行保护，也有权利劝阻和检举毁损、污损以及歪曲、诋毁、亵渎和否定红色文化等违法行为。通过定期开展主题专项活动，将红色文化保护和传承教育精神融入公民日常生活，提高公民的红色文化保护意识。

举办红色主题艺术创造活动。文艺代表一个时代的风貌，也是历史变迁的艺术反映。鼓励文艺工作者创作文质兼美的红色文化艺术作品，成为红色文化的践行者和社会风尚的引领者。要将红色文化资源与艺术创作、展陈展览、红色旅游等密切结合起来，切实发挥红色文化资源在党史学习教育、革命传统教育、爱国主义教育等方面的引领和激励作用。

筑牢红色文化宣传教育阵地。革命历史类纪念设施、遗址和爱国主义教育基地，凝结着党的光荣历史和优良传统，承载着红色基因，是激

① 秦志玉:《山东省乡村地区旅游产业与文化产业融合发展路径研究》,《人文天下》2019 年第 10 期。

发群众爱国热情的重要载体。要持续增加资金投入，逐步完善硬件设施，不断拓展教育功能，努力把革命历史场所和遗址建设成为红色文化的资源宝库、宣传教育的实景课堂，筑牢红色文化宣传教育阵地。

优化红色文化宣传策略。红色文化宣传离不开传播，在互联网成为群众文娱活动重要组成部分的当代社会，要充分发挥网络在传承红色基因方面的重要宣传作用，扶持培育红色主播队伍，对红色文化进行现代化的创造性改造；更新红色文化传播话语，使红色文化传播更符合时代背景、现实生活和个体需求；要完善红色文化流量支持，使红色文化传播更精准、更广泛。

四、创新红色文化传承形态

自《山东省红色文化保护传承条例》实施以来，山东省在红色文化宣传方面创新颇多，涌现了移动纪念馆、网上纪念馆等群众反响较好的内容和形式。与此同时，山东省各地打造了一批红色旅游品牌，创新红色旅游发展模式，助力乡村产业振兴。

充分运用数字化技术手段。在信息技术快速发展的时代背景下，红色革命文化遗产可借助数字化技术进行整理与储存，如借助动作捕捉、图像处理、人工智能等技术来保存非物质文化遗产中的重要组成部分，同时也可建立数字化模拟博物馆进行保护。目前，我国已经拥有大量的红色革命文化遗产，其中有许多是由中国共产党领导中国人民进行革命斗争而形成的历史遗存，它们都具有很高的艺术价值与史料价值。应注重信息技术的应用，让人们能够以数字化的形式来理解红色革命文化。

塑造红色革命文化品牌。山东省 16 个地市地区特色明显，应积极挖掘本地特色，营造红色革命文化氛围，打造不同的红色革命文化品牌，促进所有城市共同发展，实现共同富裕。红色革命文化也蕴含着民族精神，各地区导游、讲解员也需要在实践中融入红色革命文化之中，引领游客进入红色文化世界。

建设一支新媒体红色文化队伍。新媒体时代下，大学生对网络有了更强的依赖性，通过构建新型的红色文化网络平台、在网上设立相关课程，使大学生了解革命历史知识，将红色资源融入校园文化活动中，丰富校园文化氛围；借助微信公众平台加强大学生思想政治教育工作等方式提高传播效果。也可借助互联网来增加和高校学生之间的交流，凸显学生主体性，同时增强学习兴趣。[①]

将“O2O 模式”与红色文化相结合。“O2O 模式”的操作主旨和红色文化传承顺应时代发展要求之间存在着相通性。“O2O 模式”强调“从用户到用户”，实则是从主体驱动向受众驱动的转变，即提供服务，主动让受众来选择服务产品，引导更多的受众参与进来。红色文化传播既要保持红色的本质、巩固红色的主流地位，又要发挥文化的教化育人作用，因此必须顺应受众的思维方式，激活红色文化因子，挖掘所蕴含的时代价值。现阶段红色文化的传播方式多为传统的正面宣传，多采用突出性的典型报道。但在观众认知能力与鉴赏水平日益提高的同时，人们对于红色文化表现形式自主选择的意识越来越强烈。“O2O 模式”的基本原理告诉我们，充分利用线上品牌带动线下参与，利用线上渠道扩展线下渠道，实现线上线下相互融合、协调推进，打造红色文化传播链，是加大创新力度的应然之举。[②]

第三节　发挥党建文化示范引领作用

思想建党是中国共产党的伟大创举，也是毛泽东思想的鲜明特色与

① 温子萱：《文化自信视域下高校红色文化的传承与创新》，《党史博采（下）》2021 年第 11 期。

② 许婕、叶文亮：《依托“O2O 模式”创新红色文化传承路径》，《哈尔滨师范大学社会科学学报》2019 年第 6 期。

根本原则。党建文化是指中国共产党在领导中国革命、建设与改革进程中，以加强自身建设为手段，指导国家、民族与社会发展实践所形成的一种价值、体制、政策与伦理倾向以及情感态度与行为方式。[①]

党建文化强调“和美”，其中“和”是内在精神，“美”是外在呈现。“和”是中华优秀传统文化的基本精神，注重天地万物的平衡，体现了中国思想文化的博大精深和源远流长，植根于中华儿女的血脉中；“美”是人民内心的向往。“和美”党建体系聚集着广大干部、群众的期许，能够进一步发挥党支部的战斗堡垒作用，达到以党凝聚人心、以党激发活力、以党建文化带动全社会文化发展的作用。

同时，党建文化呈现出一系列特有的符号表达与文化抽象，在乡村文化振兴中有着特别重要意义。在新时代我国社会主要矛盾转化背景下，全面深化农村改革，加快推动农业现代化进程，必须以提升广大农民群众获得感、幸福感、安全感为核心目标，着力增强农村基层党组织创造力、凝聚力、战斗力。中国共产党第十九届中央委员会第五次全体会议作出了“走中国特色社会主义乡村振兴道路”的重大战略决策，并将中国特色乡村建设与乡村文化振兴紧密结合起来。在这些问题中，坚持党的领导为推动乡村文化振兴提供了政治保证，无论是在实施乡村振兴战略中，还是在实现乡村文化复兴的多个领域与环节中，都需加强与完善党对乡村文化复兴的集中统一领导。

因此，发挥党建文化的示范引领作用是实现社会文化发展、助力乡村振兴的必由之路，是实现中华民族伟大复兴中国梦必不可少的一环。实现这一目标，必须强化拓展党建文化建设、搭建红色党建服务平台、打造红色党建实践基地，将党建文化落到实处、抓到细处。

① 刘丽华：《构建“和美”党建文化体系夯实支部战斗堡垒作用》，《中国教育学刊》2021 年第 2 期。

一、强化拓展党建文化建设

党建要高屋建瓴，必须旗帜鲜明讲政治，举旗定向；党建要深入人心，必须坚守为人民服务的宗旨，坚定共产主义思想，筑牢思想之基。

党建文化的实践，首先要强化主流意识形态的引导。全面从严治党，加强党的领导，坚持党中央权威和集中统一领导，保证正确方向。具体来说，一是以主流意识形态特别是社会主义核心价值观引领文化建设。具体而言，必须做到有形与无形并重。其中，有形工作是基础，无形工作是保障。有形工作是把党领导地位、文化建设内容与社会主义核心价值观做好上墙，加强党建文化引领文化；无形工作是把党的制度执行力与文化号召力转化为可触可及可感受的内容，深化大众家国情怀与党的自觉。二是党员、干部、群众要通过学习政治理论来激发革命热情，听党话、跟党走，扎扎实实学习党的理论，提升党性修养、坚定信念、筑牢信仰、增强责任使命感，增强“四个意识”、坚定“四个自信”、做到“两个维护”，筑牢“全心全意为人民服务”的思想根基。三是通过榜样引领使命担当。党员同志积极参加党史学习教育，并将身边同志的奉献精神通过讲坛形式展现在广大党员、干部、群众面前，注重微信公众号的宣传、特殊节点的表彰等，树立典型、推出榜样，在社会上形成积极向上、共同担当的砥砺奋进的氛围。

其次，要以干带群、以党带群、党群共长。干部要以身作则、以身示范，要求群众做到的，党员、干部要先做到。党员、干部要甘于奉献、勇于创新、敢于担当，站在管理者的高度管理，站在服务者的平台服务。无论是党员公开课、党员服务队，还是各种急难险重、抢险救灾、疫情防控工作，党员都应该身先士卒、率先垂范。干部和群众是一个整体，可自觉形成若干学习协作群，结合党史学习教育，教育对象由党员向广大群众突破，让党的“细胞”动起来，使党员的身份“亮起来”，传承红色基因，坚定广大党员信念。

二、搭建红色党建服务平台

党的建设并不是一蹴而就的，而是一份赓续传承的事业，是一个厚积而薄发的过程，其在历史的长河中不断迸发出无穷的活力。

重视传统党建作用。要始终将党建放在首位，充分利用周边资源，因地制宜开办中国传统文化教育、中国革命文化教育和社会主义先进文化教育，开展社区教育和宣传，努力创设没有围墙的党建文化。政府要积极宣传党支部的创新活动案例、先进事迹，依托“红色筑基”，以“党建文化”为引领，在现有主题景观基础上注入党建文化因素，并新建文化长廊、初心墙等主要景观，形成党建主题的脉络，切实将党建工作融入社会建设体系，真正将党建融于生活。通过面对面的思想政治工作、契合实际的工作措施、干部带头作出表率等措施，使党自身的成长、优化基层治理成为可能。

以党建为引领，开展“党建＋社区服务”模式。社区党建坚持党建引领社区治理，以提升社区服务为目标，依托社区党建品牌这一载体，对党建资源进行有效的整合与充分利用，通过党建带动、服务支撑、活动连线，提升社区党组织的工作活力，努力推动和谐社区建设。社区要积极实现服务群众零距离，加强居民服务志愿者队伍建设，用好无职党员设岗定责、承诺践诺载体，引导党员亮身份、践承诺、当先锋、做表率，充分发挥社区党组织作用，定期邀请辖区内医生为老人、残障人士等弱势群体开展免费体检，建立健康档案，组织医院、诊所的医生为行动不便的老人提供上门服务，凸显便民功能，构建为民服务综合平台。同时，社区要提升人居环境亮点，积极打造美丽的人居环境，组织各类文化演出，充分发掘本土文艺素材，丰富社区居民文化生活。

生活在信息化时代，党建文化的建设同样可以采用“互联网＋党建”模式，搭建线上红色党建服务平台，融合聚力，让党建“强”起来。“互联网＋党建”是顺应时代发展的创新性实践，是提高党建科学化、现代化水平的必由之路，有利于落实党中央对党建工作信息化、党建和新技术“融合共生”的要求。① 在实践中，以“互联网＋”作为技术支撑，以党建的实际需求为切入点，实现党建动态“云同步”、党建活动“云存档”、党员队伍“云管理”、党务工作“云实施”等功能，进一步提升了“一个支部＋一个网络阵地”的联动效应，强化了党的政治、组织、宣传、服务等职能，提高了党建工作整体覆盖面和影响力。互联网有利于群众监督党员干部，将党员承诺践诺事项进行上传，对党员践诺履责是一种督促，党务公开也能得到群众的高度肯定，有利于党组织开展群众工作。

当前，全球疫情形势仍然严峻，常态化疫情防控将成为今后较长时期的背景，要应对这一长远挑战，只有进一步强化、整合创新意识，立足以往探索和实践中，基于党建线上线下融合发展新常态，进一步促进“互联网＋党建”模式与传统党建相结合，抓住网络信息技术发展带来的机遇，树旗帜、融媒体、聚合力，不断推进党建创新发展，使党建工作迸发出新活力。

三、打造红色党建实践基地

积极开展高校党建工作。习近平总书记指出：“办好我国高等教育，必须坚持党的领导，牢牢掌握党对高校工作的领导权，使高校成为坚持党的领导的坚强阵地。”高校学生思想政治工作的“主渠道”和“主阵地”是高校思想政治课教育教学，党建教育要与思想政治教育相结

① 郝立萍：《党建引领培根铸魂——记北京景山学校中华优秀传统文化教育》，《中国教育学刊》2021 年第 1 期。

合，将“为党育人，为国育才”作为高校思想政治教育的内容之一。

建设和优化“红色网格”，探索基层党建引领社会治理新模式。红色网格是指党组织嵌入社区网格化管理、党员精准下沉，激活社会治理的内生动力，发挥基层党组织对社会治理的先锋模范作用。首先，划分网格，每个网格有党支部，明确各党支部职能，建立网格党支部的任务清单制度。其次，责任网格。把每一个网格单元作为责任区进行管理，落实“四个到位”，即组织领导到位、工作职责到位、经费保障到位、考核奖惩到位。组建网格化党组织，网格设网格指导员 1 名、网格长 1 名、专职网格员 1 名、红色网格员若干名，网格员应通过现代网络社交工具与网格居民广泛建立互动交流的渠道，随时搜集社情民意及基层社会信息。最后，运行网格。本着就亲到近到方便的原则，每名红色网格员与 5—10 个家庭进行接触，每名红色网格员每周至少对 1 个联系户进行访问，并落实好网络工作手记。网格建立分析研判、督办会办机制，每月听取红色网格员汇报民情，共同研究、解决存在问题，并对上报区级的民情难题实行部门归责、限时办结，形成网状且突出党支部和党员的“红色网格”结构和运行机制。①

资源融通，助力区域思想教育有效开展。红色党建实践基地不仅要便于开展思想教育活动，还要发挥党建示范点的引领带动作用。② 中小学、高校可通过校内资源的整合和优化，为社区、周边学校和各地来访兄弟学校开展党建活动和学生主题教育活动，使学校的校史馆成为学区开展红色教育的主要场所，努力提供更为积极向上、格调高雅的育人场所，积极组织学生参与国家烈士纪念日公祭活动。社区要组织社区居民参观街道红色家风馆、博物馆，通过展板依次介绍毛泽东、周恩来等伟人的家风，以及能够体现红色家风的各行各业从业者，增强居民对社区

① 向春玲：《“红色网格”基层党建引领社会治理的新探索》，《科学社会主义》2018 年第 5 期。

② 陈东：《精神文化引领培育时代新人》，《中国教育学刊》2021 年第 2 期。

的归属感，让红色教育在街道社区中蔚然成风，深入体会基层红色文化建设的重要性。

第四节　构建现代公共文化服务体系

2015年，为贯彻落实十八届三中全会精神，国务院发布了《关于加快构建现代公共文化服务体系的意见》，积极推动公共文化服务向深向实发展。中国特色社会主义进入新时代，也赋予现代公共文化服务体系新目标、新内涵、新标准。近年来，山东省公共文化建设投入继续保持平稳增长，基本建成覆盖城乡公共文化服务设施的4G、5G网络，公共文化服务效能显著增强，人民群众精神文化生活水平日益提高，公共文化服务体系建设成效显著，呈现总体推进、重点突破、整体提高的良好局面。近年来，全省各级政府高度重视并大力支持公共文化事业，坚持以满足人民群众对美好生活需要为出发点和落脚点，努力构建“共建共治共享”的新格局，推动了公共文化事业健康发展。但就总体而论，山东省公共文化服务体系发展水平相对于现阶段经济社会发展水平以及人民群众不断增长的精神文化需求，还存在着进一步的提升空间。新形势下，厘清山东省现代文化服务体系的发展思路，构建新型的现代公共文化服务体系变得更为迫切。

一、加强公共文化基础设施建设

山东省公共文化基础设施日益完备，形成了以公共图书馆、文化馆、文化站、博物馆等文化机构为核心的公共文化服务供给阵地，公共文化服务供给类别日益丰富，供给质量不断提高。2021年山东省政府工作报告中提到，在公共文化设施投入方面进一步扩大，深入推进以人民群众需求为核心、以提高建设公共文化设施质量为导向的工作战略。在新时代的要求下，公共文化设施应该增加城乡覆盖面、提高建设质量、聚焦特殊人群需求。

建立城乡公共文化服务联动机制。构建覆盖全社会的基本公共服务体系。坚持政府主导、部门配合、市场运作、全民参与的原则，完善公共财政投入保障机制，逐步解决基层群众最关心、最直接、最现实的文化需求。县级文化馆和图书馆实行总分馆制，将农家书屋纳入统筹管理范围，实现农村与城市社区公共文化服务资源共享、互联互通；推动城乡“结对子、种文化”，强化城市助力农村文化建设并形成常态化的工作机制。

协调推进公共文化设施建设。合理确定公共文化设施布局、土地使用、建设规模、施工规范及技术要求；建立以政府为主导、市场为补充、社会参与的多元化投入机制。加强对农村公共文化服务体系建设的支持力度。加快推进基本公共服务均等化进程。根据城乡人口发展与分布情况，遵循均衡配置、严格预留、规模适度、功能优先、经济实用、节能环保等原则，对各类公共文化设施进行合理规划与建设；充分利用空闲公共文化设施协调建设基层公共文化服务中心。

聚焦特殊人群需求。要把中小学生经常参观的博物馆、美术馆、纪念馆和科技馆等列入教育教学活动规划，地方政府要加大乡村学校和少年宫的建设力度，落实青少年体育活动推广计划。加大农村留守儿童关爱保护工作力度。建立城乡一体化社会救助体系，完善义务教育经费保障机制，逐步实现一方有难八方支援。鼓励各类公共文化服务机构免费向残障人士提供无障碍设施，支持开展盲文出版项目和视听读物制作发行工作，鼓励有条件的地方建立有声图书馆或电视台，播放手语节目或字幕等文化艺术。加快把农民工文化建设融入常住地公共文化服务体系中，将公共文化机构、社区、用工企业等作为落实主体，以满足农民工群体特别是新生代农民工基本文化需求。

二、着力实施公共文化惠民工程

党的十八大把“加快实施重点文化惠民工程”作为推进社会主义文化强国建设和全面建成小康社会的要求，党的十九大又进一步把“深入实施文化惠民工程”确定为促进社会主义文化繁荣兴盛和决胜全面建成小康社会的一项重大任务，这两次会议的相关决议将文化惠民工程提到很高的地位，为文化惠民工程的开展和实施提供了政策因循。

国家文化惠民工程就是造福全国人民，推广大众文化，经过自上而下的统一规划和大力推动以及中央财政的重点支持和保障，推动公共文化服务体系向标准化、均等化、数字化、体系化和效能化方向发展。[①]具体来说有9项惠民工程，分别指的是就业惠民、教育惠民、医疗惠民、社保惠民、扶贫惠民、安居惠民、暖心惠民、兴边惠民、安全惠民。近年来，山东省公共文化经费保障水平不断提升，省内和地方投资力度持续向惠民工程倾斜，社会资本力量不断注入新的活力，着重培育以文化惠民工程为中心的重点文化建设项目，公共文化志愿服务队伍壮大，山东省内自主志愿服务品牌数量、注册量持续增多。

但有些惠民工程建设水平还停留在初级阶段，存在地方资金不到位、实施工程效率低下、惠民工程难以真正落实、人民群众的参与度不够、兴趣不足等问题。因此，山东省在惠民工程建设方面需做好规划，并由省委省政府主导，各地方政府自上而下协同推进，以省财政资金投入撬动社会资本关注惠民工程，鼓励更多的社会力量参与其中，进而形成“政府主导、社会协同、多元参与”的公共文化服务发展格局。建议山东省文化主管部门、发改部门、财政部门等联合确立公共文化服务标准的动态调整周期、调整程序、调整依据和调整方式，建立完善的动态

① 李国新：《“十四五”时期公共图书馆高质量发展思考》，《图书馆论坛》2021年第1期。

调整机制。地方层面则需要根据省委省政府指导标准，结合地方财政能力和文化发展实情，制定适合本地区的弹性服务标准。通过长期持续的标准水平的动态调整，方能推进公共文化服务标准化水平从“低质标准”迈向“优质标准”。通过政府购买、财政补贴、税收优惠、荣誉激励等形式，在创新激励方式、推动社会力量和公共文化机构深度合作中，引导、鼓励社会力量积极参与。积极利用各参与方式优势，实行多方式互动组合策略。构建多元化主体协同发展机制，充分发挥行业协会、企业、非营利组织等各类中介组织在社会力量合作中的作用。加强与政府部门之间以及各利益相关者之间的沟通协调，促进多方共赢。建立长效激励机制，鼓励探索政府购买与志愿服务相结合、捐赠资助与自建共享相结合、合资参股与管理决策相结合等多元模式，优势互补，尽可能调动社会力量的参与积极性。[①]

三、积极发展公益文化事业

山东省委省政府在2022年必做的10项工作中，着重提出坚定不移保障和改善民生，完善公共服务体系，不断提高人民群众获得感幸福感安全感。扎实推动共同富裕，更高层次的共同富裕在于丰富群众精神文化生活。积极发展公益性文化事业，是丰富人民群众精神文化生活的重要一环。因为公益文化事业具有公益性，所以文化事业应该区别于文化产业。在这里文化事业指的是人们在文化领域用主要精力或毕生精力做事的状态、进程与成果，通过文化人坚持不懈的努力，推动文化进步，走向繁荣。文化事业进步就是文化建设成果越来越多，发展状态的方

① 陈庚、邱润森:《新时代完善现代公共文化服务体系建设的路径研究》,《江汉论坛》2020年第7期。

向与结构越来越完善。[①] 文化事业的发展既包括弘扬奋斗精神、科学精神、劳模精神、工匠精神，汇聚起向上向善的强大力量；又包括繁荣文艺创作，发展新闻出版、广播影视和档案等实际事业。

深化公益性文化事业单位改革。推动文化事业健康发展，是中共中央作出的重大决策部署，也是当前我国社会领域面临的一项重要任务。要切实把这项工作作为事关党和国家前途命运、关乎人民群众切身利益的大事来抓。要在深化文化体制改革、推进事业单位分类改革、摆正政府与公益性文化事业单位关系、探索管办分离有效途径等层面继续努力。

引导互联网网站和互联网文化企业发展，生产有益于青少年身心健康的精品。加大对未成年人思想道德建设工作的宣传力度。发挥好网络文化阵地作用，筑牢网络意识形态安全底线。推动传统优秀文化与现代传媒技术深度融合发展。大力弘扬社会主义核心价值观，积极培育文明健康向上的网上舆论氛围。鼓励具备条件的公共文化机构发掘特色资源、加大文化创意产品开发、文化产品与服务内容创新。

健全公益性演出补助制度，对艺术表演团体采取票价补助和剧场运营补助等措施。加大对基层公共文化服务体系建设投入力度，提高城乡社区基本公共服务均等化水平。加快推进农村“两新”组织党组织活动阵地标准化规范化建设。积极引导社会资本投资文化产业。鼓励商业演出、电影放映等活动安排低价场次或者票价，鼓励发行与市民购买能力相适应的图书、报刊等，鼓励网络文化运营商开展更多低收费经营活动，促使经营性文化设施、非物质文化传承传习场所、传统民俗文化活动场所为市民提供优惠或者免费公益性文化服务。

① 傅铭:《厘清文化事业与公共文化服务体系及文化产业的关系》,《人民论坛》2017 年第 20 期。

四、推动文化产业融合发展

文化产业作为生产提供优质文化产品和服务的新引擎，是巨大的人才蓄水池，也是强劲的增收生产力，文化产业服务民生的作用已经初步显现。为满足人民群众日益丰富的精神文化生活需求，需要文化产业多元发展，产业融合的概念已经深入各行各业，而文化产业与旅游产业都是服务性较强的第三产业，另外文旅产业是中国产业生态转型中的一支重要动力，也是带动效应强、在国民经济中占有很高份额、中国经济重要增长点的优势产业。文旅产业与其他产业之间存在着相互交叉渗透、相互促进的关系。近年来，随着信息技术、互联网技术的飞速发展以及旅游业自身变革的深入推进，文化产业逐渐成为推动产业结构优化升级的重要推动力。

实施“惠享山东消费年”“文化和旅游惠民消费季”等系列文化活动。要推动山东老字号创新发展，扩大“好客山东”影响力。适时推出六大核心资源品牌：孔子在这里诞生——“游三孔，知天下”；泰山在这里崛起——“登泰山，保平安”；奥运在这里扬帆——“亲蓝海，享休闲”；黄河在这里入海——“赏奇观，抒豪情”；长城在这里始建——“读齐鲁，做好汉”；运河在这里重建——“品水城，览古今”……这些都是山东独有、别处难寻的优势资源，它们具有唯一性和排他性。此外，山东省需要加快文化产业与旅游产业融合进程。文化是旅游的灵魂，要进一步挖掘山东的独特文化内涵，打造“好客山东”特色品牌，使其与旅游业的发展高度契合，赋能文化产业转型升级，以文旅一体深度融合推动第三产业高质量发展。

整合优势资源，实现业态融合发展。实施“文化 +”“旅游 +”战略，按照“宜融则融”的工作思路，促进文化和旅游产业同相关产业的融合，尤其要促进文化和旅游的深度融合，形成文化和旅游产业新的增长点和增长极。推动红色旅游、旅游演艺、文化遗产旅游、主题公园等现有融合发展业态升级，扶持发展以文化创意和度假休闲为题材的文化旅游综合体。

挖掘区域文化特色，促进区域经济发展。旅游业是现代服务业中最具活力、最有发展前景的行业之一。在当前激烈竞争的背景下，如何提升旅游业竞争力成为各地关注的焦点问题。旅游业具有明显的地域特征和鲜明的民族特点，各地区、各城市资源各异，成就特色文化旅游产业、推动旅游产业与文化产业融合的动力各异。这就要求各地区必须不断开拓创新，打造适应市场发展要求的旅游产品，不断满足消费者文化旅游需求的新变化。

后　记

促进全体人民共同富裕是全面建设社会主义现代化国家新征程中的重要目标。当前，全国各地都在积极实践探索实现共同富裕的有效路径。本书以党的二十大精神为指导，立足山东实践，围绕实现共同富裕的路径、手段、机制，总结提炼山东打赢脱贫攻坚战、扎实推进共同富裕的经验做法，进而为实现第二个百年奋斗目标和新时代社会主义现代化强省建设提供理论支撑和决策参考。全书分为基础篇、经验篇和开拓篇三大部分，每篇具体从产业高质量发展、区域协调、全面推进乡村振兴、公共服务与基础保障、生态环境保护、精神文化维度进行分析。为探寻山东共同富裕的特色路径，课题组组成了 10 个调研小组，分别到山东不同市县就如何推进共同富裕进行了深入调研，为经验篇各章节的撰写提供了丰富的一手资料和典型案例。

本书是山东省习近平新时代中国特色社会主义思想研究中心重大课题“促进全体人民共同富裕与山东实践研究”（同时列入省社科规划重大项目，项目编号：21AWTJ06）的最终成果。中共山东省委宣传部对课题研究和书稿撰写出版高度重视，省委常委、宣传部部长白玉刚同志亲自审定方案并提出编写总体要求，省委宣传部分管日常工作的副部长、省文明办主任、省新闻办主任袭艳春同志对书稿撰写提出具体要求，省委宣传部一级巡视员孔繁轲同志，省委宣传部副部长、一级巡视员魏长民同志，多次主持召开专题会议进行协调调度。课题组负责人和首席专家胡金焱教授提出本书整体框架和写作思路。具体写作分工为：王磊第一章；贾庆英第二章第一节；贾玮第二章第二节、第三章；张笑第二章第三节、第四章；孙继国第五章；董长瑞第六章；崔宝敏第七章；赵玉宗第八章、第十四章；彭留英第九章；王猛第十章；司登奎、刘晓宇第十一章；刘瑞超第十二章；孔艳芳第十三章；李海荣第十五章、第十六章。全书由胡金焱、董长瑞、张传鹤、孙继国统稿定稿。山东省习近平新时代中国特色社会主义思想研究中心张汝金、彭耀光、任鹏程、左腾飞等同志为本书编写做了大量统筹协调工作，在此一并致谢。

在课题调研过程中，得到了枣庄市委宣传部、菏泽市委宣传部、济南市长清区委宣传部、莱西市委宣传部、淄博市博山区委宣传部、高青县委宣传部、东营市垦利区委宣传部、寿光市委宣传部、诸城市委宣传部、兰陵县委宣传部的大力协助和支持。本书写作过程中也借鉴和参考了国内相关的研究资料，引用了部分专家学者的观点和看法，谨此表示诚挚的谢意！

由于水平有限，书中的不妥之处敬请读者批评指正。

编　者

2022 年 11 月